数字技术的发展给众多行业带来冲击，图为2009年伦敦的抗议者。

"批判传播学"编委

丛书总顾问：童兵

丛书编委（排名不分先后，以中文首字笔划为序）：

丹·席勒（Dan Schiller，美国）
冯建三
吉列尔莫·马斯特里尼（Guillermo Mastrini，阿根廷）
孙皖宁（澳大利亚）
邱林川
林春（英国）
珍妮特·瓦斯科（Janet Wasko，美国）
科林·斯巴克斯（Colin Sparks，英国）
胡正荣
格雷厄姆·默多克（Graham Murdock，英国）
特里斯当·马特拉（Tristan Mattelart，法国）
斯拉夫科·斯普里查（Slavko Splichal，斯洛文尼亚）
童世骏
葆拉·查克拉瓦蒂（Paula Chakravartty，美国）

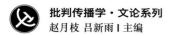
批判传播学·文论系列
赵月枝 吕新雨 | 主编

传播新视野：危机与转机

赵月枝 吕新雨　主编

华东师范大学出版社

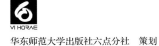

华东师范大学出版社六点分社　策划

华东师范大学—康奈尔比较人文研究中心资助

总　　序

　　当今世界正处于全球化发展的转折点,资本的全球化流动所带来的政治、经济、社会、文化与生态等方面的危机不断加深。如何面对这些问题,全世界的人文与社会科学都面临挑战。作为对资本主义的批判和对人类解放的想象与信念,马克思主义并没有随着柏林墙的倒塌而消亡,反而在这些新的问题与危机中,在新的历史条件下获得了生机。马克思的"幽灵"在世界各地正以不同的方式复活。

　　与此相联系,世界范围内的传播体系与制度,一方面作为技术基础和经济部门,一方面作为文化意识形态领域和民主社会的基础,也面临着深刻的转型,而转型中的巨大困惑和危机也越来越多地激发人们的思考。一系列历史与现实中的问题亟需从理论上做出清理与反思。以马克思主义为重要理论资源的批判传播研究在长期复杂的历史与现实中,一直坚持不懈地从理论和实践层面推动传播学的发展,在国内和国际层面上促进传播制度朝向更平等、公正的方向转型,并为传播学理论的多元化作出了重要贡献。今天,时代迫切要求我们在世界范围内汇聚马克思主义传播学研究的各种力量、视角与方法,探索以马克思主义为基础的新批判理论的新路,对当代社会的危机与问题做出及时而有效的回应。

　　由于中国问题和传播问题是讨论全球化危机与出路的两个重要领域,中国传播学界具有担当起自己历史责任的义务和条件。马克思主义新闻传播理论与实践在20世纪以来的中国新闻史上有着极其重要的历史地位,在全球视野中整理、理解与反思这一理论传统,在新的历史条件下促进这一历史传统的更新与发展,是我们孜孜以求的目标。这个全球视野不仅面对西方,同时更向非西方国家和地区开放,并希冀在不同的比较维度与视野中,重新确立中国当代马克思主义传播研究的立场、观点与方法。

近一个世纪前,在1929—1930年的世界资本主义危机后的欧洲,在法西斯主义屠杀共产党人、扼杀左派思想的腥风血雨中,法兰克福学派的学者们用大写的"批判"一词代指"马克思主义",在他们所处的特定的历史语境下丰富与发展了马克思主义传播研究。此后,"批判"一词,因其体现了马克思主义学术思想的内核,几乎成为马克思主义和一切以追求人类解放和挑战不平等的社会关系为价值诉求的学术取向的代名词。今天,我们不愿也无需遮掩自己的马克思主义立场。我们把本书系定名为"批判传播学",除了出于文字的简洁性考虑之外,更是为了突出我们的批判立场,强调我们弘扬以挑战不平等社会关系为价值诉求的传播学术的主旨。当然,批判的前提与归宿是建设,批判学术本身即是人类自我解放的建设性理论实践。在此,我们对传播的定义较为宽泛,包括任何涉及符号使用的人类意义分享实践以及这些实践所依托的传播技术和知识基础。

本书系以批判的政治经济学与文化研究相结合的道路,重新检讨作为马克思主义新闻传播理论前提的观念、范畴与知识谱系,反思马克思主义传播理论在历史和当代语境下中国化的成就与问题,探讨中国革命与建设的传播实践对马克思主义传播理论的丰富、发展和挑战,分析当下的经济危机与全球媒体、信息与文化产业的状况和相关法规、政策,以及全球、区域与民族国家语境下的传播与社会变迁。我们尤其关注当代全球政治经济格局中的中国传播定位和文化自觉问题以及发展中国家的信息社会现状,社会正义与批判的生态学视野下的信息技术与社会发展,文化传播、信息产业与阶级、种族、民族、性别以及城乡分野的互构关系,阶级意识、文化领导权的国际和国内维度,大众传媒的公共性与阶级性的动态历史关系、文化传播权利与全球正义等议题。我们还将挑战横亘于"理论"与"实践"、"观念"与"现实"、以及"批判传播"与"应用传播"间的简单二元对立,不但从批判的角度检视与质询那些维系与强化不平等社会关系的传播观念与实践,而且致力于促进与发展那些挑战和变革现有不平等社会传播关系的传播政策、观念与实践，并进而开拓批判视野下的组织传播、环境传播、健康传播等应用传播领域的研究。最后，我们也致力于马克思主义传播研究方法论发展与经验研究的批判性运用，探讨文化研究如何在当下传播情境中更新其批判活力，关注媒介教育、文化赋权和社区与乡村建设的理论与实践，以及大众传媒与网络时代的大学、学术与跨国知识流通如何强化或挑战统治性知识权力关系等问题。

本书系包括"批判传播学译丛"、"批判传播学文论"和"批判传播实践"三个系列。"译丛"系列译介国外批判传播研究经典文献和最新成果；"文论"系列以专著、讲义、论文集、工作坊报告等形式展示当代中国马克思主义批判传播学研究的前沿；"实践"系列侧重传播实践的译作和中国经验，包括有关中外传播实践和劳动过程的实证研究、卓有成就的中外传播实践者有关自己的传播劳动和传播对象的反思性与传记性著作、以及富有批判性的优秀新闻作品。

华东师范大学——康奈尔比较人文研究中心（ECNU-Cornell Center for Comparative Humanities）和2013年7月成立于北京的中国传媒大学"传播政治经济学研究所"是这套书系依托的两家专业机构，并得到华东师范大学传播学院的支持。宗旨是在当代马克思主义和跨文化全球政治经济学的视野中，推动中国传播学术的创新和批判研究学术共同体的发展，尤其是新一代批判传播学人的成长。

在西方，面对信息资本主义的持续危机，"马克思回来了"已然成了当下批判传播学界的新发现、新课题和新动力。在中国，在这片马克思主义自20世纪初就被一代思想家和革命家所反复思考、探索与实践的古老土地上，我们愿以这套书系为平台，为发展既有世界视野又有中国学术主体性的21世纪马克思主义传播学而努力。在这个过程中，我们既需要对过去一个多世纪马克思主义传播理论与实践做出深刻反思，需要与当代西方马克思主义传播研究与实践前沿建立有机的联系，需要在克服媒介中心主义的努力中与国内外人文与社会科学的其他领域产生良性互动，更需要与各种不同的传播研究学派、观点进行真诚对话，彼此砥砺，以共同加强学术共同体的建设，推动以平等与民主为目标的中国社会发展，促进以和平与公正为诉求的世界传播新秩序的建立。

是所望焉。

目 录

序言:传播、危机与转机 …………………………………………… 1

上编:当代马克思主义、危机与传播

一、消费的生产:商品、诱惑、矛盾 …………………………… 17
二、重压之下的权力:危机中的数字资本主义 ……………… 34
三、"新闻自由"的表述与践行:传统马克思主义与非传统
　　马克思主义两种视角的比较 ……………………………… 54
四、葛兰西与毛泽东"文化领导权"思想比较 ………………… 68
五、传播与中国的批判研究:机遇与挑战 …………………… 85
六、自主论马克思主义视角下的西方另类媒体传播理念与实践 … 94
七、风险社会语境下的新闻自由与政府责任 ………………… 110
八、媒介、传播与环境危机:限制、挑战与机遇 ……………… 121
九、政治经济学,生态学和新圈地运动:交叉、
　　挑战及批判传播学 ………………………………………… 146

下编:公共性、抗争与主体

十、传播学的双重公共性问题与公共传播学的"诞生" ……… 165
十一、试论以参与式传播重构我国大众传媒的公共性:从我国电视
　　　公共频道的架构设置说起 ……………………………… 194

十二、利益导向与价值重置:中国"三网融合"政策制定中的
　　　"资本化"逻辑及反思 …………………………………… 203
十三、批判传播政治经济学视角下的中国互联网 …………………… 221
十四、媒介、现代性与不平等:企业化印度中的平民 ………………… 235
十五、在乡村与都市之间:现代中国空间政治变迁中的知识
　　　分子与文化传播 ………………………………………… 261
十六、后社会主义语境中性别地位的表述 ……………………………… 283
十七、阶级与视觉文化:农民工、摄影和视觉政治 …………………… 303
十八、行动传播研究:概念、方法论、研究策略与挑战 ……………… 320
十九、"南方两周末":工民新闻实践与传播赋权 ……………………… 359
二十、采矿业、劳工和抗争性传播 ……………………………………… 384

序言:传播、危机与转机[①]

赵月枝　石力月　撰

一

阿芒·马特拉(Armand Mattelart)在《传播与阶级斗争》(*Communication and Class Struggle*)这部批判传播学大型英文文集的《序言》中曾写道,历史上有些特定时刻,"特别青睐对现实的批判分析"[②]。2008年华尔街金融危机以来,我们又进入了这样一个催生批判学术的历史契机,[③]而本书就是一部展示当代中外批判传播研究理论前沿和最新实证研究成果的论文集。从表面上看,本书缘起于几年前建立复旦大学当代马克思主义新闻传播研究中心过程中的两场学术会议。第一场为该中心的筹建作理论准备,它是2010年12月的"重构批判研究的理论视野——当代马克思主义新闻与传播理论"国际研讨会。第二场是2011年5月的"当代马克思主义视野下的传播与社会变迁"国际学术会议暨"复旦大学当代马克思主义新闻与传播研究中心"成立大会。[④] 不过,从更深的层面看,作

[①]　本序言的修改版本,见赵月枝、石力月,《历史视野里的资本主义危机与批判传播学之转机》,《新闻大学》,2015年第5期,页1—7。

[②]　Armand Mattelart,"Introduction: For a Class Analysis of Communication", In A. Mattelart & S. Siegelaub(Eds.), *Communication and Class Struggle: An Anthology in 2 Volumes*, New York: International General, Vol. 1, 25.

[③]　Yuezhi Zhao,"For a Critical Study of Communication and China: Challenges and Opportunities", *International Journal of Communication* 4(2010), 544—551, http://ijoc.org/ojs/index.php/ijoc/article/view/821/433. 本书所收录赵月枝文章为该英文文章的编译本。

[④]　该中心设在复旦大学新闻传播与媒介社会化研究国家哲学社会科学基地,由该(转下页注)

为本书系中的第一部大型中文编著,它无疑是以上所指的更大历史契机下的批判传播学术产物之一,而这也是其所收录的这20篇论文选自但并不局限于这两场会议的原因。虽然这些论文所探讨的具体议题各不相同,但是,其背后有着共同的问题意识和更宏观的历史转折背景。

如前所言,这个特别的历史契机便是,2008年以来,全球资本主义陷入了旷日持久的危机,这场危机不仅仅存在于经济领域,而是影响与蔓延至社会生活的各个领域,并且既存在于民族国家的内部,也存在于民族国家之间。因而,它不但使得支配性的新自由主义意识形态有了被全面检讨的可能,也使得批判马克思主义在解释与处理当代危机时有了被重新激活的可能。正如美国社会学家麦克·布洛维(Michael Burawoy)早在2003年就指出的那样,马克思主义没有因为社会主义的挫败而失去生命力。相反,它"继续提供对资本主义最全面的批判和对可行未来最令人信服的指导。事实上,资本主义的长寿保证了马克思主义的长寿"。① 当然,布洛维也强调,正如资本主义在不断重建自己一样,马克思主义作为一套坚持思想随着物质条件的变化而变化的学说,也需要不断更新自己。因此,每一个时代都有自己对马克思主义的阐释,用以处理其当下的问题。②

具体到新闻传播学而言,我们可以清楚地看到,整个学科是在资本主义周期性危机的背景下,在批判与反批判的较量中发展的。1930年代的资本主义危机和随后的"二战",催生了法兰克福学派的批判传播思想。战后美国的自由—多元主义"主导下的主流"传播学和"传播与发展"理论,则在以下学术政治议程中滥觞并很快建立起其主导"传统"的地位:对法兰克福学派有关"单向度的人"的批判,对该学派有关大众媒体可能隐含法西斯主义倾向的担忧的不以为然,对战后福利资本主义社会的信心,以及冷战语境下以美国为主导的西方资本主义对后殖民国家的意识形态争夺。1960年代的到来,尤其是1970年代初开始的战后福利资本主

(接上页注)基地主任童兵任名誉主任,吕新雨任执行主任,赵月枝任学术主任,马凌任副主任。由于在筹备过程中,我们拟用"新马克思主义新闻与传播研究中心"的名字,所以当时的会议和相关征文也用"新马克思主义"一词。基于中心最后定名,此处一律改为"当代马克思主义新闻与传播研究中心"。

① Michael Burawoy, "For a Sociological Marxism: The Contemporary Convergence of Antonio Gramsci and Karl Polanyi", *Politics & Society*, Vol. 31, No. 2(June 2003), pp. 193—194.

② Michael Burawoy, "For a Sociological Marxisam,"前揭, p. 194.

的危机以及"第三世界"的抗争,又催生了以激进批判传播政治经济学、批判文化研究和后殖民理论为主要内容的批判传播学。此后,正如丹·席勒(Dan Schiller)在《传播理论史》一书中所观察到的那样,诸如"传播与发展"这个主流学术范式的先驱罗杰斯(Everett Rogers)也不得不承认,"主流典范的消失"和"激进派十年的攻坚起了作用",从而致使代表主流的"这些传统再也没有正当性可言"。① 需要强调的是,主流传播思想,包括1980年代以来隐含对批判传播思想进行反批判的信息社会理论和全球化理论,实际上也包含在资本主义的最新危机之中——它既与全球资本主义的新一轮扩张进程息息相关,又在意识形态上与其进一步互相促进。因而,在面对与处理当下的现实问题时,我们很难仅仅从其内部开掘出变革的可能。新闻传播学需要不断跳出既有的主流研究框架甚至学科本身,重新引入马克思主义批判社会科学的视角,来检视这场当代危机中的种种传播实践及其与这场危机之间的种种关系。这不但能够拓展新闻传播学的研究议题,而且可能将研究从所谓价值中立的科学主义路径之中解放出来,从而真正树立起一种现实主义的研究取向。②

正如 2011 年 5 月的"当代马克思主义视野下的传播与社会变迁"国际会议征文启事以及本书系的总序言所指出的那样,批判马克思主义传播学理论在长期复杂的历史与现实中,一直坚持不懈地从理论和实践层面推动传播学的发展,在国内和国际层面上促进传播制度向更平等、公正的方向转型。这里需要指出的是,导致马克思的幽灵再次游荡于世界的 2008 年全球金融危机,不是一般意义上的资本主义危机。在当代西方马克思主义理论家大卫·哈维的眼里,"这毫无疑问地是所有危机之母"③,而中国等非西方国家的深度卷入和信息传播在当代资本主义政治经济中的重要地位,不但使这场危机有了前所未有的广度,也使信息传播领域显得从未像今天这样重要。④ 同时,正如加拿大马克思主义政治学者拉迪

---

① 丹·席勒,《传播理论史:回归劳动》,冯建三、罗世宏译,北京大学出版社,2012,页 132。
② 相关讨论,见吕新雨《学术、传媒与公共性》一书中《学术与政治:重读韦伯——关于社会科学研究方法论的笔记》一文,华东师范大学出版社,2015 年。
③ David Harvey, *The Enigma of Capital and the Crisis of Capitalism*, Oxford University Press, 2010, p.6.
④ Dan Schiller, *Digital Depression: Information Technology and Economic Crisis*, University of Illinois Press, 2014.

卡·德赛(Radhika Desai)所指出的那样,当下的危机孕育了至少一代人前所未见的争取世界向进步方向转型的可能性,而马克思主义理论的建设对于这些可能性的实现从未像现在这样重要。①

2008年后,在海内外围绕"中国崛起"这个主题的众声喧哗中,一些学者已经就中国与全球资本主义何去何从这个问题提出了理论逻辑和历史逻辑相统一的、新的马克思主义分析。② 实际上,马克思主义理论在中国新闻史上也有着极其重要的历史地位。虽然1980年代以来美国主流传播学的引进和对"信息革命"的拥抱助推了对基于马列新闻思想和中国革命实践的传统党报理论范式的反思,并由此带来了中国新闻传播研究空前的繁荣,但是,改革开放三十多年以来,甚至直到今天,中国的新闻传播学研究都始终未能很好地解决本土现实与全球现实以及西方理论之间的关系。换句话说,有世界视野和中国主体性的新闻传播学研究究竟应该如何做,这始终是一个问题,而在我们看来,这恰恰是中国的新闻传播学研究忽视马克思主义理论视野的一个后果:"改革开放前后传播思想的变化率先体现在对正统马克思主义新闻传播理论的修正和改造上,即新闻思想的'拨乱反正'上。"③与此相关,改革开放以后中国的新闻传播学研究呈现出明显的"去历史化"趋势,而中国传播研究几十年来也"正是在试图发现抽象的发展规律的努力中不但悖论式地成了新的市场经济与社会文化权力关系的构建者,而且在现有发展模式出现危机的时候,失去了对其从宏观历史与重大而紧迫的社会现实问题的高度进行反思与创新的能力,从而也逐渐远离了中国思想界的前沿"。④ 在世界早已进入2008危机后的今天,我们迫切需要在世界范围内汇聚马克思主义传播研究的各种力量、视角和方法,在对当代社会的危机与问题作出恰当的回应的同时,为以马克思主义为基础的传播理论的发展开拓新的道路。

正是出于以上的考量,本书试图重拾马克思主义对于资本主义发展逻辑及其危机的深刻洞见与远见,并在续接它与中国社会主义革命之间

---

① Radhika Desai, *Geopolitical Economy: After US Hegemony, Globalization and Empire*, Pluto Press, 2013.
② 代表性著作可参见 Lin Chun, *China and Global Capitalism: Reflections on Marxism, History and Contemporary Politics*, Palgrave Macmillan, 2013。
③ 王维佳、赵月枝,《重现乌托邦:中国传播研究的想象力》,《现代传播》,2010(5),页19。
④ 王维佳、赵月枝,《重现乌托邦》,前揭,页21。

的关系基础上,追索它与包括中国当下社会发展在内的全球发展以及其中各种具体传播实践之间的关系。而作为马克思主义与新闻传播学研究最为重要的连接,批判传播政治经济学或者更广义的批判传播学研究也只有在此脉络当中才有可能真正充分情境化地落地。当然,正如本书收录的文章所体现的那样,二者之间的这种联系需要放置于具体的历史变迁以及社会整体实践当中来理解。

此外,也正是出于更好地把握资本主义全球性和历史总体性以及汇聚全球马克思主义批判传播思想的考量,本书并不局限于收录中国学者的文章,而是通过同时收录一些国外学者的相关研究成果,从不同的面向对"传播新视野:危机与转机"的总议题进行回应。在新自由主义全球化的今天,一方面,世界不同区域尤其是一些非欧美地区的传播实践使得我们的研究拥有一些共同的问题意识,它们并不是部分的简单加总,而是对现实的整体性的反映与观照,因而这种联系需要被明确地彰显出来;另一方面,中国情境的传播实践也无法孤立地放置于自身内部来看待和分析,而需要看到它与全球实践之间的关联,才有可能对自身进行准确地认知与判断。

不过,需要指出的是,我们这里所走的不是"西方理论、本土实践"的西方中心主义学术老套路,而是"跨文化传播政治经济学"[①]视野下的创新。作为在现有传播政治经济学基础上的一种糅合了后殖民批判理论的学术创新,跨文化传播政治经济研究不但秉承传播政治经济学的社会总体性关注并把政治经济权力以及阶级、社会抗争等为作为最基础的问题,而且把这些问题放在全球视野中和不同文化间的互动维度来分析。这样,它就赋予了国家、民族、种族、全球治理、地缘政治、全球正义等议题更核心的地位。更具体地说,"跨文化传播政治经济分析希望在关注源于西方的强势资本主义体系通过殖民主义、帝国主义和新自由主义全球化等过程与其他处于弱势的政治经济文化体系产生碰撞的历史过程中,探讨包括中国在内的世界东方和南方国家的特殊性、现实多重性、挑战资本主义的可能性,以及这种挑战的社会主体性等问题。"[②]也是在这个意义上,

---

[①] 赵月枝,《中国的挑战:跨文化传播政治经济学刍议》,《传播与社会学刊》,2014年,第28卷,页151—179。有关此理论框架的最初英文阐述,见 Paula Chakravartty, Yuezhi Zhao, *Global Communications: Toward a Transcultural Political Economy*, Rowman & Littlefield, 2008。

[②] 赵月枝,《中国的挑战》,前揭,页157。

我们认同丹·席勒的说法:"分析与研究传播文化的合适单位应该是超民族、超国家(supranational)。"①当然,这并不意味着我们忽视民族国家无论是之于全球资本主义的再生产还是作为社会抗争场域的重要地位。相反,通过把国内外批判学者的不同研究放在一个平面上,尤其通过展现来自西方国家内部的批判传播研究和有关印度、南美等非西方国家和地区的批判传播研究,我们不但希望挑战传播学术中的西方中心主义偏颇,而且为传播学术的在新历史语境下的再次马克思主义化开辟新的理论空间。

本书分为上、下两编。上编展示了当代马克思主义视野下的最新传播理论和研究路径的发展,涉及马克思主义理论在分析消费资本主义文化和数字资本主义危机中的新运用、中西方不同马克思主义流派在新闻自由和文化领导权理论方面的比较、"自主马克思主义"的传播理论和实践前沿,以及批判视野下的中国传播研究新问题意识、风险传播和生态传播等内容。下编首先从批判传播的角度聚焦传播和学术的公共性问题,进而对中外传播中的不平等、不同社会主体的抗争性传播,以及阶级、性别和城乡分野等问题进行具体分析,从而拓展马克思主义批判传播研究的视域。最后,通过学者对参与式传播研究或行动传播研究的经验总结和方法论反思,我们突出和强化了批判研究的实践指向和学者的能动性。

二

限于篇幅,我们在序言中不对各篇文章的基本观点进行概述。但是,如果要用一句话来概括本书上编的主要内容,那就是:"不同作者从不同的角度回答了一个共同的问题,即'为什么马克思主义没有过时'。"与上文所引麦克·布洛维的观点相呼应,哈特(Hanno Hardt)也曾说:"当代马克思主义之所以有力量,那是因为它能够自我批评,它似乎有无穷无尽的创造活力,思想上能够在不同的历史时刻重构马克思主义。"②

---

① 丹·席勒(Dan Schiller),《传播理论史:回归劳动》,冯建三、罗世宏译,北京大学出版社,2012,页121。
② 汉诺·哈特(Hanno Hardt),《传播学批判研究:美国的传播、历史和理论》,何道宽译,北京大学出版社,2008,页6。

因而今天，当本书试图以"马克思主义"作为探讨全球传播实践的理论视野时，我们有必要重新清理对这一理论视野的认识。更为重要的是，我们不仅需要认识到马克思主义在今天并未过时，更需要真实地建立起它与当代全球语境之间的具体关系，而这里面应该既包括我们对它的再理解、再阐释，也应该包括我们对它的更新与反思。

首先，在对马克思主义理论再理解与再阐释的问题上，本书的作者们都并未简单地从文本到文本，而是有着明确的现实背景与实践指向。比如，默多克、童兵、黄卫星和李彬等作者对于经典文本或者观点的再阐释实际上是共享一个前文已多次强调的大时代背景的，即2008年以后资本主义世界的危机以及与此关联的中国与信息传播业前所未有的重要地位。他们的研究从不同的角度去回应了这种变化，共同构成了批判传播研究的新视野。这些文章并不简单是中西方地理意义上的拼接，而是从不同角度共同佐证了马克思主义理论视野的国际性与跨文化性。

不过，在新闻传播领域强调与重拾"马克思主义"的理论视野并不仅仅因为2008年以来全球资本主义危机的现实激活了它的解释力，也因为它能够开拓并予以一些重要议题足够的关注并且提供更为深刻独到的解释。例如，丹·席勒延续并推进的他本人自1990年代以来关于数字资本主义的思考、赵月枝在跨文化传播政治经济学视野下提出的中国传播研究新思路、罗慧从自主马克思主义角度对于西方另类媒体的考察、马凌对风险社会语境下新闻自由与政府责任问题的探索、加拿大学者肖恩·冈斯特（Shane Gunster）从生态主义视野关注"媒介、传播与环境危机"议题，以及阿根廷学者安德鲁斯·迪米特里厄（Andrés M. Dimitriu）所讨论的拉丁美洲批判传播政治经济学前沿等等，或是在以往主流新闻传播学研究中有所忽略，或是过去更多地存在于一些非马克思主义的研究路数之中（生态环境与信息社会的相关议题最为典型）。然而，以上这些作者的分析却有力地展示了：无论经历了如何的修正与质疑，也无论吸收了其他什么新理论，马克思主义始终能够保持其政治关怀以及考虑人的实践观念；只有它才能够赋予这些议题最富有创造性和最高屋建瓴的分析与解释。

不可否认，作为马克思主义本土化的中国共产党新闻理论与实践同西方批判传播学之间，尤其是批判传播政治经济学之间，有复杂的理论逻辑和历史逻辑关系。北美批判传播政治经济学的奠基者之一达拉斯·斯迈思(Dallas Smythe)早在1970年代就以一位西方社会主义同情者的身份两度访问中国,并把中国的社会主义建设实践当作发展他的批判传播政治经济学理论的重要实践资源。斯迈思的学术实践"不仅展示了中国社会主义实践与传播政治经济学两者共有的国际性和跨文化性,更预示了这两者之间从一开始就结下了不解之缘"①。实际上,即使美国实证主义传播学随着施拉姆1980年代初的高调访华而在中国新闻传播学界登堂入室,西方批判传播思想,包括批判传播政治经济学的思想,并没有被冷战意识形态和历史虚无主义的无形帷幕完全隔离在中国之外。近些年来,中国的新闻传播学界对批判传播政治经济学的了解和重视都在逐步增加。但是,它似乎依然处于国内学术研究的"非主流"位置。这固然与其让人心情复杂的马克思主义渊源有一定的关系,更与部分学者对其始终执有"宏大抽象、鲜做微观(个案)研究"的刻板印象有关。同时,也因为传播政治经济学来自"西方",部分学者对它是否能够、或者在多大程度上适用于国内研究表示怀疑,而既有的学术霸权和对实证研究的方法论迷思又使一些年轻学者确确实实感受到选择传播政治经济学路径所面临的学术政治挑战。当然,"隔行如隔山"的现象和学界一味注重"西方"最新进展的学术思维定势,则可能又导致新闻传播学圈内外学者对这个领域中有关中国的传播研究不知情或视而不见的现象。所以,直到2015年,一篇题为"西方传播政治经济学最新进展"的文章依然认为,国内新闻传播学界以少数人的"介绍工作为主,尚未形成稳定的研究范式,更少见本土化的拓展性研究"②。

面对以上观察和"如何运用政治经济学的分析范式深入研究马克思

---

① 赵月枝,《中国的挑战》,前揭,页155。
② 周人杰,《西方传播政治经济学的最新进展》,《政治经济学评论》,2015,6(3),页179。需要指出,该文所提到的三位以"介绍工作为主"的学者中,只有一位是中国大陆学者。其他两位学者中,冯建三教授在用传播政治经济学框架分析台湾和大陆传播方面颇有建树,他的相关研究可见,冯建三,《传媒公共性与市场》,华东师范大学出版社,2015;本文作者之一赵月枝也早就出版了用传播政治经济学框架系统分析中国传播体系的专著和一系列刊物文章,包括 Media, Market and Democracy in China: Between the Party Line and the Bottom Line(Urbana: University of Illinois Press, 1998)和 Communication in China: Political Economy, Power, and Conflict (Lanham, MD: Rowman & Littlefield, 2008)。当然,这也是简单的"国内和国外"、"中国和西方"二分法的局限所在。

主义的传播观,为我所用,为今日中国媒体改革所用"的严峻挑战①,我们既没有"轻舟已过万重山"的轻松,也没有"病树前头万木春"的豪迈。不过,我们希望,本书下编所收录的以中国学者为主的文章,不但能在一定程度上展示中国批判传播政治经济学的最新研究成果,而且证明,作为一种研究思路和一套方法,传播政治经济学并不仅仅"宏大抽象"。这两部分不但汇集了各式各样具体的、让人见微知著的个案研究,而且它们并非简单移植国外学者既有的研究逻辑,而是以政治经济学和批判文化研究作为自己的基本研究视野与分析路径,其具体的逻辑演绎则是紧紧附着于各自研究对象的,也就是说,论证本身是充分情境化的。这正体现了最先把资本主义危机和传播问题联系起来的批判政治经济学先驱赫伯特·席勒(Herbert I. Schiller)对批判学术实践的理解:"很多具体的变量在具体的个案中以不同的方式组合、影响着结果……政治经济学就是在这样的远非清晰、事实上极其交错复杂的社会领域中构建起来的。"②相形之下,反倒是今天,国内新闻传播学界对脱胎于美国实证主义传播学的主流研究路径尚缺乏足够的历史反思,这一路径很大程度上被抹去了其背后的意识形态背景,而抽象成一套科学化、价值中立化的公式或者标准用以分析中国的传播实践。当然,实际上,美国主流实证主义传播学"隐含的理论前提是美国自由主义的价值体系。如霍尔所论,实证方法所假定(assume)的价值观,即美国在战后五六十年代的'冷战'意识形态,是不被讨论的一种'共识'"③。

此外,传播政治经济学甚至更为广义的批判传播学研究还常常被批评为"只解构不建构",即无法提出解决问题的方案。事实上,从达拉斯·思迈斯,赫伯特·席勒,阿芒·马特拉(Armand Mattelart)、卡拉·诺顿思登(Kaarle Nordenstreng)和罗伯特·麦克切斯尼(Robert W. McChesney)等西方批判学者,到参加过 2011 年 5 月"当代马克思主义视野下的传播与社会变迁"国际学术会议的华人批判传播学者冯建三以及马

---

① 直到今天,中国传播学界还有博士论文因坚持传播政治经济学也是方法论而在评审中备受挫折的例子。
② Herbert Schiller, *Information and the Crisis Economy*, Ablex, 1984, p. 83.
③ 赵月枝、胡智锋,《价值重构:中国传播研究主体性探寻》,《现代传播》,2011(2),页 13—14。

来西亚批判传播学者齐哈诺莫·奈吴(Zaharom Nain),东西方批判传播学者们不但一直为改变不公正的传播秩序提供反思和革新意见,而且积极介入国际和本土传播政策制定和媒体改革运动的过程中。① 当然,从本书所收录的文章中也可以清楚地看出,批判性的研究与其他对策研究(或者行政研究)的"建构观"是不一样的,前者拒绝停留于直接性的解决方案是因为它们认为真正的改变是结构性的,因而传播政治经济学"总是越过某种状况的行为视野,去显示特殊的微观的语境是如何被它们所遭遇的经济原动力和更为宽泛的结构所形塑的"②。从这个意义上来说,传播政治经济学非但不是不致力于建构,反而是旨在进行更为彻底的建构。具体而言,传播的公共性以及在全球不平等秩序中主体性的实现问题等是本书所关注的核心命题,并且它们彼此联系。

首先,在本书中,作者们摒弃了直接套用西方式的公共性模型与逻辑,这是因为建立在"市民社会"基础之上的公共性的想像与实践既不足以解释中国的情况,也不足以解释西方世界以外其他区域的情况,更重要的是它无法在历史的展开中对各种复杂变化作出足够的解释,所以对于传播公共性的理解,我们需要以与历史对话的方式充分情境化。换句话说,我们要超越简单的"市场与国家"、"国家与社会"、"民主与专制"、"公共性与阶级性"、"新闻与娱乐"等等二元对立逻辑,把公共性问题放置于历史的脉络中进行研究。③

基于同样的超越简单的二元对立的考量,我们在收录案例研究的过程中并不简单地将中国与西方、中国与外国进行二元对立或者单纯强调中国实践的特殊性。今天的全球现实是,传播领域商业主义极致化,媒体所有权的集中化不断加剧,并且不但集中于少数寡头的手里,而且还呈现出跨国化集中的特点。所有这些,都极大程度地削弱了全球公共传播的力量,为全球各个层面的治理带来了新的挑战。中国也包含在这样的全球图景之中,并不例外。因此,建立在理想模型基础之上的"公共性"概念

---

① 姚琳,《再论批判学者的社会实践——以传播政治经济学先驱达拉斯·斯迈兹为例》,《新闻大学》,2010(2),页86。
② 彼得·戈尔丁、格雷厄姆·莫多克,《文化、传播和政治经济学》,杨击译,《大众媒介与社会》,华夏出版社,2006,页67。
③ 有关这些二元对立的局限性的讨论,见赵月枝,《传播与社会:政治经济与文化分析》,中国传媒大学出版社,2011,页4。

即便在今天的西方世界也遭到了来自现实的种种挑战,这既应该成为我们对其反思的契机,也应该成为我们分析中国问题时的现实背景。张志华、姬德强和胡正荣以及洪宇等人的文章正是对此正面回应的议题。①总之,对公共性的讨论既有较为宏观的结构分析,也有更为聚焦的个案研究,既有以上学者对传播制度和传播现象的分析,也有龚伟亮对传播学术本身的公共性问题的考量,它们相得益彰,互相呼应,不仅呈现了传播公共性的丰富内涵,也为媒体商业化时代的学术本身如何维护和建立其公共性提供了有益的思考。

其次,承接前面文章所彰显的全球视野,本书下编的最后部分为我们提供了更为多样的实践样本和"怎么办"问题的讨论,它们也构成了对"只解构不建构"批评最直接有力的回应。在这里,学者们所关注的媒体形式、传播实践活动区域和自己参与的实践场域非常丰富和多元。美国印裔学者葆拉·查克拉瓦蒂(Paula Chakravartty)就把虽是中国有力的竞争对手和有意义比较对象,却较少为国内传播学界所关注的印度社会中的"媒介、现代性和不平等"问题置于读者的视野中。虽然印度后殖民现代性语境下的媒介和不平等问题有其特殊性,不可否认的是,如同本书不同文章中有深入讨论的中国,新自由主义全球化大潮下的商业和资本逻辑在推销印度国家品牌、赋予这个国家"企业"的特质和带来宝莱坞的繁荣以及无休止的24小时电视新闻广播的同时,并没有使这个与中国一样快速"崛起"的亚洲国家的巨大平民阶层摆脱贫困,甚至饥饿。因此,如同中国一样,印度的新自由主义全球化转型和商业媒体繁荣所带来的社会效果,必然是不平衡的和充满矛盾的。它既催生了"印度硅谷"班加罗尔的信息业中那些饱含欲望的中产阶级以及印度的"跨国软件专家"阶层,也带来了新的社会隔离和日常生活中尊严的缺失。总之,这篇文章中有关信息业、媒体与印度城乡关系和阶级关系的讨论不但为中国学者了解印度的传播政治经济提供了一个独特的视角,也为其后的一系列有关中国传播与社会问题的文章提供了难得的比较分析参照。

---

① 有关后2008年代中国信息传播业的政治经济学分析,尤其是对中国互联网和三网融合问题的更多分析,可参见, Yu Hong, *Networking China: The Digital Transformation of the Chinese Economg*, University of Illinois Press, 2017.

在接下来的有关中国传播与社会问题的5篇文章中,王维佳从城乡关系的角度讨论中国革命的历史遗产和中国特色社会主义语境下的媒体与中国现代性问题,吴靖聚焦中国"后社会主义"语境中媒体真人秀节目对性别地位问题的表述,而孙皖宁、邱林川与王洪喆,以及卜卫的文章则在深入细致的田野调查或长期的行动研究实践的基础上,从不同的角度探讨了宪法上依然是共和国的"领导阶级"的中国工人作为改革开放过程中的"弱势群体"所面临的传播政治问题。一方面,这些文章将发展主义传播学研究中忽视或者遮蔽的对象以及研究方法和分析角度呈现了出来,例如农民与知识分子和国家间的政治关系和代表性关系的变迁、工人的主体性、尊严与传播赋权、传播学中行动传播研究的方法论等。需要强调的是,正如卜卫在她特意为本书所撰写的长文中所阐述的那样,这些对象与角度并非是对发展主义主流传播学研究的简单补充,而是对其必要的修正和对传播研究如何推动社会变革这一重要议题的积极探索;另一方面,正如前面所述,我们将不同区域和聚焦不同主体的研究集合在一起并非简单的罗列或者拼凑,而是试图提供一个整体性的视野,将全球资本主义发展中的政治经济问题在城乡、阶级、性别、区域等具体的社会历史和空间关系中呈现出来,在资本、人口、信息和文化的全球性和区域性流动中加以审视。因此,不管是被"增长最快的自由市场民主"话语所遮蔽的印度贫困与不平等问题的媒体表达,还是作为世界工厂的中国巨大流动农民工群体的传播和赋权问题,亦或是本编末尾文章中美国学者多罗希·姬德(Dorothy Kidd)所关注的被资本主义全球扩张所过度剥削的采矿业中的劳工传播问题,事实上都是同一套逻辑的全球作用的表征。然而,这些事关全球多数人口群体的赋权和传播正义问题通常既不被主流媒体所关注,也不为主流传播学研究所关注,自然其中艰难的抗争及其可能性就更不被探讨。本书将对这些议题的关注和批判传播学者们策略思考和现实斗争收录其中,既明确表达了批判研究的价值取向,也充分表明了批判研究的实践指向。

三

本书的书名取作《传播新视野:危机与转机》,我们旨在表达至少两层意思:

第一，希望这本文集能够尽我们所能以传播为视角来呈现当下与未来的关系，危机是当下，转机是未来。我们坚信，没有对当下危机的批判性思考，就无以收获具有转机的未来。

第二，对于本书的全球作者们而言，危机是一种鞭策，转机则是一种希望，对于危机的关注与研究就是我们寻求转机的努力方式。尽管切入点和路径各异，批判学者始终对"历史终结论"保持警惕，坚持把传播现象放在资本主义社会的起源与转型这一大背景之下来研究，认为资本主义制度既有历史、变革和危机，就有被另类社会政治经济组织方式取代的可能。

正因为如此，我们于2011年5月在上海召开"当代马克思主义视野下的传播与社会变迁"国际学术研讨会之时，就将自己的工作明确指向了马克思"最重要的是改变世界"的命题。值得一提的是，这正好也是2013年11月在美国旧金山举行的北美批判传播学术机构"民主传播联盟"（Union for Democratic Communication）的当年年会主题。"在认识世界的过程中改造世界"，正成为中外批判传播学者的共识。当然，认识世界是一个无止境的、不断反思和自我批判过程，而改变世界更不是一朝一夕的事情，需要共同体成员坚韧不拔的努力和精诚合作，也需要能动的社会主体审时度势，化危机为推动社会向更平等和公正的方向转型的契机。

在本书经过漫长的编辑过程终于付梓之际，我们要衷心感谢2010年和2011年在复旦大学举办两场相关会议的所有组织者、参与者与支持者，特别是童兵教授，以及马凌、贾敏、吴畅畅、高敬文等各位为组织这两个会议所给予的支持；虽然这部论文集超出了这两个会议，但是，没有这两个会议就没有这部文集。其次，我们要感谢书中各位中外作者对我们编辑这部文集的耐心和信心，以及本书一些英文文章的译者的辛勤劳动。由于篇幅问题，我们在最后付梓之前，不得不忍痛舍弃一部分文章，对这些支持我们的作者，我们表示深深的歉意。再次，我们要感谢陈思博与张晓星——他们两位在本书编辑的最后阶段无条件地投入了有关翻译文章的校对、书稿的整合和注释格式的修改等繁琐的工作。上海外国语大学新闻传播学院的邓惟佳对全书做了最后的文字编辑，我们也一并表示感谢。最后，作为本序言的两位署名作者，我们要感谢现已离开复旦大学前往华东师范大学新闻传播学院工作的吕新雨教授。作为时任复旦大学当代马克思主义新闻传播研究中心的主要创办者和执行主任,她是这两个会议的核心组织者;作为这部书的主编之一,她为其组织框架与赵月枝有过多次的讨论;作为这篇序言初稿的第一位读者,她为我们提出了许多宝贵的意见。

上编：当代马克思主义、危机与传播

格雷厄姆·默多克(Graham Murdock)

一、消费的生产:商品、诱惑、矛盾

伍 静 译

当前正兴起一股重新评价马克思的巨大思潮。虽然柏林墙倒塌后马克思曾被贬为已经过时,但如今他却被看作是一个极富当代性的人物。他的头像出现在一些奇怪的场合中。原属东德的开姆尼斯市(Chemnitz)储蓄银行的客户最近推选将他的头像印在新发行的万事达信用卡上。[1]鉴于2008年的金融危机一定程度上是由消费者信贷过度造成的,此事显得不无讽刺意味。但在评论家和社会活动家的圈子里,马克思所坚称的资本主义的发展动态既在范围上波及全球又注定产生普遍危机的观点再次点燃了大家的兴趣。正如惠恩(Francis Wheen)所指出的,"马克思可能直到现在才显现出他真正的意义,(而且)可能会成为21世纪最具影响力的思想家"。[2]我也想证实这一观点,并且我认为,若要对当今资本主义的文化景观作公允的批判性分析,就必须从回到马克思的全部原典开始。这并不表明,他对当今的现实问题给出了明确的答案。要寻找确信无疑的结论就等于忽视了他作品的未完成性和即时性。事实上,他给了我们一些可以调用和凭借的关键的起点和资源。这其中的一个起点就是他对商品的社会生命和对围绕商品产生的消费文化所做的分析。

---

[1] Jeffries,《排名第一的马克思》(Top Marx),见 The Guardian:G2,2002 July 5th,页6—9。
[2] Wheen,《马克思的资本论传》(Marx's Das Kapital:A Biography,London,2006),页121。

商品化和消费

1857—1858 的两年中,马克思用七本笔记本记满了他的想法、草稿和评论。这些笔记后来演变成了闻名于世的马克思著述合集《政治经济学批判大纲》(*Grundrisse*),为他十年后发表的《资本论》(*Capital*)第一卷中对正统经济学说的彻底批评做了铺垫。不仅如此,这些笔记还介绍了他后来再也没能在之后的作品中详细展开的思想和追问。这一未竟事业还包括他对消费的简短评论。

尽管他承认生产和消费是"一个过程的两个要素",但他坚信,"生产是居于支配地位的要素"、"是实际的起点",是任何分析都绕不过去的起点。① 正是马克思认为,生产"不仅有客观方面,并且还有主观方面""生产着消费",同时也生产出"消费的对象、消费的方式和消费的动力"。② 马克思坚称,资本主义制度下的消费,不仅需要创造需求和欲望(动机),还要建立起具体的社会实践(方式),这为他后来将生产和交换的政治经济学与对围绕我们身边的商品和物品的社会的、意识形态的和想象性的生命的探究进行统一的分析埋下了伏笔。

写到这里,有必要对消费和消费主义两个概念做一个清晰界定。在任何跨越了自给自足状态的经济体中,消费由他人提供的商品和服务,无论对于社会还是个人来说,都是一种必需。但是当消费变得浪费,当用后即抛取代了经久耐用,当我们把自己感觉成个体化的消费者而忘了我们作为工人和公民的身份从而消解了面对共同环境时的团结一致,问题才真正出现了。这种取代是通过对消费主义意识形态的坚持不懈的推广达成的。消费主义意识形态将市场呈现为最根本的自由空间,并说服我们只能完全靠自己、通过我们个性化的购物所得将这种独特的感觉传递给他人。把充满占有欲的个人主义与个人和社会的表达自由蛮横地划上等号,已构成了今日资本主义的超级意识形态,而马克思对商品的评论依然

---

① Marx,《政治经济学批判大纲》(*Grundrisee*: *Foundations of the Critique of Political Economy*, Harmondsworth,1973),页 94。

② Marx,《政治经济学批判大纲》,前揭,页 92。

是我们开启揭示这种意识形态的分析的最佳处所。

乍一看,马克思将商品定为他的巨著《资本论》的开篇章节的主题显得似乎有点奇怪。正如他自己所指出的,"商品看似一种非常平凡琐碎的东西,很容易理解"①。但是对于马克思来说,表象极具欺骗性。隐藏在商品底下的却是通向资本主义作为一种社会组织模式和一种意识形态建构的运作方式的关键线索。马克思认为,商品的真实历史及其价值来源"并没有大摇大摆地举着一个描述它究竟是什么的标签"。它写在了需要解码才能识别的"社会象形文字"中。因此,试图"辨认这些象形文字,了解我们自身的社会产品背后的秘密"就成了批判分析的一个中心任务。②

在其写于 1847 年的《哲学的贫困》(*The Poverty of Philosophy*)这部早期核心思想草稿中,马克思认定商品化是促使资本主义扩张的核心推动力。他认为,对未来利润的预期要求将每种可用的资源都转化成一种可以在市场上卖出价钱的商品或服务。资本主义与过去的封建社会的决裂在于"一种特殊时代"的到来,在这个时代,过去有过传递但从未交换、有过赠与但从未售卖、有过获取但从未购买的美德、爱、信念、知识、良心等等最终都过渡到商业中,此时一切的一切,精神的或物质的……都被带入市场中。③ 然而,对于马克思来说,"被带到市场上的"主要生产力就是劳动力,而正是这一过程及其结果,在他成熟的分析中居于核心位置。

与以往政治经济学家(包括亚当·斯密和李嘉图)一脉相承的是,马克思也认为商品的价值反映了生产这种商品所投入的劳动的数量。随着劳动者从农业经济支持的自给自足和物物交换状态过渡到工业大生产,他们自身也变成了商品。他们被迫出卖他们的劳动力以换取让他们得以购买他们维持受雇的健康条件和养育下一代劳动者所需的衣食和其他物品的工资。在马克思看来,这些"社会必要"劳动成本仅由部分工作日创造的价值就能抵消。剩余的时间创造了额外的或"剩余的"价值,雇主可以作为利润据为己有。这种剥削结构是埋藏在所有商品下面的肮脏的秘

---

① Marx,《资本论(第 1 卷)》(*Capital: A Critical Analysis of Capitalist Production-Volume One*,London,1946),页 41。
② Marx,《资本论(第 1 卷)》,前揭,页 45。
③ Marx and Engels,《马克思恩格斯全集(第 6 卷)》(*Collected Works-Volume Six*,New-York,1976),页 113。

密。在市场等价交换和诚信经营的表象——做满一天的工作拿一天应得的工资,一分价钱一分货——之下是血汗工厂近乎苦役的劳动,是工厂打卡制度及机器生产对工人无情的军事化管制。商店里展出的商品对其效用、便利和享受的承诺掩藏了日常生存斗争的冷酷现实。

资本主义扩张的矛盾

然而,自从马克思发现确保生产力不断提高的这一过程本身制造了侵蚀他们根基的矛盾后,这个结构并不像看起来的那么稳固。首先,生产越是有效率,生产过剩危机发生、卖不掉的商品堆积起来、引发高度不稳定的经济周期的可能性就越大。第二,将工人聚集在大型工厂,并将其宿舍设在人口密集的住宅区里,为工人们意识到他们共同的生存环境从而组织起来谋求改变创造了社会空间。

马克思从他最喜欢的小说——《玛丽·雪莱》(Mary Shelley)的《弗兰肯斯坦》(Frankenstein)中获取了灵感,认为就像冯·弗兰肯斯坦男爵想要通过发明一个怪物创造一种完美的生活但这个怪物反而转过身来对付自己的创造者一样,资本主义执意追求实现利润最大化,结果只会给自身的毁灭创造条件。资本主义社会的不断进步只是一种假象。资本主义侵蚀到的社会和想象生活领域越多,它就越多地创造了工人运动形成的条件。

马克思低估了资本主义的弹性。在一句众所周知的名言中,他将工人阶级称作资本主义的"掘墓人"(grave diggers),但他忘了坟墓通常是由公共机构组织建设的,并且对很多人来说是供人瞻仰的地方。他错误地估计了发达资本主义的扩张在多大程度上需要有一个强有力的国家通过加大在福利和战争方面的公共支出来遏制经济危机。他也没有充分认识到民众的爱国主义诉求和国家的想象共同体对于弱化阶级意识的重要性。然而,他有一点是无比正确的,就是看到了商品拜物教对于资本主义努力掩盖自身缺陷起到了关键作用。

虚假的表面:商品文化

在宗教信仰体系中,崇拜(fetish)被认为有神奇的或超自然的力量。

犹太人出身的马克思儿时成长于特里尔市,而这个曾经以天主教徒为主的城市在他出生三年前被并入了信仰新教的普鲁士州,因此,他对宗教文物、雕像和画像带来的威力非常了解。在他看来,商品的运作方式与此相同。一旦被展出,商品就有了自己的生命,并充满了改造生命的力量。《资本论》最终得以发表之时,正是早期的专业广告主在培养关键销售技巧的时代,他们快速意识到诉求变革的潜力。借用基督教福音运动,他们广为宣传商品的疗伤功效,承诺消费者可以获得重生并享受舒适、安宁和称心的生活。污垢可以用专用的清洁剂清除,身体的病痛可以用专利药品治疗,而省力的电器可以消灭琐碎的家务活。"唯一的要求就是作一个单一的选择"。① 消费主义——即认为消费是自由和自我表达的主要空间的观念——作为一种意识形态体系所产生的吸引力被证明极为有效,原因有三:

首先,广告和其他产品推销形式都经过了精心的设计,旨在吸引人们的注意力、鼓吹占有和使用的乐趣、平息有关生产组织的尴尬问题。消费者们受到引导,只去思考商品能为他们做什么,而忘记去问商品从何而来、谁在什么条件下生产了它们,以及组装这些商品需要付出哪些社会和环境成本。由于机械化大生产抹去了人工劳动的所有痕迹,商品的使用与商品的源头在距离上的阻隔被稳步强化,而国家公路和铁路系统以及跨国航线的发展也逐步扩大了商品从源头运输到最终市场的距离,这一切令人们回忆商品是怎样、在哪里被生产出来的变得越来越困难。随着标有生产者名字的品牌商品的崛起,这个缺陷逐渐得到了弥补。正如兰道夫·丘吉尔勋爵(Lord Randolf Churchill)当时观察到的,"我们生活在……霍洛威(Holloway)药片、科尔曼(Colman)芥末和霍尼曼(Horniman)清茶的时代"②。其作用是将从劳动到资本的生产转化为信用。

第二,可购商品的大量增加得以将支撑工业资本主义现代性模式的"'进步'观念"合法化。公共生活的物质基础——公路照明、排水系统、新交通网络——提供了十分显眼的福利指标,而这些福利正是资本主义将

---

① Loeb,《消费天使:广告和维多利亚女人》(Consuming Angles: Advertising and Victorian Women, Oxford, 1994),页184。
② 援引自 Richards,《维多利亚时代的英国的商品文化:广告和表演》(The Commodity Culture of Victorian England: Advertising and Spectacle, 1851—1914, London, 1991),页249。

各项创新发明据为已有的结果。产出的商品所带来的家庭生活的便利、舒适和安心将这一过程牢牢锁定在家庭生活的亲密关系中。这两种合法化模式完美融合，在 1851 年先后于伦敦海德公园和南部郊区的水晶宫举行的世界博览会上大放异彩。建筑师们凭借新的钢铁和玻璃制造技术建造了首个完全现代的资本主义城堡，会议组织方则在城堡中塞进了琳琅满目的当代发明和商品。这是一场"规模空前的对邪恶的智慧的……一次大展览"，在这里，有用的物品与价值可疑的商品（例如"遇有紧急情况就会随时打开的"紧身胸衣）争先恐后吸引人们的注意，但展览传递的总体讯息显而易见；科学家和工程师的创造性以及新资本家的开拓精神，使得"这个世界充满了你生活中不可或缺的精彩的东西"(Stevenson 2006：21)[1]成为可能。

第三，世界博览会上展示的商品新世界被放置在一个后来成为吸引各路游客的大型旅游胜地的建筑中决非偶然。新消费与充满了迎合各种口味和收入的饭店、剧院、舞厅、音乐厅和展品的新市容之间存在着紧密的联系。这些新的享受和休闲机会是资本和劳动之间达成现实交易的核心所在。工业化的劳动虽然可能是肮脏的、危险的、单调的和异化的，但所得的工资却为工人在"空闲"时间提供了实施个人选择和个人表达的机会。在这一概念中，消费和休闲带来的享受表现为对工人艰苦劳动的回报。

欲望的图景

马克思在年仅 24 岁时曾嘲笑过一位德国的作家，这位作家称宗教的物神崇拜使人从感官欲望中升华，使其不至于沦为一种动物而已。与超越感官欲望南辕北辙的是，"马克思尖锐地反驳说，拜物教正是一种感官欲望的宗教：'从欲望中生发的幻想欺骗了拜物教者，令他们相信无生命的物品会放弃其自然特性，以符合他的欲望'。"[2]他在后来的作品中再也

---

[1] Stevenson,《权力归于人民》(Power to the People)，见 *The Observer: Review* , August 13, 2006, 页 21。

[2] Wheen,《马克思的资本论传》，前揭，页 43。

没有回头重述这一论断。在《资本论》中,他一笔带过地提到了人类欲望可能会"从幻想中……萌发"①,但这个问题后来留给了西方马克思主义者,后者深受弗洛伊德影响,致力于探究需求和欲望的文化建构。对于瓦尔特·本雅明(Walter Benjamin)来说,商品拜物教有着浓厚的感官和情欲意味。这是一个将"欲望和情感引向没有生命的产品……"的过程,"(通过这一过程)商品被转化为一种性欲的对象,而消费就是满足这种欲望"。② 在这种概念化过程中,在商品世界里徜徉不再简单的是一种世俗形式的宗教信仰,而是与物品的一系列的亲密接触,这些物品身上充满了某种与恋物癖者从橡胶衣物或高跟鞋上体验到的同样的性感。和恋物癖一样,新的消费者图景所产生的快感与其说重在占有,不如说重在观赏。

这种欲望的新图景是围绕两大领域的创新建构起来的,一是大众媒介对广告和促销的动员,二是新零售环境的发展。商业化媒介在消费者欲望的营造中扮演了重要的角色。新的购物环境为欲望的实施提供了空间。正如表1所显示的,零售的组织实现重大发展的同时,新型大众传播媒介也适时出现,两种因素综合起来,使消费围绕新的中心原则组织起来。然而,这并不是一个此消彼长的过程。每个新的阶段都涵盖或吸纳了以往的阶段。

不过,随着时间的推移,我们可以看到三种日趋强劲的潜在势头。首先,人们推销商品,越来越不依靠其实际用途或物有所值,而是依靠其所代表的生活方式和个人身份认同。第二,商业媒介和零售环境所建构的推销文化变得越来越广泛而深入。第三,消费越来越成为劳动的延伸。

实用:勉强度日

马克思熟悉的绝大部分工人都是量入为出的穷人,他们艰苦奋斗以确保微薄的工资或时断时续的收入足够应付家庭基本所需。生活的重心在于用途和物有所值。消费者图景反映了这些紧迫需求。报纸通常按照

---

① Marx,《资本论(第1卷)》,前揭,页1。
② Gilloch,《迷思和大都市:瓦尔特·本雅明和城市》(*Myth and Metropolis: Walter Benjamin and the City*, Cambridge, 1996),页120。

基本大类分组刊登分类广告推销产品或二手货。这种模式在本地的商店和市场货摊上也同样出现，每家商店或货摊都专卖某种特殊的商品——杂货、肉类、家具、衣服。很少有地方花很多心思做视觉展示。报纸广告完全或主要依赖印刷文本，而传统的商店只是在橱窗里或门外大街上堆积他们必须卖出去的商品样品，而没有刻意或无意将它们展示在诱人、耀眼的背景中。许多供销售的日用商品都是无商标的，并非品牌商品。顾客将买来的几匙茶叶、糖或面粉倒入一个普通的袋子中。这种对实用的注重和视觉上的简朴随着革新了海报设计、引进了新的绚丽色彩的平版印刷的发明、图片广告主宰的新杂志的创刊、百货商店的兴起和影院的普及而告终。

表 1　商品文化的集中

主要媒介	主要零售场所	核心原则
报纸	本地商店/市场	实用
影院	百货商店	展示
商业电视网	超市	流动
多频道电视	购物中心	浸润
Web 2.0	网络	劳动

展示：观赏、希冀、占有

"在 1850 年至 1890 年之间稀松出现的"[①]百货商店从一开始就是综合性的休闲场所，在给顾客提供购物机会的同时也提供娱乐。一开始百货商店仅仅局限于在大都会区开设，面向的顾客主要是日益壮大的中产阶级专业人士和白领工人，但后来逐渐覆盖到偏远的城镇。他们充分利用玻璃和照明方面的发明和技术，用琳琅满目的展品装点临街的大型橱窗，其中商品在一幕幕变幻多姿的场景中扮演着重要的角色。电影院也将这种商品的戏剧化延伸到了电影表演中。1920 年，威尔·海斯（Will Hays）被派去审查好莱坞影片中的过度色情场面。他无疑认为，电影为

---

① Benson，《柜台文化：美国百货商店中的女售货员、经理和顾客，1890—1940》(*Counter Cultures*: *Saleswomen*, *Managers and Customers in American Department Stores*, 1890—1940, Urbana,1986)，页 13。

美式资本主义和美式生活方式做了一个强有力的广告,向"每位国内的美国人、数以百万计的海外潜在买主传递了美国生产的商品的鲜活视觉感受"①。但是,真正认识到需求是如何由欲望深刻地塑造的是小说家斯科特·菲茨杰拉德(Scott Fitzgerald)。他的一部短篇小说的年轻主人公严慈(Yanci)坐在一家电影院里,完全沉浸在诱人的物品和感官造型中。她一边看着影星"梅·默里(Mae Murray)盘旋穿梭于华美的景色中",一边计算着这套行头的成本。她赏心悦目地体验着梅·默里的美——"她穿的衣服和毛皮、她光彩夺目的帽子、她看似很小的法式鞋"。②

观赏、希冀与占有三者之间的关联因一系列的手段而得到增强。生产商花钱在电影中凸现其产品镜头。1896年,卢米埃尔兄弟拍了一部短片,是历史上有记录的第一部植入式广告,广告中几箱立佛兄弟(Lever Brothers)牌肥皂被显眼地放在两个正在周末大清洗的女人面前。到了1920年代,促销性的捆绑式销售将荧幕上的光环转移到了城市中心剧院周围的店铺里。正如《每日电影》(Film Daily)在1931年指出的,你可以用"任何一种题材的剧情片""将展览会与在全国打广告的产品直接有力地"捆绑在一起。③ 配合电影《扬帆》(Now Voyager)(1942)发行而做的宣传组合迫使本地的服装店设计出以"扬帆,购买……是您明智的选择"为口号的"展示旅行套装和配件的别致橱窗"。这部电影歌颂了一个无聊乏味的老姑娘蜕变为一个高贵典雅的女人的故事。

1899年,美国经济学家索尔斯坦·维布伦(Thorstein Veblen)因出版著作《有闲阶级论》(The Theory of the Leisure Class)而一举成名。他在美国威斯康辛州的一个讲挪威语的农民家庭中长大,从小耳濡目染笃信新教,认为消费应该满足的是紧迫的需求,是对辛勤正直的劳动的回报。他目睹了从银行、石油和铁路等行业中暴发的有钱的新贵族阶层对财富的华丽展示,将消费转化为宣示个人成就和品位的有力新媒介。他认为

---

① Eckert,《梅西百货橱窗里的卡洛·朗白》(The Carole Lombard in Macy's Window),见 Quarterly Review of Film Studies,1978,3(1),页1—21,页5。
② 引自 Fuller,《在映画秀上:小城镇观众和电影迷文化的塑造》(At the Picture Show: Small-Town Audiences and the Creation of Movie Fan Culture,Washington DC,1996),页162。
③ 引自 Newell, Salmon and Chang,《产品植入式广告的隐匿史》(The Hidden History of Product Placement),见 Journal of Broadcasting and Electronic Media,2006,Vol 50, No 4,页575—594,页582。

这是与传统的实用精神的决定性背离。时尚的商业民主化将时尚造型从荧屏和名人豪宅带到了普通大街上，使得维布伦所称的"炫耀消费"（conspicuous consumption）的新方式得到普及。它不再是仅仅为超级富豪所拥有的一种物品语言，而成为一种流通的货币。

流动：欲望的疏导

直到 1950 年代早期，美国才开始真正谈得上是大众消费社会。战时暴发起来的新贵使得越来越多的家庭由勉强度日阶段过渡到构建生活方式阶段。按需消费逐渐被选择的快乐和品牌的象征意义代替。这种新的大众化过程要求有新的组织原则来应对，而这种组织原则就是流动。

1916 年，美国商人克拉伦斯·桑德斯（Clarence Saunders）在田纳西州的孟菲斯市开办了他的"小猪扭扭"（Piggly Wiggly）商店，众所周知，该店名取自儿歌"小猪去集市"。这是世界上第一家自助式商店，是现代超市的雏形。百货商店里总是充满了销售人员，就待售的各类商品的质量向顾客提供咨询建议。通常这些百货商店也提供免费的送货到家服务。"小猪扭扭"有所不同，进入这里的顾客都会经过一个旋转门，穿过堆满品牌商品的走道，然后将他们购买的东西提到付款的柜台上，然后徒步或搭乘城际交通系统或开车将东西运走。小猪扭扭店里安排了特别的商品展示方式，以确保要购买较为高档或诱人的商品的顾客必须首先通过一堆堆的日常家用品才能到达想去之地。

在媒介领域中，商业广播电视网的核心组织原则——节目表——就效仿了超市精心安排的物流系统。广播电视台通过将节目按精心设计的顺序编排，确保听众和观众守住某个频道，从而将物流引入到家庭生活的核心中。去影院看电影或"逛街"是要用心规划的。他们都是一种活动。商业广播电视将欲望居家化了。正如美国早期商业广播的热衷者弗兰克·阿诺德（Frank Arnold）在 1931 年指出的，"无论门窗用栅栏封锁得多严实""透过门窗"进入"全国千家万户"并在休闲时刻将"广告讯息"传送到"家庭圈之中"在"人类历史上第一次"成为可能。商业电视在广播制造的亲密接触上又添加了视觉元素，从而将这种卖点进一步发扬光大。尽管广播电视管理方有良好的初衷，但是促销的力量不可能局限在指定的广告间歇中。它蔓延到了整个节目表中。无论节目形态如何,"都是千篇一律地视觉化,令人眼花缭乱,在劝服的同时让人忘情于感官的愉悦中。目不暇接,新玩意儿,新鲜出炉"①。屏幕变成了"商店橱窗、电视机成了仓库",而"每个道具"都是"可以购买的"。② 观众被两次建构为消费者,一次是作为节目里源源不断的货品和款式的展示的受众,另一次是作为广告里推销的商品的潜在购买者。

浸润:建造大型购物中心

1950年代商业电视的迅速发展也伴随着新型零售环境——购物中心的兴起。把彼此独立经营的商铺集中设在有顶棚的步行区里,这个概念本身并不新奇。于1819年启用的由玻璃顶棚覆盖的伯灵顿商场提供了一个被整个欧洲广泛采纳的模式。不过,到了1930年代,它们很大程度上似乎已成为正在消失的过往的一部分,受此启发,德国批评家齐格弗里德·克拉考尔(Sigfried Kracauer)写了一篇告别辞"再见了,灵顿商场(Linden Arcade)",而瓦尔特·本雅明(Walter Benjamin)则展开了一项针对巴黎商场的文化考古的重大研究项目。购物中心则是美国人的创新,而首开先河的是1956年在明尼苏达州艾莉娜(Elina)市开张的全封闭式南谷购物中心(Southdale Centre)。同样也是一家明尼苏达州的城市布鲁明顿(Bloomington)将购物中心的潜力充分发挥,于1992年开设了首个超级购物中心——美国购物中心(Mall of America)。除了众多的零售折扣店外,该中心还设有一个主题公园、滑雪场、电影院、餐馆和三家宾馆。通过将多种消费和休闲选择整合在一个恒温控制、实行内部治安管理的环境中,该中心独创了一种经典的全能机构。它向顾客承诺,没有必要去购物中心以外的任何地方,因为顾客们有可能需要的每样东西都在这儿,而且伸手可及。

多个有线频道的引进和24小时全天候电视节目的出现不可逆转地

---

① Marling,《诚如电视所见:1950年代日常生活的视觉文化》(*As Seen on TV: The Visual Culture of Everyday Life in the 1950s*,Cambridge,1994),页5。

② Conrad,《电视:媒介及其面貌》(*Television: The Medium and its Manners*,London 1982),页122。

改变了商业电视环境,如此一来购物中心的包办特质在家庭空间里也得到复制。在美国,创办至今一直主宰着美国电视业的大型电视台受众人数逐步减少。在欧洲,一个又一个国家里,有线和卫星频道打破了公共广播电视台的垄断,为新的开路广告赞助频道的兴起铺平了道路。结果,更具整合性的商品文化得以形成。超大型购物中心(mega malls)不仅提供购物机会,还提供丰富的娱乐选择。有线电视也在提供电影、体育和娱乐节目服务的同时开设家庭购物频道。电视台纷纷在公共场所、酒吧和饭店里用大屏幕播放节目。对企业赞助和植入式广告的日渐依赖使得商品有偿整合到节目中的机会大大增加。

消费者之所以有能力应对超级丰富的环境和不断升级的促销活动,背后的支撑力量是信贷制度的大幅扩张。许多公司沿用了以往的方案,允许顾客先享用商品和服务过后再付款,但这些仅仅局限于特定的消费或某些类型的商品。1996年两种最普及的通用型信用卡的先驱——维萨卡(Visa)和万事达卡(MasterCard)正式发行。得到它就拥有一切,如今首次成为可能。正如让·鲍德里亚(Jean Braudrillard)在其两年后出版的《物体系》(*The System of Objects*)一书中所指出的,消费与支付能力的这种剥离被当作一项新的消费者权利来呈现,而"对于信贷购物的可能性所施加的任何限制都给人感觉是国家层面采取的一项报复措施"[1],一种对个人自由的无理侵袭。政府对这种观念的认可后来导致了对银行业的放松管制和肆意无度的放贷,从而引发了2008年的金融危机。

花钱的灵活性也同样加速了商品的用途作为一种消费者选择标准的滑坡。在以"过度累积、向前逃逸、加速消费"为特征的市场里,物品购买时所贷的钱款一旦付清,物品也就损耗完了,而在此之前,它们的物质特性也变得不如它们作为自我和社会沟通媒介的延伸的用途来得重要。结果,"要成为消费的对象,一个物品必须首先成为一个符号"。[2]

这种模式已经逐渐蔓延到中国等广播电视原本由国家强势引导的国家。主流电视台现在财政上主要靠广告收入支撑,多频道电视已经登陆大型城镇,新富们和正在涌现的中产阶级们手头丰厚的可支配收入足以

---

[1] Baudrillard,《物体系》(*The System of Objects*, London 2006),页169。
[2] Baudrillard,《物体系》,前揭,页218。

养活世界上最大的购物中心——2004年在北京开张的世纪金源。相似的景观在世界的另一个正在崛起的经济大国印度也正在建设中,并携带着巨大的意识形态能量。正如一位印度记者指出的,"购物中心是城市化的印度向'进步'致敬的标志,传递了一种强烈的信心感,假如购物中心足够大,有足够多的品牌,那么就意味着与世界接轨了"①。将未来等同于日益增加的消费机会和生活方式选择,逐渐弱化了曾经驱动后独立"发展"的国家建设愿景。个人的满足感开始凌驾于公共投资和公共设施之上。

劳动:作为劳动的消费

克拉伦斯·桑德斯(Clarence Saunders)在设计他首创的超市时的目标之一就是将货比三家、运输和存储商品等过程中所要付出的劳动量从供货商转移到消费者身上。消费者承担了先前由售货员、送货员和仓库管理员承担的任务。自那以后,休闲把顾客带入了越来越多的劳动中。快餐店里的顾客被要求自助吃沙拉,并在吃完以后自己处理吃剩的食物。家具的扁平包装则要求顾客自我组装。旅游业中自动售票越来越普及。②

斯迈思(Smythe)在其对"受众商品"("audience commodity")的富有开创意义的分析中,丰富了对休闲作为一种电视观看的劳动的分析,认为电视广告商从商业广播电视台处购买的是观众的注意力和对广告的接纳态度。广告绝没有打断节目的播出,恰恰是节目成为广告的前奏和伴奏。就像"酒馆或鸡尾酒吧里赠送给顾客的薯片和花生"一样,他们提供免费午餐,旨在让顾客放松身心、产生认同感。③ 在斯迈思看来,观赏的愉悦和"受众权力"④的行使都主要被狡猾地用来让人们永无休止地"向自己

---

① Rao,《购物中心和超级购物中心》(*Mall and Supermalls*),见 http://www.hinduonnnet.com/the hindu/mp/2055/06/11/stories/2005061103190300.htm,2006年8月25日登录。

② 见 Ritzer and Jurgenson,《生产、消费和生产型消费:数字"生产型消费者"时代资本主义的实质》(Production, Consumption, Prosumption: The nature of capitalism in the age of the digital 'prosumer'),见 *Journal of Consumer Culture*,2010,Vol 10 No 1,pp. 13—36。

③ Smythe,《依附之路:传播、资本主义、意识与加拿大》(*Dependency Road: Communications, Capitalism, Consciousness and Canada*,Norwood,1981),页37—38。

④ Smythe,《依附之路:传播、资本主义、意识与加拿大》,前揭,页26。

营销消费品和服务"的劳动更加顺畅。家庭空间成为了工厂生产线的延伸，(而正如我们早前看到的,超市)受制于写进广播电视节目表的工业化工效管理制度。这种对马克思劳动分析的新应用后来又被另外两位北美作家苏特·杰哈利(Sut Jhally)和比尔·里温特(Bill Livant)进一步发扬光大。后者认为,正如生产中的利润来自于"剩余劳动"一样,商业广播电视系统中的利润则来自于被要求用来负担正常观看时间成本之外的"剩余观看时间"。① 在他们所举的假设性例子中,受众只需观看半小时节目中 12 个广告中的 4 个广告就能支付成本。他们对其余 8 个广告的注意力就是纯利润。

这种分析是由斯迈思及其支持者提出的,它既是对商业广播电视的批判政治经济学分析的一个有用的延伸,也是"大众媒介并不主要以他们向受众输送的讯息而是以他们所索取的(价值)为特征"的思考方向的必要变化。正如我在这里所主张的,要充分发挥马克思分析的潜力,就得持续回到消费的意识形态维度以及它们在商业媒介和零售环境的组织中的实际再生产上。但这并不是一个非此即彼的选择。相反,新近的发展已使得两者可以兼顾。

资本主义一直依赖先进的通信系统来跟踪、整合、协调其发起的分散的生产和消费活动。这些任务在资本主义扩张的第一阶段由电报技术完成,之后则由电话和穿孔卡片机技术完成。如今他们依赖电脑、电信和文化生产的融合来完成。数字化进程中诞生了范围和容量都无与伦比的网络。多少容量可以向公众开放、公共网络如何组织、谁对它们有使用权限,关于这些问题的斗争,在接下来的数十年中,会成为主要的矛盾点。

这种斗争中存在的利害关系已在围绕网络发生的小摩擦中鲜明地现出来。公司利益团体投入了相当大的精力来征用公共网络,为促销和利润服务。每当用户点击一个超级链接或有何登录经历,都会被准确跟踪,这些跟踪数据整合起来就可以提供详细的客户资料,使促销吁求更个性化和有效。多用户在线游戏所营造的想象的社会空间成为了实体线下

---

① Jhally and Livant,《作为劳动的观看:受众意识的价值化》(Watching as Working: The Valorization of Audience Consciousness),见 *Journal of Communication*, 1986,36(3), Summer, 页 124—143,页 127。

零售连锁店建设虚拟商店的场所。这些成了长久实践的延伸。更彻底、可能影响更深远的努力就是招募消费者为免费劳动力,让他们付出时间、精力和专业技术以研发和营销产品。他们不再简单地只是观众和顾客。他们被吸引成为他们所购买的商品的"共同创造者"、具有生产能力的消费者、"生产型消费者"(prosumers)。在此过程中,休闲和社会关系成为了剥削的附加领域。① 篮球爱好者被邀请去为他们所穿的运动鞋的改良献计献策。粉丝和发烧友经营的电影和音乐网站的捐赠者被招募为病毒式营销人员,通过口耳相传来推广一部新电影或新专辑。正如我们在上文指出的,马克思看到了资本主义不断地将"到那时为止有过传递但从未交换、有过赠与但从未售卖"的东西带到市场上的内在逻辑(Marx 1976:113)。将消费者纳入到生产过程中以利用他们的精力、技术和敬业精神,是这种过程在实际中的一个完美的范例。

网络化的矛盾

世界范围内的对市场和消费的欢欣鼓舞是受到了人们对国有制和计划经济的幻灭推动的。由于受到腐败、低效率和对民众需求的冷漠等因素的不良影响,公共管理举措开始被看作是"进步"的阻力而非催化剂,而这一观念因苏联解体而进一步深入人心。一些政府热情澎湃地接受了市场驱动的替代选择,另一些政府则被迫实行"结构性再调整"作为向别国借款或加入世贸组织的条件。结果,目前世界上任何大型经济区都无不纳入到世界资本主义体系并受制于资本主义主导意识形态。然而正如资本主义的第一轮扩张一样,资本主义的最新阶段正催生着新的矛盾,为动员反对力量提供了新的手段。

资本主义无论在发展方面还是影响力方面都高度不平衡。首先,在此过程中胜利者和失败者之间的鸿沟越来越大。每有高科技中心和创意园区,相应就有持续蔓延的棚户区和贫民窟;每有一个扩张的城市,相应

---

① Comor,《生产型消费者的脉络化与批评:权力、异化与霸权》(Contextualising and Critiquing the Fantastic Prosumer: Power, Alienation and Hegenom),见 *Critical Sociology*,2010,Vol 37,No 1,页 309—327。

就有一个荒无人烟的乡村与之对应；每有住着高薪管理人士和专业人士的公司总部和研究所，相应就有以最低工资雇佣工人的"离岸"血汗工厂、呼叫中心或厂房；每有因工出差者和旅游者，相应就有一波外出打工的移民和难民。其次，如今显而易见的是，工业扩张带来的日积月累、无可挽回的环境成本也分散不均。维持核心原材料和食品的供应涉及到的露天开采和森林砍伐主要位于低收入的国家和地区。洗衣机、电视机、个人电脑、手机和其他消费品的标准元件一旦"有用"生命结束了，嵌入其中的污染就被运到城市中心和郊区以外，被倾倒在偏远的农村地区或城市的外边缘。这些不平等在全球范围内造就了人数不断扩大的被剥削、被驱逐、被侮辱的人群。与许多维多利亚时代的社会评论家一样，马克思在穷人劳动者与不断换工作的流动人口"游民无产者"(lumpen proletariat)之间做了鲜明的区分。前者是革命的原材料，后者却是需要控制的问题。在当前的环境下，这种区分不再站得住脚。当前的剥削具有多样性。

在应对剥削和赤贫的全球化问题时，我们也发现了潜在应对方法的全球化。基于世界公民的理念和对实现全球范围的社会公平的呼吁，针对资本帝国的新一轮激进的反对浪潮正在形成过程中。商品文化为大众动员提供了一个舞台。消费者对雇佣童工生产的商品或涉及环境掠夺的商品的抵制、对废旧商品和包装作更有效的回收的越来越高的呼声、对公平贸易产品的越来越多的支持，都是资本主义富裕中心在敏感性上发生转变的征兆。但是真正的斗争还在后头呢。气候变化的巨大挑战不仅要求消费模式更具生态保护意识，而且还要求大幅缩减消费规模。然而2008年的金融危机及其余波将情况复杂化了。在许多关键的资本主义国家里，失业率高居不下，尤其是在年轻人中，加之整个西方资本主义世界的公共支出大肆削减，个人和家庭经济状况持续拮据，致使消费萎缩的现象普遍出现。从长远来看，如何维持下去仍然是一个悬而未决的问题。与此同时，面临出口产品在国外主要市场需求下降的中国则致力于大幅提高国内的消费水平。挑战之处在于如何才能设计出由可持续性和平等原则而非消费主义意识形态支撑的消费模式。要争取大众对后消费主义社会秩序的认同，核心在于夺得对新的全球传播网络的控制权。

目前正在运行的有两种截然不同的网络模式。一方面，我们目睹了基于横向网络的点对点交流的爆炸性增长，他们为动员和协调反对性活动酝酿了巨大潜力。另一方面,公司企业正齐心协力地推动将互联网重建为一种垂直的、自上而下的网络,从而可以更牢固地植入既作为意识形态构成部分又作为一整套社会实践的商品文化。面对此种情境,把激进政治经济学的主要职责看成是摧毁那些较为天真的互联网爱好者肤浅的乌托邦并对资本主义军械库里的强大武器作全面的库存清理和批评是很有诱惑力的。这当然很有必要,但还不够。我们还需要作出植根于世界公民实践原则的另一种选择,还需要提出可行的建议以建设机制性的保障措施,确保全球大众传播网络能够为理解和在日常经验的方方面面落实这些原则的行动传送基本的资源。

丹·席勒(Dan Schiller)[①]

二、重压之下的权力：危机中的数字资本主义

吴畅畅 译

"过去的一年我们在经济领域取得了巨大的成就,经济条件的每一项主要指标都已超过去年。种种迹象表明,政府将进一步推进经济复苏计划,经济危机遗留的种种问题必将逐渐得到解决。"上述是时任美国商务部长于1934年新年写下的一段话("Roper Projects",1934),彼时,被现代人称之为"经济大萧条"的时期已经进入第四个年头,在此之后仍然持续数年。

时至今日,增长的公司利润的背后是成千上万的工人下岗,失业率居高不下(Sum and McGlaughlin, 2010；Powell, 2011；Harding, 2011)。房价持续不稳,商业房产成为重中之重(Kapner, 2010)。消费者需求成谜,消费呈现两极分化状态(Clifford, 2011)。美联储主席(Bernanke, 2010)曾在2010年10月指出,发达经济体的总体产量与其长期发展趋势相比,低了8个百分点。欧洲主权债务危机,谷物价格飞升(Cookson, 2011),以及巴西金融部长称之为"货币战争"(Jacque, 2010)的爆发引发了连锁式的不稳定效应。国际货币基金组织主席卡恩(Strauss-Kahn, 2011)曾指出,"这一场经济复苏仍然被张力、矛盾所困扰,后者甚至可能会埋下下一次危机的种子。"金融时报记者马丁·沃夫(Wolf, 2010a)则更加直白:"这场危机还远未结束。"这场危机可能持续多久,这个问题一

[①] 感谢 Susan G. Davis, Shinjoung Yeo and Yuezhi Zhao 为本文所做的贡献。

时还无法定论。

数字资本主义的概念提供了一种途径以使我们厘清信息与传播在当前全球性经济衰退中所扮演的极其重要的角色(D. Schiller, 1999)。我于 1990 年代末创立了这个概念,以此作为对彼时战无不胜的新经济概念的一种纠正。我认为,即便市场体制发生重构,重心逐步转向信息密集型产业,但资本仍然处于政治经济研究的中心位置。如今,虽然这种观点仍然有效,但情势已经发生了决定性的变化。在上次全球资本主义大危机 75 年后,全球首次陷入一场源自于发达市场经济国家的大萧条之中,而此次大萧条的中心,美国,正是信息通讯技术变革的历史中心(McNally, 2011; Walker, 2010)。当下,数字资本主义理论必须追问,政治经济学研究日益倚赖于传播与信息,这如何与当今的经济危机相联系? 以及由此,在全球市场体制进行重组的大背景之下,传播与信息如何发挥其作用?

时空修正中的信息与通讯

让我们从 1970 年代开始。为了应对战后出现的最严重的经济衰退,美国精英通过确立一种被大卫·哈维(2003, pp. 87—88)称为"时空修正"(spatio-temporal fix)的方式寻求恢复市场活力。随着资本主义全面重建工作的积极展开,信息与通讯逐渐成为中坚力量。

譬如,近四十年来资本如潮水般涌入金融领域,而这场轰轰烈烈的金融化行动的根源不仅仅是银行家们的贪婪野心。战后国际金融秩序的崩溃应该成为我们理解金融化行动的重要背景。朱迪斯(2010, p. 296)对此解释到,在美国抛弃了金本位制度的固定汇兑后,在不同国家的市场与货币制度中从事商业行为的跨国企业开始寻求多种手段以规避不稳定的汇率所导致的种种风险。与此同时,制造行业的生产能力过剩,以及日益加剧的竞争也给公司资本积累战略带来压力,推动它们采取各种金融手段。最终,工资水平的持续低迷客观上刺激了家庭的信用需求与背负债务的意愿(Harvey, 2010; Reich, 2010)。金融化现象随之成为一个显著的经济问题(Brenner, 2009; Foster and Magdoff, 2009)。

反过来,信息通讯技术也将资金大规模地投资在金融领域,以支撑网络化服务以及数字产品的更新换代。自 20 世纪 60 年代末起,围绕计算机化的交易而展开的华尔街重建计划,以及随后花旗银行首席执行长官沃尔特(Walter Wriston,1979)对"信息标准"的称颂,直到现在,我们可以找寻到一条不间断的历史线索。金融服务公司成为了仅次于通讯产业的对信息通讯技术的第二大需求来源(US Census Bureau, 2010a)。相比于信息技术公司本身,大型银行可能在技术上耗费更多的资源。例如2008年花旗银行雇佣25000位软件工程师,并在信息通讯技术的开发上耗资近49亿美元(Guerrera, 2009)。随着去规制化与全球金融体系日益紧密的联系,新的工具与产品开始将风险重新打包并推广至全世界。然而,这种个人风险的扩散实际上扩散了整个体系的风险。当金融危机在以抵押债券为基础的美国证券市场的某个隐蔽的角落爆发时,网络化的跨国金融链即刻将这种致命的破坏力传播出去(Tett, 2011; IMF, 2009)。

恢复利润增长活力的第二种关键性的举措来自于联邦政府尤其是美国国防部的不懈努力。二战中,企业资本开始与军方联盟,开始在信息处理和通讯领域开展可持续的技术革命。数十年后的越战中,新的战争形式"电子战争"开始出现(Klare, 1972);以网络为中心的战争变得越发重要。里根总统发起的星球大战或战略防御计划(Mosco, 1989)则将武器花费推进了互联网时代。信息通讯技术已经成为战争机器中非常重要的一部分(D. Schiller, 2008)。国防副秘书长林恩(Lynn, 2010, p. 98)曾在近期出版的《外交事务》中著文:"信息科技能够实现美国部队所能做的一切事情:从后勤支持到全球的部队指挥和控制,实时情报提供和远程操作。所有的这些功能都依赖于军队的全球通讯主干系统,这一主干系统由15000个网络,和分布在数十个国家的7百万台计算机设备所组成。超过90000的工作人员全天工作以维持它的运行"。据估计,国防部2011年信息技术预算超过360亿美元,接近联邦政府一年在信息技术上总支出的一半。这些致命的高科技设备与人类对和平重建的需求之间的矛盾依然尖锐。

在70年代后利润紧缩的背景下,资本大范围地重组了生产系统,信息通讯技术增长的第三和第四部分便汇聚一起。其中一项旨在降低劳动成本,关键在于"节约制造"的变革,即信息技术密集型而非雇员密集型的系统被引进这个日益扩张的工作环境中(Moody, 1997)。美国的实际工资收入在1978年到1983年间降低了10%,从1979年开始到上世纪末,美国的劳动力价值开始逐年下降(McNally, 2011, pp. 36, 48)。造成这些衰败的原因还包括对于工会的攻击,政府在社会服务方面投入缩减,规模降低,产品外包,以及国外直接投资的迅速增长。

尼克松时期对于降低劳动力成本颇有成效的尝试则远在企业领导者的意料之外。全球市场充斥着数十亿的劳动力(中国、苏联以及曾经更为独立的第三世界的国家或地区),它标示出了我们这个时代一个突出的特征(Prashad,2007)。哈维(Harvey,2010)强调了这个复杂矛盾的结果:成功的压低工资水平意味着资本必须直面日渐衰弱的消费水平。然而,与金融化类似,境外直接投资近期出现增长局面,不仅仅因为资本的力量,同时也是因为其脆弱性。不断更新的资本主义之间的竞争,以及深化了的超额生产能力迫使资本为其先前造成的过剩局面寻求新的投资出口。大公司很早就开始在美国市场以外购买厂房、办公室、矿井与种植园(Appel,2007)。其动机需要具体分析:相对廉价的劳动力,市场准入能力的增强,新的自然资源。但在世界范围内,近乎两倍的劳动力供给让公司有充足的理由优先重组他们的生产系统。

跨国公司开始建立整合的跨国供应链以向包括美国在内的多个国家市场销售产品。世界贸易组织的秘书长(Lamy,2011)认为:"30年前,产品在一个国家组装,使用同一个国家的原材料"。但"今天原产国的理论已经过时,现在没有一部汽车或商业飞机仅靠一个国家的原材料就能组装生产出来"。生产一部苹果手机,需要7个国家的9家企业的联合协作(Asian Development Bank,2010)。2011年3月发生在日本的大地震、海啸、核反应堆融化等事件已迅速地导致了某种撞击效应,干扰了汽车与电子产品的全球"及时"供应链(Tett,2011)。

因战略调整、公共政策与网络化技术等因素,公司的信息系统得以重新布局(UNCTAD,2010,p. xviii)。然而,生产的国际化仍然与信息和通讯技术紧密相连。实际上,公司或企业网络占据着所有相关网络支出的绝大部分(Parker and Taylor,2010)。世界信息技术与服务联盟2010年出台的一份报告(WITSA,2010,p. 15)指出,消费者在信息通讯技术上的支出只构成了其全部市场份额的1/3,商业和政府支出则超过了2/3。

在加里·菲尔德(Fields,2004)看来,消费者市场作为进入利润新领域的跳板不管在过去还是在当下都至关重要。由此,它构成了应对1970年代危机而发生变革的第五个场所。我称之为"加速的商品化"推动了通讯领域以及与此相关的行业内一系列的变革，它从大规模的投资建设开始，旨在使自由化的网络基础设施实现升级换代。

通讯与商品文化的扩张

自由化起源于美国庞大的国内市场，随后便迅速地扩散开去。曾经由政府主导的福利社会政策转变为具备企业思维和商业思维的种种举措。根据世界银行2006年报告，从1988年智利对国家电信运营机构的私有化改造开始直至2005年间，超过80个欠发达国家先后经历了私有化过程(World Bank，2006，p.7)。当过度投资蜂拥至这一部门时，随之而来的就是庞大的系统扩建。在那些禁止跨国资本流入，或对此大量设限的国家，通讯业成为了跨国资本渗透的主要途径。世界银行2007年报告指出，1990年至2000年，外商直接投资流向欠发达国家的电信行业的规模增长了十倍(World Bank，2007，p.7)。发展中国家的网络建设相较于其他领域更容易吸引外商投资，往往高达数十亿美元(Verizon，2010，p.8)。外商直接投资反而成为了这些发展中国家经济发展的主要驱动力。这些绿色开发区项目取代私有化成为新的增长点，这种趋势从2000年一直维持至今(World Bank，2007，p.17；and World Bank，2010)。

互联网作为流行的网络媒介，既建诸于这种投资基础之上，又进一步扩大了投资的规模。持续的、如潮水般的新兴网络服务与流通渠道史无前例的、大范围地搅乱了原本稳定的市场。譬如Skype这一互联网电话公司仅仅在5年内便成为了世界首屈一指的跨国语音通讯服务的提供商。"使用者通过Skype所架设的跨国通讯网络交谈的时长在2010年增长到了惊人的450亿分钟，这一数据是全球手机生产商所完成的两倍多"(TeleGeography Feed，2011)。市场对无线应用产生了极大的震动，手机用户接近45亿(Pignal，2010)，这样，移动电话便成为了战略性的平台以及继电视与电脑之后的第三类屏幕。

如Skype般创造性破坏的神话遮蔽了数字资本一个更为本质性的特征：对商品化近乎狂热般的推崇与推广。以付费式的文化产品为例。苹果、亚马逊、谷歌与脸书等公司都开始涉足那些长期被寡头垄断的领域，例如唱片、书籍、游戏以及电影等(Naughton，2011；Tabuchi，2009；Waters,2011)。这些闯入者以新的软件平台与诸如 iPhone,iPad,Kindle 等为代表的专属设备为基础,从而建立了新型的销售渠道。CD 行业衰落,原本在市场上占领主导份额的唱片公司,其所属的企业集团也不得不分一杯羹给苹果公司。尽管这些大型集团下属的电影公司仍然把持着电影发行的传统渠道,但如今,它们不仅需要直面日益缩水的 DVD 销售和非法的文件共享,也要与 Netflix 这个世界上最大的在线影片租赁提供商相竞争。大型集团下属的出版公司在美国图书市场交易中占据主导位置,但这个稳定的行业如今也正遭遇激烈的竞争。传统的出版商与书店必须与沃尔玛以及亚马逊的杀手锏:低廉的零售价格以及欺诈性策略的竞争。谷歌的图书战略被认定为以公众的名义从学术图书馆和图书管理人员手中抢夺成千上万册图书(Darnton,2009a,2009b,2011;Auletta,2009;Helft,2011;Vaidhyanathan,2011)。付费的文化商品透过新的销售渠道成为新兴的产品,而一群新的商业大鳄也由此诞生。

而依赖广告的媒体服务行业也出现了类似的情形。YouTube 和谷歌 TV 一口气斥资 16.5 亿美金,也许会引领一股不同于传统电视的风潮,但显而易见的是,它们仍然离不开广告商的资助,实际上,YouTube 早已重新定制节目以期更加谄媚地顺从广告商的各种要求(Stross,2010;Sandvig and Schiller,2010a)。脸书也围绕着销售功能开始大做文章,《金融时报》去年的一篇文章指出,脸书正竭尽全力地吸引品牌广告商的加盟(Bradshaw,2010a,2010b)。那些忠实用户能否打破魔咒从而起到吸引广告的作用,这一点依然成谜,即便如此,在脸书企业,市场营销人员仍然蜂拥而至(Bradshaw,2011)。ComScore 公司(2011)今年 1 月的报告指出,社交网站如今占据了超过 1/3 在线广告份额,成为 2010 年在线广告市场增长最重要的推动力。

市场新闻主要聚焦在这些公司如何将自身纳入到气势汹汹的通讯行业的商品逻辑中。商业模式存在严重的欺骗性,公司纷纷重新安排并稳定各自的收益来源,经济衰退则加剧并恶化了这种趋势[①]。新产品的集

[①] 在 2009 年上半年经济最萧条的时期,全球广告支出大约 2.5 万亿美元,在许多发达国家下跌了近 1 成(Pfanner,2009)。根据美国出版商协会的数据,纸质书的销量已跌落至长期销售趋势线以下(Association of American Publishers,2009)。

中发布,以及苦心孤诣地算计市场变化如何影响股票价格,使得人们无暇考虑其他:亚马逊的 Kindle 阅读器的升级换代是否与苹果的 iPad 平板电脑亦步亦趋? 与苹果 iPhone 手机合作的 Verizon 通讯公司能否一举超越了美国电话电报公司? 脸书的掌门人是好人? 面对互联网产业的重重迷雾,我们需要记住引领通讯产品和服务领域资本的三种私有化选择:投资资金,广告和直接收费(无论它们是入网、特许经营还是租赁服务)。由此我们才能更好地评估当前通讯产业的整个重构过程。以新技术为基础的通讯系统的重建工作,简直就是一个关于不同的企业与整个行业在三种模式中如何取舍的宏大故事。商品化(经常是重新商品化)无论以哪种形式出现,都只是一种共性的体现。

有新人笑,就有旧人哭。花费几十年建立起来的纸质新闻业就是一个例子。2000 年至 2009 年间,纸质新闻业的广告总收入下降将近一半,而报纸网络化带来的收益也仅仅只是杯水车薪而已(Peers, 2010; Li, 2010)。随着在线竞争的加剧,行业低迷已成定局(Bradshaw, 2009)。战略规划让位给应急措施。大批记者陆续下岗,并大规模地削减新闻采写的成本。传统的新闻报道危机重重[①]。2010 年间,少数几个美国驻外记者却报道着中国的方方面面(Bollinger, 2010),我怀疑他们当中有多少人会说普通话。

在此,我们应当记住第四种可能的收益模式,即政府资助,在这场金融危机中,政府资助无所不在。美国政府已经向银行、保险公司以及汽车制造行业投放了数万亿美元,并将继续为全国宽带服务提供数十亿美元的费用。然而政府却没有在保障新闻业有效运行方面花费一分钱。

为何新闻业需要公共资本的资助这样的建议往往被认为是一种异端邪说? 许多学者本能的回答是:政府的金融资助会对新闻自由造成威胁。诚然,我们必须认真看待行政权利对公民自由所造成的威胁,但政府的金融资助到底威胁到了谁的言论自由? 是公众接近各种新闻与观点的多数主义者的权利,还是媒介所有者选择商品化的产权? 联邦资助将附带相

---

① 2008 年,美国人媒介消费的总体时间中,报纸仅占 8%,其广告收入占广告总收入的 20%;互联网占总体时间的 29%,广告收入却只占 8%。只是消费者从一种售卖机器转移到了另外一种身上(Auletta, 2009, p.261)。报业管理者主张应该更加依赖广告收入,在这一背景下,该决策似乎犯了一个本质性的错误。

关的责任原则,而这些原则反过来也会限制大型媒体集团的过度商业化。纵观数字资本主义的历史与现在,与公共资金对媒体资助相关的讨论的缺失实在难以让人接受。

综上所述,历经重组的通讯行业的商品逻辑如今已经超越了各种商业战略之间的肉搏战。当然,数字资本主义也还存在着其他方向的发展。例如,当前的危机是否意味着数字资本主义的动力如今已经开始枯竭?

以信息与通讯为基础的再次增长?

大卫·哈维(Harvey,2010,p.71)在其新书《资本之谜》中做出了一个实质性的论断:"如同往常一样,危机是一直处于不稳定状态的资本主义的种种不合理之中最为合理的存在"。而这使我们不得不经常追问:"那么在危机中什么因素被合理化了,而这些合理化策略又将把我们引向何方"? 这些策略不仅决定我们脱离危机的方式,也将决定资本主义未来发展的基本特征。当前的世界经济危机再一次凸显了重新评估传播与信息在维系资本主义体系中的角色的重要性。数字资本主义的成型也伴随着一种新的资本积累方式的产生。尤其在 1990 年代,数字资本催生了一种对信息的拜物主义式的信仰情节,将信息视为增长点和解毒剂(Mosco,2004)。虽然这种狂热无法解决资本主义危机,但不可否定的是,信息通讯部门仍然具备重新复苏的巨大潜力。因此,我们不得不考虑如下问题:信息与传播依然会成为经济增长点吗? 以释放这种增值潜力的方式,这场金融危机得以解决还是继续下去?

在美国,家庭录像带、音乐、报刊杂志的人均消费逐年持续下降;相反,有线电视、新媒体的人均消费却年年攀升。所以总体上说,媒体产品的消费水平从 2003 年的 740 美元/每人上升至 2009 年的 901 美元/每人(US Census Bureau, 2011, Table 1130, p.711)。与之相对的是,从 2001 年至 2008 年,固定电话支出下降明显,可是移动电话的消费却连翻三番,这样,家庭电话的总体支出仍然呈现上升趋势,从 914 美元上升为 1127 美元(US Census Bureau, 2011, Table 1147, p.720)。某业内人士(ComScore, 2011)就将 2010 年称之为消费者互联网服务的丰收年。

在经济衰退的低谷,思科、微软、谷歌、英特尔以及苹果的资本储备却分别达到了 200 亿美元、190 亿美元、160 亿美元、100 亿以及 260 亿美元（Vance，2009；Waters，2009）。这些不断壮大的资本储备极大地左右着资本的流动性并对金融市场产生巨大的影响,从而进一步削弱了来自不发达经济部门和地区的资本在全球资本市场中的地位。毫无疑问,"部分投资必将受到强有力的挑战"（Vance，2009）。然而,这些资本储备的迅速增长是否也意味着哪怕在信息产业也存在有效投资机会匮乏的问题呢？的确,阻碍是存在的,但正如我在《数字资本主义》一书中（Schiller，1999；Schiller，2007）所指的那样,政治经济的剧烈变革还未将曾经的社会服务行为转变成有利可图的商品。实际上,信息产业的投资前景与利润潜力目前仍未得到有效开发。

网络系统的不断现代化可以帮助我们理解上述论断。在信息处理设备与软件开发上所投入的资金十余年一直呈现上升趋势（Bureau of Economic Analysis，2011）①,1970 年至 1990 年间,信息技术投资在非住房固定资产投资总额中所占比例夺目地上涨。20 世纪 90 年代,信息技术投资每年增长 18 个百分点,直至互联网泡沫经济的崩溃,之后,投资直线下降（Council of Economic Advisors，2010，p. 127）。据报道,在美国,1995 年至 2009 年间,投资在信息处理设备与软件开发上的私人资本已经翻了一倍（Council of Economic Advisors，2011，p. 65）。根据美国调查统计局 2008 年公布的信息通讯与技术调查报告,包括商业软件在内的信息与通讯技术领域内的资本投资已占据设备投资总额的 36%,高达 2960 亿美元（US Census Bureau，2010）。

金融危机仍未消除所有工业部门（从制造业到金融以及通讯行业）对现代化的信息基础设施的诉求②;对信息处理设备与软件开发的投资仍然是总体经济增长的驱动力,尤其在资本投资转变成金融产品后更是如此（Council of Economic Advisors，2011，pp. 21，37）。经合组织 2009 年

---

① 十分感谢美国人口普查局公司数据分部商业投资部主任 Valerie Strang,以及美国商务部经济分析局资本存量部主任 David Wasshausen 允许我使用上述数据;同时,我就数据发表的各项评论与他们个人无关。

② 美国商务部提供的数据更高,主要因为他们将供内部使用的软件生产值也计算在内（Bureau of Economic Analysis，2011）。美国商务部经济分析局 2011 年 1 月 28 日更新国民经济账户、国民收入与生产账户图表（Table 5.3.5）、私人固定投资额（按类型排列）等。数据于 2011 年 2 月 4 日从 http://www.bea.gov/上获取。

的年度报告显示,通讯基础设施的投资在一个国家的总体投资中正扮演着愈发重要的角色(OECD,2009,p.13)。

网络投资不仅支撑了日益激增的国际互联网流量,其迅速增长也与经济下滑的趋势背道而驰:网络投资于2008和2009年分别增长了55%和60%,2010年则计划增长56%(TeleGeography Feed,2009;TeleGeography's CommsUpdate 2010a,2010b)。概括的来讲,网络系统及其应用使得企业与政府作为执行者为社会文化实践的发展做足了准备,譬如针对私人投资的教育;同时,网络系统及其应用也使得两者在利润导向下可以重建其他部门,例如医药、农业、生物技术以及能源分布与公路运输等(Cookson,2010;Council of Economic Advisors,2011,pp.66—69)。基本上,在信息产业这个仍在扩展的空间中将会出现新一轮的资本积累。金融危机仍未消退,在其持续的过程中,我们因此需要细心发掘那些加速并保障资本积累过程的种种努力。但是这种"合理化原则"是如何成型的?有一点可以肯定:它不仅仅只是一种机械式的应用。近来国际发展的趋势已经表明:通讯行业已逐渐成为一个充斥各方力量的激烈角逐的场所,而这些角逐在很大程度上塑造了当前世界政治经济的基本格局。

信息的地缘政治

当前世界基本格局的现状是:社会主义苏联解体,中国积极对外开放,以及欠发达国家的精英对源于美国新自由主义政策的默许。资本对剩余吸收的利润场所的渴求如今已成为全球性的现象,而哈瑞·布雷弗曼(Braverman,1974)早在40年前所提出的普世性的市场经济原则如今已成为现实。

这里需要强调的是美国在当前世界经济格局中所处的主导地位。如今,思科在公司路由设备的国际市场上稳坐头把交椅,谷歌则在搜索引擎与在线视频的国际市场上占据主导位置,脸书是社交网站的第一名,而在智能手机与针对消费者所开发的其他电子设备上,苹果公司拔得头筹,英特尔公司主导着半导体市场,甲骨文公司在商业应用软件市场上占据主导份额,微软公司是台式电脑的操作系统的领导者。这些美国本土的公司不仅仅在控制着产品的供给,也主导着产品的需求与使用:从沃尔玛到通用电气公司,美国公司对互联网系统及其应用的整合,成为了一项全球性的标准(Mann,2006,p. 1;Council of Economic Advisors,2011,p. 65)。

这些美国本土的新媒体(公司)通过重新定义新兴的全球资本主义政治经济与对产业主导位置的占据,很快就在各自的市场里所向披靡。虽然对这些公司影响力的精确评估仍存在争议,但他们巨大的用户数量却是毋庸置疑的:Skype声称它们推出的免费网络电话服务的用户数量至2010年6月30日已高达5.6亿(Gelles,2010;TeleGeography,2009);2010年中至年底,脸书已吸引5亿用户;微软拥有7.89亿用户;而雅虎的用户数是6.33亿(Waters,2010);2010年6月,绝大部分的全球互联网用户(9.44亿)享受着谷歌所提供的产品(Vascellaro,2010)。值得注意的是,这些新媒体用户在全球的分布存在着明显的不均衡的现象。例如,在美国本土仅有67%的网民成为脸书的社交用户,而该数据在土耳其和印度尼西亚则分别高达92%与87%(Waters,2010),而这则可以解释为何脸书公司在2011年7月的市值就已高达500亿美元:这些数字毫不逊色于与全球各大电视网的用户数量(Sorkin and Rush,2011)。此外,传统媒体无法比拟网络服务在评估与追踪用户方面的竞争优势(Chester,2007)。上述信息产业中的美国军团已然建立了国际性的媒介平台,其他公司尽管野心勃勃也难以望其项背[①]。

当前,美国本土的资本以及美国政府发动攻势,以期在利润增长中保持其战略主导地位,但这并非是一件轻而易举的事(Schiller and Sandvig,2011)。新兴的经济动力与市场力量的已然兴起。如今地缘政治力量已不如苏联刚解体时那样集中。新的资本运营空间已经出现。此外,过度扩张的美国已经在这场金融危机中遭受重创。而这使得美国国内各股资本势力在应该如何重整世界政治经济秩序以度过当前金融危机这个议题

[①] 因此,通讯与媒介产业代表了一种新的趋势。Nolan与Zhang(2010,pp. 98,107)指出,在1970年代至2000年间,各个产业领域里,"来自发达经济体的大公司占据了世界经济的'制高点'",它们"极大地拓展了国际投资的范围,在全球范围内建立了庞大的生产网络"并获得了前所未有的市场号召力,具体参见 Peter Nolan and Jin Zhang,"Global Competition After The Financial Crisis,"NLR 64,July-August 2010:97—108。

上,意见不一,争论加剧。上述种种因素使得资本在高于平均利润的领域中争夺达到了白热化的程度,这点在通讯与信息产业中尤为明显。在这个方面,中国的发展尤为引人注目。中国为国有的本土企业成功地保全了全国性的通讯市场(Zhao, 2008; Zhao, 2010; Han, 2011; Hong, 2011)。国内供应商与服务提供商成为市场领导者:从游戏网站4399,到游戏发行公司盛大互动娱乐有限公司,从中央电视台到上海文广集团,从电子商务巨头阿里巴巴到社交网站人人网与开心网,微博网站新浪微博、在线视频优酷网,以及中国移动、中国电信,新华社,从个人电脑制造商联想公司到搜索网站百度,林林总总,不一而足。据称,四大门户网站新浪、搜狐、腾讯与网易占据中国互联网行业2009年年度总收益的3/4,这一点颇能说明问题(Deibert et. al., 2010, p. 453)。尽管将中国视为自给自足的国家这一观点大错特错(譬如中国的广告行业体现出大量的外部投资和影响),美国的跨国企业还是无法直接涉足中国国内相关的服务提供以及其他诸多应用服务。

中国在信息产业取得的瞩目成就的本质需要详细说明。中国资本无法与美国、欧洲以及日本本土企业等量齐观,后者已经在很多市场中建立了完备的跨国生产与销售渠道(Nolan and Zhang, 2010)①。一个例外是华为集团,这个电信产品供应商已成为了中国杰出的也是唯一的跨国集团(O'Brien, 2009)。然而,中国成功地保住了国内通讯市场这一举措,就其自身的权利而言令人侧目。二战后世界各国普遍形成了这样的历史模式,即国内通讯与视听产品市场逐渐被跨国集团所把持(甚至在巴西、日本、法国这样的国家亦是如此),可是中国却着实成为了例外。同时,这种通讯产业的相对独立也发生在世界第二大经济体中。并且,中国将继续保持经济的高速增长,即便在欧洲、北美与日本经济停滞不前,财政危机不断,最终中国随时准备动用经济政策以刺激国内消费水平。中国欣欣向荣的通讯市场进一步增加了这种投资的吸引力。最新的统计数据表明,中国对外宣称拥有4.5亿网民以及5.84亿无线网络用户(Tele Geography's Comms

---

① 在中国,外商直接投资额在一个非常低的基础水平上不断增长,Nolan与Zhang指出(2010),投资的跨国化正在这样一个被重重保护的、庞然大物般的国有企业所充斥着的国度中上演。

Update 2011a，2011b）。就这一点而言，中国国内通讯市场的发展也具有了国际意义。

在上述背景下，围绕着中国通讯市场准入门槛的争论在近年来逐步升级（Schiller and Sandvig，2010b）。一方面，我们看到中国领导层重申对美国长期以来所倡导的信息自由流动的支持（Schiller and Sandvig，2011）；另一方面，我们也看到中国对建立本土跨国通讯产业的积极推动，例如华为公司就成功打入美国高端通讯系统与服务市场（Kirchgaessner and Hille，2011）。

托马齐·迪·兰佩杜莎（Lampedusa，2007，p. 18）在2007年小说《豹》中撰的历史故事敏锐地捕捉到了同样也能应用到今天的统治逻辑，"假如我们想使事物保持原样，它必将发生改变"。当然，这远远不是论证的终点。政治经济结构内的种种变化不能仅仅归为一种机械的资本逻辑，但这种逻辑改头换面后无疑能将资本积累置于信息产业的核心位置。我们正在历经一个变革的过程，它既不可预知，又众声喧哗，特定社会以及世界范围内的各种社会力量的制衡将决定这场变革的走向。

正如大卫·哈维（Harvey，2010，pp. 215—216）指出的那样，若要重构数字资本主义，"必须转移资产阶级权力结构中的地理与经济核心，尽管这是一个痛苦的过程。资产阶级若不改变其自身特征并将资本积累转向完全不同的轨道和一个新的空间（譬如东亚），则无法维系其权力"。在这种情况下，资本需要美国和西欧国家这些低增长地区中的贫苦人口在生活水平和民主自由等方面进一步作出额外的让步。今天，我们看到金融危机使得私人金融机构的债务转移到政府身上，而这导致了欧美各国政府不得不进行近乎严苛的公空开支削减。当这些经济勒索进一步渗入社会生活，我们有足够理由相信，带有阶级倾向的对资本的联合抵制将会加剧，正如我们最近在美国威斯康星州以及其他中西部州所看到的那样。

通讯与信息产业仍然是经济增长点，这没有什么好庆祝的。数据流无法从社会路径中挣脱出来；就这样，数字资本主义与它的前身一样，通过经济危机与经济复苏发展，也提供沿着不同道路重构的机会（正如中东人民试图传递的）。

参考文献：

Appel, T. (2007), "Overseas Profits Provide Shelter For U. S. Firms,"*Wall Street Journal* 9 August: A1, A11.

Asian Development Bank (2010), "How iPhones Are Produced." Retrieved 16 March 2011 at http://www. adbi. org/workingpaper/2010/12/14/4236. iphone. widens. us. trade. deficit. prc/how. iphones. are. produced/

Association of American Publishers(2009), "Industry Statistics 2009."Retrieved 9 March 2011 at http://www. publishers. org/main/IndustryStats/indStats_02. htm

Auletta, K. (2009), Googled: *The End of the World as We Know It*. New York: Random House.

Bernanke, B. (2010), "Rebalancing the Global Recovery,"Speech at the 6th European Central Bank Central Banking Conference, Frankfurt, Germany, November 19.

Bollinger, L. C. (2010), "Journalism Needs Government Help,"*Wall Street Journal* 14 July: A19.

Bradshaw, T. (2009), "Ad agencies struggle to sell early recovery,"*Financial Times* 23 March: 14.

Bradshaw, T. (2010a), "Facebook on a charm offensive to pull in brand advertisers,"*Financial Times* 24 June: 16.

Bradshaw, T. (2010b), "Twitter looks to tweak service so advertisers can target users,"*Financial Times* 22 September: 16.

Bradshaw, T. (2011), "Facebook ad potential puts fledglings in frame,"*Financial Times* 22 February: 22.

Brenner, R. (2009), "What's Good for Goldman Sachs Is Good for America: The Origins of the Current Crisis,"Center for Social Theory and Comparative History, Institute for Social Science Research, UCLA. Retrieved 12 March 2011 at http://escholarship. org/uc/item/0sg0782h

Chester, J. (2007), *Digital Destiny: New Media and the Future of Democracy*. New York: New Press.

Clifford, S. (2011), "Sales in December Were Weaker Than Expected,"*New York Times* 7 January: B3.

ComScore(2011), "ComScore Releases 'The 2010 U. S. Digital Year in Review'" February 8 2011, retrieved 13 February 2011 at http://www. comscore. com/Press_Events/Press_Releases/2011/2/comScore_Releases_The_2010_U. S. _Digital_Year_ in_Review

Cookson, C. (2010), "Signal Manoeuvre,"*Financial Times* 20 August: 5.

Cookson, C. (2011), "Low-cost era is over, warn researchers,"*Financial Times* 25 January: 8.

Council of Economic Advisors(2010), Economic Report of the President 2010. Retrieved 9 March 2011 at http://www. whitehouse. gov/administration/eop/cea/economic-report-of-the-President/2010

Council of Economic Advisors(2011), Economic Report of the President 2011. Retrieved 10 March 2011 at http://www. whitehouse. gov/administration/eop/cea/economic-report-of-the-President

Darnton, R. (2009a), *The Case For Books*. New York: Public Affairs Press.

Darnton, R. (2009b), "Google and the Future of Books,"*New York Review of Books*, Volume 56, Number 2, February 12.

Darnton, R. (2011), "A Digital Library Better Than Google's,"*New York Times* 23 March: A31.

Deibert, R. , Palfrey, J. , Rohozinski, R. , and Zittrain, J. (2010), *Access Controlled: The Shaping of Power, Rights, and Rule in Cyberspace*. Cambridge: MIT Press.

Fields, G. (2004), *Territories of Profit: Communications, Capitalist Development, and the Innovative Enterprises of G. F. Swift and Dell Computer*. Stanford: Stanford University Press.

Foster, J. B. , and Magdoff, F. (2009), The Great Financial Crisis: Causes and Consequences. *New York: Monthly Review*.

Gelles, D. (2010),"Skype begins move to list on Nasdaq,"*Financial Times* 10 August: 1.

Guerrera, F. (2009), " Citigroup ramps up tech cuts," Financial Times 22 May: 13.

Han, D. (2011), "Copyrighting Chinese Media: Cultural Commodification in a Global Context. "Unpublished Ph. D. Dissertation, University of Illinois at Urbana-Champaign.

Harding, R. (2011),"US jobs report an 'utter mess, '"*Financial Times* 8—9 January: 3.

Harvey, D. (2010), *The Enigma of Capital*. Oxford: Oxford University Press.

Harvey, D. (2003), *The New Imperialism*. Oxford: Oxford University Press.

Helft, M. (2011),"Federal Judge Rejects Google's Negotiated Deal to Digitize Books,"23 March: B1, B2.

Hong, Y. (2011),"Reading the Twelfth Five-Year Plan: China's Communication-Driven Mode of Economic Restructuring. "Unpublished manuscript.

International Monetary Fund(2009), World Economic Outlook, April. Retrieved 7 March 2011 at http://www. imf. org/external/pubs/ft/weo/2009/01/index. htm

IT Dashboard(2010),"Your Window Into The Federal IT Portfolio,"Retrieved 7 March 2011 at http://it. usaspending. gov/

Kapner, S. (2010),"Spike in foreclosures despite talk of recovery," *Financial Times* 30 December: 1.

Kirchgaessner, S. and Hille, K. (2011),"Huawei in Challenge to US,"*Financial Times* 15 February. Retrieved 12 March 2011 at http://www. ft. com/cms/s/0/f7d582f0-393a-11e0-97ca-00144feabdc0. html#axzz1GI8WCm8M

Klare, M. (1972),*War Without End: American Planning for the Next Vietnams*. New York: Vintage.

Lampedusa, G. (2007),The Leopard. New York: Pantheon(orig. 1960).

Lamy, P. (2011),"'Made in China' tells us little about global trade,"*Financial Times* 25 January: 11.

Li, K. (2010),"NYT broadens digital licensing push,"*Financial Times* 3 August: 17.

Lynn, W. J. (2010),"Defending a New Domain,"Foreign Affairs 89(5), September-October: 97—108.

Mann, C. (2006),*Accelerating the Globalization of America: The Role for Information Technology*.

McNally, D. (2011),*Global Slump: The Economics and Politics of Crisis and Resistance*. Oakland: PM Press.

Moody, K. (1997),*Workers in a Lean World*. London: Verso.

Mosco, V. (1989), *The Pay-Per Society*. Toronto: Garamond Press.

Mosco, V. *The Digital Sublime*. Cambridge: MIT Press, 2004.

Naughton, J. (2011),"Forgot Google - It's Apple that is turning into the evil empire,"*The Observer* 6 March. Retrieved 12 March 2011 at http://www. guardian. co. uk/commentisfree/2011/mar/06/john-naughton-apple-dominates-market

O'Brien, K. J. (2009),"Upstart Chinese Telecom Company Rattles Industry as It Rises to No. 2,"*New York Times* 30 November. Retrieved 10 March 2011 athttp://

www. nytimes. com/2009/11/30/business/global/30telecom. html

Organization for Economic Cooperation and Development(2009), Communications Outlook 2009. Retrieved 10 March 2011 at http://www. oecd. org/document/44/0, 3746,en_2649_34225_43435308_1_1_1_1,00. html

Parker, A. , and Taylor, P. (2010), "Tough calls are queuing up for AT&T's chief executive,"*Financial Times* 19 July: 18.

Peers, M. (2010), "Mixed Ad Message From Newspapers,"*Wall Street Journal* 29 July: C12.

Pfanner, E. (2009), "The Outlook Is Murky For Media Advertising,"*New York Times* 2 September: B2.

Pignal, S. (2010), "Mobile operators expect app sales to outweigh call revenues in 2013,"*Financial Times* 23 August: 13.

Politi, J. , Harding, R. , and Demos, T. (2011), "US new jobs data hit recovery hopes,"*Financial Times* 8—9 January: 1.

Powell, M. (2011), "Profits are Booming. Why Aren't Jobs?"*New York Times* 8 January.

Reich, R. (2010), *Aftershock: The Next Economy and America's Future*. New York: Knopf.

Schiller, D. (1999), *Digital Capitalism: Networking the Global Market System*. Cambridge: MIT Press.

Schiller, D. (2007), *How To Think about Information*. Urbana: University of Illinois Press.

Schiller, D. (2008), "The Militarization of U. S. Communications,"*Communication, Culture & Critique* 1: 126—38.

Schiller, D. and Sandvig, C. (2010a), "Is YouTube the Successor to Television - Or To LIFE Magazine?"*Huffington Post* 13 March. Retrieved 8 March 2011 at http://www. huffingtonpost. com/dan-schiller/is-youtube-the-successor_b_497198. html

Schiller, D. and Sandvig, S. (2010b), "Google v. China: Principled, Brave, or Business as Usual?"*Huffington Post* 5 April 2010, retrieved 9 March 2011 at http://www. huffingtonpost. com/dan-schiller/google-v-china-principled_b_524727. html

Schiller, D. and Sandvig, C. (2011), "Free Flow of Information and Profit,"*Huffington Post* 4 March 2011, retrieved 5 March 2011 at http://www. huffingtonpost. com/dan-schiller/free-flow-of-information-_b_831419. html

Russ Sorkin, A. R. and Rusli, E. M. (2011), "Facebook Deal Puts Its Value At

$50 Billion," *New York Times* 3 January: A1.

Stein, J. (2010), *Pivotal Decade: How the United States Traded Factories for Finance in the Seventies*. New Haven: Yale University Press.

Strauss-Kahn, D. (2011), "The Right Kind of Global Recovery," Monetary Authority of Singapore, 1 February. Retrieved 5 February 2011 at http://www.imf.org/external/np/speeches/2011/020111.htm

Stross, R. (2010), "YouTube Wants You to Sit and Stay Awhile," *New York Times* 28 May.

Sum, A. and Joseph McGlaughlin, J. (2010), "How the U.S. Economic Output Recession of 2007—2009 Led to the Great Recession in Labor Markets: The Role of Corporate Job Downsizing, Work Hour Reductions, Labor Productivity Gains, and Rising Corporate Profits."Boston: Center for Labor Market Studies, Northeastern University, July.

Tabuchi, H. (2009), "To Win, Beat the Apps," *New York Times* 26 September: B1, B4.

TeleGeography Feed(2009), "What Recession? Internet Traffic Surges In 2009." 15 September.

TeleGeography Feed(2011), "International Long-Distance Slumps, While Skype Soars," 6 January.

TeleGeography's CommsUpdate(2009), "Skype's share of the long-distance pie on the increase,"24 March.

TeleGeography's CommsUpdate(2010a), "Recession? What recession?"28 April.

TeleGeography's CommsUpdate(2010b), "International internet traffic soars, while prices tumble,"16 September.

TeleGeography's CommsUpdate(2011a), "Trio Report year end KPIs,"21 January.

TeleGeography's CommsUpdate(2011b), "457 million netizens and counting,"24 January.

Tett, G. (2011), "Japan's supply chain risk reverberates across the globe," *Financial Times* 16 March: 22.

United Nations Conference on Trade and Development(2010), World Investment Report 2010. New York & Geneva: United Nations.

US Census Bureau(2010), "Census Bureau Reports 11 Percent Increase in U.S. Business Spending on Information and Communication Technology in 2008,"20 May.

CB10—71.

US Census Bureau(2011), Statistical Abstract of the United States 2011. Retrieved 9 March 2011 at http://www.census.gov/compendia/statab/

US Bureau of Economic Analysis, Department of Commerce(2011), National Economic Accounts, National Income and Product Accounts Table, Table 5.3.5. Private Fixed Investment by Type, Last Revised January 28, 2011. Retrieved 4 February 2011 athttp://www.bea.gov/national/nipaweb/TableView.asp? SelectedTable = 145&ViewSeries = NO&Java = no&Request3Place = N&3Place = N&FromView = YES&Freq=Year&FirstYear=2008&LastYear=2010&3Place=N&AllYearsChk= YES&Update=Update&JavaBox=no♯Mid

Vance, A. (2008), "Tech Companies, Long Insulated, Now Feel Slump," *New York Times*, 14 November: A14. Retrieved 9 March 2011 at http://www.nytimes.com/2008/11/15/technology/15tech.html

Verizon(2010), "Comments of Verizon and Verizon Wireless," Before the Department of Commerce, Global Free Flow of Information on the Internet, Docket No. 100921457—0457—01, December 6.

Walker, R. (2010), "The Golden State Adrift," New Left Review 66 November/ December: 5—30.

Waters, R. (2009), "Tech groups hold on to cash cushions in uncertain times," *Financial Times* 26 January: 19.

Waters, R. (2010), "Facebook on course to reach 1 bn users," FT 22 July: 15.

Waters, R. (2011), "Media will be forced to play by the internet's rules," *Financial Times* 10 March: 15.

Wolf, M. (2010), "Three years on, fault lines threaten the world economy," *Financial Times* 14 July: 7.

World Bank (2006), Information and Communications for Development: Global Trends and Policies. Washington, D.C.: World Bank.

World Bank(2010), Private Participation in Infrastructure Database, retrieved 7 February 2011 at http://ppi.worldbank.org/explore/ppi_exploreSector.aspx? sectorID=1

World Information Technology Services Alliance(2010), "Digital Planet 2010, Executive Summary," June. Retrieved 7 March 2011 at www.witsa.org

Wortham, J. (2010), "Cellphones Now Used More for Data Than for Calls," New York Times 13 May. Retrieved 8 March 2011 at http://www.nytimes.com/2010/05/14/

technology/personaltech/14talk. html?_r=1&scp=1&sq=wortham%20%22cellphones%20now%20used%20more%20for%20data%22&st=cse

Wriston, W. B. (1979),"Information, Electronics and Gold,"International Monetary Conference, 11 June. Retrieved 6 March 2011 at http://dca.lib.tufts.edu/features/wriston/works/speeches.html

Zhao, Y. (2008),*Communication In China*. Lanham: Rowman & Littlefield

Zhao, Y. (2010),"China's Pursuits of Indigenous Innovations in Information Technology Developments: Hopes, Follies, and Uncertainties,"Chinese Journal of Communication 3(3)September 2010: 266—289.

童　兵[①]

三、"新闻自由"的表述与践行：传统马克思主义与非传统马克思主义两种视角的比较

对于"新闻自由"的理解，一般认为其是公民权利之一种，是宪法所规定的言论、出版自由在新闻传播活动中的体现和运用。如果我们透过对"新闻自由"的哲学本质和政治实践的分析，可以发现传统马克思主义和非传统马克思主义有着不同的视角。

一、传统马克思主义对新闻自由的基本立场和经典表述

中国新版《马克思恩格斯全集》用"新闻出版自由"取代过去的"出版自由"的概念。这是一种智慧的做法，避免了以往对于"新闻自由"与"出版自由"不同理解的争执。

早期马克思和恩格斯对于自由和民主，充满着理性与浪漫的憧憬。马克思谈到新闻出版自由和自由报刊时说，自由报刊是人类精神自由表现的产物，是有原则地、大无畏地以自由的人们的语言来说话，把在希望和忧患之中从生活那里倾听来的东西，公开地报道出来，并对这些东西作出自己的判决，让国王能够听到人民真正呼声的报刊。

过了不到十年，到了轰轰烈烈的1848—1849年欧洲大革命时期，他

---

① 本文曾发表于《南京社会科学》2011年第7期，收入本书时作者对个别词句作了修改。

们已经不再迷信国王和王权,他们用明确的语言指出,新闻出版自由是由资产阶级提出,为资产阶级经济政治利益服务,并对整个人类精神发展起着杠杆作用的伟大口号。但几乎是同时,他们又正确地指出:"宪法的每一节都包含有自己的对立面,包含有自己的上院和下院:在一般词句中标榜自由,在附带条件下废除自由"。马克思称资产阶级关于新闻出版自由的全部立法措施为"渗透着戒严精神的法案"。① 他说,"出版自由——同时旁边还有绞架"!②

马克思和恩格斯认为新闻出版自由对于无产阶级来说是不可缺少的。恩格斯说,"无产阶级为了夺取政权也需要民主的形式,然而对于无产阶级来说,这种形式和一切政治形式一样,只是一种手段"。他要求工人们不要拒绝新闻出版自由的口号,指出,如果新闻出版自由和集会结社自由等民主要求实现了,对共产主义的宣传来说,就会有一个新世纪到来。③

需要强调的是,马克思和恩格斯尤其重视工人阶级内部,包括党的领导机关内部,也要实行新闻出版自由的原则,并且要自觉地同压制批评的言行作斗争。他们反对压制批评的"普鲁士作风"。恩格斯在给党的领导人写信时指出,"你们——党——需要社会主义科学,而这种科学没有发展的自由是不能存在的"④。

在夺取政权时期,列宁提出并分析过两种出版自由的思想。他说,俄国社会主要存在着两种写作事业和两种出版自由:一种是被亚洲式的书报检查制度和欧洲资产阶级玷污的写作事业,作家和他们的作品成为资产阶级买卖关系的俘虏;另一种则是有个人创造性和个人爱好的广阔天地的写作事业,这种完全自由的写作事业,就是党的写作事业和党的出版物。他说,这两种截然不同的写作事业和出版物,是受不同的出版自由即不同的民主制度制约的,同时又是这些出版自由的具体体现。前者受到警察的压迫,资本的羁绊,名位主义的约束和个人主义的制约。后者即党的写作事业,摆脱了奴隶制的检查制度的束缚,不再充当商业性资产阶级

---

① 马克思、恩格斯,《马克思恩格斯全集》第八卷,人民出版社,1965,页135。
② 马克思、恩格斯,《马克思恩格斯全集》第六卷,人民出版社,1961,页432。
③ 马克思、恩格斯,《马克思恩格斯全集》第三十六卷,人民出版社,1975,页131。
④ 马克思、恩格斯,《马克思恩格斯全集》第三十八卷,人民出版社,1972,页88。

文学关系的俘虏,人们不再被私利贪欲和名誉地位所吸引,在广阔天地完全自由地写作和活动。十月革命之后,同过去对资产阶级出版自由给予一定的肯定(即形式上肯定民众享有自由权利,实际上虽不充分但仍让民众享有一部分自由权利)不同,由于资产阶级报刊攻击无产阶级新政权和以列宁为首的布尔什维克,列宁愤怒地反击和查封资产阶级报刊,批判资产阶级出版自由。他说,"在全世界,凡是有资本家的地方,所谓出版自由,就是收买报纸、收买作者的自由,就是买通、收买和炮制'舆论'帮助资产阶级的自由"。列宁提出了这样一种观点:出版是政治组织的中心和基础,出版自由等于建立政治组织的自由。他强调指出,只有工农政府领导下的出版自由,才是真正平等的出版自由。他说,真正的自由和平等,将是由共产主义者建立的制度,在这种制度下,没有靠别人发财的可能性,没有直接或间接使报刊屈从于货币权力的客观可能性,没有任何东西能阻碍劳动者享有公共印刷所及公有纸张的平等权利。他还提出,必须从政治和物质上保障工农群众享有出版自由。可惜,由于当时俄罗斯复杂的国内外政治环境和艰苦的物质条件,列宁的这些计划未能完全实现[①]。

在世界的东方,毛泽东的新闻自由思想是在民主报刊同反动报刊斗争的实践中萌生与发展的。1919年毛泽东接办湘雅医专学生会主办的《新湖南》周报,他在该报第7号发表《刷新宣言》,提出该报今后的宗旨是:批评社会,改造思想,介绍学术,讨论问题。这种社会批评和思想交锋,显然同新闻自由有关。可惜毛泽东1949年之后很少对新闻自由发表专门论述,也没有制定保障新闻自由的专门法规。1949年9月,中国人民政治协商会议第一届全体会议通过具有临时宪法性质的《共同纲领》,《纲领》第49条提出,"保护报道真实新闻的自由。禁止利用新闻以进行诽谤,破坏国家人民的利益和煽动世界战争。发展人民广播事业。发展人民出版事业。并注意出版有益于人民的通俗书报。"据有关史料介绍,这是毛泽东主持的针对新闻自由的唯一文件。

毛泽东常常运用新闻自由的另一个功能,即用报刊和杂志开展对党和人民政府以及经济机关和群众团体缺点错误的批评。由他改定的《中共中央关于在报纸刊物上展开批评和自我批评的决定》指出这种公开监

[①] 列宁,《列宁全集》第四十二卷,人民出版社,1987,页85。

督的重要意义。毛泽东关于社会主义新闻自由的观点及政策,基本上可以用"舆论一律"和"舆论不一律"来概括。他把只许反动分子规规矩矩,不许他们乱说乱动的政策称之为"舆论一律",并指出,这种"一律",不仅指舆论,也包括法律。这种"一律",体现了"人民在工人阶级和共产党领导之下对于反革命的专政","在这里,不是用的民主的方法,而是用的专政即独裁的方法,即只许他们规规矩矩,不许他们乱说乱动"。在人民内部,则实行舆论不一律的方针。这个方针提出人民群众享有充分的言论出版自由权利,体现了人民民主专政包括对人民的民主和对敌人的专政两方面的思想。所谓"不一律"①,就是批评的自由,发表各种不同意见的自由,宣传有神论和宣传无神论(即唯物论)的自由,就是允许先进的人们和落后的人们利用我们的报纸、刊物、讲坛等去竞赛,以期由先进的人们以民主和说服的方法去教育落后的人们,克服落后的思想和制度②。

毛泽东把这种"不一律",又称之为"放"的方针。他指出,所谓"放",就是放手让大家讲意见,使大家敢于说话,敢于批评,敢于争论,不怕错误的议论,不怕有毒的东西,发展各种不同意见的相互争论和相互批评,既容许批评的自由,也允许批评批评者的自由;所谓"放",就是在文艺和学术领域实行"百花齐放,百家争鸣"的方针;所谓"放",就是对于错误意见,不是压服,而是采取说服教育和以理服人的方法,不搞"一棍子打死"。邓小平在改革开放初期就明确提出,要避免大民主,实行小民主。所谓"大民主",就是大规模的风潮和闹事;所谓"小民主",就是认真执行我国宪法所规定的民主制度,使人民自由发表意见和其他民主权利受到应有的尊重和保障。邓小平说,"如果没有小民主,那就一定要来大民主。群众有气就要出,我们的办法就是使群众有出气的地方,有说话的地方,有申诉的地方"。③ 后来他还说,"我们要创造民主的条件,要重申'三不主义':不抓辫子,不扣帽子,不打棍子。在党内和人民内部的政治生活中,只能采取民主手段,不能采取压制、打击的手段。宪法和党章规定的公民权利、党员权利、党委委员的权利,必须坚决保障,任何人不得侵犯"。"群众

---

① 毛泽东,《驳"舆论一律"》,《毛泽东选集》第五卷,人民出版社,1977,页158。
② 同上。
③ 邓小平,《邓小平文选》第一卷,人民出版社,1994,页273。

提了些意见应该允许,即便有个别心怀不满的人,想利用民主闹一些事,也没有什么可怕。要处理得当,要相信绝大多数群众有判断是非的能力。一个革命政党,就怕听不到人民的声音,最可怕的是鸦雀无声"①。

江泽民担任总书记后,在第一次关于新闻工作的讲话中就表明他对于新闻自由的立场。他说,世界上没有绝对的自由和抽象的自由。在阶级社会里,没有超阶级的新闻自由。西方国家的新闻自由具有极大的虚伪性和欺骗性。在那个社会里,自由是和资本联系在一起的。法律规定的新闻自由,和实际生活中的新闻自由是两回事。在社会主义制度下,新闻事业不再是私有者的事业,而是党和人民的事业。社会主义国家的宪法保障公民享有言论出版自由,公民享有依法运用新闻传媒表达意见和意志的自由,享有对国家和社会事务实行舆论监督的权利②。

胡锦涛在谈到民主政治、关注民生、突发事件应对等问题时,强调要尊重人民权利,保障人民自由。他指出,要提高党的执政能力,重要的是要确保人民当家作主。人民当家作主是社会主义民主政治的本质和核心。要健全民主制度,丰富民主形式,拓宽民主渠道,依法实行民主选举、民主决策、民主管理、民主监督,保障人民的知情权、参与权、表达权、监督权。胡锦涛要求,既要坚守党性,又要关注民生。要把体现党的主张和反映人民心声统一起来,把坚持正确导向和通达社情民意统一起来,多报道人民群众的工作生活,多反映人民群众的利益要求,多宣传人民群众中涌现出来的先进典型,激励全体人民信心百倍地创造美好生活。

谈到公开报道突发公共事件时,胡锦涛强调,公开报道突发事件,就是在最尖锐、最敏感的问题上坚持了党中央的"讲真话、报实情"和"求真务实"的要求,也是保障公民知情权的重要体现。胡锦涛谈到新媒体尤其是网络媒体时指出,互联网已成为当代思想文化信息的集散地和社会舆论的放大器,要高度重视新兴媒介的社会影响力,努力构建网上舆论引导新格局。谈到舆论监督时,胡锦涛要求注意区分社会生活中的主流与支流,既大胆揭露和批评各种社会不良现象,又防止人为炒作带来的消极影

---

① 邓小平,《邓小平文选》第二卷,人民出版社,1994,页144—145。
② 江泽民,《关于党的新闻工作的几个问题》,《新闻工作文献选编》,新华出版社,1990,页196—198。

响,使舆论监督真正起到扶正祛邪、激浊扬清的作用。

二、非传统马克思主义在新闻自由问题上的主要观点

这里的非传统马克思主义,泛指不同于马克思主义经典作家即传统马克思主义的代表人物及其思想观点,包括新马克思主义、西方马克思主义以及明确表示在一些问题上不赞同经典作家观点或政策的人物及其思想。笔者对西方马克思主义和新马克思主义缺少全面研究,因此本文只能挂一漏万,对涉及非传统马克思主义关于自由、民主和新闻自由的学说及观点,略作梳理与分析。

有学者指出,"西方马克思主义的产生与发展同民主问题息息相关。作为产生于两次世界大战之间的一种思想体系,它起因于对严重侵害和亵渎民主的法西斯主义的猛烈批判和对苏联模式的严厉批评"。对于法西斯主义独裁的无情批判以及自称弥补了传统马克思主义对当代资本主义研究的空缺,是西方马克思主义受到不少人拥戴的两个主要原因。西方马克思主义主要是一种哲学体系,这决定它们不会对政治民主给予全面系统的阐述。因此,笔者未能读到更多的西方马克思主义学者对新闻自由的详尽论述。这里只能对卢森堡、葛兰西、铁托等几位常被人视为非传统马克思主义代表人物关于自由、民主、新闻自由的论述作一些粗浅的分析①。

德国和波兰工人运动卓越活动家卢森堡提出,党的报刊的无产阶级活力主要表现为对党的领导机关实施真正的公开监督。她说,科学社会主义比空想社会主义优越之处在于,它在产生实际的社会需要的同时,也提供了满足这些需要的手段;它在看到新社会出现消极东西的同时,也提出了开辟新道路的方法。这个手段和方法就是让人民享有批评和监督的权利,让人民自己纠正一切失误。她还强调,如果通过取消民主而堵塞一切精神财富和进步的生动活泼的源泉,那么,自由就会窒息,国家的公共生活就会是枯燥的、贫乏的、公式化的、没有成效的。为此,她指出,"绝对公开的监督是必不可少的。否则交换经验就只限于新政府的官员的排他

---

① 黄文扬,《国内外民主理论要览》,中国人民大学出版社,1990,页362。

的圈子之内。腐化不可避免。社会主义的实践要求在几个世纪以来资产阶级的阶级统治下已经退化的群众在精神上彻底转变"。她认为,使群众民主精神"再生"的唯一途径就是:"公共生活本身的学校,不受限制的、最广泛的民主,公共舆论"。①"无产阶级革命手中唯一有效的手段在这里也是:采取激进的政治和社会性质的措施,最迅速地改变群众生活的社会保证,点燃革命的理想主义,但后者只有在政治自由不受任何限制的情况下依靠高度活跃的群众生活才能长久保持"。

正像太阳光线的自由作用对于疾病传染和病原菌是最有效的净化和治疗手段一样,革命本身及其革新的原则,由革命唤起的精神生活,群众的积极性和自我责任,从而也就是作为革命形式的最广泛的政治生活,是唯一起治疗和净化作用的太阳②。

卢森堡对列宁为出版自由所设定的制度提出了严厉的批评。她说:

> 只给政府的拥护者以自由,只给一个党的党员(哪怕党员的数目很多)以自由,这不是自由。自由始终是持不同思想者的自由。这不是由于对"正义"的狂热,而是因为政治自由的一切教育的、有益的、净化的作用都同这一本质相联系,如果"自由"成了特权,它就不起作用了③。

让不同思想者享有自由,这是卢森堡对自由和对无产阶级专政下政治自由政策的十分明确的表述。对一切敌人破坏新政权的行动采取坚决的"社会主义措施"即实行专政,对持不同思想观点的人又允许他们享有出版自由和结社、集会等权利,在卢森堡看来,这就是专政和民主的统一。

卢森堡以她马克思主义的远见卓识和对新生的苏维埃政权的热忱忠诚,语重心长地指出,如果无产阶级掌握政权以后不实行最充分的民主,不发动群众通过报刊等渠道对领导层实行舆论监督,那么,政权将会得而复失,资产阶级定然卷土重来。她认为,没有普选和广泛的出版自由,没

---

① 《国际共运史研究资料》(卢森堡专辑),人民出版社,1981,页89—90。
② 同上。
③ 同上,页87。

有自由的意见交锋,任何公共机构的生命就要逐渐灭绝,公共生活就会变成没有灵魂的生活,只有官僚仍是其中唯一的活跃因素。卢森堡尖锐地设想了这样一幅没有民主的未来社会图景:

> 公共生活逐渐消亡,几十个具有无穷无尽的精力和无边无际的理想主义的党的领导人指挥着和统治着,在他们中间实际上是十几个杰出人物在领导,还有一批工人中的精华不时被召集来开会,聆听领袖的演讲并为之鼓掌,一致同意提出来的决议,由此可见,这根本是一种派系统治——这固然是一种专政,但不是无产阶级专政,而是一小撮政治家的专政,就是说,资产阶级意义上的专政,雅各宾统治意义上的专政,不仅如此,这种情况一定会引起公共生活的野蛮化:暗杀,枪决人质等等。这是一条极其强大的客观的规律,任何党派都摆脱不了它①。

卢森堡最警惕、最担心的,是批评社会公仆的自由权利遭到压制,她一再呼吁:必须保证公众的监督,保证出版自由。她强调,民主监督是社会主义条件下防止国家机关向官僚制蜕化的唯一保证,唯一可行的途径。她在《论俄国革命》中描绘的压制民主所出现的社会图景,并没有耸人听闻。她所构划的图景成了斯大林在苏联一言堂、执行肃反扩大化后出现的万马齐暗情景的预言。这一不幸而言中的事实,再次证明了她所揭示的"极其强大的客观规律",并使人们进一步认识社会主义条件下报刊肩负的民主监督职责的重大意义。

"人民参与"是卢森堡的一个重要观念。她非常尊重群众的力量与作用。她说,任何一种斗争的新形式都来自群众的首创精神。卢森堡把报刊看作人民参与、防止过分的中央集权主义的重要渠道。她认为,人民通过报刊参加政治生活、经济生活和社会生活从而参加国家的公共生活。他们通过报刊发表对各种问题的看法,不同意见展开自由的争论,国家机关和社会公仆通过报刊向人民报告自己的工作和行为,接受公开的监督和批评。卢森堡对于出版自由——人民广泛而毫无限制的出版自由——

---

① 《国际共运史研究资料》(卢森堡专辑),人民出版社,1981,页90。

特别重视,特别关注,并同一切对此有不同看法的人展开论战。

根据党内民主和出版自由的原则,卢森堡主张党的报刊应当在自己的版面上为不同于自己的观点"提供最自由的天地"。她举例说,被恩格斯称赞的《新时代》杂志就是这样做的。但她又指出,《新时代》当然不能由于殷勤好客而不再维护一定的方针,即党内占统治地位的马克思恩格斯学说和爱尔福特纲领的方针,而单纯从各种政治风向拼凑和捡拾的文章,则是大大小小的奇才们的"多方面的"垃圾堆。这是因为,科学社会主义的基本原则一直是党内大多数人的决定性的方针,而如果党的机关刊物采取"多方面的观点",它就会遭人厌恶,因为它违背了全党的意愿,丧失了党的立场,破坏了全党真正的思想原则上的团结一致①。

同新闻自由直接相关的一个重要命题是:享有新闻自由的主体是谁?葛兰西的人民文化理论和文化的人民性理论,对此作出了明确的回答。葛兰西在马克思主义理论家行列中长期占据重要地位,他是马克思主义批判思想的典范,是批判一切形式的教条主义的伟大战士。

葛兰西对包括报刊在内的新文学的人民性作过全面的阐述,从而继承和发展了马克思在1842—1843年提出而为后人长期忽视的自由报刊的人民性思想。他是从新文学产生的渊源提出新文学的人民性的。他认为,新文学的前提不能不是历史的、政治的和人民的前提。新文学需要把自己的根子扎在实实在在的人民文化的 humus(沃土)之中,而人民文化有着自己的风格、自己的倾向和传统的道德与精神世界。

葛兰西把党是民主地发挥作用还是官僚地发挥作用上升到党是民主的、进步的,还是独裁的、后退的高度。他指出:"当党是进步的政党时,它的行动是'民主'的(民主集中制意义上的民主);当党是退步的政党时,它的行动是'官僚式'的(官僚主义集中制意义上的官僚)。在第二种情况下,党实际上是警察机关。"葛兰西对社会主义执政党发展的两种可能性的分析,对社会主义国家可能出现两种不同性质的法制的观点,对于推进今天社会主义民主和社会主义法制建设有着重要的意义②。

由于南斯拉夫同苏联特殊的历史关系以及南斯拉夫在国际共运中所

---

① 《卢森堡文选》(上卷),人民出版社,1984,页362—363。
② 安冬尼奥·葛兰西,《狱中札记》,人民出版社,1983,页129。

执行的独立路线,作为南联盟主要领袖的铁托的报刊思想对我们有着特殊的启迪作用。铁托强调,各国的经济、文化和其他条件不同,应用马克思主义原则也应有所不同。不同的国家如何确定和应用这些原则,只能由那些在该国人民中成长起来、熟悉该国情况、能够警觉地注视在国内发生的一切现象、同时又懂得马克思主义科学并善于以这一科学为指针的人们去做。铁托认为,这样做,并不是为了使南斯拉夫成为某个"社会主义新模式",这是根据当时革命斗争的具体条件和当代世界深刻变化的结果而必须遵循的原则。在南斯拉夫,铁托特别强调民主必须有雄厚的物质基础。他说,在西方,只有供少数人享受的民主,赚得的钱只够糊口的劳动人民或失业的工人和职员从这种民主中得不到任何东西。但在南斯拉夫,"我们是在努力使所有劳动的人能享受自己的果实,这就是我们民主的物质实质所在"。他还指出,技术和文化的落后是滋生官僚主义的最肥沃的土地。这告诉我们到哪里去找官僚主义的根子。他说,正因为这样,他总是把提高文化水平、发展经济放在第一位,同时把工人真正培养成社会和工业的管理者。有了物质基础,有了劳动人民管理社会,社会主义民主才能真正实现[①]。

铁托强调,组织人民参政议政,就应赋予他们充分的民主权利,让他们"自由地和开诚布公地发表意见以及提出原则性批评意见"。他指出,"自由地对每个问题发表意见的人们的关系是民主的和同志式的,只有在这样一种气氛中,才有可能进行创造性的对话,以便共同确定立场,共同采取行动"。[②]

在铁托的支持下制定的南斯拉夫新闻法体现了铁托的上述观点。该新闻法总则第一条明确规定:为了实现公民民主权利的目标,加强舆论在社会生活中的作用,以及随时向公众最大限度地充分报道来自国内外生活各个领域的事件和现象,必须保证新闻自由。但铁托又强调,宣传工具在进一步实现社会化、作为社会主义联盟和劳动人民及公民自治行动的内部民主力量而不断发展的同时,要反对对自由的滥用和对宣传工具的滥用。他指出,在报刊出版方面,让市场规律绝对化和自发地起作用,以

[①] 《铁托选集》(1926—1951),人民出版社,1984,页505。
[②] 《铁托选集》(1974—1980),人民出版社,1980,页362。

及把发行量当作目的本身,不惜一切代价为发行量而斗争,不可避免地会导致自发势力、盲目的商业主义、小市民的追求耸人听闻的行为,让低劣的作品、枯燥无味的作品、不文明和迎合低级趣味等现象泛滥。对此,新闻工作者必须以高度的社会责任心,努力加以防范。

铁托顶着巨大的压力,对共产国际后期的非民主倾向进行了无情的揭露与批评。他指出,列宁在世时,共产国际按期举行代表大会,这些代表大会是真正的讲坛,各国共产党的发言人可以在那里畅所欲言,各支部的代表也可以站出来发表他们的意见,他们甚至可以批评列宁。但是共产国际的后期,它不再是民主的机构。苏联领导人、斯大林、布尔什维克党的发言人的意见和政策,日益成为"唯一正确的东西"强加于各党,而一些党的领导和代表又对这种情况推波助澜。他们认为,对于各国革命运动来说,布尔什维克党的经验和立场,应该当作唯一正确的东西毫无保留地予以接受。相反,他们对按照本国特定的历史条件和特点独立思考的党却大加鞭挞。铁托指出,"社会主义国家和世界社会主义发展道路的官僚主义是在斯大林领导下的苏联产生和形成的。"[①]他认为,这绝不仅仅是"个人迷信",而且是同反教条主义的思想,同社会主义社会的民主的、人道的思想相对立的路线必然的结果。

历史证明,这些非传统的马克思主义的政治观点和新闻主张,无不具有相当的真理性。

三、比较和启迪

本文前两部分围绕新闻自由问题,就传统马克思主义经典作家和非传统马克思主义代表人物的不同视角,进行了较为清晰的梳理,对他们不同时期的新闻自由观念的重点与特点作了粗线条的呈现。以此为基础,现在可以对这两种视角所进行的对于新闻自由理念的考察,进行更为深入的比较和讨论。

首先,无论是传统马克思主义经典作家,还是非传统马克思主义代表人物,都高度重视新闻自由权利在公共生活和党的生存发展中所占有的

[①] 《铁托选集》(1961—1973),人民出版社,1982,页156。

重要地位。马克思把新闻出版自由看作各种民主权利的基础,认为一旦失去新闻出版自由,其他自由就成了泡影。列宁指出,出版自由实质上就是组织政党的自由。卢森堡视出版自由为维护公共生活和党的机体健康的基础。铁托把利用报刊监督党的机构和党的官员作为维持党的革命化的最重要保证。总之,在他们心目中,新闻出版自由是现代政治生活和无产阶级发展中占有重要地位和巨大作用的公民及党员的基本权利,是净化社会风气和治疗党的"疾病"的重要武器。

其次,"新闻自由"的历史使命和社会功能是多方面的,但传统马克思主义和非传统马克思主义都将对政府、党的机构和广大官员的监督视作"新闻自由"最重要的使命和最有力的功能。恩格斯曾经动情地回忆他与马克思编辑《新莱茵报》时充分享受新闻出版自由的快乐,他写道:"这是革命的时期,在这种时候从事办日报的工作是一种乐趣。你会亲眼看到每一个字的作用,看到文章怎样真正像榴弹一样地打击敌人,看到打出去的炮弹怎样爆炸"。卢森堡指出,党报是指导性的报刊,它的含糊不清的观点,将使党的机关和党员无所适从,以致丧失机关报应有的指导作用。所以,党的报刊一定要采取极其鲜明的立场和观点,明确表明自己的态度:拥护什么,反对什么。她说,谁强调观点的分歧并为之斗争,谁就是促进党的统一;谁掩饰观点的分歧,谁就是促进党的分裂。所以,卢森堡一再呼吁,要求党的机关和党的报刊为[1]"多方面观点"的表达与论争,"提供最自由的天地"。

然而,毕竟传统马克思主义不是非传统马克思主义,处于在野状态的政党和处于执政地位的政党,以正宗官员身份出现的传统马克思主义者和以被边缘化的官员甚至以学者角色活动的非传统马克思主义者有很大的不同,所以就有了对同一个"新闻自由"主题有不同的视角,并因此有不同的考察和不同的结论。此外,二战之后全球发生的巨大变化和科学技术的突飞猛进,也在很大程度上影响着彼此观察问题的角度和深度。

从本文前两部分梳理的史实分析,可以发现传统马克思主义和非传统马克思主义对于新闻自由的考察,主要的相异之处在于:

---

[1] 马克思、恩格斯,《马克思恩格斯全集》第二十二卷,人民出版社,1965,页88。

第一,评价"新闻自由"在公共生活、党的生活中所具有的社会功能的"高度"不同。马克思和恩格斯是以为公民获取新闻出版自由为目标而踏上政治斗争和新闻工作之路的。从把新闻出版自由看作公民一切自由权利之核心,到把"绝对的新闻出版自由"视作办好革命日报的条件之一,成为他们人生事业的光辉点。与他们相比,列宁则相对保留。他在关于出版自由物质配置——印刷劳动和纸张——的主张中,把享有出版自由权利的主要空间给了国家和执政大党,而忽略了作为个体的普通民众。毛泽东自1949年新中国建立之后,几乎没有议及"新闻自由",也很少谈论实现新闻自由的物质条件,而代之以"舆论一律又不一律"。但在卢森堡、葛兰西、铁托等代表人物那儿,我们多次读到保障普通民众新闻自由,从政治上和物质上满足民众为实现新闻自由所需要的种种条件等论述。言之凿凿,情之切切,令人震惊和感奋。在这些代表人物的心目中,让每个普通民众、每家大众传媒最充分地享受新闻自由,让民众和传媒通过新闻自由权利去谋取利益,享受人权,监督政府,是新闻自由的根本,也是他们为之努力不懈的目标和理想。

第二,保障"新闻自由"权利,实现舆论监督的"深度"不同。马克思和恩格斯主张要利用新闻出版自由去具体地揭露和抨击每一个行政长官、警察、密探、税务官,后来又提出党报要同每一个危害工人阶级利益的议会党团成员作不调和的斗争。这种传统在列宁身上得到继承和发扬,但到斯大林时代几乎被破坏得所剩无几。纵观非传统马克思主义代表人物的论述与行动,则完全不同。卢森堡在热情肯定十月革命和苏维埃建设成就的同时,曾长期坚持不懈、十分尖锐地揭露与批评俄国党和政府的缺点与错误,并直呼其名地批评列宁的理论与执政中的不足与失误。她主张,在原则问题上绝不应当采取掩盖矛盾或模棱两可的态度。她强调,社会主义社会的本质在于大多数劳动群众不再是被统治的群众,而是自己的全部政治和经济生活的主人。葛兰西指出,只有民主才能保证党是进步的政党而不是退步的政党。铁托更是明确指出,为了实现公民民主权利的目标,必须保证新闻自由,而为此又必须保证让每个公民有权利参政议政,进行创造性的对话,自由地批评每一个官员,包括对列宁和共产国际每一个官员的批评。由此可见,这些代表人物对利用新闻自由权利实施对执政党与执政者的监督批评是无情的,尖锐的。

最后,笔者在这里要特别指出,传统马克思主义经典作家中,许多人对非传统马克思主义代表人物包括新闻自由在内的一些政治主张和新闻理念是理解的、欢迎的、乐意接纳的。列宁曾经毫不掩饰自己对卢森堡有些观点的不满和气愤,也公开撰文与之论战,但他仍十分敬佩这位卓越的理论家和无畏战士。列宁将卢森堡比喻为展翅高飞的雄鹰,说:"鹰有时比鸡飞得低,但鸡永远不能飞得像鹰那样高"。也许正是像列宁那样评价非传统马克思主义的理念与实践,传统马克思主义和非传统马克思主义才能在根本目标和信念上建立共识,共同为共产主义理想努力奋斗。①

---

① 列宁,《列宁选集》第四卷,人民出版社,1995,页 643。

黄卫星 李 彬[①]

四、葛兰西与毛泽东"文化领导权"思想比较

一

新世纪以来,中国经济总量持续增长,综合国力不断提升,目前已跃居与美国并称世界大国之列,同时也日益面临西方视角和话语权下的"普世价值"的冲击[②],以文化自觉、文化自信、文化自强的魄力和心态应对"被围剿"的意识形态场域[③],发展社会主义先进文化可谓任重道远。为了对外加强文化软实力、对内建设核心价值体系,我们在思想文化领域采取了一系列措施:加快文化体制改革,形成富有活力的文化管理体制和文化产品生产经营机制;推进文化产业的"大发展、大繁荣";运用高新技术创新文化生产方式,培养新的文化业态,加快构建传输快捷、覆盖广泛的文化传播体系,等等。这些着力于体制改革、文化产业、传播技术等思路

---

① 本文系 2015 年度国家社科基金项目《互联网时代的集体记忆与国家认同研究》(15BXW061)阶段性研究成果。

② 从 1950 年代杜勒斯提出"和平演变",到 1990 年代约瑟夫·奈主张"软实力",从美国智库兰德公司建议的"网络空间战",到美国国务卿希拉里·克林顿关于"互联网自由"的演讲,美国对华战略始终是用所谓"自由、民主、人权"价值观进行意识形态渗透,颠覆中国的政治意图从来没有消减。

③ 有学者研究并撰文指出:1990 年代以来,在经济全球化和新科技革命背景下,各国之间软实力较量加剧,使我国的主流意识形态面临全面挑战,主要有以下几个方面:西方敌对势力的文化渗透对我国意识形态的威胁,新科技革命造成的社会变迁淡化了两大意识形态的差异,社会主义市场经济的多元化价值取向对我国主流意识形态的影响,国际社会主义运动的曲折发展对我国意识形态的影响,网络化境遇下的传播方式对我国意识形态的挑战。见王岩、杜锐,《我国意识形态建设面临的挑战》,《光明日报》,2011 年 5 月 9 日 11 版。

与举措,基本上围绕着规模、资本、市场、效益而展开,往往忽略了文化建设和文化传播的核心——获得文化领导权,即执政党对内获得"文化领导权"后的"民心所向",对外获得国际话语权后的"尊重与理解"。

回顾历史,西方近代社会先后经历了经济革命、政治革命以及文化革命,而只有经历文化革命并夺得了文化领导权,资产阶级才从真正意义上完全登上历史舞台。[①] 与此相似,新中国的诞生既归因于军事与政治的胜利,更得力于文化领导权的有效确立,毛泽东说过他要用文房四宝推翻蒋家王朝,中国共产党获胜的根本原因在于"枪杆子"和"笔杆子"两支武器。无论革命年代,还是建设时期,毛泽东始终对文化领导权给予高度重视,甚至具有主观臆想性的过度重视,今天看来一些不无过激的政治运动也与此密切关联。历史的过错和失误需要反省和警戒,不过,改革开放以来被邓小平批评的"一手硬,一手软"倾向,使执政党的文化领导权不断受到削弱,遭遇挑战,北京大学政治学者强世功教授就曾尖锐指出令人惋惜的后果:

> 改革开放以来,与西方世界势力争夺"民主"话语的主导权不同,我们在政治意识形态上首先采取了"硬着陆",彻底否定了"文化大革命"中的"大民主",在倒脏水的时候不小心连孩子也倒了出去,丧失了对"民主"概念的解释权;接着又以"不争论"的实用主义方式处理政治正当性问题,致使中国丧失了政治正当性原则的是非辩论,窒息了中国政治的生命力和意识形态的活力,陷入了庸俗的市侩主义;而中国的知识精英又迅速地在"告别革命"中拥抱了英美自由主义。正因为如此,新中国努力奠基的人民民主、社会平等这些政治正当性原则由于缺乏文化思想和意识形态的支撑,在口是心非的政治实用主义中丧失了生命力;而社会主义传统所树立起来的集体主义、团结友爱和无私奉献的伦理思想,也在自由主义和商业社会的冲击下所剩无几。我们由此陷入了前所未有的思想迷茫和精神空虚。新兴精英阶层也在全球化的经济生活中享受短暂的和平和私人的快乐,既不

[①] 学者程巍对此有专门研究,见《中产阶级的孩子们——60年代与文化领导权》,生活·读书·新知三联书店,2006。

知政治为何物,也不知"公共意志"意味着什么,而以一种非政治化的天真在全球化的空洞许诺中丧失了对生活意义的界定权和对生活方式的辩护权,只能以尾随者的心态努力追求被西方世界承认。①

文化领导权的削弱,势必导致智识、道德、价值观、信仰等精神领域的真空状态。在国际国内形势深刻变化的背景下,以什么样的态度对待文化领导权,以什么样的视角认识文化领导权,以什么样的思路加强文化领导权,已经关涉民族兴衰和社会发展。基于此,本文以毛泽东和葛兰西文化领导权思想的比较为切入口,以探究文化领导权的核心命题,总结中国革命与建设时期文化领导权历史的经验得失,并以此为新形势下的文化领导权提供参照。

表面看来,葛兰西与毛泽东进行比较研究缺乏必然性:没有详细资料显示毛泽东阅读过葛兰西的著作,葛兰西也没有专文谈及毛泽东,并且二人分处东西方世界且有不同的经历及结局。国内学者对毛泽东文化领导权思想的专题研究,少之又少,②与其历史实践和现实影响相比,极其不相称,更鲜有将葛兰西和毛泽东联系起来的思考。但是,我们之所以将葛兰西和毛泽东的文化领导权思想进行比较,是基于以下现实因由和理论依据。

其一,葛兰西与毛泽东都对文化领导权格外关注。"文化领导权"(hegemony)概念由葛兰西提出,并予以系统阐述。他对文化领导权的实质(通过精神和道德的领导获取民众的自愿接受和"同意")、对文化领导权的地位与作用(确立政治领导权的合法性)、获取文化领导权的要素及其机构(有机知识分子充当统治者/领导者和被统治者/被领导者之间的中介,通过协商和获取"同意"对市民社会形成影响,逐渐占领文化领导阵地或者瓦解统治阶级的文化领导阵地)等诸方面均有深入详尽的阐述,并

---

① 强世功,《中国香港:政治与文化的视野》,生活·读书·新知三联书店,2010,页360—361。

② 截止到2012年底,中国知网学术期刊网有四篇研究毛泽东文化领导权的文章:韩毓海,《"漫长的革命"—毛泽东与文化领导权问题(上、下)》,《文艺理论与批评》,2008年第1、2期。李彬、黄卫星,《毛泽东延安时期文化领导权思想研究》,《临沂大学学报》,2011年第3期。韩亚,《试论毛泽东与中国的文化领导权》,《今日湖北》,2007年第2期。张亚骥,《瞿秋白到毛泽东:文化领导权思想的成型》,《三峡大学学报》(人文社会科学版),2011年第3期。

且深刻影响着国际共产主义运动以及当今世界的思想文化潮流。毛泽东虽未像葛兰西那样撰写系统的理论著作,但对文化领导权的认识和思考不仅与葛兰西一脉相承,而且同样独到深刻,并直接左右了中国的历史进程。具体说来,毛泽东的建国和治国思想始终贯注着文化领导权意识,藉以确立中国革命的"正当性"与中国道路的"合法性"。① 可以说,葛兰西和毛泽东这两位东西方马克思主义思想家、共产党政治领袖,对文化领导权的思考和探索是两座相互映衬思想丰碑。

其二,虽然葛兰西首次明确提出文化领导权的定义及内涵,并建构了相关的思想理论,以至于国内外学界都不由自主地将葛兰西当成经典的范式。但我们认为,一方面,文化领导权更重要的还在于历史实践,而不在于规范的理论表述,就此而言,毛泽东的思想与实践更具有实际意义。另一方面,鉴于有的学者在思考当代文化领导权问题时,总是习惯于将葛兰西的思想理论作为绝对的标准或真理,认为中国由于缺乏葛兰西所说的"市民社会",政治文化认同不是通过"协商"而是通过自上而下的"灌输"和"支配",没有明确提出和强调"有机知识分子"的中介作用等,从而否定当代中国的文化领导权建设,更使我们觉得有必要在理论上进行辨析与澄清。

其三,就认识与把握文化领导权的政治实践层面而言,我们也希望通过一种"曲径"来"通幽"——即在葛兰西创建的文化领导权理论框架下,比照葛兰西和毛泽东的不同思想,以图探求以下问题及其答案:一是表明文化领导权是由多种要素和多元结构构成的,而不仅仅是葛兰西阐述的范式;二是文化领导权实现途径依据具体历史条件和文化背景而有多种选择;三是毛泽东虽然没有理论专著系统阐述文化领导权理论,但毛泽东的文化领导权思想在某些方面高于葛兰西;四是葛兰西在狱中撰写的著作由于远离现实政治环境而显示学术的独立性和超越性,将毛泽东的文化领导权思想与之比较,也有利于反思我们在这方面的历史经验与教训。

其四,葛兰西和毛泽东虽然表面看起来毫无关系,但瞿秋白的文化领

---

① 有学者做过专题研究,参见韩毓海,《"漫长的革命"——毛泽东与文化领导权问题》,《文艺理论与批评》,2008年第1期。

导权思想同两者均有关联,无形中充当了他们的思想中介。1922年5月至12月,瞿秋白与葛兰西都在莫斯科和彼得格勒,参加当年年底举行的共产国际第四次代表大会。在1920年代中共和意共的内部争论中,瞿秋白和葛兰西都明显倾向共产国际,并且大量采纳列宁和共产国际的理论和政治话语,思考中国和意大利的政治状况及相应的革命战略和策略[①],其中领袖权(hegemony)问题尤为突出。"领袖权"是瞿秋白对 hegemony 一词的译法,hegemony 源于希腊词汇,但20世纪初马克思主义理论家在多次的政治辩论中共同采用和铸造了这一理论术语,具体内涵和葛兰西后来的阐述并不完全一样[②]。杜克大学教授刘康对瞿秋白与葛兰西作了比较研究,指出他们的四个相通之处:他们都把文化革命问题置于最重要的位置;他们都认为知识和道德的改革任务必须与国民文化运动紧密连结起来;他们都认为必须开拓一种新型的革命语言和审美形式;他们都在自己思想中根本改写了经典马克思主义的"经济主义"倾向。[③]

如果说瞿秋白是"具有革命精神的真正的文学家",那么毛泽东则是"具有文学气质的真正革命家"。早年,毛泽东深受瞿秋白思想影响,瞿秋白的文化领导思想和才能也深为毛泽东赞赏。正如有学者研究后认为,"瞿秋白作为先行者所提出的文化领导权问题,在毛泽东这里得到转化与深化,并最终以一种中国化的方式成型。"[④]从这个意义上讲,瞿秋白的文

[①] 有关瞿秋白以及共产国际和中共之间错综复杂的关系,见张秋实《瞿秋白与共产国际》一书。关于葛兰西与共产国际和意共早期领袖波尔迪加之间的关系,见英译《狱中札记选》导言,Antonio Gramsci, *Selections from the Prison Notebooks of Antonio Gramsci*. Edited and translated by Quintin Hoare and Geoffrey Nowell Smith(New York: International Publishers, 1999), pp. xvii-xcvi.

[②] 基于历史考证,安德森指出,葛兰西在使用"领袖权"一词时,保留了无产阶级要与其他被剥削阶级组成"阶级联盟"这个基本要义,但葛兰西更为强调无产阶级必须在联盟中作出让步。另外,葛兰西在讨论时也突出了无产阶级要对其他阶级保持"文化"优势这个方面,并同时强调了透过协调和协商达成"同盟"等非暴力因素。(Perry Anderson, "The Antinomies of Antonio Gramsci," p. 19.)与葛兰西相比,瞿秋白有关"领袖权"问题的讨论,显然更接近于列宁的用法。1923年9月,瞿秋白写成《自民治主义至社会主义》(题目后来改成《自民权主义至社会主义》,见《瞿秋白文集(政治理论编)》第2卷,页193),系统阐述了列宁的《怎么办?》和《社会民主党在民主革命中的两种策略》等文章的论点,并提出了"指导权"概念(见《瞿秋白文集(政治理论编)》第二卷,页221)。

[③] Kang Liu,《马克思主义与美学:中国马克思主义美学家和他们的西方同行》(*Aesthetics and Marxism: Chinese aesthetic Marxists and their Western contemporaries*, 2012),页68—71。

[④] 保罗·皮科威兹,《书生政治家——瞿秋白曲折的一生》,谭一青、季国平译,中国卓越出版公司,1990年,页258。

化领导权思想是毛泽东思想的先导之一,毛泽东领导权思想体系和历史实践是瞿秋白思想的深化、延伸和实现。

二

作为共产党领袖和马克思主义思想家,葛兰西和毛泽东都以推翻资产阶级统治秩序为己任,都曾在共产国际的领导下开展革命工作,他们的文化领导权思想自然有相同或相通的地方,大体说来,主要体现在以下几个方面。

一是重视精神和意识等力量在社会结构中的作用。葛兰西认为西方国家的无产阶级革命之所以尚未成功,就在于无产阶级缺乏阶级意识,没有革命意志。同样,毛泽东也非常重视阶级意识、人的主体性以及思想和精神等主观作用。青年时期的毛泽东就强调说,"意志也者,固人生事业之先驱也"。① 毛泽东忧虑中华民族"积弊很深,思想太旧,道德太坏,而思想主人之心,道德范人之行,所以二者都必须加以改造"。② 所以,毛泽东认为,改造人的思想和道德,是推动社会发展、促进国家富强的重要途径。他说:"今吾以大本大源为号召,天下之心有其不动者乎?天下之心皆动,天下之事有不能为者乎?天下之事可为,国家有不富强幸福者乎?"③用"大本大源"来号召天下民众,从而"天下之心"皆动、"天下之事"能为、国家富强幸福。究其根本,有效领导文化,是获得民众支持、社会动员、国家建设的核心要素。

二是认为文化领导权的意义优先于政治和经济的统治。葛兰西强调:"一个社会集团能够也必须在赢得政权之前开始行使'领导权'(这就是赢得政权的首要条件之一);当它行使政权的时候就最终成了统治者,但它即使是牢牢地掌握住了政权,也必须继续以往的'领导'。"④作为一个政党,无论是否获取了国家政权,赢得文化领导权都是最根本的方略。

---

① 中共中央文献研究室、中共湖南省委编辑组编辑,《毛泽东早期文稿》,前揭,页87。
② 中共中央文献研究室、中共湖南省编辑组编辑,《毛泽东早期文稿》,前揭,页86。
③ 同上。
④ 安东尼奥·葛兰西,《狱中札记》,曹雷雨、姜丽、张跣译,中国社会科学出版社,2000,页38。

中国革命的历史表明,对文化领导权的重视和把握,也是中国共产党人带领中国人民推翻"三座大山"、建立新中国的重要保障。1959年至1960年阅读苏联的《政治经济学教科书》时,毛泽东综合各种观点,结合中国革命的实践写下如下结论:

> 一切革命的历史都证明,并不是先有充分发展的新生产力,然后才能改造落后的生产关系。我们的革命开始于宣传马列主义,这是要造成新的社会舆论,以推行革命,在革命中推翻落后的上层建筑以后,方有可能消灭旧的生产关系,旧的生产关系被消灭了,新的生产关系建立起来了,这为新的社会生产力的发展开辟了道路,首先造成舆论夺取政权,然后才解决所有制问题,再大大发展生产力,这也是一般规律。①

三是改写了经典马克思主义"经济基础决定上层建筑"的一般原则。葛兰西赋予 hegemony 以"文化领导权"的内涵,意味着统治阶级可以通过文化和精神形成一种"社会共识",从而使被统治者心甘情愿地"同意"和"接受"被统治的命运。葛兰西说:权力有"统治"和"领导"之分,"第一要素就是的确存在统治者和被统治者、领导者和被领导者"。② 在他看来,"统治"和"领导"是权力在政治运行中的两翼,犹如毛泽东所说的"软硬两手"。他们同样指出:在现代条件下,一个政权能否存在,并不简单取决于暴力统治和经济基础,而是首先取决于权力是否具备"合法性"和"认同",即"软权力"是否深入人心。毛泽东认为,社会主义的"可能失败",并不在于其经济基础首先被动摇,而在于其文化合法性的丧失。③ 因此有学者评价说,毛泽东和葛兰西对于"政治"和"文化"的理解是最为接近的,"他们的共同之处,就在于通过把文化和权力纳入到阶级关系中去思考,从而瓦解了'经济基础'决定'上层建筑'"的僵硬思路。④ 历史实践证明,"上层建筑"有时作为一种历史的主体性而存在,决定和作用着"经济基

---

① 毛泽东,《对苏联政治经济学的批判》,页51,66—67。
② 参安东尼奥·葛兰西,《狱中札记》,页107。
③ 毛泽东,《1964年9月21日与阿尔巴尼亚党政代表团的谈话》。
④ 韩毓海,《"漫长的革命"——毛泽东与文化领导权问题》(上),前揭。

础"这一历史客体。

葛兰西和毛泽东所处的历史境遇不同,面临的历史使命不同,政治生涯和成就也不同,两人的一些具体思考和主张自然也就不尽相同,大体说来有如下差别。

一是思考文化领导权的出发点不一样。1928年葛兰西被法西斯政权投进监狱直至去世,在漫长的狱中生涯中,这位意大利共产党领导人一直在思考无产阶级革命如何避免无谓的流血牺牲而取得胜利,如何通过夺取资产阶级的文化领导权以瘫痪其集体意志,从而为最终夺取政权创造历史条件,所以他阐述文化领导权更多以"推翻旧世界"的"破"为出发点。以新中国成立为分界线,毛泽东分别面临着推翻半殖民地半封建的旧中国和建设社会主义的新中国这两种不同的历史使命:在毛泽东的后半生,他更多是以考虑"建设新世界"这一"立"为出发点。

二是对文化领域革命的倾向不一样。葛兰西身处法西斯专政的资本主义国家,他的政治目标是以"分子入侵"的方式,一点点瓦解资产阶级国家政权。正如有学者指出,葛兰西比较强调无产阶级在联盟中的让步,突出无产阶级对其他阶级保持文化优势,希望透过协调和协商而不是暴力达成"同盟"。① 与葛兰西相比,毛泽东受瞿秋白文化革命思想的影响,而瞿秋白有关"领袖权"的认识更接近列宁。从延安整风运动力图改造知识分子思想,到建国后的历次政治运动,毛泽东对党内一线领导人的最大意见,就是他们过于埋头具体行政事务,而不注重文化领导权问题。1966年10月,毛泽东在总结建国以来文学和文化领域中的讨论时说道:

> 去年批判吴晗的文章,许多同志不去看,不那么管。以前批判《武训传》、《红楼梦》,是个别抓,抓不起来。看起来,不全盘抓不行。个别抓,头痛医头,脚痛医脚,是不能解决问题的。②

可以说,毛泽东以无产阶级政治家的深谋远虑,一生都致力于确立文

---

① Perry Anderson,《安东里奥·葛兰西的二律背反》(*The Antinomies of Antonio Gramsci*)页19。
② 毛泽东,《在中央工作会议上的讲话》,1966年10月24日。

化领导权的文化革命,"那漫长的革命岁月也孕育了'新国家和新社会的胚胎'。这一'胚胎'的形成和最后分娩,其过程就是中国共产党对文化领导权掌握的过程"。① 并且这种过程,自萌生开始,就以积极的斗士姿态介入到文化争夺的战斗阵地中。

三是两者的文化领导权思想具有不同的现实意味和实践意义。葛兰西在生命结束之前凭借超凡的意志力完成了《狱中札记》,建构了文化领导权理论。由于缺乏实践的检验和修正,其思想难免具有非现实性和非实践性,"尽管葛兰西精心设计的理论模型内容丰富,见解独到,但却反映出一种犹豫不决的心理,没有能够把同一与差异、必然与自由、形式上的平等与实质上的平等融合起来。"② 作为一个元理论或者理论范式,葛兰西无疑具有计划时代的创新性和开拓性,即使其中充满了悖论和张力。

而毛泽东因为有着极其丰富的革命实践和领导生涯,所以对文化领导权又有着深刻而具体的理解,并且随着不同的历史语境和现实需要而适时修正与调整,因此他的思想具有强烈的现实性和实践性。我们之前经过研究发现,毛泽东延安时期的文化领导权思想具有如下特征:从新民主主义革命的意义出发,建构一种革命意识形态;从现代国家战略发展的高度,思考文化领导权问题;以《讲话》为文化思想纲领,形成奠定国家秩序的文本;通过知识分子改造,实现知识分子的有机化;以积极争取和批评教育为手段,获得文化领导权的"同意"。③ 凡此种种,都是毛泽东在具体的历史实践过程中建构出文化领导权思想,具有时代性、实用性和实践性。

三

葛兰西和毛泽东文化领导权思想的异同,不妨依照葛兰西的政治社会(国家)、市民社会、有机知识分子、文化政治等概念进行具体的考察与

---

① 孟繁华,《大众文化与文化领导权》,《文艺争鸣》,2005 年第 3 期。
② 安德雷阿·斯皮尼,《狱中札记》中的知识分子和政治文化进程,见萨尔沃·罗斯泰罗内主编,《一个未完成的政治思索:葛兰西的〈狱中札记〉》,黄华光、徐力源译,社会科学文献出版社,2000,页 182。
③ 李彬、黄卫星,《毛泽东延安时期文化领导权思想研究》,《临沂大学学报》,2011 年第 3 期。

辨析。

1. 政治社会（狭义上的"国家"）与人民民主专政

葛兰西通过考察欧洲资本主义国家的政治和文化权力的运作，揭开了纷繁复杂的权力机制及其深层结构，突破了以往对市民阶层的思维定势。他认为："我们目前可以确定两个上层建筑'阶层'：一个可称作'市民社会'，即通常称作'私人的'组织的总和，另一个是'政治社会'或'国家'。"①

葛兰西用政治社会和市民社会两个概念，分别表示"统治"（国家机器暴力强迫）和"领导"（民众自愿接受和同意的文化领导）这两个权力运作的两翼，揭示了资产阶级统治的有效机制。同样，毛泽东受马克思、恩格斯、列宁等关于国家观念的影响，也认为在尚未实现共产主义的大同理想前，国家的存在离不开软硬两手。

由于葛兰西和毛泽东的具体历史处境和政治使命不同，两人对政治社会（狭义上的"国家"）及其性质的理解自然不同，葛兰西眼中的政治社会更多考虑的是资产阶级的暴力统治，而毛泽东则将社会主义国家定性为人民民主专政。在狱中，葛兰西深入思考了如何有效摧毁资产阶级统治的坚固堡垒，如何利用有机知识分子，从情感、道德、宗教、信仰及日常生活等方面影响市民社会，并获得其理解、支持和同意，从而逐渐获得无产阶级的文化领导权和政治领导权。同时葛兰西也设想过，已经获取政权的政治社会通过有机知识分子，同市民社会进行谈判、协商等温和的方式，潜移默化地影响他们的思想观念和精神意识，以此巩固政权。而毛泽东深受已经成功的革命导师列宁的影响，将一些强制性手段运用于文化组织管理、文化政治控制、文化思想改造等过程，突破了葛兰西将文化领导权归属于"谈判"和"协商"的柔性途径和策略。此外，毛泽东对国家在文化领导权的角色和功能，也有更为明确的思考和主张：

——马克思主义国家意识形态作为文化组织和管理的标准。无产阶级政权对文化的领导，已在苏联社会主义实践中形成一些基本思想和具体模式。思考无产阶级政党的文化策略问题首推列宁，列宁写于1905年的《党的组织和党的出版物》是一个划时代的理论文献。在列宁给出思想指

---

① 参安东尼奥·葛兰西，《狱中札记》，前言，页7。

南后,从1920年代到1930年代,苏联文学诸多流派与思潮就"如何确定俄罗斯的新文学特质"在斯大林时代几经论辩,至1932年以联共中央作出成立统一的作家协会以及斯大林提出"社会主义现实主义"创作方法为标志,终于使列宁所界定的马克思主义国家意识形态在具体运作、组织与管理上,整合为一套标准和模式。这种标准和模式对毛泽东、对中国影响极大。

——文艺为政治服务。文艺属于政党政治"有机组成部分"的观念,经由苏联输入中国。之前,现代左翼文学家虽然懂得文学与政治的关系,懂得将文学服务于政治,却并未意识到文学可以有组织地纳入到政党政治中,并且成为政党政治结构中的一部分。国民党政权统治中国二十多年间,对革命文学上下戮力"围剿",但所采取的办法也只是一味从外部进行简单而粗暴的"禁"和"堵"等压制手段,至于内部如何建构一种组织化的制度及管理机制则始终懵懂无知。相比之下,从上海的"左联"到延安时期的"中国文艺协会"、西北战地服务团、鲁迅艺术学院等组织,再到新中国成立后的中国作家协会等各种文艺文化团体,无不属于共产党领导下的新文化阵地,凝聚了千千万万的无产阶级"有机知识分子",形成天下归心的"文化软实力"。

——用政治手段推动文化思想改造。无产阶级革命需要无产阶级的阶级意识占据领导地位,需要无产阶级政党的思想具有统一性、富有纯粹性,毛泽东的这些思想也深受列宁的影响:"谁要是想从俄国革命的伟大教训学到东西,谁就应当了解,只有提高无产阶级的阶级意识,只有把这个阶级组织起来,只有把无产阶级政党中的小资产阶级'同路人'清洗出去,清除他们特有的无原则性、动摇性和软弱性,才能而且一定能重新引动人民去战胜罗曼诺夫王朝。"①同样,在毛泽东看来,为了无产阶级政党的"防修反修",为了消除知识分子的小资产阶级思想,就有必要进行思想改造。为此,他通过发动思想改造运动,并辅以政治手段,进行了一系列"灵魂深处的革命"。毛泽东诸如此类的思考与主张,经过历史检验,既有合理内涵,也有不当成分,需要重新审视,仔细辨析,认真扬弃。

---

① 列宁,《俄国恐怖主义者飞黄腾达的一生》,《列宁全集》第二十卷,人民出版社,1989,页99。

2. 市民社会与人民大众

所谓市民社会,属于"民间的"社会组织的集合体。葛兰西认为,应该从上层建筑的层面重新看待市民社会,它和政治社会一起构成广义的国家,用一个简单的公式表示:国家=政治社会+市民社会。将市民社会明确作为国家的一个组成部分(与政治社会并列),体现了葛兰西文化领导权理论的一个创举。与政治统治权施予政治社会相比,文化领导权施予的对象在于市民社会。现代中国没有形成市民社会的经济、政治和民间基础,没有在数量上和结构上形成一个相对固定和广泛的市民社会。但是,毛泽东和葛兰西一样,同样认为文化领导权施予的对象应是最基础、最广泛的社会结构群体,在现代中国就是以工农兵为主体的"人民大众"。毛泽东的民众动员思想与葛兰西有异曲同工之妙,同时,毛泽东更有其独特的人民大众文化观:

——工农兵为主要力量构成的人民大众属于中国革命的主体。毛泽东面对中国社会阶层的实际分布,将工农兵为主体的劳苦大众作为革命的基本力量,通过直接激发他们的革命激情获得认同和拥戴,进而实现民族解放和现代国家的建构。同西方马克思主义者往往把群众当作消极的、精神空虚的、呆滞的群体相反,毛泽东一再强调,"群众是真正的英雄,而我们自己则往往是幼稚可笑的"。在毛泽东看来,广大的穷苦大众是最富有革命激情的历史主体,是最富有人性光辉的群体,所以始终坚信群众能够自己教育自己,自己解放自己。毛泽东这种相信群众、依靠群众的群众路线,已经成为中国革命胜利和创立社会主义新中国的重要法宝之一。

——赋予人民大众强烈的政治色彩。和西方现代知识分子对这个概念的偏见一样,葛兰西也认为知识分子是高贵者,向市民社会和无产阶级这些低贱者制定文化规则并且为之代言。而毛泽东不仅将人民大众作为"阶级"理解,而且认为是一个朴素的、纯洁的、有着天然革命要求和自觉性的群体,他们比任何阶层都更进步,这个概念的神性地位是在不断的想象、叙事以及革命实践中完成的。毛泽东在领导中国革命的过程中既把工人、农民等劳动者阶级联合为整体,又善于把中小资产阶级、民族资产阶级以及其他一切爱国人士团结起来,结成广泛的统一战线,组成浩浩荡荡的同盟军,开展政治的、军事的、经济的、思想文化等形式的斗争。

——文化领导权需获得包括知识分子在内的人民大众的支持。中国共产党以武装斗争摧毁旧国家机器的同时,也在精神和道德上获得了包括知识分子在内的民众的广泛支持。同样是暴力革命,同法国革命、俄国革命并称伟大革命的中国革命不尽相同,美国学者莫里斯·梅斯纳在《中华人民共和国史》中,称道中国革命的象征性意义:

> 与法国革命和俄国革命不同,中国革命并没有一个突然改变历史方向的政治行动。中国革命没有一个像巴黎群众攻打巴士底狱或者俄国布尔什维克党人在"震撼世界的十日"中夺取政权那样的戏剧性的革命事件。对中国革命家来说,并没有要攻打的巴士底狱,也没有要占领的冬宫。现代中国历史环境的特殊性提出了极为不同而且困难得多的各种革命任务。当中华人民共和国于1949年10月1日正式宣布成立的时候,中国革命家们已经展开并且赢得了那些摧毁旧秩序的战斗。10月1日在北京并不是一个革命暴力的时刻,而是变成统治者的革命家可以回顾过去并且展望未来的一天,那一天他们可以追溯和反思使他们掌权的那些斗争和牺牲的漫长岁月,展望他们国家的、充满希望的和平任务。在摧毁旧政权的几十年革命暴力期间,新国家和新社会的胚胎已经逐渐成长起来。①

被莫里斯·梅斯纳称为"新国家和新社会的胚胎"的孕育因子就是"人民群众是历史的主体"这一历史价值观,如何颠覆性地"翻心"、如有效度地发挥广大人民群众的历史主体性,是中国共产党在作为一个反抗性的政党时与治阶级进行"游击战"的战略思想。

3. 有机知识分子与改造知识分子

"有机知识分子"的概念是葛兰西提出的,指的是由某个阶级培养并体现这个阶级特质的知识分子。为了推进无产阶级革命运动,葛兰西不主张知识分子将其职能和身份拘泥于纯粹思辨的哲学家,远离社会和民众的生活,远离现实政治文化的世界,知识分子应该为整个阶级代言,批判旧有的统治秩序,对大多数人进行宣传和文化思想工作。葛兰西呼唤无产阶级的

---

① 莫里斯·梅斯纳,《毛泽东的中国及其发展——中华人民共和国史》,社会科学文献出版社,1992,页3。

有机知识分子,并且对其寄予厚望,那么到底什么是有机知识分子? 知识分子除了同其所代表的阶级有机统一,还具备哪些方面的有机要素? 从散见于《狱中札记》的文字中,我们总结葛兰西心目中的有机知识分子具备以下五个方面的"有机统一":一是理论和实践的有机统一,二是人民和自身情感的有机统一,三是思维科学和解决问题的有机统一,四是代言者和批判者的有机统一,五是与领导者和被领导者之间的有机统一。

毛泽东也期盼中国无产阶级自己的知识分子,并希望改造知识分子。众所周知,毛泽东一向强调知识分子应该理论联系实践、密切联系群众、实事求是等,这些主张同葛兰西有机知识分子的思考不谋而合。虽然毛泽东未用"有机知识分子"这一概念,但也极为重视培养无产阶级的知识分子,提倡知识分子走与工农相结合的道路,体验人民的情感,了解人民的生活,把握人民的心声,创造无产阶级和社会主义的"新文化"。

知识分子和人民群众之间的关系与地位,在葛兰西和毛泽东看来也不尽一致。葛兰西认为有机知识分子与人民群众建立的"良性循环"关系,就是"高明者"与"卑贱者"的关系:"高明者"的任务在于回应来自卑贱者的政治、社会和文化问题;卑贱者的任务则在于按照民主政治的形式和规则提出这些问题。① 而在毛泽东眼里,"高贵者最愚蠢,卑贱者最聪明",他将工农兵为主体的劳动人民置于历史主人公的地位。毛泽东说过,"大局问题,不是知识分子决定的,最后是劳动者决定的,而且是劳动者中最先进的部分,就是无产阶级决定的"。② 知识分子虽然高贵,但是为人民群众服务的。

怎样指导和领导知识分子,葛兰西和毛泽东的策略倾向也不一样。葛兰西认为,"积极教育"的方式是对知识分子进行政治领导的途径。毛泽东则侧重通过批评与自我批评对知识分子进行思想改造,并辅以必要的劳动教育,使知识分子的身心重新得到塑造。改造知识分子,一方面在于破除知识分子傲视工农的"坏毛病",另一方面也是解决知识分子与实践脱节的"老问题"。这两个问题解决好了,便成为毛泽东所期许的理想

---

① 萨尔沃·马斯泰罗内,《一个未完成的政治思索:葛兰西的〈狱中札记〉》,前揭,页14。
② 毛泽东,《打退资产阶级右派的进攻》,《毛泽东选集》(第五卷),人民出版社,1977,页452。

知识分子了。1957年3月12日,毛泽东在全国宣传工作会议上说:

> 知识分子如果不把自己头脑里的不恰当的东西去掉,就不能担负起教育别人的任务。我们当然只能是一面教,一面学,一面当先生,一面当学生。要做好先生首先要做好学生。许多东西单从书本上学是不成的,要向生产者学习,向工人学习,向贫农下中农学习,在学校则要向学生学习,向自己教育的对象学习。①

4. 政治文化与新文化

葛兰西的文化领导权思想有机地植入了集体意志、意识形态、国家精神、政党精神、哲学、日常经验等元素。毛泽东未像葛兰西那样明确提及这些概念,但从他的文化思想和政策中,不难发现两人在文化领导权的把握上颇多相通之处。葛兰西重视和突出人民的集体意志:

> 必须在现代意义上对集体意志和一般政治意志下一个定义:具有历史必然性的积极意识、真实感人的历史戏剧的主角。集体意志的性质迥异于一般政治意志,是一种代表了历史必然性、表现了历史主体意识的积极意识。毛泽东也一直将顺应时代发展和体现历史必然性的劳动人民作为历史的主体,并且通过唤醒集体意志,以取得革命和建设的成功。②

葛兰西和毛泽东都非常重视意识形态在文化领导权中的重要作用。葛兰西认为:"'意识形态',但必须是在世界观——它含蓄地表现于艺术、法律、经济活动和个人与集体生活的一切表现之中——的最高意义上使用此词。"③

中华人民共和国建立和建设的成功经验之一,正在于建构了被社会大众集体认同的核心价值观,并且有效地将这一价值观传播出去且内化

---

① 毛泽东,《在中国共产党全国宣传工作会议上的讲话》,《毛泽东选集》(第五卷),人民出版社,1977,页407。
② 参安东尼奥·葛兰西,《狱中札记》,前揭,页93。
③ 参安东尼奥·葛兰西,《狱中札记》,页239。

于民众的心理结构。同葛兰西一样，毛泽东并不认为意识形态仅仅简单等同于世界观。世界观是理解世界的一般方法，而意识形态不仅属于智能的层面，而且涵盖制度、社会意识等政治层面。

葛兰西和毛泽东都注重国家精神和政党精神的建构和传播。国家精神属于文化的核心部分：从时间的流变看，国家精神是民族文化传统的一种自然延续；从内在的演变逻辑看，国家精神是文化发展的内在活力；从体现的影响力看，国家精神是政治组织和政治运动的重要支配力量。而政党，通过知识分子保持道德和精神的领导作用，将群众和各种复杂的力量联系在一起，共同组成一个有组织的社会集团。①

最后也最重要的是，葛兰西和毛泽东都认为，文化领导权只有内化为日常经验，才能真正被民众所接受。在葛兰西看来，包括集体意志、意识形态、国家精神、政党精神、哲学等抽象的、智识的和精神的观念形态，只有化作与广大民众的生活密切相关的日常经验，深深植根于广大民众的生活体验和人生经验，才能自然地、自发地、潜移默化地形成一种定势和习惯，乃至成为受到"常识"支配的一种"本能"：

> 所谓"自发"，是指它们不是产生于已经觉悟的领导集团进行的任何有系统的教育活动，而是受到"常识"、也就是普遍的传统世界观启发的日常经验——虽然它实际是一种原始的基本历史知识，却被称为"本能"。②

毛泽东领导中国人民进行反帝反封建的革命斗争时，这种"自发性"就体现于广大民众真正的政治行动——自发地认为"推翻三座大山"是历史的必然，是自身创造历史的使命，是一种值得嘉许的先进觉悟，而不是盲目的政治冒险。当这种日常经验上升为社会的普遍思考方式时，就变成超越理性的信仰，而这正是文化领导权的最高境界。

葛兰西和毛泽东思考以上政治文化时，都是站在"新文化"和"新人类"

---

① 葛兰西分析一个政党的存在，必须具备三个基本要素（三组要素）：1. 群众的要素；2. 主要的凝聚力量；3. 中间要素。

② 参安东尼奥·葛兰西，《狱中札记》，页161。

的高度,但两者的具体设想有所不同。葛兰西希望国家更为长远宏阔的目标是创造更高级的新文明,这种新文明不仅能够倡导广大民众的道德风范,而且能够发展出更为文明的"新人类"。在葛兰西眼里,"创造一个新的文化并不仅仅意味着个体取得'独到的'发现,而且特别意味着以批判的态度传播已经发现的真理,'使之社会化',从而使之成为生活行为的基础,成为协调的因素,精神和道德性的因素。"①毛泽东眼里的"新文化"是"先进性文化",葛兰西目中的"新文化"是"批判性文化",也就是说,葛兰西政治文化的最高境界和最终目的是批判性、群众性和社会性。而毛泽东的"新文化猜想",始终伴随着他的伟大政治宏图,"所谓中华民族的新文化,就是新民主主义的文化",②"所谓新民主主义的文化,一句话,就是无产阶级领导的人民大众的反帝反封建的文化",这种新民主主义文化是平民的、大众的、民族的,和五四文化的精英的、高雅的、西式的文化大相径庭,也是对五四新文化运动的成败优劣进行再反思的结果。正是在民族的、科学的和大众的新文化旗帜下,越来越广大的人民大众能够参与到文化和艺术创造活动之中,③"自发地"认同和维护中国革命与社会主义道路的政治合法性与正当性。

2011年9月6日,国务院新闻办公室发表《中国的和平发展》白皮书,第一次公开详细地宣示了中国的六大"核心利益":中国坚决维护国家核心利益。中国的核心利益包括:国家主权,国家安全,领土完整,国家统一,中国宪法确立的国家政治制度和社会大局稳定,经济社会可持续发展的基本保障。不难看出,这六大核心利益归根结底无不关乎文化软实力与文化领导权,无不涉及人心的相背与认同。维护国家核心利益,不仅需要强有力的执政党与国家机器,而且更需要有灵魂的文化与有信仰的精神,特别是体现为核心价值体系的中华民族精神家园。而所有在一起,都首先需要执政党牢牢把握文化领导权。从这个意义上看,葛兰西与毛泽东的文化领导权思想,特别是毛泽东领导中国革命与建设的历史实践,就值得我们特别关注了。

---

① 安德雷阿·斯皮尼,《狱中札记中的知识分子和政治文化进程》,萨尔沃·罗斯泰罗内主编,《一个未完成的政治思索,参葛兰西的〈狱中札记〉》,页166。
② 毛泽东,《新民主主义论》。
③ 同上。

赵月枝[①]

五、传播与中国的批判研究:机遇与挑战

纪 莉译

阿芒·马特拉(Armand Mattelart)曾写道:历史上有些特定时刻,"特别青睐对现实的批判分析"(1979,p.25)。马特拉是在1979年写下这段话的。对于他来说,这种特定时期包括"革命的热烈时刻"、"法西斯主义和独裁的冷冽时刻"以及"经济危机时期"。他写道:

> 30年代的大萧条和世界资本主义经济当下经历的结构性危机都是以资本主义的整个国家和经济机器的重组为特征的。新的政治形式正在形成,监管与规训的边界都在扩大,新的社会控制机制力图让公民—消费者—生产者接受新的国际劳动分工和实现剩余价值的新条件(ibid)。

从一定意义上,世界范围内的信息传播革命和中国通过"改革开放"与资本主义重新整合所形成的新的国际劳动分工,是全球资本主义得以克服马特拉在上文中所指的1970年代结构性危机的重要"新条件"。然而,丹·席勒曾预言,对信息产业和中国这两个增长点的剥削在帮助全球

[①] 本文在以下已出版英文文章的基础上由赵月枝重新修改而成:"For a Critical Study of Communication and China: Challenges and Opportunities," *International Journal of Communication* 4(2010), pp.544—551。本文最早由纪莉翻译,郭镇之、赵月枝校对,刊发于《全球传媒评论8》,清华大学出版社,2013年12月。

资本主义克服1970年代危机的同时,又可能催生新的危机(Schiller, 2007:197)。随着2008年全球金融危机的爆发,丹·席勒的预言不幸而言中,他有关数字资本主义这场危机的文章也成了本书的重要组成部分。我们正经历着一场更加持久的新的经济危机,随之而来的,还有深重的政治、社会文化和生态危机。

采用什么样的思维模式,催生什么样的有关传播与中国问题意识,才能使我们应对这个危机时代所面临的多面挑战?随着中国的角色在全球政治经济中日益显要,传播研究在哪些方面能有所作为?

中国的国家政治经济和文化政治

尽管改革时期的中国在政策和实践上都具有融入资本主义世界的维度,但走中国特色的社会主义道路是国家的意识形态宣称。这一宣称,包括"人民民主"的理念,得到了基层劳动阶级的认同。这就为我们提出了如下一个问题:在全球资本的冲击下,如何保持真正让"人民当家作主"的社会主义理念,同时又不失去融入资本主义世界的可预见的发展机遇?

事实上,中国国内经济和社会领域问题的凸显,以及2008年经济危机的爆发,都促使中国政府重新调整它的发展策略。在这样的背景下,我们需要提出一些重要的研究问题,包括探讨中国政权的阶级本质,将传播作为政治统治阶层内部矛盾斗争的一个场域进行思考,并围绕传播政策和实践,分析精英与大众政治之间的动态关联等。同时,我们还需要思考,在中国传播发展中,政治和意识形态问题较之经济与技术问题是否有"相对独立性",在今天的传播政策和实践领域中,中国的社会主义理念在多大程度上依然存在,而这些理念又是如何被有选择地重新挪用和重新采纳,从而创造出"新的政治形式"和新的经济动员与社会动员机制的。例如,中国一直努力维护一个由国家掌控的网络空间,同时推动信息与通讯领域的技术创新;又如,配合对外"软实力"建设和基层公共文化服务建设,中国一方面在一些传播和文化产业领域增加了投资和补贴,同时又积极推动产业集中化和资本市场化。通过对这些非常重要的问题的分析,我们就能看到中国在选择更自主的发展道路与加深对西方尤其是国际金融市场依赖这样两种道路之间的张力。

孔诰烽（2009）曾经指出，中国的外向型经济发展模式产生了"南部沿海地区有影响力的城市工业精英"。这些精英不仅主导中国政治，而且还试图破坏当前政府通过各种手段压制提高农民收入和劳工工资，以及将公共资金调向西部省份和地区，从而重新平衡中国发展道路的努力。如果的确是这样，那么我们需要从政府对传播设施投资的分配新模式，从中国国有传播企业的发展重心，以及媒体关于中国经济现状和发展政策的讨论等方面，考察传播在这个过程中扮演的角色。

作为一个发展中的大国，中国要设法在现代资本主义全球化秩序中崛起；同时，中国还要面对急剧深化的国内矛盾和社会不公。因为国家问题与民族问题之间有千丝万缕的复杂关系，所以，要直面"中国崛起的挑战"，就意味着要同时深入和全面地处理中国民族主义的政治经济逻辑和文化政治。这便要求我们批判地审视传播以及阶级、性别、民族、城乡、内地与沿海等社会界限之间的复杂交叉。现代中国的"民族"概念受到传统中国政治漫长历史中大一统和民族文化融合条件的影响。例如，中华人民共和国对"民族问题"的解决方式与已经解体的苏联和南斯拉夫便有巨大的不同。事实上，对中华人民共和国这一国家政权而言，不仅国家的"主权"问题因与一些邻国的领土纷争还很纠结，而且民族融合也还是一个未竟的事业。在全球化的网络传播时代，由于种族—民族主义具有强劲的跨国特性，对中国来说，这个问题从来没有像今天这样严峻。研究者们面对的一个艰巨的任务，就是分析中国大陆内外不同形式的民族主义和跨国民族主义的本质，以及从传播和文化的视角去分析中外关系、城乡差别、沿海/内地对立、宗教以及民族政治等方面的复杂交集。

最后，研究者们需要关注中国国家政权的文化基础，批判性地评价她如何在传播政策、实践和话语中有选择地挪用本土主义的传统。一方面，作为欧洲启蒙运动的马克思主义继承者和五四以来中国现代传统的主要承载者，中国共产党领导的国家政权一直不懈地推进现代工业革命和市场经济，发展现代科学技术。另一方面，在改革时期，我们又看到，在国家和社会层面上，中国与西方资本主义现代性的文化差别都在不断重现。在这种文化和文明复兴运动中，我们可以看到保守主义和民族主义的倾向在滋生。其中有些文化内容与全球资本主义的统治性文化政治逻辑高度一致。正如德里克所言，为了其自身的生存，全球资本主义一方面颂扬文化差异，一方面通过再现技巧很小心地将差异同质化，使这些差异只为符合资本主义经济扩张逻辑的实践服务。(Dirlik, 2002, p. 21)。

不过，现在有越来越多的话语，强调中华文化对西方资本主义现代性痼疾的超越和针砭能力。例如，早在2009年，曾长期担任国家宗教事务局局长的叶小文就在《人民日报》上著文，提出"新时代的文艺复兴"，主张用两千年来中华民族所培育的"独特思维方法"把被西方文艺复兴以来资本主义现代性所"过度膨胀的人"还原为一个"和谐"的人，从而"建设一个人与自然和谐、人与社会和谐、人与人和谐的新的'和谐世界'。"在叶小文看来，这种"独特思维方法"包括"天人合一，允执厥中，仁者爱人，以和为贵，和而不同，众缘和合"等(叶小文，2009)。但是，在这一讨论中，我们看不到中国早已被"西方"现代性所型构这一事实，更看不到政治经济力量的作用。因此，我们有理由追问，面对被西方型塑的"现代性问题"，我们应当如何建构自己的国际主义现代话语体系，而不是把碎片化与本质主义化的"中华文化"和"传统价值"当作掩盖与遮蔽中国对西方市场持续不断的经济依赖的文化修辞。无论如何，这种新的文化政治，是传播学者不得不面对的。

在研究中克服阶级和城市及沿海偏见

尽管学界对于中国正在兴起的城市中产阶级及其政治潜力已有很多关注，但对媒体在塑造"中产阶级"形象中扮演的角色，实证研究还缺乏系统性。对这个阶级的特定组成群体的政治意识和传播实践，目前有影响的研究也是凤毛麟角。而对传播与跨国资产阶级形成的国内外动态机制的研究则几乎完全没有。同时，如席勒(2008, p. 413)指出的，改革时期产生的庞大工人阶级，及其在国内和全球的政治与文化含义，急切需要传播学者的关注。事实上，高度碎片化的中国工人阶级的主体性和阶级意识问题一直被中国传播研究者所忽视。在海外研究者中，这种状态直到新世纪第一个十年的后期才有所改变(Zhao & Duffy, 2007；Hong, 2008；Qiu, 2009；Sun, 2009)。

近年来，传媒披露的社会劳资的阶级冲突印证了从传播视角研究城市工人阶级主体性和能动性的紧迫需要。在城市工人阶级的传播网络中,马特拉(Mattelart,1979)所说的"防御性抵抗"和"攻击性抵抗"这两种形式之间是什么样的关系,以致最终导向这种大规模的、工人阶级的力量以暴力形式展现？在此,中国媒体和互联网扮演的角色是什么？媒体和互联网对于这种事件的讨论对工人阶级的集体能动性产生了什么样的政治和意识形态的作用？这类地方性事件是否代表了中国工人在影响中国发展道路方面持续增长的阶级力量？中国传统城市工人阶级和来自农村的"新工人阶级"之间有哪些传播和意识形态上的亲缘联系和沟壑分野？传播研究在推动中国工人阶级的发展和文化赋权上能够扮演什么角色？

中国的"廉价"劳动力不是市场发展的自然条件,而是导致乡村破产的发展道路的结果,它使沿海出口产业得以持续地获得低价入城劳工(Hung,2009,p.24)。中国传播研究正是这种发展道路研究的构成部分,它派生于美国冷战传播学的特质,以及居于大都市的大多数研究者的主体性,都使中国传播研究具有严重的沿海和城市中心主义偏向。未来的研究需要更关注城乡分野、沿海与内地的关系,并推动学者对中国的传播机构、政策、话语中严重的城市和沿海偏向的系统性批判,将其看作中国社会现有主控结构中最明显的特征加以认识和批判。同时,这种情势还要求我们对城乡传播的关系问题,对农业、农村社会和农民所构成的"三农中国"的主体性问题投以更大的关注。

近年来,中国日渐紧张的社会和环境冲突,凸显了这样的事实:"中国和平崛起"的根本稳定因素是广大底层社会阶层的对"崛起"的政治上的长期认同。特别要指出的是,经济增长的成果必须让全体人民享有,包括内地乡村的贫困农民、西部地区那些在经济、社会和文化上被边缘化的人群,尤其是西藏和新疆等地的少数民族人民。只有中国极大地转变它在发展道路上的城市和沿海偏向,有效地解决"三农危机",中国工人阶级整体上才能提高它相对于国内和跨国资本的谈判力量。因此,在中国传播中克服城市和沿海偏向,提高中国农民和少数族群的传播能力,对中国国内政治和世界政治都有着深远的意义。李民琪(2008,p.92)曾乐观地认为,中国大量新工人阶级的产生及它谈判能力和组织能力的提高不仅会"将权力的全球平衡再次转为有利于全球工人阶级",而且还会对资本主义利润率和积累率带来巨大压力,从而带来我们所知的资本主义世界经济大厦的最终倾覆。然而,批判学者不能坐等这一基于马克思主义立场的推论在具体的历史过程中自然地演绎——如果这样,批判研究就陷入了教条主义和历史目的论的泥潭。相反,正如前面已经论及,传播研究与中国工人阶级的发展及其文化赋权之间有密切的关联。当然,沉默或把劳工议题排除在外本身也是一种学术政治。此外,如果地球的生态能力无法适应中国和其他发展中国家在全球消费资本主义体系内的"崛起",那么达拉斯·斯迈思(Dallas Smythe)与赫伯特·席勒(Herbert Schiller)等更早一代激进的批判传播学者的研究与警示,在今天就显得更加贴切和意味深长了。这些学者坚持资本主义生产和消费关系转型的必要性,以及现有资本主义技术创新模式转型的必要性。这些问题不仅对中国很迫切,对整个人类的未来也意义重大。

如此,现实就对未来的传播学者提出更多的问题:在当前的经济复苏中,信息、传播和文化的经济角色是什么?在中国国家所推动的"建设社会主义新农村"的努力中,传播和文化的取向是什么?从传播的角度来看,这种建设工程的可能性和局限性在哪里?除了网络的进一步普及,中国电视产业刚刚完成了大规模网络升级和数字化转型。这种努力将如何重新塑造中国的社会传播模式?这些变化如何潜在地加重了当前系统性的城市和沿海中心主义倾向?中国的以国家行为为主体的"走出去"(例如在海外提升"软实力")的规划目标与"走下去"(为内地中下阶层提供公共传播和文化服务)之间的轻重取舍和由此导致的机会成本是什么?

关照跨国和比较的维度

我将这篇论文的题目定为"传播与中国",而不是"中国的传播",以避免陷入方法论民族主义的陷阱。这就使我可以提出下列的问题:在谈及当下经济危机时,中国和西方的主流与替代性媒体的阶级和意识形态取向是什么?当商业化的媒介体系由于广告利润下滑,自己也成为全球经济危机的受害者时,传播民主化和跨国团结的挑战和机遇是什么?在中国社会和全球社区中,阶级、区域以及民族主义/跨国主义之间的传播政治新动态如何在发挥作用?

一方面,跨国资本利用中国大量教育程度较好的廉价劳动力储备进行生产,因而削弱了美国工人阶级对资本的谈判能力;但是,另一方面,在美国媒体对中国媒介审查制度、人权问题、劣质产品等故事的报道中，美国工人的政治和文化优越感、甚至种族主义意识却得到了张扬。如果说"反恐战争"破坏了美国的民权，并侵蚀了美国公众的传播自由（Schiller, 2007），那么，中国大幅度重新调整发展道路，促进内需，提高底层社会成员的福利，会不会加深美国内部的阶级冲突呢？在美国，除了用民族主义和身份政治来取代阶级冲突的政治策略之外，有没有可能出现其他的必要补充，包括使当前有关危机和中美之间摩擦的媒介报道服务于包括美国和中国成员在内的正在形成中的跨国资产阶级？在这样的背景下，也许我们还有必要追问，最近几年在中国内外骤然出现的"中国崛起"话语大合唱的背后，是什么样的传播政治？孔诰峰（2009，p. 24）提出了一个很有启发和警醒意义的问题，为"中国崛起"的大合唱提供了一副清醒剂：

> 作为世界经济的出口商和债权人，中国精英阶层的主要派系与美国统治阶级之间已建立了一种共生关系。美国统治阶级通过维护美国公民作为世界消费者和债务人的生活水平，努力维持自己在国内的霸权统治。尽管时有争吵，太平洋两岸的两个精英群体在维系自己的国内地位以及现有全球经济的不平衡方面有着共同的利益。

同时，如果中国实施的克服危机的策略是一方面通过提升中国底层阶级的福利来促进国内消费，而另一方面出口中国的剩余资本和生产能力与向亚洲、拉美、非洲等地的发展中国家提供基础设施建设技术和援助，那么这种发展策略，包括最新提出的"一带一路"战略，将对这些国家的阶级、种族以及民族政治的整合发挥何种作用呢？正如弗兰克和里贝特所说（Franks & Ribet, 2009），中国和非洲在媒介关系领域已经开展了一些值得关注的工作。中国政府和中国产业在非洲已经实施了哪些媒介和通讯技术设施发展项目？不管怎样打了折扣，当年的"第三世界国际主义"的意识形态遗产，是否在当前中国与发展中国家的经济和文化交流政策和话语中扮演了角色？更重要的是，新自由主义的媒介政治经济与传播政治在中国与其他非西方国家和区域的传播关系之间是如何展现的？例如，中国和印度不同的媒体政治经济结构和商业化道路如何影响这两个亚洲最大的邻国间的传播，包括涉及彼此的民族主义话语表达。随着新的经济和文化全球化阶段必将导致更多的发展中国家之间、南南之间在财经、技术和文化方面的流动,传播研究继续仅仅关注美国对世界其他国家的权力辐射关系,已经远远不够了(事实上,这种研究从来就不全面)。

结　语

由于中国在挽救危机深重的全球资本主义经济及创造"实现剩余价值的新条件"的过程中扮演了越来越重要的角色,中国如要在短期内根本性地调整发展道路的取向,以使国内消费和出口之间达到更大的平衡,并实现跨越阶级、区域和其他社会经济分化的更大公平,不仅需要极大的政治勇气,坚定而正确的政治方向,还需上下一心的强大政治意志。孔诰峰(2009, p. 25)认为,在其他新条件之中,"将权力重心由沿海城市精英转向代表农村的草根利益,是最为根本的政治重新定位。"说到底,这意味着中国真正实现自己作为一个社会主义国家在宪法中声明的由工人阶级领导、以"工农联盟"为基础的"人民民主。"然而,在中国的传播研究文献中,这些话实际上早已被遗忘了。

不过,再次温习马特拉(Mattelart, 1979)所言,不仅对统治机制的研究很重要,对抵抗的形式,以及统治和抵抗之间的斗争关系的研究也很重要。阿瑞吉(Arrighi, 2009, p. 79)曾正确地观察到,中国农民和工人有上千年的不屈抗争的传统,这是世界上没有一个地方可以企及的。也正是这种传统和"中国特色社会主义"中的不公平和不公正之处,导致当下的各种社会矛盾的显现,并推动国家开始重新调整它的发展政策。不管这些政策本身包含了多少矛盾,也不管它们在实践中打了多少折扣,以及遭到什么样的破坏和抵抗,这种调整势在必行。用什么样的理论框架来理解和呈现这些抗争?是中国主流媒体的去政治化的"群体事件"框架?还是自由主义意识形态中的"维权"和"公民社会"框架?抑或是用可能重新被激活的社会主义政治想象话语体系内民众为实现宪法中的"人民民主"承诺而进行的合理合法的抗争?我们所采用的分析视角不仅对中国政治、而且对世界政治都有深远的意义。而这正是本文在当下这"热烈"与"冷冽"并存的危机语境下讨论中国与传播研究问题时的现实指向所在。

参考文献：

叶小文,"迎接新时代的'文艺复兴'",《人民日报》(海外版),2009年5月8日,页1。

Arrighi, G. (2009), The winding path of capital: Interview by David Harvey. *New Left Review* 56, pp. 61—94.

Dirlik, A. (2002), Modernity as history: Post-revolutionary China, globalization and the question of modernity. *Social History* 27(1), pp. 16—38.

Franks, S., & Ribet, K. (2009), China-Africa media relations. *Global Media and Communication* 5(1), pp. 129— 136.

Hong, Y. (2008), Class formation in high-tech information and communications as an aspect of China's reintegration with transnational capitalism. Doctoral Dissertation. University of Illinois, Urbana-Champaign.

Hung, H-F. (2009), America's head servant? The PRC's dilemma in the global crisis. *New Left Review* 60, pp. 5—25.

Li, M. (2008), The rise of China and the demise of the capitalist world-economy. New York: Monthly Review Press.

Mattelart, A. (1979), Introduction: For a class analysis of communication. In A. Mattelart & S. Siegelaub(Eds.), *Communication and class struggle: An anthology in 2 volumes*(Vol. 1, pp. 23—70). New York: International General.

Qiu, J. L. (2009), *Working-class network society*. Cambridge, MA: MIT Press.

Schiller, D. (2008), China in the United States. *Communication and Critical/Cultural Studies* 5(4), pp. 411—415.

Schiller, D. (2007), *How to think about information*. Urbana, IL: University of Illinois Press.

Sun, W. (2009), *Maid in China: Media, morality, and the cultural politics of boundaries*. London: Rouledge.

Zhao, Y. (2011), The challenge of China: Contribution to a transcultural political economy of communication in the 21st century. In J. Wasko, G. Murdoch, & H. Sousa(Eds.), *The handbook for political economy of communications*. Malden, MA: Blackwell.

Zhao, Y., & Duffy, R. (2007), Short-circuited? The communication of labor struggles in China. In C. McKercher & V. Mosco(Eds.), *Knowledge workers in the information society*(pp. 229—247). Lanham, MD: Lexington Books.

罗　慧

六、自主论马克思主义视角下的西方
另类媒体传播理念与实践

另类媒体(alternative media,又可译为"替代性媒介")①是一个动态的历史概念,其内涵和意义因在不同国家、不同历史时期以及参照系数的不同而迥然相异。当以主流商业媒体为参照来定位西方另类媒体时,它主要指涉那些在全球媒介兼并浪潮下兴起的反对商业化且代表普通民众发声的公民媒体。具体来说,这些媒体主要针对当下西方主流商业媒体市场垄断日益加剧而导致民主传播赤字的现实,在批判媒介圈地的同时将注意力集中在重建传播公地的新闻活动以及期望实现与资本决裂的自主传播实践上。因此,与传播政治经济学将批判锋芒对准圈地日益集中化的趋势而对现实持一种较为悲观的态度不同,附着于另类媒体之上的这种积极乐观的传播理念与实践实际上开启了不同于传播政治经济学的另一个研究方向,即探讨在媒介圈地(media enclosure)浪潮下作为公地的传播(communication as commons)如何成为可能。

长期以来,与以大众传播为目标的大众媒体的研究相比,另类媒体的研究一直处于非主流的边缘地位。从当前全球的传播态势来看,虽然另类

---

① 英文的 alternative 一词,译成中文可有"另类、非主流的"与"替代的"两种含义选择。本文的翻译选择前者,主要是想突出其不一般的身份和其重建传播公地这个不一般理想的一般合法性。在台湾,另类媒体的研究学者习惯将其译为"替代性媒介",这种译法直指另类媒体的目标作为,因为在许多人看来,主流媒体眼中"另类"的价值观或生活方式事实上才是他们的真实生活,所以,另类媒体有替代当下主流商业媒体的可能性。

媒体尚未形成主流商业媒体般的规模和影响力,但是,鉴于近年来西方新社会运动的此起彼伏、媒体民主改革运动的不断推进、新自由主义全球化的媒体扩张以及另类媒体对传播机制和社会变化产生的影响,对这类媒体的研究从20世纪80年代起迅速兴起,1999年因西雅图运动而闻名于世的独立媒介中心(Independent Media Center)更是将另类媒体存在的现实和活跃的身影拉进了世界人民的视线之中。如今,以报纸、广播、电视、网络等各类形式存在的西方另类媒体众多,虽然它们在形态和传播内容上存在差异,但是,整体的定位取向与运作机制呈现出如下一些共同特征:在内容层面,观点多来自民间,致力于呈现被主流商业媒体不予报道或忽视的事件和声音;在空间的组织形态层面,志愿者在去中心化的平行关系中集体合作,强调民主决策过程,于双向互动的传播过程中为社会上处于边缘的弱势群体提供参与和发表意见的机会与平台;在社会行动层面,通过内容和形式上的创新,一方面可以挑战主流商业媒体的霸权地位,另一方面可以带来社会的改变,使公民在自主传播过程中实现政治赋权。

一、另类媒体兴起的历史与媒介环境

公地(commons)和圈地(enclosure)像一对孪生概念,常被捆绑在一起当作批判当下资本主义制度的分析工具和话语武器。在众多文献分析中,公地被视为一种公共使用资源的理想制度,与公平、正义、民主等话语所表征的积极意义一脉相承,而圈地则成为将公地卷入贪婪的市场化机制的恶魔,把原本由社区共同体共同管理和使用的资源私有化、商品化,从而带来资源占有方式、生产消费行为以及社会关系的大转型。历史上,对公地的圈占(the enclosure of the commons)被称为"富人剥夺穷人的革命"(the revolution of the rich against the poor),然而,圈地并非只被视为发生于16世纪英国的一个历史片段,还成为理解当下私有化、商业化对象和规模扩大化的隐喻。[1]

在16世纪英国圈地运动发生时,公地与圈地主要指涉原先由乡村共

---

[1] Vandana Shiva,《对公地的圈占》(The Enclosure of the Commons),见http://www.twnside.org.sg/title/com-cn.htm。

同体共同占有和使用的资源,以及在此基础上形成的非商业经济主导的社会关系。随后,圈地运动的完成为资本主义登上历史舞台献上了资本积累的铺垫石,于是发达国家开始了海外扩张,圈地的进程超出了一国的界线而向全球蔓延,并且圈地的对象不再仅限于自然资源,与公共福利相关的事物、制度、空间以及人本身都成为被圈占的对象。在"以理性选择和最大化利己的经济主义前提作为普遍人性特征"[1]的新自由主义那里,圈地的目标又进一步扩展至一切能在被私有化、商品化过程中产生资本增值的事物,其中,当大众化的商业报刊取代资产阶级革命时期的政党报刊而成为报业主体时,媒介的商业化圈地进程也悄然开始。于是,在媒介圈地(media enclosure)不断扩张与传播公地(communication commons)日渐萎缩的现实面前,为了深层了解作为传播公地的另类媒体兴起的历史背景,我们不得不去追问这样一个问题:传播公地的价值理性如何被媒介圈地的工具理性所侵蚀?[2]

事实上,作为一种自人类诞生以来就存在的活动,传播的一般意义是指社会信息的传递或社会信息系统的运行。但在威廉斯(Raymond Williams)的文化研究视野下,传播一词被赋予现代意义的起源要追溯至英国早期发生的圈地运动,在当时,传播意味着"使普及于大众(to make common to many)"。[3] 从17世纪开始,传播不再只意味着主体间的交流行为和过程,其意义延伸至传播的方式和手段,因此,作为传播载体的各种媒介也被纳入传播的外延指涉之中,这里的媒介主要指作为传播介质的媒介(media as mediums)。发展到20世纪,随着报纸、广播、电视等大众媒介的出现,作为传播组织(media as organizations)的媒体遂成为传播最主要的指涉对象。

在圈地运动之前,公地体制内的传播主要是基于社区内的口头传播,

---

[1] 马歇尔·萨林斯(Marshall Sahlins),《后现代主义、新自由主义、文化和人性》(本文是萨林斯教授在复旦大学社会科学高等研究院"中国与世界:社会科学高级论坛"上的开坛讲演),《文汇报》,2008—10—19。

[2] 媒介圈地(media enclosure)与传播公地(communication commons)的概念最早由旧金山大学传媒研究系(Department of Media Studies, University of San Francisco)的教授多萝西·基德(Dorothy Kidd)提出,详见: Dorothy Kidd, Taking the Walk: The Communication Commons amidst the Media Enclosures, Ph. D. Dissertation, Simon Fraser University, 1998。

[3] Raymond Williams,《关键词:文化与社会的词汇》(Keywords: A Vocabulary of Culture and Society, Oxford: Oxford University Press, 1976),页72。

知识和历史记忆在每日劳作、社会聚会、宗教庆典等社会生活事件中代代相传,这种人际关系的社区传播的最大特点"并不在于社区内的成员共享相同的价值观并拥有相同的理解力,而在于成员们都参与到相同的争论、推理及解释过程中,从而消解了误会和冲突产生的可能性。"[①]然而,当圈地开始后,原先社区传播中共同参与的人际交流方式被打破,随着公地占有方式的改变,圈占者拥有更多的传播权力并在传播过程居于主导地位。

　　近代新闻业的发展,带来了报纸、广播、电视等大众媒介的兴起。在近代工具理性的实用哲学思维逻辑的影响下,人们意识到大众媒介除了具有像党报时期那样作为宣传和权力斗争的工具性价值外,对其进行商业化的经营不仅可以替代政府实现对媒介的隐性控制,还可以带来丰厚的利润。于是,在世界新闻史上,当大众化的商业报刊取代政党报刊而成为报业主体时,媒介的圈地进程就已开始,并在19世纪末20世纪初的报业垄断时期达到第一次高潮。如果说当时的报业垄断还限于民族国家的范畴之内,那么在新自由主义盛行的三十多年来,以西方发达国家主导的媒介圈地在私有化、商业化、解除管制的唯市场论的经济体系下向全球扩展,从而导致整个世界传播秩序的失衡。在媒介圈地发生的同时,传播的过程与意义也发生了转向,即体现价值理性的人际互动的社区传播让位于体现工具理性的单向度的大众传播,传播的目的不再是在社区共同体内达成共识,而是以媒介为工具,通过报道内容吸引更多的眼球,从而获得更多的利润,这一点在黄色新闻和黄色报纸泛滥事件上展露无遗。如今,黄色新闻虽已成为历史,但是,商业逻辑下的新闻低俗化现象并未消失,而是以娱乐化、消费文化的形式通过将受众纳入新闻产品的消费终端而收获广告利润。换言之,传播的目的不再是以人的生存和社区个体的共同参与为目标,而是在将受众当作商品(audience as commodity)的过程中实现媒介资本的增值。于是我们看到,大众媒介的工具理性就通过政治上的意识形态渗透和经济上的市场效应最大化这一双重过程得以体现。[②]

[①] J. M. Neeson,《公地使用权者:英国1700年至1802年间公共权利、圈地与社会变化》(*Commoners: Common Right, Enclosure and Social Change in England: 1700—1820*, Cambridge [England]; New York: Cambridge University Press, 1993),页154。

[②] Dallas W. Smythe,《作为商品的受众及其运作机制》(On the Audience Commodity and its Work),见 *In Dependency Road: Communication, Capitalism, Consciousness, and Canada*, Norwood, NJ: Ablex, 1981,页22—51。

随着计算机时代的来临，信息的传播在社会上越来越广泛，似乎每天的生活就是信息的获得和信息的传出。在这样的社会中，媒介在包围人的过程中承担了大部分信息获取和信息交换的工作，并在"媒介即信息"（The medium is the message）的名言下成为人们日常生活的必需品。自1963年日本的梅棹忠夫（Umesao Tadao）在《信息产业论》中第一次使用"信息社会"（information society）后，这一概念已被越来越多的人所接受。当一部分人津津乐道于信息时代的技术变革时，卡斯特尔（Manuel Castells）却透过技术表面看到"信息资本主义"的扩张。他依据韦伯（Max Weber）的"新教伦理与资本主义精神"的分析框架，讨论了信息主义与资本主义精神的问题，建立了独特的信息资本主义理论，认为网络根植于信息和信息技术，而信息和信息技术衍生出信息主义，信息主义又使资本主义社会再结构化，从而形成信息资本主义。他认为21世纪就是一个由网络构建的具有全新意义的信息社会，21世纪的资本主义精神来自信息技术和"电脑空间"，其实就是信息资本主义。在这一新的社会形态下，出现了所谓"第四世界"的现象，即其经济相对落后而文化价值不被"信息资本主义社会"所认同的地区或国家，而且，作为"掠夺国家"一方，西方资本主义信息文化总是对"第四世界"之类的非主流文化持有一种歧视和偏见，各种符号暴力和网络霸权现象伴随着信息资本主义的扩张而走向了全球化。[1]

当卡斯特尔透过信息社会的传播表象认识到资本主义在信息化时代的扩张后，美国学者席勒（Dan Schiller）进一步揭示出信息背后的资本逻辑以及国家在推动信息商品化过程中的作用。当主流的"信息论"和"信息社会"理论因将信息密集型领域视为非生产性而否认信息的经济意义，并认为其价值源于它作为一种资源的内在特质时，席勒却站在资本利益最大化角度的反面，认为信息的价值来源于其作为一种有用资源在被商品化过程中对其生产和交流所付出社会劳动的重新衡量，他眼中的信息化世界既不是当年托夫勒们想象的不平等社会关系被超越的"未来"，也不像今天的畅销书作者、《纽约时报》专栏作家弗里德曼（Thomas Fried-

---

[1] 夏铸九，《曼纽尔·卡斯特：信息时代的理论家》，https://site.douban.com/215807/widget/netes/14061079/note/337041531/。

man)所描述的那样平坦。相反,在看到了有"印度硅谷"之称的班加罗尔的崛起和半岛电视台对世界信息传播秩序的改变的同时,他用大量的数据描述了信息化和全球化带来的新的社会经济不平等;在描述信息化资本主义"创造性毁灭"的动力带来经济繁荣的同时,他看到了信息商业化条件下社会财富和资源配置的极度不合理和公共服务原则的被侵蚀。[1]在这种与尼葛洛庞蒂(Nicholas Negroponte)与盖茨(Bill Gates)所期待的"没有摩擦的资本主义"(friction-free capitalism)相反的现实面前,信息网络在以一种前所未有的方式与规模渗透到资本主义经济文化方方面面的过程中,已成为资本主义发展不可的工具和动力。[2]

综合卡斯特尔和席勒的分析视角,我们看到当信息被商品化从而成为资本扩张的新对象时,媒介圈地的范畴已被大大拓展,在这一过程中,主流商业媒体的传播在很大程度上成为资本逻辑的助推器。尽管重建世界信息与传播新秩序的呼声从20世纪70年代至今不绝于耳,但是,在资本逐利的资本主义体制处于霸权地位的世界体系中,传播公地在媒介圈地的全球化进程中不断萎缩。

二、自主传播:另类媒体的民主传播形态

当"公地"这一概念被频繁引用以作为争取社会公正和民主的理论依据时,一些该词的使用者却常常在默认圈地现实的情况下忽视了公地与圈地之间的冲突,但正是圈地的扩大才导致公地的缩小和为重新争取公地而进行的抗争,因而,割裂并无视公地与圈地之间的矛盾冲突无法成功争取到更多的社会公正和民主。

在传播学的批判政治经济学领域,有两位代表性的学者关注到圈地给传播现实带来的影响,其中,席勒(Herbert Schiller)认为,"圈地是美国过去25年间公共表达空间和渠道不断萎缩的原因",而莫斯可[3](Vincent

---

[1] 丹·席勒,《信息拜物教:批判与解构》,邢立军、方军祥、凌金良译,社会科学文献出版社,2008,页9—10。
[2] 丹·席勒,《数字资本主义》,杨立平译,江西人民出版社,2001,页4—5。
[3] Herbert Schiller,《文化产业:公司表达取代公众表达》(*Culture, Inc.: The Corporate Takeover of Public Expression*, New York: Oxford University Press, 1989),页89。

Mosco)认为,随着资本主义社会机制及社会关系的延伸,原本作为公共机构的时空及信息资源在商业所有权的转型过程中被不断圈占。与这两位传播政治经济学学者观点相仿,自主论马克思主义者也关注着资本主义私有化、商业化的逻辑在政治经济历史变迁中对公共表达空间和公共传播资源的侵蚀。所谓自主论马克思主义(Autonomist Marxism)是某种形式的马克思主义,着重强调在资本主义社会中工人阶级的自治和权力,其理论依据主要来自对马克思主义政治经济学解释的批评。当大多数正统马克思主义政治经济学将所有的权力归诸资本且视工人为被动或反映式(passive/reactive)应对资本主义压迫的客体对象(object)时,自主论马克思主义却看到工人阶级的主体性(subject)抗争如何在改变资本主义积累方式的过程中寻求独立于国家和资本控制的自治(autonomy)。当传播学者将自主论马克思主义中的"主体性"和"自治"等的概念作为分析工具引入传播学领域时,开启了与传播政治经济学将批判锋芒对准圈地日益集中化的趋势而对现实持一种较为消极悲观的态度不同的另一种研究方向,即在关注圈地的同时首先将注意力集中在重建传播公地的努力以及期望实现与资本决裂的自主传播实践上,从而在现象描绘和理论阐述中流露出积极乐观的一面。

在自主论马克思主义产生的意大利,20世纪60、70年代期间的社会动荡促使一大批学生和社会群体要求成立自己的媒体来传播自治的理念。于是,为了突破当时既定的中心化、垂直等级制的信息传播秩序,他们充分利用各类媒介如涂鸦(graffiti)、广告牌(billboards)、报纸(newspaper)、印刷小册子(pamphlets)、偷播无线电台(pirate radio)等来表达他们的主张,并试图通过这些媒介传播形式建立一个多中心的传播秩序,以期在逆转信息工具论的努力中使信息成为集体共享的知识,于是,这些媒体成为了隶属于特定社会运动而兴起的另类媒体形态。然而,随着意大利的社会斗争在70年代末遭到政治打压而结束后,这些于运动中兴起的另类媒体也随之消失。但是,面对商业媒体扩大下所有权日益集中以及信息在被商品化后纳入资本主义生产体制的现实,这些失落的另类媒体的实践和自主论马克思主义的分析工具,为80年代兴起的反对主流媒体报道及90年代为争取社会公正和民主的社会运动中兴起的另类媒体提供了理论依据和实践经验,这些与社会运动相关但又相对独立的另类媒体希望通过实践自主传播的理念而重新确立信息共享和传播平等的社会现实。

(一) 自主传播主体:集体合作的平行传播

从组织传播的角度来看,与主流商业媒体中心化控制(centrally controlled)、垂直化(vertical)、等级制(hierarchical)、单向度信息传递(one-way flow messages)、专业人士制作新闻、促进被动消费的"压制性媒介使用"(repressive use of media)①的传播机制不同,另类媒体主张"解放性的媒介使用"(emancipatory use of media)②,即去中心化(decentralised)、培养互动交流、积极制作新闻。因而,另类媒体的组织成员通常是一个集体(collectivity),大家在互相合作的基础上共同维系媒体的运作,且内部与外部的传播关系是非中心控制的水平传播(horizontal communication)。这一特点与早期公地体制内的人际传播类似,并通过以下三个方面在另类媒体体制内得以充分体现。

第一,另类媒体的参与者一般都是非专业的志愿者,在个人兴趣和主体意愿下加入媒体,从事新闻报道等工作,并且创办者与参与者是集体合作的关系,没有聘用等级制。因此,在西方一些另类媒体的研究学者看来,另类媒体的组织成员不是商业媒介体制运作下的"知识劳工"(knowledge worker),③其人员构成机制在一定程度上实践着在人的自我实现中从事公共传播的理想。

第二,另类媒体内部的决策通常是集体讨论决定,即共识决策法(consensus decision making)。共识通常被定义为两方面的含义:一为普遍同意;二为达成普遍同意的过程。共识决策法强调的是一种决策过程,不仅追求参与者多数的同意,而且还解决和减轻少数人的反对以达成最多的同意。这种方法寻求最小的反对意见,通过并列不同的意见,增加了不可预测或创新方案出现的可能性,在志愿者组织中非常流行。因此,在

---

① Hans Magnus Enzensberger,《意识工业:文学、政治与媒介》(*The Consciousness Industry: on Literature, Politics and the Media*, New York: Seabury, 1974),页113。
② 同上。
③ 关于"知识劳工"概念的界定和讨论详见:Catherine McKercher and Vincent Mosco (eds.),《信息社会的知识劳工》(*Knowledge Workers in the Information Society*, Lanham: Lexington Books, 2007)。

由志愿者组成的另类媒体中,决策只有取得最广泛的认可,才有希望被贯彻执行。当决策的强制执行难以实施时,就希望采用共识决策法,这样每一个参与者将被要求对决策施加影响。相对于那些多数派采取行动,并执行决策而没有更多的与少数投票人进行磋商的情况,少数派的意见必须更大程度的被考虑,因此,达成最终的共识往往需要花费更多的时间和努力才能实现,但是这种机制充分体现了包容、合作以及平等主义的平行传播理念。虽然,共识决策法为内部决议的实施提供了模版,不过在不同的另类媒体传播实践中,作为一般原则的共识决策法会通过不同的具体实施策略得以实现,至少其中出现的困难和问题,会因具体情况通过讨论得以解决。因此,当这一决策方式充分体现了另类媒体集体自治的理念时,如何付诸实现是另类媒体得以成功维系的关键要素之一。

第三,平行传播不仅体现在内部人事机制和决策方式上,还体现在传播者与阅听人之间的关系上。在大众传播体制下,传受者之间通常是单向度的传递与接受关系,但在提出公众参与及公众理解接受方式的主动性后,其关系演变为双向度的传递与反馈,但仍以单向度的传播为主。在这个关系中,专业化的新闻从业者通常被视为公众的代言人,即为公众说话(speak for the people)。与之形成对照,另类媒体认为人人都是组成传播的媒介原点,通过倡导参与式传播打破传播者的专业门槛,让接受信息的阅听人有机会自我表达(speak from the people),即在生产者与接受者双重角色扮演中描述他们自己。①

(二) 自主传播空间:以社区为传播原点

在传播规模上,另类媒体的组建和运作有一定的地域性,通常以社区为基点并借助媒介技术以扩大传播范围。从这个角度看,有人将另类媒体具体称为社区媒体(community media)。不过值得指出的是,另类媒体的社区概念不是特指一块区域、某个地方或不同文化空间里的不同语言,而是强调基于对传播理念的共识和认同感而结成的传播共同体以及对保存文化多样性的认可。因此,有必要分层来分析与本文指涉和讨论的另

---

① Pantelis Vatikiotis,《传播理论与另类媒体》(Communication Theory and Alternative Media),见 *Westminster Papers in Communication and Culture*,2005,Vol. 2(1),页4。

类媒体特性相符的社区媒体。

一方面,从传播目的来看,社区不是单纯指涉传播范围,更重要的是其彰显出来的文化多样化和公民的参与性。由于商业媒体的规模经营和跨国传播,媒介产品在日趋同质化的倾向下培养了大批消费公民,即使在传播本土化的实践中,由于市场逻辑的驱使,主流商业媒体的本土化也只是为扩大商业利润而实施的策略。因此,公民的传播权力大都体现在一些无关痛痒不产生实质影响的讨论及消费选择上,这种传播现状不仅大大削弱了媒介的公共传播特性,更减少了公民参与重要问题讨论和决策的机会。所以,为了恢复被主流商业媒体以消费能力碎片化切割的受众的传播权力及传播主体性,另类媒体通常以社区为组建基点,通过公民参与决策讨论、新闻制作等方式来促使公民实现自我赋权(self-empowerment)。[1]

另一方面,从媒介技术的形态来看,另类媒体在互相合作中呈现出以社区为结点的全球联网态势。具体而言,对于印刷媒介、广播及电视来说,由于有限的资金支持,这类另类媒体通常只能在一定的地域范围运作,然而互联网技术的发展,使原本地域性的传播得以扩大。不过,对于那些以网络形态存在的另类媒体如独立媒介中心来说,尽管其传播范围是国际性的,但其源起是以西雅图为原点,然后扩散到全球,并且各地的独立媒介中心是由当地媒介行动主义者来维持和运作,并根据本地反全球化运动展开的具体情况来发布新闻,因此,社区仍是在全球联网状态中另类媒体具体运作的主导空间和基石。

(三) 自主传播方式:不营利的非商业化运作

不以营利为目的(non-profit)的非商业化(non-commercial)运作,不仅是另类媒体不同于主流商业媒体最显眼的传播特质,而且突出体现了其与资本决裂的自治理念。在这方面,有些另类媒体标榜自己为"独立媒体"(independent media),这里的独立主要就是指独立于资本的控制。

---

[1] Clemencia Rodriguez,《媒介管理的分歧之路:公民媒体的国际研究》(*Fissures in the Mediascape: An International Study of Citizens' Media*, Cresskill, New Jersey: Hampton Press, Inc, 2001),页 1—23。

首先，另类媒体一般不刊载广告，以免于报道初衷和内容会因牵扯广告商的利益而有所扭曲。但是，如果失去了作为主流商业媒体主要收入来源的广告，另类媒体如何求得生存呢？一般而言，另类媒体会通过公民的捐助、非政府组织的资金投入或其他非商业营利组织的赞助来获得经费的支持，其中，公众的捐助是主要来源。由于这些资金是用以维持另类媒体的生存和运作而不是为了获得同等或更多的回报或利润的收取，也就是说这些资金不是能带来金钱收益的商业资本，因此，另类媒体需要不断获得多渠道的资助才能维系下去，因为它自身无法产生能养活自己的经费，一旦失去了资助渠道或经费不足，另类媒体就会消亡。由此可见，另类媒体不仅在观点内容上处于边缘地带，也常在边缘中挣扎。

其次，由于另类媒体没有广告收入，因而其阅听人的境遇不是批判学派所断言的商品受众，相反，媒体的开放性及公众的参与性是另类媒体的特征。虽然在部分文化研究学者看来，因受众对媒介传播内容不同的选择和理解方式而具有主动性，但在主流商业媒体传播的整体氛围下，这种在被动接受下体现出来的主动性通常不能对大的传播环境产生实质性的影响。因而，另类媒体的参与人员不仅本身是积极参与的公众，更希望通过传递被主流商业媒体忽视的内容唤起公众的主体意识，并通过积极参与到另类媒体的工作平台来增强公众的媒介素养和民主传播意识。

最后，由于另类媒体的参与者一般都是志愿者，没有工资收入，因而参与者都是基于对传播理念的共识和认同感而结成的传播共同体，这也是由另类媒体非商业化的特性所决定的。但是，也正是因为这种无工资收入的参与机制，一些另类报刊和广播在人员构成上也呈现出流动频繁的特点。

总之，另类媒体无须为迎合广告商的利益而对报道初衷和宗旨作出让步，因而其传播自由度的空间较大。与此同时，由于其传播的内容包括一些被主流商业媒体忽略或反对的内容和观点，所以其传播的立场通常比较鲜明，在这一方面，另类媒体的传播实践在一定程度上体现出波兰尼(Karl Polanyi)的"将经济嵌入生活"的非市场经济的生存逻辑。

(四) 自主传播目标：非替代性的每日实践

"如今，通过对全球媒介景观的一般性控制，高度集中的商业利益形塑了这个世界，并对我们所见所想的方式产生了前所未有的影响。我们现在依赖跨国企业、银行、保险、公司、武器制造者以及商人来寻找、接受以及传递信息和观点"，这是另类媒体行动主义者凯德雷(Patrick Cadorette)对传播环境的描述。在这种全球媒介景观面前，不具规模、低预算、影响力甚小，成为主流商业媒体视域里另类媒体一般的生存状态，但正因为如此，另类媒体的存在呈现出"哪里都有我们"(We are everywhere)的态势。虽然媒介行动主义者对主流商业媒体带来的民主赤字不满，但是另类媒体的建立是否能取代商业媒体而成为主流呢？

无论是从当下的传播现实还是自主论马克思主义的自治理念来看，以另类媒体取代主流商业媒体是一件目前不可能完成的任务。如果可能，通过什么方式实现呢？即使实现，是否能防止另类媒体成为另一种新的媒介垄断形式呢？因而，另类媒体在当下存在的意义"不是取代主流商业媒体，而是通过每日自主传播的实践挑战媒介商业集中化这个符号现实(symbolic reality)"。[①]

三、另类媒体的价值困顿与评价体系

(一) 影响力：替代性还是点缀性？

在大众传播时代，媒体的影响力一般通过如下几个指标得以估量：第一，阅听人的成分和数量；第二，媒介的阅读率、收听率、收视率及点击率；第三，广告额(针对商业媒体)与收视费(针对公共广播)的多寡；第四，报道内容及质量的口碑；第五，媒体的经营规模和经济效益。在科学主义盛行的当下，进入20世纪以来，市场研究及市场调查为量化上述五个指标提供了科学数字化的实现渠道。然而，对于媒体民主这个关涉媒介公共性的实质问题，不仅没有试图通过科学的手段进行评估，反而在关乎媒体

---

① Andrea Langlois and Dubois Frédéric(eds.),《自治媒介：活跃的抵抗与异见表达》(*Autonomous Media: Activating Resistance & Dissent*, Montreal: Cumulus Press, 2005)，页9。

经济影响力的科学测评面前退居第二位。然而,西方自由主义市场经济下媒体规模的扩张和对利润的追逐,在媒体信任度不断下降的现实面前,也不得不在媒体民主改革的呼声中通过社会责任论、专业主义等手段寻求渐进性的改良,以修复民主赤字扩大这个媒介和社会的现实。

如果说,主流媒体的影响力可以通过上述五个指标得到具体测量的话,那么,如何来评估另类媒体的影响力呢?一般而言,这类另类媒体的规模较小、经费不多且无广告收入,因此,无法通过寻找付费的调查机构来获得上述五个方面内容的精确数字。但是,仔细想一想,主流媒体花费大量的资金通过专业调查公司对上述数字进行测评的目的是什么?从批判学派的观点来看,主要是将这些数字打包卖给广告商,从而使受众在看似自主新闻消费和娱乐中成为主流媒体的商品。从这个角度来看,"消费者是上帝"这句流行于服务业的口号同样适用于主流商业媒体的运作之中,在此,作为具有新闻自由和传播权力主体的人成为了新闻消费主义商业氛围下物化的对象。正是为了纠正这种功利实用主义经济逻辑下媒体影响力的测评方式,另类媒体将媒体民主这个直接涉及媒介公共性的实质问题作为关注和实践的目标,通过反信息霸权的内容民主、参与式传播的空间民主以及社会运动的行动民主来挑战主流商业媒体的文化霸权和市场至上的经济逻辑,从而形成以公民为传播主体,自主创办媒体、自行报道新闻内容、自觉维护媒体民主机制的自治于国家和市场控制的传播实践。

虽说当下另类媒体的身影在全球呈现出"哪里都有我们"(We are everywhere)的态势,但限于非商业化的定位以及存在时间和规模的有限性,另类媒体取代主流商业媒体是一件暂时不可能完成的任务。因而正如上文所言,另类媒体当下的自我定位在于通过每日自主传播的实践挑战媒介商业集中化这个符号现实,这一策略也体现了"放弃革命,保持激进"的政治理念。然而,正因为另类媒体目前并不寻求通过"先锋队"(vanguard)领导在自主联合中通过类似革命的方式取代主流商业媒体,所以,另类媒体的影响力处于一种模糊难定的状态:一方面,另类媒体因规模小、力量弱而无法成为替代性的力量;另一方面,也正由于第一方面的原因,主流商业媒体因知晓自身无可撼动的主导地位而不将另类媒体放在眼中,从而在宽容另类媒体分散性、小规模"繁荣"的现实中使其反而成为体现市场自由主义民主逻辑下的点缀性存在。

(二) 评价方式:跳出制度性崇拜的围墙

在理论的分析视野中,关于"主流媒体"和"另类媒体"的探讨常给人留下这样一种印象:主流/大众/商业是不好的,另类/小众/草根是一条民主之路。若按这种逻辑延伸理解,那么阅听人就得弃主流媒体而转向另类媒体作为了解社区、国家和世界的媒介载体。然而现实中,主流媒体仍然是人们获取资讯和了解时事的最主要渠道,这一点不仅是针对阅听人而言,另类媒体同样如此,主流媒体的信息是它们选择报道内容的重要参考之一。所以,对另类媒体的分析和评价首先要跳出简约的本质二元论。

主流媒体有其存在的理由,另类媒体对它的批评并不在于其专业化的运作方式和报道理念,也不在于其媒体规模的大小和全球性的扩展,而在于这些各类宏观、微观表现背后的所有权机制,这一点不是单凭另类媒体的非商业化运作实践能够从根本上扭转的,而是与主流商业媒体身处的整个资本主义制度相关联。正是为了挑战媒介圈地下主流商业媒体在国家政治意识形态领域的文化霸权以及在经济领域的市场经济决定论,另类媒体主张通过自主传播来唤起公众对主流媒体报道内容批判理解的主体意识以及在自主参与传播过程中实现自我赋权。因此,另类媒体在当下存在的价值意义并不在于替代主流媒体成为规模和数量上的"主流",而是通过传播实践成为一种能影响公众主体意识继而再通过公众自主传播活动逐渐改变社会的"活权力"(live power)而非"死权力"(dead power)[1],从而在社会和公众中起到一种媒介素养教育的作用。从这个角度来看,尽管另类媒体的影响力在短期内无法实现量化的测评,但作为一种修正主流商业媒体弊端的机制,另类媒体代表了一种努力方向和方式,即在自主传播实践中寻找传播公地如何重建的答案,并彰显了一种进步的且正在积淀的试图改变民主传播权力分配的民主力量。

事实上,就当下批判西方主流商业媒体垄断导致民主赤字的呼声而言,另类媒体并非重建传播公地理想的唯一行动者。基于对媒介现实不

---

[1] Richard J. F. Day,《葛兰西已死:最新社会运动中的无政府主义潮流》(*Gramsci is Dead: Anarchist Currents in the Newest Social Movements*, Toronto: Between the Lines, 2005),页169。

满而产生的媒体改革运动不断兴起,从20世纪30年代的反对商业广播、提倡公共广播的"广播运动",到六七十年代的倡言公共利益和反对媒介暴力的广播电视改革运动,再到八十年代维护新闻专业主义精神和广播的公共利益义务的媒介监督组织的兴起,以及80年代末、90年代初掀起的一股经由媒体启动、让市民参与新闻和信息制作过程、促进公共生活质量之风的"公共新闻运动"(public journalism)等,都从不同层面呈现出资本主义媒介体系内部某种修正机制的力量。[1] 正当西方的媒体民主改革运动在主流商业媒体内部掀起一波又一波民主化改革的浪潮时,一些媒介行动主义者却看到了媒体民主改革囿于主流媒介体制内部的局限性,他们认为,对主流商业媒体小修小补无法从根本上改变商业媒体的经济属性以及国家对媒体自由化发展政策的支持,因此,参与式民主在这些媒体上的实现空间和范围有限。与其去争取突破主流商业媒体的"把关人"以及有限的参与空间,不如独立创办媒体来实现媒体的公民控制,这种公民控制既代表了更多社会上的边缘人群和弱势群体,又彰显出一种更彻底的媒介的社会控制,即在另类媒体创建和运作过程中,一方面在国家意识形态层面,通过反霸权运动在市民社会领域争取文化领导权;另一方面在市场经济层面,通过非商业化的运作将媒体的存在意义嵌入社会公民的需求之中,而不是将媒介作为营利的工具,从而实现媒体作为传播公地的理性价值。

然而值得注意的是,本文所探讨的另类媒体并不代表所有异于主流商业媒体的非主流媒体,更为重要的一点在于,另类媒体在现实中也存在几种危险倾向:第一,另类媒体的自主传播实践形式会被主流媒体吸纳,以及被带有种族主义、法西斯主义等右翼色彩的媒体所借用从而造成混淆视听的局面[2];第二,有一些与社会运动密切相关的另类媒体在行动上倡导极"左"的暴力行为,这一点也不得不引起警惕[3];第三,随着互联网

---

[1] 单波、刘学,《当前美国媒介改革运动的民主路径、精神实质及其问题》,见《中国传媒报告》(China Media Reports),2007(3),页4。

[2] 参见 Richard A. Vguerie & David Franke,《美国右转:保守党如何使用新媒体和另类媒体来掌控权力》(American's right Turn: How Conservations Used New and Alternative Media to Take Power. Chicago: Bonus Books, 2004)。

[3] John D. H. Downing,《激进媒介:抗争传播与社会运动》(Radical Media: Rebellious Communication and Social Movements, Thousand Oaks; London; New Delhi: Sage, 2001),页91。

的兴起,另类媒体在技术手段和传播范围上有很大的形态变化,但在新媒体与民主传播之间的关联问题上,要避免技术决定论的趋势。总之,鉴于"另类媒体"这个概念的历史流变性以及实践中的复杂性,对另类媒体的评价要跳出制度性崇拜的围墙,透过另类媒体"另类"的技术形态和实践程序,具体结合其传播的内容、运作的机制以及与社会运动的实际关联来判定其存在的意义和作用。

马　凌[①]

七、风险社会语境下的新闻自由与政府责任

　　几乎与切尔诺贝利核泄漏事件同时，德国社会理论家乌尔里希·贝克(Ulrich Beck)提出了"风险社会"(Risk Society)理论，此后的二十年中，如贝克所预言的，现代社会的偶然性、矛盾性、不确定性越来越大，疯牛病、SARS、9·11事件、伊拉克战争、全球金融危机、特别是2011年中东政治动荡以及日本海啸引发的核泄漏危机，使得"风险社会"日渐成为全球共识，恐惧、焦虑、不信任成为普遍社会心态。

　　人类社会始终存在着各种各样的风险，但是唯有在现代性意义上才有所谓的"社会风险"——也就是社会原因造成的风险以及带来社会性影响的风险。与传统的风险相比，目前的风险主要来自于人的决策和选择，是被制造出来的风险(manufactured risk)。风险社会中的风险包括两大类，一是"实存性风险"(real risks)，主要包括经济的、政治的、生态的和技术的风险；一是"建构性风险"(constructive risks)，主要体现为心态的、舆论的、文化的以及意识形态的风险。承认风险的可建构性，有利于从政治角度理解现代风险的复杂本性——风险如何存在、如何被感知、如何被概念化、如何被定义、如何被传播、如何被合法化以及如何被制度化。伴随着风险社会的，是媒介控制、科学研究和知识传播权力的大转移与再分配。更为重要的是，承认风险的可建构性，有利于理解大众传媒在风险社

[①] 本文为复旦大学新闻传播与媒介化社会研究国家哲学社会科学基地研究项目"大众传媒在风险社会中的功能定位"研究成果之一。

会中的多张面孔:传媒参与了风险的建构或形塑,传媒自身也是各种界定风险的权力力量的角斗场,传媒甚至还是最危险的"风险放大器"。贝克指出:"毫无疑问,大众传媒事关选择和操纵……像金融系统一样既具有全球性、又能实时运作的唯一一种制度就是大众传媒。"①英国学者尼克·史蒂文森(Nick Stevenson)亦强调说,传媒能制造出全球化的"信息螺旋",在这个螺旋中,相关的事件自动集合成一个冲量,可能导致无心插柳的结果和无法预测的结局。目前的结构性悖论是,一方面信息系统越来越合理化,反应速度更快,覆盖面更广,影响力更强;而另一方面,信息螺旋也越来越无法控制,传媒时常加强了而不是消解了社会的混乱与无序。②

总体而言,在风险社会语境下,基于西方自由主义传统的"一个自由而负责的新闻界"理念亟需重新审视,传媒与政府的责任边界亦需重新梳理。

失败的传媒

传媒批判学派的理论家们曾经提出,"传播体系的最高理想是成为一个开放、多样且容易近用的公共文化空间。"这个从公民角度出发的理想传媒体系主要包含两个功能:第一,传媒应该为人们提供资讯、忠告和分析,以便使人们了解自身的权利并且努力去实践。第二,传媒应该尽可能提供各个领域(包含政治选择在内)的资讯,使得人们能够提出异议与替代方案。但是,风险社会中的传媒实际却与之相去甚远。③

首先,传媒对于风险的预警功能受到质疑。全球金融危机之后,西方的财经媒体遭到指责,说它们未能及时发现全球金融危机,未能警告毫无戒心的民众大难降至,属于玩忽职守、心不在焉。2009年5月,英国《金融时报》总编辑莱昂内尔·巴贝尔(Lionel Barber)发表文章:《财经媒体

---

① 贝克、邓正来、沈国麟,《风险社会与中国——与德国社会学家乌尔里希·贝克的对话》,《社会学研究》,2010年5月。
② 尼克·史蒂文森,《媒介的转型》,顾宜凡等译,北京大学出版社,2006,页156。
③ 皮特·戈尔丁、格拉汉姆·默多克,《文化、传播和政治经济学》,庄丽莉译,载《当代》2005年10月。

为何未能预警金融危机?》,解释说,"这场金融危机起初只是些技术性极强的新闻,几个月后才成为主流。其发源地在于信贷市场,而多数新闻机构将这一领域的报道视为死水区。工作在这个所谓的'影子银行体系'的记者大多很难引起上级的兴趣。拥有版面控制权的上级更感兴趣的,是传播房地产价格上涨或经济增长等'好消息'。信贷衍生品报道的第二个相关问题是,这些新闻发生在场外交易市场,信息披露和日常新闻都很少。因此,记者必然会——现在依然如此——更喜欢跟踪报道像上市公司收益这样透明度较高的新闻。然而,重大创新和巨额资金流动都出现在信贷市场。"巴贝尔还指出:"除了少数特例,记者们未能认识到抵押贷款巨头房利美和房地美所享有的政府担保所造成的风险。记者们很难去攻击让更多美国人拥有自己住房的理想……"①概括而言,传媒存在盲区,一些复杂的"深水"地区超出了记者们的理解范畴,同时,记者们趋于迎合上级兴趣和大众梦想,正是这样的"传媒文化",使以"专业性"著称的西方财经媒体没能及时预警风险。类似的情形也出现于日本福岛核泄漏危机之后,有识之士指出,多年以来日本传媒并未质疑过日本核电站的安全性,这固然是不愿在一个充满核伤痛的国家里挑战大众的核梦想,但是对于传媒应该具有的"守望者"身份不能不说是一种失职。

其次,传媒对于风险的分析功能不能胜任。在一个日益复杂的世界里,大众需要在传媒上看到分析和解释。但是在"中立、客观、全面"的"新闻专业主义"旗帜下,传媒所做的只是提供各种各样的"专家解释",林林总总的"专家意见"代替了传媒自身的意见,而专家之间互不认同,专家后面或许还有资本和权力的暗箱操作,专家意见的矛盾性使大众异常迷惑、无所适从,这大大削弱了传媒对风险的分析功能。比如,在金融危机问题上,美国著名法学家理查德·波斯纳(Richard Allen Posner)指出,的确有一些传媒和专家预警了风险,只不过由于信噪比过低,这些文章被淹没于文章和专家的汪洋大海。从更深的层次说,传媒与专家的②"联手"未尝不是传媒规避风险的一种策略,一方面传媒借专家来进行"平衡报道",一方面如果出现问题,传媒可以将专家作为"替罪羊",有问题的永远是专

---

① http://world.people.com.cn/GB/9313782.html
② 理查德·波斯纳,《资本主义的失败》,沈明译,北京大学出版社,2009,页62。

家,没问题的永远是媒体,这种左右逢源的做法本身也属于贝克所说的"有组织地不负责任"(organized irresponsibility)。

第三,传媒对于风险的放大功能得到强化。传统的风险概念认为,"风险＝事件发生的概率×特定后果的规模大小",然而这一等式却无法解释现实中的一个基本问题:为什么很多风险的实际损害很小却导致了公众的狂暴不安?风险的社会放大理论(Social Amplification of Risk)强调,风险事件的消极作用有时超过了对受害者、财产和环境的直接损害,会产生巨大的间接影响。不利事件所产生的社会和经济作用不仅是由事件的直接生物和物理影响所决定的,而且也由感知风险因子、媒体报道和信号价值所决定的。这其中,传媒技术的突飞猛进使大规模的即时传播成为日常景象,稍有不慎即可能造成连锁反应和恶性影响。在传媒的放大作用之下,大众心理的负面效应也将空前放大,保罗·斯洛维奇(Paul Slovic)通过经验研究分析验证了"信任"所具有的易毁而难建的"不对称法则",具体包括四个方面:消极的事件(摧毁信任)较之积极的事件(建立信任)更为引人注目;当事件引起人们的注意后,消极事件较之积极事件带有更大的权重;人类心理还有一种特性,总认为坏消息的消息源头比好消息的源头来得可靠;不信任一旦出现,就会不断得到加强并维持不变。国外研究者通过对244条环境风险报道进行综合分析[①],发现41.8%的报道在突出破坏性,而仅仅有30.7%的报道在强调未来的风险性,18.4%的报道强调应对的措施。换言之,媒体一直具有"报忧不报喜"的习惯[②],所谓"坏消息是好新闻",它倾向于放大风险而非化解风险。

毋庸置疑,传媒在风险社会的功能定位需要重新加以考量。在西方,一部分学者继续沿用"自由和负责的新闻界"思路,感喟自由与责任的双重衰退,感喟娱乐化和新媒体对于新闻专业主义的侵蚀。同时,也有一部分学者跳出新自由主义的思维窠臼,提出需要在风险社会语境下反思传媒与政治的新型关系。

---

① 保罗·斯洛维奇,《感知的风险、信任与民主》,载保罗·斯洛维奇编著《风险的感知》,北京出版社,2007,页359—365。

② Ghanem, Salma, Hendrickson, Laura, 'North American Newspaper Coverage of Environment. International Communication, 2003 Annual Meeting, San Diego, CA: 1—35.

国家的新角色

在风险社会语境下,对"民主"的诉求已经让位于对"安全"的呼吁。如果说新自由主义的铭文是:"政府不能解决问题,政府本身就是问题",那么在风险社会中,人们也许会说:"政府有问题,但是政府也能够解决问题"。在某种意义上,自由放任主义从本质上说就是承担风险的不公平性,既然市场不能解决所有问题、特别是风险问题,政府的适度干预就具备了合理性。尽管贝克已经将风险社会理论发展为全球风险社会理论,但吊诡的是,"方法论国家主义"(methodological nationalism)依然是当前现实的政治选择。在目前的国际格局中,国家与政府的功能正在加强,即便是西方世界里原本自由主义理想中的最小化"守夜人"政府,实际上都面临着复杂的国际问题和繁杂的国内问题的挑战。风险可能会强化一国的国内权力,使国家经由预防和控制风险而将自己转变成一种特殊的威权主义。有学者指出:许多应对当下金融危机的政策都反映出这种趋势,因为各国政府都专注于发挥国家的主动权来加强金融规制,而这又在很大的程度上反映出政策制定者们只对他们自己的选民和国内市场负责。风险几乎呈现出"去全球化"(deglobalization)的特点,因为各国政府正力图向充满疑虑的本国公民证明自己有多关心他们的平安和安全。[1]

贝克哀叹说:"所有的一切都本末倒置了:那种在韦伯、阿多诺和福柯眼中的骇人愿景——被掌控的世界所具有的那种完善的监督理性(surveillance rationality)——对活在当下的人们却是一种承诺。如果监督理性真能发挥作用,或者我们只是被消费和人本主义所恐吓,抑或各种系统的顺畅运作可以通过'国家改革'和'技术创新攻势'得以重建,那么这将是一件好事。如果更多市场、更多技术、更多发展以及更多灵活性这类仪式性的圣歌(liturgical chants)仍能在各种麻烦的时刻提供保障,那么这也将是一件好事。"[2]事实是,福柯设想的"环形监狱"式的"中央监控体

---

[1] Bello Walden, "The Virtues of Deglobalization", *Foreign Policy in Focus*, 2009, September 10.
[2] 贝克、邓正来、沈国麟,《风险社会与中国——与德国社会学家乌尔里希·贝克的对话》,《社会学研究》,2010年5月。

系"(CCTV),早已经将电子眼推行到向以自由主义发源地著称的英国并且达到无所不在的程度,美国政府层出不穷的过滤和分析系统也将互联网和电信全面监控。从公众舆论上看,9·11事件之后不久,美国有线电视新闻网的一次民意测验表明,公众更愿意国家加强新闻检查,72%的美国人认为政府可以有一些信息不向传媒或民众公布,有68%的人认为媒体提供了太多有关美国军事的信息。几乎与此同时,佩尤中心的一项民意调查也显示①,60%的受访者把媒体看作是保护民主制度的组织,但也有一半以上的受访者认为政府应该审查那些有可能威胁国家安全的新闻。因此毫不奇怪,9·11事件后的第二天,美国参议院通过一项法案,允许联邦调查局对电脑数据传输进行电子监控。两个星期后,美国国防部长罗纳德·拉姆斯菲尔德宣布,五角大楼的战地记者要优先考虑国家安全与国防,这是第一,此外才是新闻自由。②

在英美根深蒂固的"新闻自由"传统中,政府始终是新闻自由最大的威胁,但是传播批判学派一直试图指出,走向垄断的新闻业可能危害更大,因为媒体的私营化必然造成对最大收益、最小成本的追求,一些应当被报道的问题可能没有得到报道,一些应该被关注的风险没有得到关注。而怎样摆脱这种市场效应的束缚,许多理论家转向了国家干预,希望通过国家的调节建立公共传播体系。正是在这样的背景之下,向以保守著称的美国法学界,也开始有了不同的声音。

耶鲁大学法学教授欧文·费斯(Owen Fiss)论证了国家干预的必要性,他提出:一直以来美国社会都将宪法第一修正案的意思理解的过于狭隘,以往所有的论辩"都预设了这样一种前提性的观念,即国家是自由的天然敌人。正是国家企图压制个人的声音,因而也是国家必须受到制约。"作者随即提出:"这个观点相当有洞见,但只是说出了真相的一半。的确,国家可以是压制者,但也可以是自由的来源。"除了管制者的角色,国家还可以担当配给者的角色,通过一些公共资源的分配(例如公共资金的分配),来使得一部分弱势的声音"彰显",达到维护强健的全面的公共

---

① www.mediaresearch.org/cyberalerts/2001/cyb200110019.asp
② S·温卡塔拉曼主编,《媒体与恐怖主义》,赵雪波等译,中国传媒大学出版社,2006,页104。

辩论的目的。也就是说,国家可以通过某种方式"压制"一部分人而保障另一部分人的言论自由。形象的说,就是给那些在公共广场的声音弱小的人发扬声器,使得他们的声音能被听见。"要求干预的理论依据是,培育全面、公开的辩论是一个对国家而言可允许的目标,这种辩论应确保公众听到所有应该听到的声音。"①

全球最负盛名的网络法学家劳伦斯·莱斯格(Lawrence Lessig)认为,互联网没有所谓的"本质",网络空间并不存在固有的性质,它只是被设计成这个样子。从词源上说,"网络空间"(cyberspace)一词意指"控制"而非"自由"。在网络空间里,存在着四类立法者:市场、架构、准则和法律,它们将在很大程度上塑造网民们的自由程度,其中,市场通过价格来约束,技术通过物理负担来约束,准则通过共同体施加的声誉来进行约束,法律通过惩罚的威胁来约束。莱斯格指出:"如果说在19世纪中期是准则威胁着自由,在20世纪初期是国家强权威胁着自由,在20世纪中期的大部分时间是市场威胁着自由,那么我要说的是,在进入21世纪时,另一个值得我们关注的规制者——代码,威胁着自由。"②如果任由代码放任发展,互联网很可能陷入商业力量的操控而无法发挥其应有的公共效力。总而言之,政府和立法者有责任保护、监督和指导它朝着更利于公共利益与社会利益的方向发展。

近年来最引人关注和争议的是美国哈佛大学法学院教授、现任奥巴马政府信息与规制事务办公室主任凯斯·桑斯坦(Cass Sunstein)的理论。身为法学教授,他对群体心理学和行为主义经济学亦有所涉猎,早在2002年的《网络共和国》里,他就提请读者注意,人们自己的信息筛选可能会使社会四分五裂,因为志趣相投的人往往只喜欢和他们圈子的人交谈,而"大部分公民应该拥有一定程度的共同经验。假若无法分享彼此的经验,一个异质的社会将很难处理社会问题,人和人之间也不容易了解。共同经验,特别是由媒体所塑造的共同经验,提供了某种社会的粘性。"正是因此,他提出为了维护民主的多元化内涵,政府介入并提供一个多元的传媒环境是具有合法性和必要性的——"民主国家的公民可以找出一个

---

① 欧文·费斯,《言论自由的反讽》,新星出版社,2005,页14。
② 劳伦斯·莱斯格,《代码》,李旭等译,清华大学出版社,2009,页136。

和消费选择无关的传播市场,支持一个可以同时促进自由和民主的机制",建构一个面向全体公民的、由非盈利、非政府的组织管理和控制的公共网(Public. Net),并不是异想天开的设计。在2006年的《信息乌托邦》(Infotopia)①中,桑斯坦又着力研究了"信息茧房"(Information Cocoon)和"群体盲思"(Groupthink)现象,得出了许多有价值的结论,例如"协商并不能对群体性判断的质量作出重大改善"、"聚合信息的努力可能把人们带向极端主义、安于现状和错误"等等,这些观点对于过分乐观的人们具有振聋发聩的效果。此后,延续这一脉络,在2008年的《助推》一书中,桑斯坦提出了"自由主义的温和专制主义"(Libertarian Paternalism),在这里,"自由主义"是指要保留人们的选择的自由权,"温和的专制主义"则是指政府应该主动影响人们做决定的过程,以改善人们最终的决策。所谓"助推(nudge)",其原意是"用胳膊肘等身体部位轻推别人,以提醒或者引起别人注意"。在这本书中,其含义指的是不通过强制手段,而是以一种"非强制性"的方式来改变人们的选择。简而言之,②"助推"也就是需要政府干预的修辞化版本,它为民主党人的"大政府"干预政策提供了合理性。

值得注意的是,在自由主义一直大行其道的美国社会,无论是"政府干预"还是"自由主义的温和专制主义",都足够"惊世骇俗",势必引发保守主义者和共和主义者的两面夹击。但是这种"另类"声音的出现,已足以证明国家在风险社会中势必更加主动、势必承担更多的职责。

中国模式的优势与问题

如果说,西方尚在争议政府对传媒进行管制的合法性和权力边界,中国的传媒体制早已在强势政府之下发展起来。那么,目前热议的"中国模式"是否包含了一套迥然相异于西方的传媒体制?而且这套体制在风险社会中是不是有其优越性呢?

2005年,美国《时代周刊》高级编辑乔舒亚·雷默来北京访问,提出

---

① 凯斯·桑斯坦,《网络共和国:网络社会中的民主问题》,上海人民出版社,2003,页87。
② 理查德·泰勒、凯斯·桑斯坦,《助推》,刘宁译,中信出版社,2009。

"北京共识",认为中国关注经济发展、但也注重社会变化,是一种寻求公正与高质量增长的发展思路。自此之后,从"北京共识"到"中国模式",众多国内外学者卷入了有关改革开放以来中国独特的发展道路的大讨论,众声喧哗、莫衷一是。张维为教授总结了"中国模式"的八个特点,即实践理性、强势政府、稳定优先、民生为大、渐进改革、顺序差异、混合经济、对外开放,实际上是对邓小平同志制定的改革开放总路线进行了全面梳理。这其中,"强势政府"是指中国有一个比较中性的、强势的、有为的政府,它有明确的现代化导向,能够制定和执行符合自己民族长远利益的战略和政策,能够高效运转以应付超大规模国家治理的复杂性和艰巨性。正是因此,我们成功地防止了不少国家变革中出现的那种社会失控和国家解体,减少了改革中不同利益集团的矛盾和冲突。对"中国模式"[1]持较负面看法的丁学良教授,则把"中国模式"解剖成"三个相互交织的子系统",分别是国家政权、国民经济和民间社会。国家政权方面,采用列宁主义的权力架构,坚持共产党的领导;国民经济方面,采取"看得见的手"和"看不见的手"共同作用的"政府管制的市场经济";民间社会方面,采取具有中国特色的社会控制系统维持稳定,这种控制随着技术进步更加强大。这三者是中国社会治理的铁三角,相互促进支撑着中国模式。[2]

在这个大框架下审视中国的传媒体制,将会发现传媒也同样体现出中国模式的固有特色。首先从政治上看,坚持党性原则,坚持党对传媒的领导。其次从经济上看,坚持混合经济原则,除了党报系统,大部分传媒走向市场,也就是"管媒体、用媒体,不养媒体。"第三从社会控制上看,坚持舆论引导原则,以正面报道为主,媒体高度自律,稳定压倒一切。如果说,西方新闻界的口号是"一个自由而负责的新闻界",中国的宣传部门则告诫新闻工作者:新闻自由从来都是相对的,媒体是有阶级性的,为了最大多数人的最大化利益、为了对全社会负责,新闻工作者可以牺牲或者部分牺牲新闻自由,更可以牺牲或者部分牺牲商业利益。应该说,在具有中国化社会主义特色的传媒体制的辅助下,我们的政府得以推行主流意识形态,我们的国家社会动员能力惊人,在动荡的世界局势中,使民心保持

---

[1] 张维为,《中国震撼》,上海人民出版社,2011,页100。
[2] 丁学良,《辩论中国模式》,社会科学文献出版社,2011,页43。

比较稳定的水平。举例而言,在 2010 年的佩尤调查中,中国是"自我感觉"最好的国家,87%的中国人对国家的发展方向感到满意,对国家经济状况满意的比率更是高达 91%,对中国未来经济发展持乐观态度的占到 87%。在对本国的满意程度方面,中国人为 64%,美国人只有 48%,俄国人是 43%,德国人是 12%。①

但是,也不能不注意到,"中国模式"是一种后发的归纳概括,改革开放三十年取得的巨大成就不容抹杀,而同时"中国模式"自身也面临严峻的可持续发展问题,"中国模式"无法保护中国不进入风险社会。有学者指出,中国的历史和国情以及积极参与全球化的态势,为风险的传播提供了某些特殊条件。这些因素包括:人口规模大、密度高,风险杀伤力大;大量人口文化水平低、工作素质差,抗风险能力比较弱;社会转型和流动性促使各种风险交织在一起产生连锁效应;个人、阶层和社会共同体之间的信任程度比较低,合作意愿也不强;国家(政府)权力过于集中,公民社会的作用还不明显,风险责任分担体制也远没有建立起来,等等。在贝克看来,中国是"压缩的现代化"(compressed modernization)②,这种现代化既加强了风险的生产,又没有给风险的制度化预期和管理留下时间。也就是说,中国不仅是风险社会,而且是高风险社会。在全球风险的意义上,目前我们所面临的最大的风险是金融风险;就国内风险而言,则主要是社会风险,一方面是群体性突发事件发生的频率以及参加人数和规模都呈现不断快速增长的趋势,一方面涉及社会公共安全的意外事故和灾变性事故不断增加。③

在贝克看来,风险社会中的"风险定义关系",类似于马克思的资本主义社会的"生产关系",这两者所关注的都是支配关系(relations of domination)。定义关系包括那些明确规定风险在特定情境中应当如何被确认的规则、制度和能力,它们形成于法律的、认识论的和文化的权力矩阵(matrix)之中,而风险政治就是在这种权力矩阵中被组织起来的。"在这种权力矩阵中,风险是以一项决策为预设的,并在下面两种人之间制造了

---

① http://pewglobal.org/2010/06/17/obama-more-popular-abroad-than-at-home/
② 肖巍,《"全球化风险"与中国的长期应对》,《学术月刊》,2010 年第 1 期。
③ 贝克、邓正来、沈国麟,《风险社会与中国——与德国社会学家乌尔里希·贝克的对话》,《社会学研究》,2010 年 5 月。

一种极端的不对称:一种人是那些承担风险、定义风险和从风险中获益的人;另一种人是那些作为风险目标的人,他们在无力参与决策进程的前提下不得不直接经验他人决策的'看不见的副作用',甚至还要为此付出自己的生命。风险与权力的关系,亦即风险与不平等的关系,就处于这种分裂之中。"[1]在这里,由某些个人、机构、群体或公司"有组织的不负责任"所造成的风险和损失,却要由其他人付出代价,而且往往要由国家(政府)收拾残局和"买单"。这使国家(政府)成为风险管理的天然主体,负责处理解决危机、判明和界定责任、调整政策或敦促立法。尤为重要的是,国家(政府)唯有在风险关系中体现出平等和公正,才能维系社会、保持稳定。在这个意义上说,有关风险的定义必须有社会力量和广大利益相关者的积极参与。风险社会理论家沃特·阿赫特贝格(Wouter Achterberg)曾经探讨了风险社会与民主的关系问题,指出自由民主政治不一定适合风险社会,协商民主政治才是风险社会的适宜模式。中国共产党十七大报告提出,要保障人民的知情权、参与权、表达权、监督权,未尝不是主动应对风险社会的明智抉择。

---

[1] 贝克、邓正来、沈国麟,《风险社会与中国——与德国社会学家乌尔里希·贝克的对话》,《社会学研究》,2010年5月。

肖恩·冈斯特（Shane Gunster）

八、媒介、传播与环境危机：限制、挑战与机遇

纪 莉 译

复活岛与环境传播

　　文章一开始我想说个故事。这个故事能说明我们在传播与环境领域的处境。在罗纳德·赖特（Ronald Wright，2004）的《进步简史》（*A Short History of Progress*）和贾尔德·戴尔蒙德（Jared Diamond，2005）的《崩溃》（*Collapse*）一书中，都拿这个故事来警示人类，当我们失去了对自然环境的最终依赖后会发生什么。

　　1722年的复活节那天，在远离智利西海岸的太平洋上，一支荷兰舰队眼前突然出现了一个荒无人烟的岛屿。岛上没有一棵树，却矗立着几百个巨大的石雕，有些达30英尺高。一开始，石雕的起源是个谜。不过后来人们发现，这个岛曾经并不荒芜，事实上它曾经覆盖着肥沃的火山土，并有着茂密的智利酒椰子树林，这种树可以长到橡树那么大。在公元5世纪的时候，波利尼西亚人曾经在这里生活，并在随后的5、6个世纪中成为兴旺的族群。与其他类似的群体一样，他们开始建造越来越大的石雕以敬重他们的祖先。而为了运送和树立这些巨型纪念碑，他们就需要砍伐越来越多的树木。大概在13世纪晚期和14世纪早期的某个时候，岛上所有的树木都消失了，岛上的族群进入到毁灭性的衰落期。不同部落派别之间发生着暴力冲突，而且近两代岛民再也不能建造深海独木舟去捕鱼，这些事实更加重了衰落的进程。

听到这个故事我们立马会想问(这也是赖特和戴尔蒙德在书中都强调的)——他们砍倒最后一棵树的时候是怎么想的？根据赖特的观察，"砍倒最后一棵树的人能看到那是最后一棵树，也能完全确切地知道再也不会有另一棵树了。但他们还是把它给砍了。"(2004:60)我们可能难以理解或想象那些人的理由是什么，而赖特和戴尔蒙德用这个故事提了个问题：我们此时此刻跟那些复活岛上居民们的处境不是一模一样的吗？我们是不是也同样对我们所作所为的最终影响视而不见？如果确实如此，那是为什么？而我们，作为个体或一个社会，愿意接受来自自然环境的信号——我们已经接近（或已经超过）增长的极限吗？或者，在人类和自然系统之间的沟通与反馈的道路上是否存在堵塞和障碍？还有一个重要的问题，最熟悉环境危机和最受环境危机影响的那些人与其他人之间的沟通传播路线是否存在障碍？

环境传播的中心目标是了解我们的传播系统、我们的文化实践和我们的意识形态信念在塑造（经常也是压制）我们的环境问题意识、我们对于环境问题的理解（以及解决办法）中所起的作用。事实上该领域的奠基学者之一罗伯特·考克斯(Robert Cox, 2007)已经指出，历史经验已经非常有说服力地证实，人类如何进行环境传播最终可能成为决定21世纪人类命运的主导因素。很显然这是个大胆且具挑衅性的断言。但是，如果我们认真地思考广义的传播概念，看到传播如何塑造了从个人的价值、信仰和行为到政府和公司的政策、倾向和行动，那么就会看到这个论断显得更具合理性。

然而，这并非理想主义地将传播表述为一种自主力量，拥有某种特权，可以像操作傀儡一样控制个体和制度因素。相反，这个领域最好的研究采用的是唯物主义分析视野，考察政治经济学传统以帮助解释为什么我们的媒介和文化采用现在这种形式，以及它们如何常规化地被用来强化现存的权力结构、为其辩解、并使其自然化。正是这些权力带来的威胁将人类拽入一个生态非常黑暗的未来。

但是，在理论上将传播看作是一种权力、支配和霸权的工具，还只是这个故事的一半。事实上，(依我看)环境传播最令人激动的一个方面是，它比起这个学科的其他领域更强调传播能够而且必须在激发和动员公众，让政府采取行动关注环境危机，在这些方面更扮演着赋权的角色。而且,环境传播不只是简单地培养了人们对环境灾难的畏惧,而且也激发和强化了一种集体意愿,要为每个人建设一个更公正和可持续的未来。让人类社会做出调整,在生态系统有限的范围内生活,这需要我们改变几乎所有方面:我们如何生活,我们如何旅行,我们如何进食,我们做什么样的工作,我们的社群应该是什么样的,我们如何管理自己,以及我们社会最首要的东西是什么。

因此,我今天想做的是描绘出传播如何既是这个问题的一部分,又是解决问题的一个方面。

警告:环境危机

由于时间有限,我不准备将我们所面对的生态危机的广度、深度或者紧迫性,各种纠结的问题等作出综述。不过我要引用耶鲁大学林地与环境研究学院院长詹姆斯·斯佩斯(James Speth, 2008)在过去十年所说的话:

"环境的危机到底有多严重?"他问道,"这里有一个衡量问题的方法:我们只要按照今天的做法继续下去,我们所做的就是破坏这个星球的气候与生物圈,给我们的子孙留下一个被毁掉的世界。不需要有任何人口的增长和经济的发展,只要继续按照现在的标准排放温室气体,只要我们继续剥夺生态系统,在现有标准排放有毒气体,到本世纪后半叶,这个世界将没法生存。"(2008:X)

斯佩斯在他的书《世界边缘的桥》里,为环境危机的原因和解决方法提供了非常优秀可行的总结。那么,我们的传播和文化系统到底在让我们实现这个目标方面扮演了什么角色呢?俯瞰整个图景,两样东西跳到了中心位置上:消费者文化和企业新闻媒体。

消费者文化与经济增长

我们先来看看美国最有名的环境运动家比尔·麦克库本(Bill McKibben)所说的生态危机的最大障碍:消费者文化。很多批判研究都探究了广告和商业媒体在奠定消费社会的文化和意识形态基础方面扮演的角色,认为它们推动了20世纪商业主义的膨胀与资本主义经济发展。例如,斯图尔特·埃文(Stuart Ewen,1976)在此研究传统方面贡献率最杰出的书之一《资本的意识》,在书中他描述了在20世纪的前半段,北美广告商如何成功地将自由、安全、自治、社群和快乐的普遍精神嵌入到商业资本主义之中。通过心理学的体察,逐步发展文化工业中以图像为基础的大众劝服实践技巧,广告商们将这些精神嫁接到大众生产的商品中,并由此将消费定位为最好也是唯一能满足人类需要和欲望的方式。过去,建立一个更好社会的梦想曾以一种集体的、政治的,以及常常是反资本主义的形式出现,而这个梦想现在被瓦解并转入到一种意识形态整合的力量之中,它可以将自由的民主(liberal democracy)扩展到工人阶级那里,而不威胁现存的权力与不平等。

美国广告业总裁艾尔摩·卡金斯(Elmo Calkins)在1927年为《大西洋月刊》写了一篇文章,叫《美丽,新商业工具》,他是最早看到文化能够(而且应该)为商业产品扮演创造和扩张市场的活跃角色的人之一。他提出,商业对经济和产品的实用性投入了太多关注,比如功能性,使用便利性和价格等等,而对符号、文化和传播维度没有投入足够的关注。为什么呢?因为强调后者,就可以无限有效地产生和推动消费者需求(更别提那种让两个一模一样的东西弄得有区别的伟大方法了)。"商品有两类",卡金斯写道:"一类是我们使用的,比如摩托车、安全剃须刀,一类是我们会消耗的,比如牙膏、苏打饼干。消费工程必须看到我们消耗了我们仅仅需要使用的商品。"(引自埃文 1988:51—2)哈雷·埃尔(Harley Ewen),通用公司艺术与色彩部的领头人,曾使用动态荒废(dynamic obsolescence)这个术语呼应了前文的智慧,以此术语描述文化(或者时尚)如何被用来加快了我们的步伐,让人们对现有的东西感到不满。

广告塑造了我们对商品和服务的感知,而埃文的"自商品"(commodity self)概念提示我们,消费文化的一个首要效果就是将人生产为消费者(consumer),一个个主要通过消费来透视自己的能动性、身份和社群的个体。这样一来,一个人的身份,不管她是一个母亲,或者一个美国人,或者一个"现代女性",都是通过消费某种特定的产品来最好地实现、交流和体验。我们通过其他商品主体不停地衡量自身,这种动态的竞争的逻辑让每个个体不停地卷入消费的模式中,以维持自己在不同社群中的地位和身份。

到了1950年代(与持续的经济繁荣相扣应),美国成为了世界上第一个真正的消费者社会。消费者社会的生活时尚通过以自我中心的郊区发展模式最好得表达出来,它将消费放到每日生活的核心。1955年,市场经济学家维克多·雷波(Victor Lebow)对此非常有预见性和洞察力地描绘道(你们可能在安妮·里昂纳多在《东西的故事》一片中见到了类似的对消费社会的绝妙批评):

> 我们巨大的生产力经济要求我们将消费作为我们的生活方式,我们将购买与使用东西转变为仪式,我们在消费中寻求我们的精神满足和自我满足。社会地位、社会接受度、地位的衡量都建立在我们的消费模式上。我们今天生活的意义和重要性都是通过消费话语表达……。我们需要用以消费的东西,以越来越快的速度花光它们、用坏它们、替代它们、舍弃它们。(1955:5)

这段话里最惊人的一面就是指出了文化与传播担任着维持和强化将消费作为经济基石的责任:仪式、精神、身份、社会地位、意义和重要性,这些都是雷波认为保证东西以越来越快的速度被"消费、花光、用坏、替代、舍弃"的重要手段。

与消费主义步调一致发展起来的还有商业媒介体系的发展,它将广告和推销作为最重要的目标,让其他的文化和传播形式都从属于这个目标。美国各类媒体依靠广告商带来的利润,它们不论在类型、形式和内容上都没什么不同,都致力于创造对广告友好的环境。正如达拉斯·斯麦斯(Dallas Smythe,1977)所说,媒介公司生产的商品不是杂志或者电视节目或者报纸,而是被卖给广告商的受众。这些受众的价值完全依靠依赖于他们的消费癖性,为大众媒介尽可能推销(或者至少不挑战)消费主义带来了结构性诱因。

在过去的60年里,雷波所看到的消费主义已经渐渐全球化。他所看到的现象在1960年代和1970年代分别扩散到欧洲和日本,在1980年代扩散到中南美洲,1990年代扩散到东欧,而最叹为观止的就是在近15年间扩散到中国和印度(程度可能略小点)。尽管这些国家仍然还有大量人口没有足够的资源去完全参与到消费者文化之中,我认为我们还是可以很客观地说,消费主义已经成为了一种普遍精神。也就是说,对于美好生活的向往通过消费来组织,这点已经成为了一种广泛共识,非常适应地在各种不同的政治、文化、种族和宗教体系内共存。福山曾经将自由主义民主指认为"历史的终结",事实上,可能更准确的应该是将这个标签贴在消费资本主义的全球化上。不过,我们还必须在这个"历史的终结"的标签上增加一点世界末日的潜台词,而这个应该不是乐观的福山所乐见的。

1972年,罗马俱乐部出版的《增长的极限》传递了一个简单而令人心颤的讯息,那就是建立在无休止的消费增长之上的经济体系与有限的生态体系之间基本不能共存(生态系统吸收废弃物的资源和能力有限)。它主要是基于计算机模拟,推断现存资源使用的趋势,人口增长的趋势,工业产出、食品供应以及对未来的污染的趋势。该报告总结说,一个世纪以内我们将达到增长的极限。现在40年已经过去了,该报告的基本发现至今仍然没有得到挑战,事实上,例如漏油、气候变化等现象只是加强了该报道的基本逻辑(从这里可以看出,这书所说的就好像是在复活岛上告诉自己的邻居,砍伐所有的树木未必从长远来看是一个好主意)。

来自温哥华的英属哥伦比亚大学的比尔·里斯(Bill Rees)提出"生态足迹"(ecological footprint)概念,这是对气候变化最近的一个警示。该概念将消费模式转化为地理术语,以便于就什么模式是"不可持续的"更好地交流。里斯解释说:"如果这个星球上的每个人今天以北美的水平消费,我们将需要再有4个像地球这样的星球来生产所有的资源,并消化废弃物。"将北美消费模式普及化,换个直白的话说,就是集体自杀(或者至少在接下来的50到80年间,人类的灾难和死亡将达到各种极限)。但是这却是每一个政府看来都决心实质上要走的道路,而这一趋势最近得到了证实。政府开动消费的引擎,带来真实的令人心惊的公共资源的消耗,而这只是在当下被全球经济危机所阻滞。消费文化与经济增长交织在一起的叙事在我们的传播媒介中如此广泛,无处不在,与政治和经济机构深切地交织在一起,以至于深刻地编织到我们的日常生活之中,如此构成了我们的个人与集体身份,使我们中的很多人都不能想象有没有另一种可能。借用詹明逊(Fred Jameson,2003)的意思,相比世界的终结,我们更难想象消费资本主义的终结。

下面我不再对消费者文化进行广泛的批评,而是转向消费者文化在普遍的生态意识发展中构成的具体障碍。有三点我觉得尤其重要。

第一,市场全球化与马克思曾说的商品拜物教结合在一起,有效地使消费者根本不用经历甚至不去想满足他们的需要影响了社会与自然生态。当我们买什么东西时,我们一般不去想这些东西是在什么条件下生产出来的——谁生产了它们,它们如何被生产出来,或者它生产过程中的环境影响(既包括对工人的,也包括对生态系统的)。相反,消费者在资本主义生产过程的最末端所遇到的是一个物品,这个物品已经从它的生产历史中完全脱离了。消费者文化同时还倚重并加强了生产世界和消费世界的分野,在商品形式的语意虚空中肆意填满消费文化的价值、意义和快感。正如苏特·杰哈利(Sut Jhally,1987)在他的《广告的符码》一书中所说:"商品拜物教的构成首先是清空意义,掩藏通过人类劳动而物化的真正社会关系,让假象的/符号的社会关系有可能在第二层表意系统中注入到意义的建构中。把生产排空出去,把广告充盈进来。真实是假想的。"(1987,51)

我们被人类有史以来最复杂最先进的传播系统所包围,但是我们中的大多数对包围我们的各种东西更不了解,这点还不如我们的祖先。消费者文化将这种状态正常化,用诱惑(在道德上贫乏地)我们进入到全球市场的商品之中,除了自己什么都不想来安慰我们的心灵。消费者文化和市场一起系统地工作,将我们与他人的关系之中的道德维度剥离,赋予消费者一种奢侈,那就是永远不必面对他们的行为如何有效地影响了其他人或者自然世界。在消费者文化中,忽视真是一种福气。我们还同样如此丢弃我们用完的东西。这样一样,消费者几乎从不"直接地"或者"文化地"体验生产系统中任何拉动消费引擎的社会的和生态的反馈。

第二,面对时不时挑战其霸权地位的批判脉搏,消费者文化在平复与整合这些批判脉搏上表现得尤其有弹性和有创意。例如,西方公众对于环境危机的意识逐渐增长,我们已经看到了"绿色消费"(green consumerism)的兴起,倡议消费者可以且应该在选择产品时承担道德责任,选择以环境可持续方式生产出的产品。这种消费主义提出弥合生产与消费之间的鸿沟,拉动个体的市场选择,让其成为一种集体行动,以奖励那些将对环境的负面影响降到最小的公司,惩罚那些拒绝这样做的公司。

从一个方面来看,绿色消费主义有其积极的影响,它对商业施加了压力,让其采用更可持续发展的生产实践,同时也培育了个体环保意识的萌芽。但是,消费者和公司企业在传播上具有结构性不平衡,这意味着很多公司发现改变形象比改变实际生产实践更方便,成本更低(这个被人们称为"漂绿")。更重要的是,绿色消费主义的话语是如何成为了意识形态的预防针,让消费者资本主义在面对环境保护主义和增长的极限的挑战时免疫,让公众以为只需要对我们的消费选择进行微调就可以解决环境危机。于是,对于消费问题的解决变为更多消费,这是一种意识形态上的变戏法,而资本主义文化机构自从1960年代成功拉拢反文化运动之后,就对这个招数愈发炉火纯青了。

第三,消费者文化高度提倡消费者主权与能动性的个体观念,腐蚀了更集体形式的政治行动的可能(与吸引力)。在我看来,个体化可能是消费者文化最有害的影响,因为它让消费领域成为人们唯一能够想象实践自己自主行为的场域。这不仅是文化的影响或者意识形态的影响,而且还带来个人主义的话语(以及消费者的主体位置)已经深深植入到生活的方方面面。简单来说,消费者文化反映、表达大众经验,并与其产生共鸣。

西方世界的大多数人(现在中国可能也一样)在哪里体验到生命中最大的权力、自治以及自由?我们在哪里被最多地"赋权",为我们自己做决定?那不是在政治领域。政治领域总是被描绘为腐败的、令人生厌的,主要被那些只对自己的私利忠诚的政客占领。大部分时候,政治看上去都是一场表演,我们可能观看它,但没被教会或者被鼓励去参与其中(只是隔几年去投个票)。那也不是在工作领域,这个领域就是为了效率和生产力最大化而被细致控制和管理的对象,这个地方没有什么能动性,只是将组织规范和目标内在化。

相反,我们恰恰是在作为消费者的选择上体验着我们自己生活中的能动性和自治。消费就是自我们出生之后就知道我们如何去做,去享受什么,擅长什么,以及社会化地去做什么。我们作为个体消费者有很多很多思考和行动的体验。但是,正如麦克·马尼艾特斯(Michael Maniates)所说,当能动性和责任感以这种方式个体化时,"没有空间去思考政治权力的机构化、本质以及操作，也没有空间去思考共同改变权力分配的方式及其社会影响，即'机构化的思考'(think institutionally)。……相反，严肃地面对……威胁社会环境的过程落到每个个体的头上，每个个体都是作为一个消费者在独自行动"(2001：45)。缺乏政治的或者机构的能动性，个体看起来只有三个选择，要么以一种荒诞的方式投资快乐，要么以为回收垃圾将解决全球变暖之类的问题，或者愤世嫉俗地逃避并接受一个观点：这些问题基本根本就是无解的。

企业/商业新闻媒体

根据传统的媒介的自由主义理论，新闻媒介的首要任务是保证公民能够获得一天之中重大事件和重要议题的广泛信息与观点。例如，气候变化具有潜在的灾害性影响，而且需要我们立刻采取行动面对它，因此我们有理由认为这个议题主导着新闻。毕竟，持续的科学研究，以 20 比 1 的比例认为气候变化的影响将会更糟，而且比预期到的更早。现在不乏各种极端气候——热浪、干旱、洪水、强暴风等等，这些都证明了（伴随着可怕的图像）气候模式的变化，而这是气候变化的一个特征。在政治方面，关于这个议题的国际峰会已经成为一种常规，世界各地成百上千的气候运动分子在此发起了广泛的动员运动，要求他们的政府采取更大的行动。但是，当我们看看新闻媒介时，我们只能看到相对很少的关于气候变化的报道（或者，其他环境议题的报道）。

"卓越新闻计划"(The Project for Excellence)，一个美国组织，追踪了美国媒体对于不同议题的报道。它用图表显示，美国所有新闻媒体（包括广播、有线电视、报纸和网络）的主要报道都贡献给了 5 个议题。最大的议题是经济，占 20.3%，健康保健占 8.7%，奥巴马政府占 4.9%，而娱乐方面迈克尔·杰克逊的奇观报道占 1.4%。最后，我们看到了全球变暖，占 1%。再看看电视网和有线电视新闻的数字（这是大部分美国人获得新闻的方式），全球变暖占所有电视网新闻报道的 0.8%，而且刚刚达到有线电视新闻的 0.5%。它们把四分之一的报道都贡献给了迈克尔·杰克逊（皮尤研究中心，2010）。想想我们面对的危机之重大，这些数字真是惊人的低。

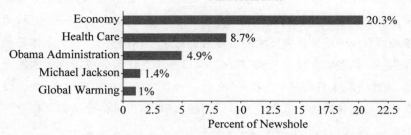

Source: Pew Research Center's Project for Excellence in Journalism
http://teatures.journalism.org/year-in-the-news

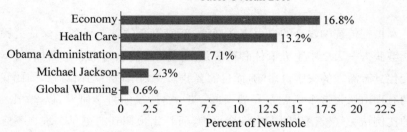

Source: Pew Research Center's Project for Excellence in Journalism
http://teatures.journalism.org/year-in-the-news

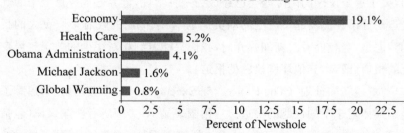

Source: Pew Research Center's Project for Excellence in Journalism
http://teatures.journalism.org/year-in-the-news

而更令人警惕的是新闻报道近来的趋势。下面一组数据显示了2004年至2010年世界各地的报纸对气候变化的报道。在2009年哥本哈根会议达到峰值之后,我们看到气候变化新闻报道出现了一个巨大的降幅,降到了我们这些年所见到最低水平。非政府组织《每日气候》每天收集和公布关于气候变化的新闻,它发现这个话题的报道从2009至2010年降低了30个百分点(Fischer,2011)。议程设置理论40多年的研究,确立了媒介对某议题的关注水平与公众(以及政治精英)对该议题重要性的获知之间具有相关性。简而言之,气候变化新闻报道的减少可以被看作是对此议题兴趣水平和关注度的降低,近来的舆论调查证实了这个趋势,持续的政府不作为也说明了这个趋势,尤其是在美国和加拿大。

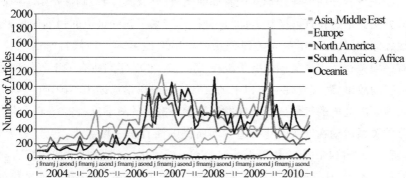

如果说新闻的目的是要告知公众具有社会重要性的事实,那么我不能想象还有什么比北美新闻媒体在这个议题上报道的减少更能说明媒介责任在惊人的退缩。如何解释这种失败?为什么报道这么少?全面地回答这个问题要求我们思考包括经济、政治、文化、历史甚至心理等广泛的因素。不过,我们可以先确认几个最重要的问题。

首先,奥美·奥雷斯克斯与埃里克·康维(Naomi Oreskes and Erik Conway,2010)在他们最近出版了一本相当优秀的书《贩卖怀疑的商人》。在书中,他们指出,石油产业与保守派智囊团已经发起了一个极其成功的公共关系运动,培养人们对气候科学产生怀疑。这个运动的要旨就是建立一个支持所谓气候"怀疑论"(climate sceptics)的小型网络,这种怀疑论有攻击性地挑战1990年代以来关于气候变化的科学舆论。这些怀疑论者大部分不是气候科学家,而且他们根本上在科学领域没有信用可言。但是他们已经非常成功地将自己在新闻媒体中确立为专家,帮助创造错误的观念,说科学家对于气候变化有很多的分歧,气候变化是一个有争议的理论而不是科学事实。

马克思·博伊科夫和朱蕾斯·博伊科夫（Max Boykoff and Jules Boykoff）在 2004 年写了一篇非常棒的文章叫《偏见的平衡》，在文中他们探索了这些怀疑论者如何利用新闻的平衡原则确保自己的观点与大量气候科学家、IPCC 以及世界各地的主要科学机构在媒体上占一样的分量。这种对"平衡"的操作——让议题的两面都呈现——就是记者，尤其是对该领域没有任何专业知识的记者如何向自己（及其读者）确保报道"客观"的方法。不过在气候变化方面，这种操作带来了新闻报道的强烈偏见，导致媒体在过去 20 年里向美国公众根本错误地再现了气候科学的状况。有一项调查调查了美国主要报纸在 1988 至 2002 年间所有关于气候变化的新闻故事，调查发现一半以上的文章将气候科学描述为不确定的，认为人为原因造成的气候变暖正在发生和没有发生的科学家各占一半。这个公共关系运动在气候变化报道方面所做的简直是一场灾难，导致一些气候科学家如 NASA 的詹姆士·汉森（James Hansen）将其描述为反人类罪行。不过，从石油产业和保守派智囊团的观点来看，这个运动使减排的行动放缓，这真是相当成功。

从长远来看，这个运动最毁灭性的影响并不是繁殖疑惑本身（这个可以通过科学证据来消除），而是对气候变化的嫁接。在北美，它将气候变化从一个科学现象转变为意识形态现象。当美国人谈起气候变化时，他们不是依据自己受教育的水平或者科学阅读能力，也不是依靠自己的职业或者收入。相反，他们凭自己的政治归属和意识形态世界观来判断。如果你是一个自由主义者或者民主党人，你相信有气候变化。如果你是个保守派或者共和党人，你不相信。这种观点已经几乎坚不可摧，不管面对什么相反的科学依据。这就是为什么即使对气候变化的报道在过去 50 年间有很显著的提高（也有几个严重的例外），但是对这个事情的公共舆论却没有很大的变化。这种将疑惑与政治主观性融和到一起，否认气候变化与保守派政治信仰已经不可分了，这都使得美国几乎不可能就气候变化进行任何形式的政治讨论。事实上，我认为那么多主流媒体在报道该议题上犹豫不决可能缘于发行人与广播公司经营人的认识，他们认为即使提及这个议题都会让他们承担流失很多受众的风险，所以最好干脆避免谈它。因此，近来在关于极端气候比如洪水、干旱和风暴的新闻里，气候变化已经少有涉及。

第二，北美媒体的政治经济学在塑造环境新闻上扮演着重要角色。传播学者凯瑟琳·霍尔和乔·凯普拉（Kathleen Hall Jamieson and Joe Capella，2008）指出，在过去 20 多年里，一种"保守媒体阵地"在北美逐渐成形（在加拿大程度略小）。福克斯新闻、保守派报纸和右翼政治脱口秀节目一起构成了财政状况良好、合作成熟、越来越自足的传播体系，在气候变化议题以及环境议题上，它既是保守派观点的传播工具又是其回声筒。保守派媒体自愿成为右翼智囊团与气候变化怀疑论者的伙伴，为他们提供友好的路径，让他们不仅可以散布他们对气候科学的怀疑，而且还能谴责任何政府进行法规上的动议，将这些动议再现为对自由以及普通美国人生活的威胁。这就帮着维持并不断激活了"经济与环境对立"的框架。在过去的 30 年里，这个框架使用得非常有效，它倡导一种恐惧，使得政府不能实施任何更为严格的环境规制，因为人们害怕政府的这些行为会毁掉他们的工作，并提升商品价格。保守派媒体的重度消费者，在美国公众中占有百分之 20 至百分之 30 的比例。可想而知，相比较那些阅读其他媒体的人而言，他们更容易在气候科学和气候政策上被误导。

越过保守派媒体，我们看到传统新闻组织的收入在下滑，再加上几十年来的媒介融合与所有权集中，这些都极大地降低了分配到各种新闻中的资源。我之前提到的"卓越新闻项目"的研究估算，美国报纸在过去十年里大概失去了百分之十的报道与编辑容量。这种裁员重创了环境报道，尤其是让专长于环境议题报道的记者迅速减少。比如在 1989 至 2006 年间，美国日报上科技类特写的数量缩减了三分之二，而在 2008 年 12 月，CNN 裁去了所有的科技与环境新闻的职员。除了环境议题报道减少，环境新闻记者数量减少也使得记者更容易被特殊利益所影响，比如气候怀疑论者或者工业集团，这些利益群体努力用其特有的方式"玩转"这些议题。关于本地环境议题的报道（或者气候变化等全球化问题的本地影响与解决方法）被一般化的、普遍化的报道所取代，尽管这些报道常常不能与本地观众或者读者产生共鸣。

关于新闻媒体，我最后要说的它们如何再现了气候政治。新闻媒体是大多数我们了解政治的地方，包括我们如何进入到政治过程之中。尤其有一点就是，媒介在决定政治功效水平上有非常高的影响，也就是高度影响着一个个体对自己参与政治是否有真正的影响的感知。气候变化的政治功效水平是相当低的,很多人相信他们对迫使政府在气候变化方面采取更积极的行动是无能为力的。

正如我在其他文章中所提到的,主流媒体如何再现气候政治与此息息相关。首先,气候政治和政策被倾向于描绘为国家和全球精英的专属领域,参与的个体没啥行动空间,只是无权的、愤世嫉俗的观看者。偶尔有很少的情况是,气候政治的确成为了新闻,而焦点往往是国际会议比如哥本哈根会议,这只是加深了一种认识,那就是气候政治是远离普通人影响的一个东西。第二,在过去十几年里,气候政治的主流叙事框架(这个在哥本哈根报道达到顶峰)就是讲失败的故事。发达世界和发展中世界的差异实在太大,石油公司阻止法规制定的权力实在太强,政治家实在是太虚弱,不能推行需要的变化等等。这些故事情节有部分是真实的,因为现有政治机构很多都不能解决气候危机。而将焦点放到失败之上也加强了一种认识,那就是气候政治一直都只是一种公共关系上的空洞的实践,那些有权者假装在行动,其实什么实际的事情都没做。相反,那些讲成功的政府行动,可能让公众重拾对政治的信仰,将其当作是具有能动性和效用的场域的故事,少之又少。第三,正如凯文·德·卢卡(Kevin De Luca,1999)以及其他人所指出的那样,环境保护分子总是以一种单一维度在媒介中再现,他总是带着敌对的模样,媒介将他对挑战现状描绘为威胁现有大部分公众的生活方式、价值观和福利。这样一来,环境保护分子看上去基本上和"正常人"不同,这样就使得读者或观众更不会将行动主义看作是可行的、可取的。而行动主义正是一种政治参与,值得效仿。

由此,人们对解决气候变化的政治机构和政治过程的能力失去了信心,气候变化开始成为一种看上去根本没法解决的问题。人们对于这样的问题一般都是怎么回应的呢?他们忽视它们。他们不理睬它们。他们欺骗自己说,这些问题不存在或者没有那么严重。他们希望其他人能解决这些问题。简而言之,他们尽其可能地避免思考它们。至少在北美,大部分公众和大部分商业新闻媒体今天就是这样做的。

这就是我对消费者文化和企业媒体如何构成了公共认知的障碍,妨碍人们参与到迫切需要参与的环境危机问题的粗略观察。

作为一种解决方式的传播/媒介：价值、传播与行为改变

在此，我还想说说传播如何能扮演更为积极的角色。不过在开始之前，我还想很清晰地指出一点，任何能够挑战消费者文化无处不在的霸权，任何能使替代性新闻、信息和观点得以传播的东西都在解决环境危机方面带来了积极的干预和影响。我们努力去保护一些社会和文化空间，让它们脱离广告和市场的魔爪——比如儿童期、教育、政治、保健、宗教——这些都帮助我们保护了一些空间，使我们可以发展自我、身份认同和社区，让这些东西不仅摆脱消费主义，而且成为消费主义的替代品。同样，使用新的信息技术避开商业媒体机构，建立起批判新闻和观点的反网络，这些也帮助我们打破商业和企业新闻对公共话语的垄断，提供必要的传播设施，使草根社会与环境保护行动主义一波波发声，带来一些政治进行，比如"世界社会论坛"。

环境危机的传播根源可以追溯到环境传播构成的狭窄定义上，同样，对这个危机的解决也在于其狭窄定义。环境行动主义未来的成功可以很好地倚仗超越环境保护主义本身的狭小，拥抱更为广阔的社会、经济和政治议题。这些议题可以构成民主和社会正义更宏大的视野。实际上，这种视野的扩大正是环境正义运动的核心，在发展中国家和发达国家，环境正义运动成为动员穷困人口和边缘化人群的有效运动。

我现在要转换一下方向，对传播与行为改变进行一些探讨。当然，我不会偏离我已经一再强调的分析的结构性。行为改变的研究领域有聚焦于人们生活方式改变的趋势，比如节省能源或者减少汽车使用，毫无疑问这些改变是重要的。不过，政治参与水平的提高也是一种行为改变模式，而且我深切地相信我们没有理由认为分析人们生活方式行为的视角不能有效地运用到人们的政治行为改变之中。

这一研究的起点就是认为人类行为是非常复杂的，受到很多不同因素的影响，这些因素涉及的理性选择比我们以为的要少。当我们面对公共政策时，人类行为的理性选择理论主要依据三个假设：个人主要是自利的；个人为了自我利益做出有意识到、理性的、逻辑的选择；个人所做出的是自主选择。如果你接受这种人类行为的观点，那么行为改变最好通过

两种途径达成。第一,保证个体有足够的信息做出完全理性的决定,符合自己的最大利益。第二,在某些选择上使用价格信号来传递人们想要或者不想要什么。

但是,过去的经验告诉我们,这两个方法在发动可持续行为上运作得都不怎么好。为什么呢?什么考虑被遗漏了呢?首先,我们的很多行为并不是有意识选择的结果,而是由习惯或者惯例所决定的。第二,我们的决定总是受到心理的、情绪的因素左右,它们使我们没有做出一个纯粹理性的决策判断。第三,人们并不只是被自利所驱动,还被社会和道德规范、价值观和信仰所驱动,会考虑到其他人和自然世界的需要和利益。第四,行为总是受到外部的、结构的因素限制,对于我们可以获得的选择和行为带来很严格的限制。

保罗·斯坦恩(Paul Stern,2000)是亲环境行为改变研究方面的权威。大概十年前,他发展出了行为的"价值—信仰—规范"(VBN)模式,将其看作是理性选择的可替代模式,之后这个模式成为理解环境行为最有效最强大的框架。下面有一个这个模式的展示。传播在不同阶段扮演着什么角色呢?

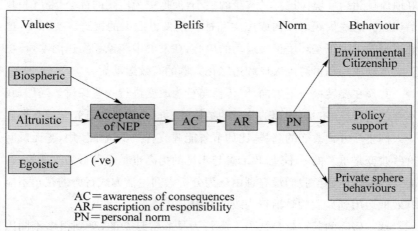

Stern's Value-Belief-Norm Model

我们先来看价值观,这是我今天讲课的焦点,因为学界和实践界最近共同认为在环境传播中,它扮演着关键的角色。什么是价值观?价值观指的是个体对于什么是对的和错的抱有的一种相对稳定的、跨情境的信仰。价值观是一种道德指南,让我们可以在这个世界找到自己的坐标,对于在不同情境中如何行为作出决定,并指导我们与其他人的关系。它们帮助我们在任何情境下在对与错之间做出抉择。

近来,在政治传播领域,乔治·雷科夫(George Lakoff,2008)、德鲁·韦斯腾(Drew Westen,2007)和其他学者提出,最有效和打动人的传播并不来自提供事实、数据或者理性观点,相反,是介入到人们的价值层面。那些在广告和公共关系领域工作的人早就知道这点,但是很多环境宣传者和科学家才开始认识到。

关于价值观,我这里有几点要讲。

第一,从价值观入手可以让我们直接切入个体所在意的核心信仰,这些信仰对他们非常重要,他们投入情绪其中,与他们产生共鸣是非常有力量的一个方式。它还能够将演讲者与受众放到相似的位置上去,因为他或她分享他们的价值观,因此得以分享生活中对他们重要的东西的理解。我们与和我们有相似思考的人共情,并信任他们。确立一种信任关系是有效传播的基础。这就是为什么政治家和企业花那么多时间努力说服我们相信,他们和我们分享相同的价值观。

第二,从环境行为的视角来看,一些价值观比另外一些更有帮助。在这个领域工作,我们常常要清晰地分辨出三种核心价值观:1.利己主义价值观(它将个人自我需要的满足放在首要位置);2.利他主义价值观(它对其他人的福祉投注更大的考虑);3.生物圈价值观,它强调自然环境的美好。个体的价值观与其环境行为(是否支持更为积极的气候政策,或者采取更可持续的生活方式)之间有着直接的联系。利己主义或者更注重自我利益的个体(与社会)不太关心环境损害和危机,也不太会为了减少这种危机改变他们的行为。

总结这一领域的研究,世界自然基金组织最近的一个报告注意到,那些关注个人金钱上成功的人首先总是"低共情,更多操控倾向、更倾向于社会不公平与等级,对不同的人怀有更大的偏见,不考虑环境问题"(Crompton 2010:10)。相反,怀有利他主义和生物圈价值观的个体(与社会)更愿意考虑所谓"比自己更大"的问题(比如气候变化或者全球贫困)。他们更可能改变自己的行为,回应那些问题,并为了解决那些问题而进行政治参与。

大概说来，文化、传播与媒介对于既定社会的价值观有着很重大的影响。例如消费者文化就倾向于以利他主义和生物圈价值观为代价，将利己主义价值观正常化并促进其发展。

然而，价值观领地从来都不是一成不变的，也不是同质的。相反，这些领地是不同群体和机构之间不同斗争的场域，它们都想让一种价值观放在另一些价值观前面。我们在既定情境下使用的价值观往往至少部分地依赖于我们所置身的特定文化和传播环境。我们没有一个人会总是自私或者无私。相反，利己主义、生物圈和利他主义价值观在我们之中共存。在特定时间里，哪个价值观占主导是一个开放的问题。

比如说，一些特定的传播运动会激活不同的价值观。例如，强调特定行为或者特定政策的个体收益，会激活利己主义的价值取向。如果你让一个人节约能源，因为这可以为他们省钱，那你同时也在告诉他们，他们首要考虑的是为自己的利益做出行为选择。相反，如果一个环境运动培养人们与他人共情，强调同情、共情或者社会正义的主题，那么就会带来利他主义或生物圈的价值观取向。在气候变化政策的报道框架中，强调社会的集体利益（而不是个人利益），就能够鼓励人们在决定是否支持某个特定政策时，考虑其他人的福祉。为什么要少用能源？因为这可以帮到（或者避免伤害）更多人。

很显然，单一环境运动只会有有限的影响，但是持续强调利己主义或者利他主义价值观产生的积累效应就会非常重要了，因为它会塑造公共话语，影响人们对政治议题的判断。依靠利己主义框架，保守派政治意识形态的利己、个人自由和个体化得以常态化并加强。不过，通过突显公平或平等的主题，我们持续不断发出利他主义价值观的呼吁，这能打开人们为了公共利益而进设想集体行动时的新文化与政治空间。

"共同事业"的报告就很清晰地说明了这点，该报告认为环境传播者需要更持续地唤起它所谓"我们的共同利益"的"深度框架"，以提高利他主义价值观在我们的文化和政治话语中出现。汤姆·克洛普敦（Tom Crompton）是该报告的作者，他将共同利益框架的基本原则描述为："人们持续地关注自身及其他，包括其他人和其他生物"。贪婪与利己不会战胜所有的价值。人类不是自然的自私物种，而且事实上我们也有很强的合作、同情、友善和慷慨的自然倾向。我们的每日生活都充满了各种案例和实践,我们常常牺牲我们自己的利益去安慰别人,我们不仅帮助自己家庭的人,社区的人,还帮助我们素昧平生的人。"人们对他人施加的价值不能仅仅以经济术语去衡量。人、其他生物以及自然有着自有的价值,这价值不受经济价值的束缚,他们'自己'就是有价值的。"经济理性不是唯一甚至不必然是我们思考什么对我们是有价值的主要方式。还有很多很广泛的其他价值,比如友谊、道德、共同体、爱、宗教、文化传统等等都在我们思考什么对我们是重要的扮演着主要的角色。事实上,大多数人都很强烈地感觉到,为了自己的生活,让其他人、其他生物和整个生态系统付出代价是非常不道德的。"人们认识到这点,并常常在没有获得任何物质好处的前提下为别人的利益做事。如此一来,人们就会对可以提高其他人利益的能源和资源项目上投资"(2010:48)历史的和当代的政治都教导我们,最强有力的动员是超越了对物质利己的计算,在道德和精神层面将我们联系在一起,让我们充满了鼓舞,或者可能对某种不公平充满愤怒。

这里所强调的价值观与一些环境保护运动者和科学家的设想与实践有违,他们相信说服人们最好的办法是通过事实与数字,让大量细节描述危机,让人们认识到其严重性。这被称为传播的"信息亏空"(information deficit)模式。它假设要让人们理解并对环境危机采取行动,唯一必要的是更多的信息。而最好的(最道德的)呈现信息的方法就是以客观中立、没有价值倾向的方式让事实"自己说话"。但是问题是,人们并不会客观地、不偏不倚地、不带价值判断地对待"事实",尤其是关于环境危机的事实。记得我早前指出过,对疑惑的培养已经将气候变化变为了一个意识形态问题,而非科学问题。当事实挑战了我们的价值观和信仰时,我们会忽略或者忽视它们。正如乔治·雷克夫(George Lakoff)所说,这些问题从我们身上弹开。心理学家将此描述为"动机推论"(motivated reasoning)或"证实偏见"(confirmation bias)。

玛丽·道格拉斯(Mary Douglas, 1982)在风险的文化理论中注意到并描述过这个倾向。有个人主义世界观的人对环境危机更怀疑,更不屑一顾,因为他们认为接受这些环境危机会要求他们接受政府对商业进行更高水平的管制和控制,以及限制消费者选择。相反,那些带有平权主义世界观的人更愿意接受这些环境危机,因为他们要求政府发挥更积极的角色,管制经济,对大企业权力进行限制。"共同事业"的报告里认为,如果我们对事实的认知和接受高度依赖我们的价值观(或者是那些主导我们的文化和政治机构的价值观),那么可能环境运动需要少花点的时间去沟通事实,花大量的时间去培养和提倡那些让人们以积极的、建设的方式参与事实的价值观。

关于价值观的最后一点。在我们的选择和推理过程中,哪些社会的、文化的和政治的空间可以被利他主义价值观塑造?在哪些方面我们会更容易想到其他人的福祉?在哈贝马斯所说的公共领域(或者公共空间中)之中,人们被启迪,同时也被迫超越自己的利益去思考公共利益。在这里,与对他人的对话与辩论要求我们采取更加开放的社会、道德和政治推理形式,将其他人的观点、视角和利益纳入思考。相反,利己主义价值观呢?我们在什么地方会最愿意把我们自己的利益放到第一位去考虑?是在消费领域。在这里,经销商和广告商每年花上万亿美元,努力确保我们只考虑我们自己的需要和欲望。为什么?因为当我们这么思考时,我们是最好的消费者。这就引出了一个问题,我们应该在哪里作出关于环境议题的决定呢?我们在哪里更能做出对环境负责任的决定呢?是在公共领域,在这里推动这些决定的价值观更可能被激活。消费者文化,从另一个方面说,是作出好的环境决定最糟糕的场域。这就意味着,要提高我们的决定水平,最重要的方式是改变作出决定的场域,尤其是让我们在公共领域之中作为一个公民对消费主义作出更多的选择。

VBN模式的另一个方面是价值观与信仰的关系。根据斯特恩的研究,我们所持有的价值观,或者说我们在某个特定情境倾向的价值观,影响着个体采用"新环境范式"一系列信仰的程度。"新环境范式"(NEP)在1970年代后期由研究者提出,他们注意到在一些人那里,不断增长的环境意识正凝聚成一个相对连贯的信仰体系。这个范式与所谓"主流社会范式"不同。"主流社会范式"是一个更为传统的信仰体系,认为价值存在于经济发展和物质消费中,并主要将自然看作是用来满足人类需求的一种资源。为衡量一个个体是否采用了"新环境范式",研究者们发展出了12个观点:我们正在达到地球足以支持的人口极限;自然平衡非常脆弱且容易被打破;人类有权改造自然环境,以满足他们的需求;人类被创造出来统领自然界的其他生物;当人类干预自然时,往往会产生灾难性后果;植物与动物主要是为了被人类使用而存在;要维持健康的经济,我们要发展坚定的国家经济,控制工业增长;人类必须与自然和谐共处以求生存;地球就像一个宇宙飞船,只提供有限的空间和资源;人类不需要适应自然环境,因为他们可以重新改造它以满足自己的需求;增长有极限,超越了这个极限我们的工业社会无法扩大;人类严重地错待了自然。毫不惊讶地说,采用利他主义和生物圈价值观的人更愿意采用这一系列的环境信仰,而利己主义价值观的持有者更倾向于采用主流社会范式。

下面,我们看看这个模式的中间部分:后果认知,责任归属和个人规范。斯特恩发现,"新环境范式"广泛的环境信仰与每个个体认识自己的生活方式和政治决定对环境带来的后果有非常肯定的关联。相应的,提高环境认知也可能增加个人的责任意识,避免或者降低带来负面效果的行为,参与到有正面效果的行动之中。如果我们的传播体系的确提供了关于我们的行为后果的信息,个体就更愿意对这些行动负责,不管这些行动是在个体层面还是集体层面。最后,这种意识与责任的结合激发了个人规范,带来强烈的道德规范感,在特定的情景中以特定的方式行动。

这个模式的中间部分与我早前所讨论的消费者文化非常契合。消费者文化和资本主义全球化一起有效地在后果意识阶段阻碍运动进程。不管是市场还是消费者文化都没有提供很多信息,让我们知道我们的行动给我们周围的世界带来了什么。这意味着尽管人们在价值观和信仰上可能有牢固的基础进行环境行为,但我们从来不了解行动的结尾部分,因为这个链条在后果意识这里被打破了。也就是换句话说,结构性阻碍(structural blockage)是我们的政治、经济和媒体系统运作带来的后果。

最后,我们看看可持续行为,这既包括生活方式也包括政治行为。这引向我的最后一点,关于传播和行为改变的关系。有的模式主要聚焦个体因素,认为它们塑造了环境行为,这样的模式基本上是不完整的,因为外部的或者结构的因素往往是确立或限制某种行为形式的单一、最大因素。在亲环境保护的价值观、信仰和态度转化为实际的行动之间,有一个重要的"态度—行为"鸿沟。我们现在来到了链条的末尾,我们有"新环境范式"正确的价值观、信仰,理解我们行为的后果并对此负责,然后我们发现根本没有大众传输体系、可再生能源或者有机的、本地生产的食物。这样一来,所有让我们来到这一点的"工作"都有效的丢失了,因为根本没有外部支持。这就是为什么我们不要在概念化这种模式时,只说它如何改变了我们的生活方式,而是要谈及如何发动政治行为,要求基础设施和外部支持,这对于保证可持续的行为至关重要。这里的底线是改变我们的政治行为,让人们在社会和环境正义的运动中积极起来,被发动起来,这远远更为重要、有效,比以消费为基础的生活方式改变更能赋权。

结论:中国和环境传播政治

在这里我将谈及我对中国和环境传播的几点思考。我对中国的环境传播知之甚少。不过我想在这里讲的是,中国在与西方的气候变化讨论中发挥着越来越多的符号、话语和意识形态角色。尤其值得关注的是,中国在西方环境话语中有两个完全不同的符号意义。

一方面,中国是世界上最大的碳排放国,而且中国政府决定不惜一切代价扩大经济增长,这两点合在一起,让我们对为避免灾难性的气候变化而进行的全球减排水平能否达到感到疑虑。我在对加拿大媒体对气候变化的报道的观察中,发现有一个普遍的观点,即认为我们不要对气候变化采取任何行动,因为减少加拿大排放量对比中国快速增长的排放量来说不值一提。当他们(中国人)不减少他们的排放量时,我们干嘛要限制我们的经济发展?这个观点可以追溯到1997年美国参议院拒绝签署京都议定书,他们拒绝批准任何气候条约,只要不是要所有国家减排。作为一种保守派的修辞策略,我认为这种推理比环境抵赖框架更为有效。首先,它不是建立在排斥科学的基础之上。其次,它将对气候变化采取行动的责任从自己推到别人头上。第三,它挪用了平等和公平的语言,将西方(以及世界)与具有经济发展野心的国家如中国和印度置于敌对的位置。第四,它看起来很实用也很实际,扬扬鼓吹一个不可否认的事实,即如果全球排放不减少,任何国家(或国家群)的行动都是无关紧要的。

当然很容易就可以指出这个观点中的重大漏洞(根本还不需要谈及历史责任和能力的原则问题),但是却不能减损其功效,无法说服北美不要推迟对气候变化采取行动。而且整个观点的基石就是将中国再现为一个死不悔改的污染者,最好的代表性符号形象就是到处散布说,这个国家每周都会建起两个新的燃煤发电厂。而这个事实中更大的一个部分却不被提及,那就是这些工业发展是为了满足西方消费者对廉价商品的巨大需求。对中国的中伤在哥本哈根之后更加强化,一些政客和环境保护者将中国政府说成是阻碍全球碳排放进程最主要的责任人。

另一方面,中国在可再生能源和大众交通方面投资巨大,这被标榜为提供了引人注目的证据,说明中国不仅在减少排放方面做着自己的工作,而且还领导着新全球绿色经济的发展。在这个叙事中,中国代表着希望与进步,政府在减少碳排放的基础设施和发展科技方面扮演着积极的角色。而且,这个主题还和全球市场竞争的新自由主义视角结合在一起,中国的这个定位对其他没有在绿色经济上进行类似投资的国家代表着警示。不像中国这样在绿色经济上投资,你们将失去这一经济必然会产生的巨大利润。

中国在例如风力涡轮机、太阳能电池板和电动车辆的制造方面地位崛起,这吸引了西方媒体的很多关注。伴随着这些报道的还有中国在气候变化很容易受到影响,要么是海平面上升,要么是干旱或者洪水,中国政府看上去一点也不缺乏解决这些问题的远见。温哥华市长格雷戈·罗伯逊(Gregor Robertson)最近访问了上海,他回国后引起了一个不小的波澜,因为他赞美中国在这方面采取了"非常积极的、令人瞩目的行动"。

中国是被放入英雄的框架还是恶徒的框架,在西方的环境话语政治中,这已经成为越来越重要的话语斗争。这场斗争的结果可能不仅在引导公众对气候政策的胃口更加积极,而且在决定气候变化是否可以被看作是一个问题方面,且是一个人类力量可以集体解决的问题上扮演着非常重要的角色。

参考文献:

Boykoff, Maxwell and Jules Boykoff(2004), "Balance as bias: global warming and the US prestige press," Global Environmental Change 14: 125—136.

Cox, Robert(2007), "Nature's 'Crisis Disciplines': Does Environmental Communication Have an Ethical Duty?" Environmental Communication 1.1(May): 5—20.

Crompton, Tom(2010), Common Cause: The Case for Working with our Cultural Values. WWF-UK.

De Luca, Kevin(1999), Image Politics: The New Rhetoric of Environmental Activism. New York: Guilford Press.

Diamond, Jared(2005), Collapse: How societies choose to fail or succeed. New York: Viking, 2005.

Douglas, Mary(1982), Risk and Culture: An Essay on the Selection of Technical and Environmental Dangers. Berkeley: University of California Press.

Ewen, Stuart(1988), All Consuming Images: The Politics of Style in Contemporary Culture. New York: Basic Books.

Ewen, Stuart(1976), Captains of Consciousness: Advertising and the Social Roots of Consumer Culture. New York: McGraw-Hill.

Fischer, Douglas(2011),"2010 in Review: The year climate coverage 'fell off the map'," The Daily Climate(January 3), Accessed from www.dailyclimate.org/tdc-newsroom/2011/01/climate-coverage.

Fukuyama, Francis(1992), The End of History and the Last Man. New York: Avon Books.

Gunster, Shane (forthcoming), "Covering Copenhagen: Climate Change in BC Media," Canadian Journal of Communication.

Jackson, Tim(2005), Motivating Sustainable Consumption. Sustainable Development Research Network.

Jameson, Fredric(2003),"Future City," New Left Review 21(May-June).

Jamieson, Kathleen Hall and Joseph Capella(2008), Echo Chamber: Rush Limbaugh and the Conservative Media Establishment. New York: Oxford University Press.

Jhally, Sut(1987), The Codes of Advertising: Fetishism, and the Political Economy of Meaning in Consumer Society. London: Pinter.

Lakoff, George(2008), The Political Mind: Why You Can't Understand 21st Century Politics with an 18th Century Brain. New York: Viking.

LeBow, Victor. (1955),"Price Competition in 1955," Journal of Retailing: 5—10, 42, 44.

Maniates, Michael(2001),"Individualization: Plant a Tree, Buy a Bike, Save the World?" Global Environmental Politics 1.3: 31—52.

Meadows, Donella H. et al(1972), The Limits to Growth. New York: Universe Books.

Oreskes, Naomi and Erik Conway(2010), Merchants of Doubt: How a handful of scientists obscured the truth on issues from tobacco smoke to global warming. New

York: Bloomsbury Press.

PEW Research Center(2010), "Project for Excellence in Journalism". Accessed from http://features.journalism.org/year-in-the-news.

Rees, Bill(2010),"Is Humanity Inherently Unsustainable?"Citizen Action Monitor (June).

Smythe, Dallas(1977),"Communications: Blindspot of Western Marxism,"Canadian Journal of Political and Social Theory 1.3(Fall): 1—27.

Speth, James Gustav(2008), The Bridge at the Edge of the World: Capitalism, The Environment and Crossing from Crisis to Sustainability. New Haven: Yale University Press.

Stern, Paul(2000),"Toward a Coherent Theory of Environmentally Significant Behaviour,"Journal of Social Issues 36.3(2000): 407—424.

Westen, Drew(2007), The Political Brain: The Role of Emotion in Deciding the Fate of the Nation. New York: Public Affairs.

Wright, Ronald(2004), A Short History of Progress. Toronto: House of Anansi Press, 2004.

安德鲁斯·迪米特里厄(Andrés M. Dimitriu)

九、政治经济学，生态学和新圈地运动：交叉、挑战及批判传播学

俞 平译

引 言

本文旨在整合拉美的传播政治经济学与地区经济发展的研究路径。这一研究视角的出发点是当前拉美政治经济的现状：一方面，以出口为导向的政策和农村地区的大型开采项目数量的不断增加，另一方面城市化程度过高以及人口过度集中问题在许多拉美国家都导致了一系列的冲突。环境恶化、劳动力剥削、移民以及能源依赖型经济(high entropy economies)无疑曾经是拉美突出的"地方性"问题。然而，如今这些问题不仅依旧突出，而且已经与全球资本积累网络以及各种形式的殖民主义紧密联系在一起，其负面影响虽然有时可见，但大多数情况下却被刻意遮掩或淡化。

从土壤、水或大气中提炼产品，即便是贴上"负责任的"、"经认证的"或"可持续发展"的标签，这一经济过程依然伴随着污染和对水资源、能源及公共品的大量使用，而这就需要我们在讨论社会与自然的矛盾关系时，重新审视批判传播学研究的意义。

生态环境问题虽然已经远离20世纪60年代以后出生的中产阶级生活，然而在工业化地区和城市中污染却依然随处可见，譬如伦敦曾经的烟雾或被污染的河流。因此，生态环境一直都是全球反资本主义、反帝国主

义斗争的组成部分。生态和传播之间的关联与平行对应关系对于克服传播理论上的本质主义是至关重要的。此外,当前人们通常将媒体及其相关技术视为社会生产的主要,甚至几乎是唯一的物质条件(媒体中心主义)。有关生态和传播之间的关联与平行对应关系的讨论对于这一有失偏颇(如果尚不能称为偏激)的观点亦有矫正作用。对媒体中心主义的探讨对于考察当前政治经济系统对经济生产负面效应的淡化处理以及马克思关于"代谢断裂"的论断是非常必要的。当先在学术界相关领域的论辩虽然并未与传播学研究进行有机结合,但这些论辩仍产生了许多发人深省的观点。这些论辩的贡献者主要来自于两个领域,其一是学术界,如学者罗根(Nicholas Georgescu-Roegen)、波兰尼(K. Polanyi)、阿尔特瓦特(Elmar Altvater)、奥康纳(James O'Connor)、福斯特(J. Bellamy Foster)、摩尔(Jason Moore)、阿莱尔(Martínez Alier)、《资本主义、自然、社会主义》杂志(Capitalism, Nature, Socialism)以及越来越多的拉美学者;其二是大学和学术机构以外日益增多的左翼分析,譬如各国的社交网络、基层草根组织、农民与工会组织都越来越多地参与到观点的讨论之中,并对各国现状进行研究分析。然而,以上两个领域的研究都受到了强大的外在压力,而这抑制了其巨大潜力的发挥或使其研究发展方向发生转移(下文将对此作出详细的分析)。本文要明确说明的主要观点并非意在详细罗列所有的个案、方法和理论,而是希望反映出当前有关传播、经济与环境的探讨中一些被忽视的相关事例。

在展开讨论之前,我想先简要回顾梳理一下批判传播学派在不同阶段的主要观点,这些观点分别来自于拉丁美洲传播学研究协会(ALAIC)、传播学学者联盟(FELAFACS)、成立于2001年《布宜诺斯艾利斯宣言》发表之后的传播政治经济学研究网络、拉美传播学政治经济学与文化政治经济学联盟(ULEPICC),以及各类出版物,如 EPTIC 期刊。如果我们从传播学研究的不同起源和目的出发,并考虑它们之间最终是如何关联在一起的,就能更好地理解传播学研究的谱系。这些要素包括:作为"(西方)发展工具"的传播、新闻系、社会舆论的构建(公关)、生产链之间的协同合作、国际/国内的劳动分工、甚至还包括因时而变的语言,所有这些都是重新审视拉美殖民体系以及现状不可忽视的因素。一方面,拉丁美洲及加勒比海地区经济委员会(ECLAC)竭力捍卫的文化传播理论、技术转移,以及所谓的现代化模式是当前传播学研究议程的核心——或至少是其主流根源。另一方面,当前传播学的研究议程也起源于有关传播学与公共文化政策民主化的讨论,以及对媒体的独立批判。当前,在一些拉美国家如阿根廷、玻利维亚、巴西、厄瓜多尔、秘鲁和委内瑞拉,人们重新开始了对传播学研究的讨论,并且国家传播政策也开始回归,然而媒体、电信与宏观的劳动力剥削和对公共资源掠夺的社会结构之间巨大的鸿沟依旧存在。有鉴于此,我认为有必要对拉美批判传播学派作出简要的梳理与回顾,以便集中讨论那些近期被忽视或未得到充分解决的问题与研究维度。

有关发展的早期讨论

1949年哈里·杜鲁门(Harry Truman)在一次演讲中首次提出了"欠发达"(underdevelopment)这一概念,将此作为美国所设想的"进步"的定义和评判标准,以此对抗苏联模式;同时,也将之作为一句口号以阻碍并/或弱化发展中国家的自主发展模式。欧美中心主义的海外利益扩张包括了农业同质化,同时伴随着一系列科技、商业、教育和媒体体制的同化过程。令许多人惊讶的是,这其中还包含了旅游业。旅游业从科学理念和殖民观点两种立场出发,体现了如何理解和"保存"自然、文化、历史及未来(博物馆和主题公园)[1]。所谓的"绿色革命"是由一系列活动组成的。这些活动旨在淡化文化和阶级之间的权力关系,并弱化经济发展中的"台前"与"幕后"两个领域:前者指的是特权领域与自然"储备"和国家"公园"有关的投资和消费,而后者指的是可能被大规模开发及化学战争摧毁的生产领域(有毒采矿业、石油提炼、农业等)。

---

[1] 所谓的绿色革命与美洲的国家农业技术研究院建立合作关系,由美洲农业合作研究所(IICA)主要负责。早期研究者,如委内瑞拉的奥帕斯夸里(Antonio Pasquali)都对此有所记录,同时这一方面的研究结果还出现在一些不相关的领域中,如美国记者摩根(Dan Morgan)撰写的 Merchants of Grain(1982年);福斯特1998年对马尔萨斯人口论进行的分析;萨奇(Wolfgang Sachs)编撰的《发展辞典》(1996年)中由罗斯(Eric Ross, 2003)和杜登(Barbara Duden)撰写的关于人口的章节,以理解如何且为何洛克菲勒基金会不仅意干预杂交种子的研究,甚至阻碍它的全球传播;或根据马尔萨斯人口论,通过计划生育实施大规模节育;或是为何40年代会组建美洲出版协会(IAPA)及美洲广播协会(AIR)。

二战后在许多发展中国家得到推广的旅游业立即解决了这些国家所面临的一些问题。旅游业促进了正在崛起的大众娱乐业的发展，塑造了一个引人入胜、五彩斑斓的西方世界和西方价值观体系，打开了时髦的大众消费新渠道，降低了地区间关税壁垒并且开放了许多边境地区。这些结果不仅保证了跨国资本和物资得以不受限制地自由流动，而且以各种方式确立了对私人财产安全的保护，推动了发展中国家的生产转型与商品化过程，并在全球范围内建立了（资本主义引导下）的食品消费模式。总之，大众旅游在发展中国家的推行不仅是西方一种符号性的领土扩张，同样也是冷战的主要组成部分。

传播政策与早期领土、文化和食品的商品化

要进一步阐明基于传播的新型资本积累的缘起、连续性和断裂，在哥斯达黎加圣何塞召开的拉丁美洲及加勒比海地区传播政策政府间大会（联合国教科文组织，1976 年）发布的最终报告是必要的参考材料之一。商业组织和作为工业化"提供商"的国家[①]更偏爱的是"信息"而非传播。它们普及实用主义的话语体系，渴望在利润最丰厚的领域（专利、版权、授权、去规制、文化产品传播和营销的免税期、教育及研究）控制生产，为的是能够满足第三世界一些媒体对发达国家"正面形象"的天真想象（"当发生危机或战争时，我们仅仅出现在欧洲媒体上"）。工业化国家提供了"获得媒体和信息的入口"，这一点明显受到那些生产信息，并希望将信息转化为可量化的商品的人的欢迎。一些更复杂的问题将在后文中的讨论中涉及，例如生物多样性和种子基因是如何被定为专利信息的。这一政策尤其受到那些将生物资源视为"自由准入领域"的公司的欢迎，这些公司甚至将此定义为一种商品化、私有化了的"人权"。虽然当前有关上述问题的讨论与研究并不全面，但生物信息专利化的趋势作为未来世界经济的战略性领域成为了所谓投资和现有服务业"协议"（WTO、FAO、《服务贸易总协定》、APEC、世界银行、IMF 等）的主要焦点之一。当前"绿色资

---

① 我们应该追溯到 1955 年万隆会议上《新世界信息秩序》（NWICO）的缘起，这之后紧随而来的是不结盟国家运动的兴起和 1972 年在阿尔及尔召开的 NIEO 会议。

本主义"和"技术革命"的第二波浪潮正在世界范围内风起云涌并得到各国政府的扶持,而农业、医药、生物、水资源公司则是主要参与者和行动者,如先正达生物科技(Syngenta)、诺华制药(Novartis)、孟山都(Monsanto)、嘉吉(Cargill)、威望迪(Vivendi)、达能以及雀巢①。

传播概念的重新定义

1982年坎昆会议以及"南北对话"(由前西德总理威利·勃兰特提出)遭遇里根、撒切尔夫人等强硬派的抵制而失败后,新自由主义获得了前所未有的传播。新自由主义的发展促使研究者纷纷投身于革命性的怀旧、文学文本分析、微观分析、现实碎片、"解放"技术的乐观主义、新"开放"空间的发展(如购物中心)和身份认同等后现代裂缝中寻求"庇护"。大量概念、对社会空间的认识、公共机制和国家间过去的协议纷纷失去了最初的合理性与效力,不再使人信服;相反,带有后现代色彩的全球不确定性以及夹杂着无处不在的混乱与恐惧,使得人类存在的首要任务局限于"创造性"(即竞争力)以及创新参与资本积累的疯狂竞赛。"公民"的概念首次被"消费者"所取代,之后在许多官方文件中则以"利益相关方"来指代,这些都是意料之内的。利益相关方的含义之一是指:承担风险和债务的人。考虑到这一点,我们就很容易发现其背后蕴藏的深层含义:人类被分成两类,即(资本主义)竞赛中的赢家和输家。

当今的科技、学术和政府组织都是按学科门类进行划分的,以便于实际运作。正如人们所见,这些组织都符合并支持上述生产关系。启蒙运动时期的某些观点认为,应该限制"人民"——当然不是指"自为的阶级"——获得信息的机会,而这正是新世界信息秩序(NWICO)讨论的关键词,也即"信息自由流动"。同时,我们也要牢记,金钱也是信息,是一种稀缺商品,是意义的重要组成部分。尽管自20世纪80年代起,情况便没有太多改观——统治阶级已经设置了所有可以想象的障碍,以阻止大众获取任何相关的、合法的信息资源(下文将对此进行详述);另有两种相关

---

① 典型案例是阿根廷的 Tecnopolis, http://www.tecnopolis.ar/full/。

的信息封锁形式值得我们仔细研究，即信息的饱和（saturation of information）与技术的窒息（technocratic asphyxia）。那些没完没了、充满误导性的报告使你不得不绞尽脑汁地去理解和讨论，然后方能在公共辩论中拥有发言权。然而这其中隐藏的，而非可见，甚至几不可知的，正是有意设置的传播政策。

《麦克布莱德报告》（The McBride Report）及其相关讨论，包括近期的信息社会世界峰会（WSIS），都让我们看到目前至少有两种趋势混杂并行：一是依靠独特的创造力——如果说并非完全依靠企业关系或影响力的话，提升技术和"信息"的"可得性"（在民主与消费之间创造出一种别扭的平行关系，或暗示技术和信息的中立性，以一种确定不疑的方式解决所谓的数字鸿沟问题）；二是要求社会（政治）直接干预公共传播和文化政策。然而，在这两种趋势中，结构与历史性的矛盾都未得到充分的考虑；价格和价值（或者说瞬间交换和使用价值）一直被混淆，甚至左派也未分辨清楚。吊诡的是，技术专家对于事件和虚伪事实的表述不出意外地都与行为主义有关，仅凭此便可以设置优先议程、淡化复杂性（整体性和辩证分析）、使人们不能够清晰地认清权力关系，或者更糟的是意识不到社会进程存在其他的可能性。碎片化也使政治问题局限在一种特定"社会参与"内，仅是回应民调结果和开展社会营销（将政治作为具有交换价值的商品）；或从另一方面而言，使社会行动化约为永不停息的生存和补救任务（环境、人类、经济，或以阶级概念区分为土地、劳动力和资本）。传播和文化与经济最令人头疼的那些方面几乎没有关联，那些问题被视作是一个封闭的系统，这正是为何经济学家通常依靠诸如"外部效应"或"影响"这样与自然现象相温和的概念进行分析，而非通过定义社会生产发展模式或世界观进行研究的原因。资本主义的核心过程使"之外"，甚至是"之下"的地方与日益增长的海外代工制造业相适应，避免了伴随着移民问题带来的环境恶化、失业、政府管理真空地带的出现和城市矛盾等社会新问题。企业战略实力的核心是在设置技术壁垒的同时更新企业机制以适应政治需求，或提供多种多样的代理形式以强制推行技术官僚的政策。那么，媒体和相关技术在此领域内扮演了怎样的角色呢？

鸿沟与挑战

　　这里很关键的一点是，劳动早已不再是只能在工厂完成里的物质转化过程。在其他主观或客观的维度里，资本主义将空间整合并转换成一个全覆盖的"媒体系统"。从这个意义上说，旅游业是获补贴最多的，也是空间象征意义最强的一种形式——即便不是唯一的形式；然而，旅游业也仅能够展示风光、城市化地区、景观、博物馆或主题公园，内容并不比各种图片所展示多多少。因此，空间也受到其他一些因素的影响，包括区域性劳动力分工、权力关系、空间层级结构的前后台分离、地区和国家间的竞争、排他性（农村人口的迁出、季节性移民）。可见的、受保护的地区，如公园、自然保护区或中产阶级化空间受到人们的青睐，这说明其中存在着二元对立：那些"不应该"被保护，或通过环境管理得以保存的空间与"重建修复"原有的（自然的）状态的均衡理念（用于自然—社会关系的均衡理论）。电信、文化产业、广播和其他媒体对于此类重构至关重要，原因多种多样，最重要的是这不仅涉及到时间—劳动的分配，还与"落后—发达"、"迅猛—缓慢"、"输家—赢家"的社会线性积累理念有关。

　　近几十年来，特别是在1970年代石油危机爆发以后，无形资产（数据、信息、图像及商标、专利、自然或人文景观历史或象征意义、娱乐和象征生产的一般内容……金钱，特别是虚拟资本的形式）和支持相关服务业的技术，成为了经济和全球社会中斗争及扩大化的冲突的核心，且不可预测，有着与其本身不成比例的超大影响力。我们需要认识到这一过程并非基于人力剥削和环境恶化的消费社会的神奇转型，其既没有面向和谐的后物质生活或民主的全球互惠与社会差异的消除，也不见最初人们对"信息经济"和数字网络的赞颂。这与资本主义核心过程的社会评价贬值（尤其是通过不可见和否定形式的折旧）相一致。从墨西哥湾石油泄漏事件到不可替代的地下蓄水层的破坏或南美大面积污染，再到种植转基因大豆或棕榈油，都是可以说明这个问题的典型案例。为了降低有形商品的价格，如石油、矿产或木材，人们必须发掘更多资源（公共产品），进行提炼、加工，进而消费、损毁或围绕自然储备展开争夺战，或使这些资源贬值（创造性毁灭）以更快的速度保证利润率。将大批量商品从一地运送到另一地——即便如此运输并非必需或可以避免,能够提升GDP,刺激股市。与此过程相伴的是极端的劳动条件和失业状况严重恶化。此外,商品的过度生产是一种被忽视的危机,它使交换价值在很大程度上取代了使用价值与自给自足的经济行为。

将空间转化为具有交换价值的商品(即空间商品化)体现了若干同时凸显的发展趋势。一是,社会空间的组织越来越远离中产阶级自由市民和公共空间的理念,而是更倾向于由企业组织管理的"公司城镇"(company towns),其中私人财产较之公共空间享有更多特权,且将社会义务缩减为仅需确保销售的基本条件。虽然讨论这一立场所遭遇的反对趋向更为恰当,但这一立场的强化伴随的是以下一种看似中立的视野和观点:在定义机遇与风险①时多少存在一些微妙的缠斗;以及在建立全球控制战略的同时,尽享所谓企业社会责任(CSR)的自我规制机制带来的益处。为躲避城市的冲突和不安全,投资开始纷纷涌向农村地区,以期在生态危机和全球饮用水短缺方面投机成功,或为了实现野生森林的私有化为更大规模的耕地投机行为推波助澜。② 这一过程最为显著的特征便是政治通过商品化被缩约为某种特定的、可销售的服务。"商品化"一词的拉丁语词源 commodus 意为"舒适、优势",其指的是在媒体系统中通过受众调查与协商而制定的"行为准则"。

自然、社会、政治

考虑到这些发展趋势,对公共传播政策的讨论,无论从理论上,还是经验上,都已变得站不稳脚跟。这不仅是因为近几十年来资本主义经历了巨大的全球性重构,还是由于意义领域的一个重要现象:"私人领域"(与哈贝马斯所谓的"资产阶级的公共领域"区分开来)获得了慷慨的资助补贴,从而具有了极大的影响力,这一阶级的形成为始于 80 年代的经济

---

① "风险"一词来自于拉丁语 risco,意为悬崖、山路,该词的指涉的确容易令人混淆,因为它值得是一种共同的行动,如与朋友一起外出远足;一项"我们合作"并愿意分摊成本的生意。与共同努力相一致的是,发现并避免灾难的发生、致力于发展优先事务,但仍有些悬而未决的问题,这与利于与责任分配不均有关,如使大量人口生活中缺乏必要卫生和安全设施的地区;或对于私人投资者予以各种承诺和保障,特别是在盈利下降的情况下依然如此。

② 参见 www.farmlandgrab.org。

私有化和结构性调整浪潮保驾护航。在一些研究中,它被称作"第三部门",这一提法显然没有考察过该词的起源。

近期正在发生的是一种更为复杂的全球性结构转型,混合着对文化生产及其批评潜力的控制欲,包括一些签订条款的项目,如碳交易、食品市场。当前人们对公共规划的理解是一揽子的私人战略和专业技能,这些战略和技能决定了教育课程、培训项目的设置,影响了产业发展和本地市场的形成,通过监察和选举机制人们便可以预测冲突的发生。

政治和政策在各个维度、各个层面上都已经被特定化、私有化:商业协会有时——并非经常性——与政府合作,通过与非政府组织(显然并非通过所有此类组织)、基金会、企业界甚至还包括公立和私立大学及国家科研体系合作,创造了一种新的社会行动主义。诚然,这被定义为"社群关系"(community relations),而非"政治"干预①,但这其中包括了新的资助扶持模式,以便使尽可能多的人感到满意。因此,社会忙于解决棘手的贫困问题,遴选、培养专业人才,通过第三方和冲突解决专家(这正显示了行动主义的专业化)来推进社会安全网络的建设,以及更具战略性的任务——通过经济流通扶持"自足"的小型企业及创新。这是一种战略性的、全球化的扶持形式,也是私有化的行动主义的新形式,我们称其为"B计划",其中所包括的战略往往是隐性的,并将社会组织及其观点平庸化,或使它们之间的矛盾非法化,进而刻意造成公众的信息超载或技术窒息。

传统党派放弃了草根阶层的公共讨论,同时大力提升与私人部门相关的政治管理,这与上述类型的干预异曲同工。另一方面,私人基金会和非政府组织自然成为了收入的新来源,也是支持失业的中产阶级的环保主义和左派的新目标。最近30年来,大约20万非政府组织如雨后春笋般遍布了拉美大地。在阿根廷,约7%的收入来自这一渠道。当然,不是所有非政府组织都是以维护资本主义的跨国势力为目标的。然而,以此为目的的非政府组织虽是少数,但极具影响力。这些基金会的逻辑相当

---

① 企业"传播宣言"最为成功的案例是矿业、金属业和可持续发展项目(MMSDA)http://www.iisd.org/mmsd/,这是迄今为止支持矿业发展的最具雄心的公关活动,相关评论见 http://www.minesandcommunities.org/。

容易理解:它们倾向于极端保守,处于不可接近的战略核心,同时又显得非常"进步"、政治正确、环境友好,甚或是表现出"社会主义"的倾向。①

在此意义上,我们便可以理解城市中存在的如下认识局限是。一些城市阶层竟然相信水是从龙头里流出来的,食物来自超市货架,墙上的插座会自动发电,各种金属材料都是五金店提供的。但是第三世界中的大型城市(被巨大平民区包围的中产阶级化了的地区,也被称作 Belindia,即少数富裕的比利时人周边居住着大量贫困的印度人)并非所有社会都不可避免的发展宿命,但它们无疑是资本主义系统的负面产物之一,而且这一产物的种种不良影响日渐凸显。不考虑偶然的被称作"社会主义"、"国家主义"或"维护大众利益"的政府性贸易行为,各国政府要如何掩盖资本主义的各种负面产物及其"发展"导致的难以预料的后果?

被建构起来的差别(区隔)是"代谢断裂"的意识形态的组成核心。它要求我们不仅反思传播行业的内容、所有权、广播网络或互联网的可及性等问题,更促使我们反思媒体和娱乐产业在社会发展中所扮演角色的契机。另一方面,我们应该认识到:虽然政治可能成为企业或官员用去作秀的工具,但同时(在许多文化中)传统观念又认为政治是"肮脏的"工作,因此这便很容易成为了一种自我应验的预言。然而,如今腐败指的不仅仅是一系列行贿受贿,而是如奥斯卡获奖影片《监守自盗》(Inside Job)所描绘的那样,是公信力的消失殆尽,充满了投机行为,正如 19 世纪早期英国开始发行外债的时期,假意设置"不合格"的评级,以此反过来为高利率和金融依赖作合理的辩护。类似的评级系统在今天依旧存在,譬如穆迪公司。②

可以肯定的是,同时出现的传播"政策"不止一项,而是有许多:公共的、私人的、直接的、含蓄的、受制于独立于社会控制。这些政策相互交织在一起,有时又相互抵触,其复杂性远远超过我们的想象。传统的司法体系试图为信息传播权力立法,或制定法规规范媒体所有权、电信基础设施及其相关服务的授权许可及税收,以及建立音像制品生产和

---

① 见巴塔哥尼亚反掠夺反污染大会"掠夺框架"(La trama del saqueo),http://orosucio.madryn.com/。

② http://www.moodys.com/

使用、通信波段使用等的规范,然而这些努力都赶不上现实发展的步伐,因此传播学需要从理论上就进行重构。另一方面,任何积极的社交生活,无论是使用简易的方式(代理),还是复杂或混合技术的形式(Linux、开源软件、知识共享平台),抑或是连通性网络(Facebook、Twitter、手机)都是非常重要的,但是即便充满对技术的盲目崇拜,也未必一定能改变社会关系。

符号化的商业掠夺、污染及过度积累?

发现隐藏的秘密是每个人的义务,但是作为研究者,这一点更是我们义不容辞的特殊责任。如果我们问一问拉美大学里的学生和老师如何看待《南美洲区域基础设施整合计划》(IIRSA)——南美大陆经济史上最大的掠夺性基础设施计划,最多只有10%的人会对此给予积极的评价。一些美洲传播政治经济学研究的先驱,如加拿大的伊尼斯(Harold A. Innis)、阿根廷的奥提兹(Raúl Scalabrini Ortiz),早已在70年前就发现了交通基础设施与政治、文化、出版、时空转型之间的深刻关系。我们可以认为,城市生活并不令人满意,而在曲折的文本和缺乏说服力的阐释中徘徊游弋也是远远不够的。以IIRSA为例,它是一项复杂的基础设施及服务组合,其历史根源可追溯至19世纪殖民时期的商品及亚马逊流域航运的"自由流动"。

问题在于所谓的"媒体政策"在这一语境中并非一个例外,而是系统的且充满悖论的组成部分。70年代的"国家传播政策"使人们对此抱有很高的期望,此外,除了英国和美国戏剧性地退出联合国教科文组织,这一政策还为铺开了一条盈利颇丰的商业之路。英国和美国的代表非常清楚"传播"可以被划分为许多部分——事实上,这是新古典主义经济学的老伎俩,每一个部分都应该是盈利的,就如同每个部分都是独立运作的。联合国教科文组织草率地推出国际传播发展计划(IPDC),此举被指责为"政治"意味太重;随后国际电信联合会便重申了自己"中立"的性质。这就是为什么电信并非其中一部分的原因。事实上这是将媒体置于企业资助之下,处于附属地位的最有效方法。

拉丁美洲的传播学研究有其自身的局限,这源于其文学根源及与城市社会斗争的联系,同时与19世纪后期的通俗文学有关,在一定程度上也与二战后几十年的农村扩展有关——所谓技术战略现代化传播。如果将社会和人文学科研究水平参差不齐的现象置于一个不稳定、独裁、个人风险、物质限制、文化断裂和被放逐的语境中考察,那么造成这一现象的原因不仅是大学主流的研究方法,而且还来自于一大批机构和基金会的"软性"干预,它们的影响力各有不同,议程设置的能力也不尽相同。其中机构包括世界银行、国际货币基金组织、美洲新闻协会以及美洲农业合作研究所(IICA)等;基金会则包括福特基金会、洛克菲勒基金会、凯洛格市民基金会、富布莱特基金会、弗里德里希·艾伯特基金会、加拿大国际发展研究中心、加拿大国际发展署以及教会(尤其是天主教教会和新教的世界基督教通信协会)等。甚至连极端保守的天主教主业会(Opus Dei)也在拉丁美洲的传播方面确立了其战略性地位,不仅是影响理论发展,而且还对培训和音像制品生产施加影响,其目标涵盖了整合传播网络到建立一个复杂的监控系统。虽然较之20世纪70年代联合国教科文组织/麦克布莱德委员会主导时期,美洲国家,尤其是阿根廷、厄瓜多尔、玻利维亚和委内瑞拉已经更为成熟,但它们似乎也继承了那个时代遗留下来的缺陷,笔者认为:

1. 从社会和地缘角度来说,国家内部和国家之间存在权力关系的统一性。国家是一个泛在的结构。"取消"福利国家曾经被视为扩大政治和传播领域中"私人部门"的历史机遇,实现社会转型和人际关系的转变,使之进入一个只有符号和物质商品交换的空间。

2. 当前传播学研究趋向于媒体中心主义,关注的是城市生活以及其自身认识论空间中本质主义论(见 Mosco,1996;页33,70,161,239),同时丝毫不关注空间、发展不平衡和对公共品的巧取豪夺等问题。

3. 感官刺激和娱乐业的极大发展和对此的需求可以被理解为这一特殊形式的城市化所带来的一系列多样化的结果。事实上,这是或多或少是人为市场和补贴上涨(拯救了工业和服务业)的结果,而非人类自身发展不可避免的命运。

4. 20世纪70年代地方政府提出的媒体民主化的希望,是可以

实现的,也是可接受的。① 玻利维亚学者贝特兰(Luis Ramiro Beltran)的观点颇为犀利:

  私人媒体对这一提议不屑一顾,而只有在大学的传播和新闻专业中这一提议才得到了巨大的反响。这一巨大的压力使得任何政府部门都不敢着力推动这一政策建议。于是,媒体民主化的观点瞬间被击垮,无声无息地沉入黑暗之中。……国家传播政策(National Communication Policies,NCP)未能从理论进入实践层面的另一个重要原因是,缺乏公民社会的支持。就我所知,没有一个地区,也没有一个大众群体,甚至没有一个最激进的草根组织——如学生、工人、农民,将这一提议纳入他们斗争的决议中。这些概括性的政策建议并非政策平台的一部分,也不是立法的观念组成部分,同时也非任何政党的执政计划。在我的记忆中,公民社会的唯一一个认同 NCP 的组织是天主教教会。②

  事实就是,虽然受到一些媒体组织的挑战,如阿根廷的国家另类媒体网络③,但这一"不足"并非自然缺陷,而是被催生出来的。巴西学者波拉尼奥(Cesar Bolaño)认为,70 年代缺乏理论矫正,学界联系断裂,在这种情况下问题倒是更易于在当前的政治场域(大街上)中得到解决。

参考文献:

Alimonda, H. (2001), Una herencia en Comala(apuntes sobre Ecología Política latinoamericana y la tradición marxista)Inheritance in Comala(remarks on Latin arxist Political Ecology and the arxist tradition), Ambiente & sociedade, Print version ISSN 1414—753X, Ambient & Sociedade No. 9, July/Dec. Campinas, Brazil, in: http://www.scielo.br/scielo.php? script=sci_arttext&pid=S1414—753X2001000900003

Antunes, R. (2005), Los sentidos del trabajo. Ensayo sobre la afirmación y la negación del trabajo, Buenos Aires: Taller de Estudios Laborales y Herramienta Edi-

---

① 参见 1976 年联合国教科文组织在哥斯达黎加圣何塞召开的会议宣言。
② 贝特兰,http://www.infoamerica.org/teoria/beltran1.htm。
③ http://www.rnma.org.ar/nv/index.php? option=com_content&task=view&id=1297&Itemid=30

ciones.

Arrighi, G(2007),Adam Smith in Beijing: Lineages of the Twenty-First Century, Verso.

Babe, R. (1995), Communication and the Transformation of Economics, Westview, Boulder, Colorado.

Becerra, M. &. Mastrini, G. (2006),La economía política de la comunicación vista desde América Latina Revista da Associação Nacional dos Programas de Pós-Graduação in Comunicação www. compos. com. br/e-compos December 2006—19/20

Bellamy Foster, J. (2005), Organizing Ecological Revolution, en Monthly Review,Nueva York, Volume 57, Number 5, 2005.

Bolaño, C. 、Mastrini, G. 、Sierra Caballero F. (Eds.)(2005), Economía Política, Comunicación y Conocimiento. Una perspectiva crítica latinoamericana, Buenos Aires: La Crujía.

Bolaño, C. (2006), Tapando el agujero negro. Para una crítica de la economía política de la comunicación. Cic, Cuadernos de Información y Comunicación, Volumen 011, Universidad Complutense, Madrid, pp. 47—56.

Borras, S. y Franco, J. (2010),Towards a Broader View of the Politics of Global Land Grab: Rethinking Land Issues, Reframing Resistance, in: http://ramshorn. ca/land-grabs

Carta de Buenos Aires de Economía Política de la Comunicación(2001), in http://www2. eptic. com. br/ulepicc_internacional/interna. php? c=35

Clement, W. (Ed. 1996), Understanding Canada: Building on the New Canadian Political Economy, Montreal, McGill-Queen's University Press.

Dimitriu, A. Comunicación, commodities y(neo)colonialismo en la era digital. Notas para integrar el legado de Innis y Scalabrini Ortiz pp. 19—40, en Políticas de Comunicación. Repensando experiencias Argentino-Canadienses, Damian Loreti y Susana Sel(comp.), Editorial Koyatun, Universidad de Buenos Aires y ASAEC.

Dimitriu, A. (2001), Magallanes en bermudas Turismo, organización espacial y crisis, Nueva Sociedad No 171, Caracas, Venezuela, in http://www. nuso. org/upload/articulos/2938_1. pdf

Dimitriu, A. (1997), Cuando las cosas son llamadas por su precio: del periodismo de opinión a la información como valor de cambio en Periodistas: entre el protagonismo y el riesgo, compilado por Entel, Alicia, colección"Estudios de Comunicación", Ed. Paidós, Buenos Aires.

Dimitriu, Andrés, Howard, Pat y Reynolds, Paul: Genes as Commodities, Science and Crisis Dossier sobre Organismos genéticamente modificados, in Theomai Journal No. 5, 2002, http://revista-theomai.unq.edu.ar/numero5/contenido5.htm

Dimitriu, A. (2008),Producir y consumir lugares: Reflexiones sobre la Patagonia como mercancía, in EPTIC Journal(http://www.eptic.com.br/revista11.htm)

Dimitriu, A. (2008), Bulimia energética, agrocombustibles y territorio: La privatización de la política y las políticas del silencio, in http://redalyc.uaemex.mx/redalyc/pdf/124/12401806.pdf

Dimitriu, A. Cuando los saberes locales enfrentan al saqueo: "Acuerdos Multi(o Bi)laterales", privatización del conocimiento y compromiso intelectual, in Galafassi y Dimitriu(Eds., 2005),Sociedad y Desarrollo. Aportes para reiniciar un debate crítico, Buenos Aires, Ediciones Extramuros-Theomai Libros-Nordan Comunidad, Montevideo.

Escobar, A(1995),Encountering Development: The Making and Unmaking of the Third World. Princeton: Princeton University Press.

Galafassi, G. & Dimitriu, A. (2007), El Plan"B"de los Capitales Mineros. A propósito de las notas sobre"Inversiones mineras en Argentina"en Le Monde Diplomatique de mayo 2007 http://revista-theomai.unq.edu.ar/NUMERO15/Galafassi_Dimitriu_Plan_B.pdf

Georgescu_Roegen, N. (1971),The Entropy Law and the Economic Process. Harvard University Press: Cambridge, Massachusetts.

Grossberg, L. (2007), Entre consenso y hegemonía. Notas sobre la forma hegemónica de la política moderna, in http://caosmosis.acracia.net/wp-content/uploads/2007/08/grossberg.pdf

Grupo de Reflexión Rural, www.grr.org.ar

Harvey, David: Labor, Capital and Class Struggle Around the Built Environment, en Politics and Society 6,pp. 265—295, 1976.

Harvey, D. (2004),El Nuevo imperialismo: Acumulación por desposesión, Socialist Register.

Herrera, A. et al(1976), Catastrophe or new society? A Latin American world model : Ottawa, Canada: International Development Research Centre, 1976,pp. 108. Available on line: http://idl-bnc.idrc.ca/dspace/bitstream/10625/213/1/21147.pdf retrieved April 2011.

Holland, N. et al:(2008),The RoundTable on Ir-Responsible Soy. Certifying Soy Expansion, GM Soy and Agrofuels A briefing on the impacts of the Round Table on

Responsible Soy, Corporate Europe Observatory, Grupo de Reflexión Rural and Rain Forest Action Network ASEED Europe, Base Investigaciones Sociales. http://www.grr.org.ar/mesaredonda/BriefingRTRS.pdf

Katz, Claudio Mito y realidad de la revolución informática(in eptic on-line journal, Oct. 2001)

Kneen, B. (2005), Invisible giant, GRAIN, Ottawa

Kovel, Joel y Löwy, Michel: An Ecosocialist Manifesto, Publicado en Capitalism Nature Socialism vol. 13(1)marzo 2002, http://www.cnsjournal.org/mission.html

Lander, Edgardo, La utopía del mercado total y el poder imperial, en: Revista Tareas, Nro. 118, septiembre-diciembre. CELA, Centro de Estudios Latinoamericanos, Justo Arosemena, Panamá, R. De Panamá. 2004. pp. 31—64, in:http://bibliotecavirtual.clacso.org.ar/ar/libros/tar118/lander.rtf

Löwy Michael: Progreso destructivo: Marx, Engels y la ecología, Published in J. M. Harribey & Michael Löwy ed. (2003), Capital contre nature, PUF http://www.fundanin.org/lowy5.htm

Marques de Melo José Vanguardismo nordestino na configuração brasileira dos estudos de economia política da comunicação, revista EPTIC volumen XII no 3 spet-dic 2010

Martínez Alier, J. (1995), De la Economía Ecológica al Ecologismo Popular, Montevideo, Nordan-Comunidad/Icaria.

Martínez Alier, J. Marxism, Social Metabolism, and Ecologically Unequal Exchange, Lund University, World Systems Theory and the Environment, 19—22 Sept. 2003

Melody, William, Salter, Liora y Heyer, Paul: Culture, Communicaton and Dependency. The Tradition of H..A. Innis, Norwood: Ablex, 1981.

Moore, J. (2011), Transcending the metabolic rift: a theory of crisis in the capitalist world-ecology. In Journal of Peasant Studies, 38(1), 1—46.

Mosco, Vincent(1996), The Political Economy of Communication. Rethinking and Renewal, Londres: Sage.

Muraro, H. (1987), Invasión cultural, economía y comunicación, Legasa, Buenos Aires,

Noble, D. (1988), Digital Diploma Mills, three parts, in: http://communication.ucsd.edu/dl/ddm1.html

O'Connor, J(1988), "Capitalism, Nature, Socialism: A Theoretical Introduction,"

CNS 1, Fall, 1988.

Pasquali, A. (2005), public conference at the III Congreso Panamericano de Ciencias de la Comunicación, Buenos Aires, 12—16 July, 2005.

Pavlic B. & Hamelink, C. J. (1985), The New Internacional Economic Order: Links between Economics and Communications, United Nations Educational, Scientific and Cultural Organization Paris, France, inhttp://unesdoc.unesco.org/images/0006/000657/065765eo.pdf

Polanyi, K. (2001), The great transformation: The political and economic origins of our time. Boston: Beacon Press. Ross. E. B. (2002), Malthusianism, Capitalist Agriculture, and the Fate of Peasants in the Making of the Modern World Food System, inhttp://igitur-archive.library.uu.nl/CERES/2005—0523—200436/malthusianism.pdf

Ruiz Acosta Miguel A. (2010), Correlación entre los precios del petróleo y los alimentos(2000—2010)La crisis agroalimentaria global y el nuevo ciclo de revueltas en la periferia mundial http://www.estudiosecologistas.org/docs/Crisis_agroalimentaria_global_y_revueltas_en_la_periferia_mundial.pdf

Sierra Caballero, F. (2009), Economía política de la comunicación y teoría crítica. Apuntes y tendencias, I/I/C-Revista Científica de Información y Comunicación numero 6, pp. 149—171.

Smythe, D. (1981), Dependency Road: Communications, Capitalism, Consciousness and Canada, Norwood, New Jersey: Ablex Publishing Co.

Via Campesina(2010), It's Time to Outlaw Land Grabbing, Not to Make It"Responsible"! in: http://viacampesina.org/en/index.php?option=com_content&view=article&id=1076: its-time-to-outlaw-land-grabbing-not-to-make-itqresponsibleq&catid=23:agrarian-reform&Itemid=36

VVAA on political economy in Latin America(de Bustos, Juan Carlos Miguel; Getino, Octavio; Mastrini, Guillermo; Becerra, Martín; Sierra Caballero; Segovia, Ana I; All in: http://www.portalcomunicacion.com/esp/aab_txt_det.asp?id_tl_temes=2)

Zallo, R(2009), Economía y políticas culturales y comunicativas para el cambio social: una revisión de paradigmas, in Revista Mexicana de Ciencias políticas y sociales No 206, Mexico: UNAM.

下编:公共性、抗争与主体

龚伟亮①

十、传播学的双重公共性问题与公共传播学的"诞生"

中国的传播研究发展到今天,在繁荣的表象下面临一种失语的尴尬和危机。中国的传播学人,正不知要向谁讨个酒杯一浇心中的块垒。

这种失语,一方面反映在传播学本身难于参与到中国社会科学界的公共讨论和总体反思当中,无法生产出能够在整个社会科学领域内流通的学术话语,因而在学术共同体中难有一隅发言的位置;另一方面,如果把传播理解为一个与政治、经济、文化密切勾连的历史性与社会性过程,那么,在传播日益成为一个新的世界体系和社会体系中至关重要的建构性因素的当代,传播学在对社会与时代的理论把握与社会进程参与上更是殊少贡献——在社会这个价值共同体中,传播学的失语状态更加令人不安。

因而,如果在"学科乃学术之公器"与"学术乃天下之公器"的视野之间滑动比例尺,当下中国传播学所面临的失语危机便呈现为双重公共性缺失的危机,是社会科学场域内学科公共性的危机与社会场域中学术公共性的危机,是当媒介成为整个社会生活和政治生活中不可或缺的部分时,作为传媒部门理论支撑的传播学却并未能在整个社会科学学术界内

---

① 感谢赵月枝教授当初的鼓励与敦促,没有赵老师长久以来的启发、引导与点拨,就不会有这篇文章的诞生;感谢清华大学新闻与传播学院李彬教授令人难忘的热忱指导与鼓励;在本文的构思和写作过程中,还曾得到刘建平老师、张志华老师、李彦冰博士、常江博士等同仁的指教和帮助,在此一并致谢!本文的删节版曾刊登于《新闻界》2013 年第 9 期,特向邓树明先生致谢!

部、或者在公众视野中占有一席之地的危机,是在媒介中心主义和方法论拜物教的研究中画地为牢和在社会分工与学科体制中瓮天障目的危机。

一、智识品质与学术共同体内学科公共性的缺失

在这里,学科公共性是一个临时定义的概念,是在狭义上相对于社会科学的学术共同体而言的,主要指在社会科学界这个特定集体中主体之间的互动性、普遍联系性以及意识交互性[1]。这是针对当前中国大陆社会科学的学术现状进行的静态考察。

尽管传播学在学术从业人员、论文产量和高等教育规模这些显化指标上进展势头迅猛,但在学术影响力上,相较于政治学、社会学、经济学、法学等其他社会科学,仍然捉襟见肘,不能同日而语。这集中体现在有重要影响力的、能在整个社会科学界产生广泛反响的核心理论较为稀少,对其他学科贡献率较低。"从某种程度上看,传播学一直没有得到其他社会科学的承认"[2],学术影响力低下的后果便是传播学在学术共同体内的学科公共性的缺失,突出表现为传播学与社会科学之间双向度的进入困难:第一,传播学研究对于当代其他社会学科的研究成果和研究议题要么充耳不闻,要么只能比划一下堆砌概念和装点门面的表面功夫,在引入其他学科的学术视野时常常难免"炒冷饭"和"打时间差"的嫌疑;第二,在传播之于社会政治、经济、文化的重要性达到引人瞩目的举足轻重的高度之时,号称是一个交叉的、综合性学科的传播学却在中国的公共学术阵地中难觅一个发言的席位,难以贡献出有学术价值和智识水准的见解,难以产生出能被其他学科体认的具有足够阐释力的理论范式和能够在学术共同体内流通的学术议题与学术话语,也难以分享社会科学界的感奋与忧思。

于是,一方面,我们已经可以清楚地看到,缺少了传播学的当代的社会科学研究,越来越会陷入一种知识视角上的局限;另一方面,传播学人往往又不能从"媒体的战略发展部"[3]的狭隘定位中挣脱出来,无法为大

---

[1] 参见高鹏程,《公共性:概念、模式与特征》,见《中国行政管理》,2009(3),页65—67。
[2] 陶鹤山,《传播学的危机与重构》,见《新闻与传播研究》,2002(2),页31—37。
[3] 赵月枝、胡智锋,《价值重构:中国传播研究主体性探寻》,前揭。

陆的社会科学研究提供真正具有智识品格与学术价值的资源支持。

有人会拿传播学是一门"十字路口上的学科"(施拉姆语)的说法来抗辩,强调传播学天然地就具有多学科综合性、交叉性和开放性——从而也应当无可置疑地拥有在学术共同体内的公共性,然而如果传播学不能加入到社会科学共同体内的真正的交流与沟通,不能"共同面对和解决公共的问题"(指对具有普遍意义的学术问题进行的传播学视角的把握),从而在传播学与其他社会科学学科之间建立"共通性、共谋性、共识性"[1],那这种开放性就只能表明一种似是而非的可进入性和不成熟性,只能代表一种孱弱的智识品格与贫弱的学科公共性。

社会科学作为一种公共智识的工具,需要具备社会学家米尔斯(C. Wright Mills)所说的"社会学的想象力"那样一种"心智品质与洞察能力"[2]。传播学在学术共同体内的公共性的缺失,正是这样一种关乎洞察力的学术品质与智识品格的缺失。以时下无比凶猛的新媒体研究为例,尽管关于新媒体的论文层出不穷、汗牛充栋,但在洞见与智识的含量和水准上却实在乏善可陈:很多研究要么在实证的路子上做着让人眼花缭乱的"官样文章"或者"注脚学术",要么还处在捂着脑门谈感想的前范式状态;而在学术视野上,则要么在市场效益的蛊惑下大唱资本的赞歌,要么在技术革新的浪潮中欢呼融合的美景;要么在媒介中心主义的三尺来深的学术矿井里浅尝辄止,要么刚想抬抬望眼就碰到了"一用就灵"的哈贝马斯和公共领域这个理论想象力的天花板。新媒体研究"总体上处于比较保守和落后的境地","理论的社会价值贫乏导致研究者终极的焦虑"。[3] 过于局限于媒介中心主义和技术决定论的研究进路,而不能扩展到更具智识挑战的"新媒体条件下的新的社会表达的研究"(赵月枝,上课讲义,2009),这种研究维度的缺失使得传播学新媒体研究不大可能为社会科学界创造出具有公共流通价值的议题和话语,而只能关起门来以巨大的资源和精力玩一场热闹而又冷清的游戏。

对当下中国的传播学研究来说,要建立智识品格,树立学术声誉,首

---

[1] 郭湛、王维国,《公共性的样态与内涵》,见《哲学研究》,2009(8),页3—7。
[2] 参见郭于华,《社会学的心智品质与洞察能力》,见《社会学家茶座》,2006(1),页29—35。
[3] 邱戈,《中国传播学新媒体研究理论的焦虑》,见《当代传播》,2009(2),页28—31。

先需要走出的两个泥潭就是媒介中心主义的狭隘视野与"方法论拜物教"的食洋不化。

一味以媒介为中心的传播研究往往满足于对社会现象的隔靴搔痒的考察,一叶障目不见泰山,既看不到总体又不探究根源,在眼花缭乱的媒介迹象中流连忘返,闪转腾跃,"翱翔蓬蒿之间",对"究天人之际,通古今之变"的学术志向无动于衷——"奚以之九万里而南为?"这样故步自封的传播学研究决不能成为一种有社会现实观照的学术事业,这样毫无抱负的传播学研究也决不能产生出具有相当阐释力的社会科学的理论和范式,与其他社会科学相比,这样的传播学视角也就只能始终摆脱不了深度有限、可有可无的智识贫乏的状态。

"方法论拜物教"的不良倾向也应日益引起传播学者的反思与警醒。传播学的学科成熟度的不足,在研究方法上主要反映为缺乏适用于自身领域的独特的、形成普遍共识的研究方法。长期以来,传播学都偏向于套用社会学、心理学等成熟社会学科的实证科学的研究范式,甚至食而不化地衍生出一种不求做出真正学术发现而纯粹是"炫技"式的和"绣花枕头"式的量化方法的运用方式,"言必谈数据",而不去追究数据背后那些真正有价值和有深度的问题,不惜以皇皇长文去做些蜻蜓点水的表面文章,论些犄角旮旯的琐屑问题;有一些年轻学人"既不怎么关注生机勃勃的中国实践,又不愿对错综复杂的中国问题进行历史与逻辑相统一的独立思考与深入分析,而总想着把那个貌似客观、中立、科学的方法弄得精致无比、精巧无比"[①];有很多匠气十足的文章,不过是在以娴熟的技巧做着的几近于"输入/输出"自动化的学术生产;充斥在传播学期刊上的某些毫无智识追求、不能带来任何智识挑战与交流启迪的技术八股,不仅在可读性上倒人胃口,而且在很大程度上败坏了传播学的学术声誉。

因此,要建立传播学在社会科学界的公共性(一种在学术共同体内真正有效的互动关系),就必须摆脱一味的媒介中心主义与方法中心主义,提升传播学的学术品质与智识品格。对摆脱媒介中心主义的不良倾向而言,就不能再囿于表层的传播而对深刻的社会变革袖手旁观,不能再在媒

---

① 李彬,《文化自觉:对中国新闻传播研究的一点反思》,见《新闻与写作》,2010(5),页30—32。

介表象上投入巨大的学术资源炮制一孔之见,而必须站在"理解传播即是理解我们所在的社会和时代"[①]的高度上重塑我们的传播观;而要避免走上方法论拜物教的迷途,则要求我们在使用诸如观察法、谈话法、测验法、个案法、实验法等实证研究方法时,应当怀有务实的问题意识,真正使得"方法为我所用",而不是"我为方法所用",同时我们还应探索发展一种能与真正有价值的学术问题相得益彰的传播学研究方法,从而努力做出真正切中要害的、充满智识与洞见的且能体现传播学真正思想魅力与独特价值的学术发现。

与纯粹理性分析意义上的科学的实证方法不同,政治学者刘建平提倡一种传播学的历史的实证方法,对于传播学人而言,他在下面的这段话正好可以作为他山之石:

> 所谓传播学的历史的实证研究方法,就是根据历史文献资料和实地调查数据,发现中国历史运动和社会变迁过程中的传播现象,建构传播行为在中国历史运动和社会变迁中的过程叙事,以具有传播学特征的概念解释中国的历史运动和社会变迁。这种工作的复杂程度,是那些专门迎合权力或资本需要的媒体研究者一听就皱眉头的。传播学研究像尝百草、啃中药,很辛苦;所以学者们纷纷不知不觉地变成了媒体研究者,所做的工作像是发明"营养快线"之类的简单而暧昧的饮料给权力和资本作早餐。传播学研究是研究者自己建构思想,很麻烦但因为有兴趣和挑战性,所以有愉快感;媒体研究是当工具,工具当然有工具的收益和快乐,但主体意识强的人会感到痛苦。[②]

然而,不经历这种上下求索的寂寥和辛苦,不在痛苦中坚定传播研究的学术主体性意识,只通过一种不加反思的和缺少智识的简单学术生产和再生产,传播研究就难于摆脱褊狭的视野与格局,传播学在学术共同体内的学科公共性上就难以实现突破,而无力与公共学术实现对话和有效

[①] 陈卫星,《总序》,见迈克尔·舒德森,《新闻社会学》,徐桂权译,华夏出版社,2010。
[②] 经同意,引自刘建平与笔者于2011年1月4日的通信邮件,个别字词略有调整。

互动的传播学也就难以摆脱社会科学界中后知后觉与局外看客的形象。

二、思想品质与社会共同体内学术公共性的缺失

如前所述,以一种立足学术界内部的静态的视角考察,则传播学在学术共同体内的公共性的缺失,展现了传播学自身在学术品质与智识品格上的缺陷,这提示我们需要在传播观与方法论上作出反思,打破画地为牢的局限,开阔传播学研究的新思路。这一重公共性的缺失,能够概括和回应相当一部分传播学人当下对于传播学学术地位的焦虑心态。然而,仅仅摆脱"腾跃而上,不过数仞而下"的狭仄格局,还不足以实现传播学"绝云气,负青天"的学术抱负,而有可能陷于刻舟求剑的情境错谬——传播学在当代的学术使命并不应当仅仅停留在从智识上"达到社会学界的平均水准"的层次,我们还需要一个更广阔的价值坐标,需要站在社会进程与全球历史的高度对传播学的学术价值与努力方向作出不拘泥于当前学术界现状的动态的考察。正是在社会这个更大的价值共同体中,我们发现了传播学更深刻的学术公共性的缺失——也就是一种学术与社会间的互动性与互构关系的萎缩——我在这里称之为传播学的第二重公共性缺失问题,以此回应很多传播学人的另外一重焦虑心态。

在特定的历史背景、思想潮流以及在美国的实证主义传播学的影响下,中国的传播研究在30年间逐渐"与世界接轨",走上了"价值中立"的实证研究的道路,并在学术自律的旗帜下,"学问家凸显,思想家淡出"(李泽厚语),走向了体制化的学术生产。在90年代以来思想与学术二分的语境下传播学者有意无意地避免宏大叙事,"聚焦微小实践"[1]。尽管"虽小道,必有可观者焉",这种微观和实证的研究对于学科知识的积累和主体性的建立自然是有重要意义的,但"致远恐泥",现如今,缺失了社会公共维度的传播学其意义和价值本身就是可疑的,因为"既然传播学是一门社会科学,那么,它的意义就在于跟社会实践的对话当中。"[2]

---

[1] 王维佳、赵月枝,《重现乌托邦:中国传播研究的想像力》,见《现代传播》,2010(5),页19—26。

[2] 陈卫星,《传播的观念》,人民出版社,2004,页9。

弥补传播学的第一重缺失,重在学术品质与智识品格的提升;而面对传播学学术公共性缺失的状态,我们需要强调的是一种传播学思想品质的建立——这里的思想品质是指一种能够化作政治和社会动能参与到社会建构过程中的、创造性的实践的力量,因为"作为'思想'就意味着它是原创性的,是跟社会之间是有互动关系的"①,没有思想的学术生产,只能是一种"寻章摘句老雕虫"的顾影自怜或自怨自艾的书斋游戏。当然,强调学术的思想性与学术同社会的互动性,并不是要否认学术和学者同社会之间是有界限的,是当有自己的独立性与反思空间的,只是我们今天的学术过分走到了体制化的隔绝于社会实践的状态,不能够成为"与其他权力主体在社会共同价值体系下形成的良性互动结构中的一部分"②,而只能成为一种"玩意"。

提升传播学的学术公共性与思想品质的反面叙事是反思传播学的科层化与专业化的学术生产方式——这是我们前面在学术体制内静态地讨论传播学的第一重缺失时所无力反思的,但又是传播学人所必须清醒认识而不能以鸵鸟战术不闻不顾的,因为在学术越来越专业化、学科分化越来越严重的情况下,日益"小圈子化"的知识分子在公共性上所面临的严重危机"已经成为一个世界性的现象"③。这种体制化的学术生产严重阉割了传播研究的公共性维度,使得中国的传播学只能为着学术消费的目的,或者傍着资本和权力的大腿进行不具有社会建构性的学术生产,而缺失了社会公共性维度的传播学研究既在理论上无法把握中国现实,又在实践上无力干预传播进程,只能有心无力或者无知无觉地一边坐井观天,一边望洋兴叹。

对于学术的专业化与学术的规范化,不能罩上某种崇高理念和终极价值的光环顶礼膜拜,而必须在历史语境中为其重拾一种相对的历史合理性与工具价值。学术的体制化一方面体现了在90年代的特殊环境下一些学人的不失为具有某种积极意义的"退而结网"式的公共性的坚守,

---

① 贺桂梅语,见罗岗、杨念群、戴锦华等,《二十年来中国学术思想之变迁与现实关注》,见《天涯》,2010(5),页173—189。
② 赵月枝、胡智锋,《价值重构:中国传播研究主体性探寻》,前揭。
③ 参见陶东风,《当代中国公共性的危机》,http://www.aisixiang.com/data/detail.php?id=20499,最后访问于2013—09—24。

即通过学术的专业化以一种抽离的姿态完成知识分子社会介入的历史反思与策略调整；另一方面，一些学人也确实打着学术专业化和学术规范的名号，"退而结茧"，"宁可承认原先的研究本来就不是真正且独立的学术研究，从而以重建学科边界化解了学术研究无法参与社会变革的焦虑"①；再加上当时某些海外华人学者凭借着某种优势地位，操持着庄严肃穆的"学术独立精神"的话语对国内同仁的耳提面命的布道、情真意切的呼唤，终于使得学术的专业化、规范化、"纯粹化"蔚然成风，——而学术的公共性精神则荼然疲敝。

时至今日，从总体上看，专业化的学术体制已经既不具有当初那种"以退为进"的隐忍的公共性的品格，也不具有化解知识分子无法参与社会进程的失落与焦虑的历史的伤感印记，它变成了一个超历史的、天然合理的和不容挑战的宰制性的学术意识形态。更糟糕的是，学人们当初所设想的通过学术专业化走向学术自律与学术自由的美好愿景，在现实中都走到了反面，演出了橘生淮北的中国式"酱缸"的故事：

> 在金钱和权力的双重力量的扭曲之下，这种专业化不仅没有保证学术自主（西方社会的专业化曾经起到这种保护作用）和学术研究的真正发展，相反使得权力对于学术的干预、对学术研究和知识分子的控制得以借助专业化的名义、学科建设的名义以及各种所谓"专业评估"的名义变本加厉地大行其道。使得专业化和学科建设变得有名无实。专业化没有带来学术研究自主性的增加，反而越来越深地卷入了权力的操控之中。大量的"填表教授""跑点教授"穿梭于教育管理部门，为学校、为专业也为自己捞取依附于权力资本的学术资本和经济资本，不但彻底丧失了公共关怀，连分内主业也丢得差不多了。②

当我们今天来讨论传播学的公共性与思想品质的问题时，不能不考虑传播学所身处的学术体制本身对于传播学本应具有的公共性的阉割，并对体制化的学术生产的弊端以及作为一种价值理念的学术体制背后所

---

① 参见吴志峰，《从文学研究到文化研究》，见《天涯》，2005(4)，页181—185。
② 陶东风，《当代中国公共性的危机》，前揭。

隐藏的根本的盲点保持警醒。我们要追问：专业化学术生产所自我标榜的学术独立性的追求是否真的就是一种不容反思的崇高价值，还是如有的学者所说："那种所谓独立性，说穿了不过是国际资本主义文化生产分工体制罢了"①；建立传播研究的社会公共性的目的在于对社会现实——准确的说是资本主义全球化背景下的社会现实——的理论把握与实践干预，而这里的要害正在于："现代知识和18至19世纪以来形成的现代学科体制本身，都是作为现代世界体系的资本主义的'自我意识'，而无法对资本主义本身做出分析。"②

也正基于此，提升传播学的学术公共性与思想品质，必须要能够反观自身所处的学术体制和规范体系，我们既需要通过学术专业化建立一个相对独立的学术领域，更需要打破象牙塔的迷思，重建传播学术与社会的有机关系。我们在这里并不是要在一般意义上反对学术的规范化，它与学术的思想品质并没有根本的矛盾，而且从现实合理性的角度看，知识分子也的确需要通过学术的规范化来建设一套学术圈话语生产和流通的规则与秩序。我们反对的是一种总体上的陷进学术规范的窠臼而不知思想为何物的知识界倾向，我们反对的是一套思想退潮而形式依然位居中央的钳制性的抱残守缺的技术规范，我们反对的是一种遮蔽重大问题的、将知识分子降格为匠人、将公共精神降格为匠气的"伪规范"——这样的学术规范只会闭塞学术的思路、只会逼仄学术的多样性，因而，也正是在一种潜在的打破迷思的意义上，有传播学者才说："现在我们的研究需要把思路打开，先要多样化，哪怕它不科学、不规范"③。

承应上面对于学术体制化的反思，则提升传播学的学术公共性与思想品质的正面叙事就有两个：一是澄明立场，二是贯通方法。

所谓澄明立场，就是打破传播学的体制化生产与西方实证主义传播学所制造的学术中立与价值"无立场"的假话和神话，重新认识、思考和反思自己的学术立场，从而开展真正有意义的学术讨论。一方面，社会科学

---

① 黄平、姚洋、韩毓海，《1980年代的思想文化脉象(下)》，见《天涯》，2006(4)，页50—63。
② 贺桂梅语，见罗岗、杨念群、戴锦华等，《二十年来中国学术思想之变迁与现实关注》，前揭。
③ 胡正荣，《传播学内外的科林·斯巴克斯——中文版代序二》，见斯巴克斯(Sparks. C.)，《全球化、社会发展与大众媒体》，刘舸、常怡如译，社会科学文献出版社，2009。

不会没有立场。正如有社会学家言之凿凿地指出过的那样:"从事社会科学研究的学者们在权力场域中所处的被支配地位,以及社会科学研究对象的特有性质,都决定了社会科学不可能保持中立的、超脱的和无政治意义的立场。它永远不可能达致自然科学所具有的那种'无可争议'的地位。"①就传播学而言,"传播研究从一开始就无谓'学术中立',它从诞生之日起就负有某种实用和功利目的。"②看似中立的实证传播研究实则有着自己的价值预设,而这种隐含的价值假定所构成的迷思与霸权,在今天,成为了传播研究与中国现实产生真正互动的阻碍。因而,既然传播研究不可能没有立场,那么问题就在于选择哪一种立场;与其自欺欺人地宣称自己的价值中立或者稀里糊涂地接受别人的立场,不如打破价值中立的障眼法的遮蔽,重新认识、评价、反思、明确自己的立场。也只有在这种立场反思的过程中,才能清楚地意识到自己所站的位置,才能对自己视野的缺陷与盲点有所察觉;而另一方面,社会科学也不能没有立场。真正有意义的学术辩论需要有清晰和澄明的立场。只有激活立场,才能激活真正有价值的学术辩论,才能形成真正有活力和生机的学术场域;只有激活立场,才能"重现乌托邦"③,才能找回知识人已经丧失的"明确的历史感"和"确定无疑的社会伦理学"④,才能重构知识分子的公共性,重建知识分子与社会之间的有机联系。我们不能再以追求"客观"为由,在一团和气而又一团糊涂的学术讨论中盲目地取消价值和立场,因为"所谓'客观',不是超越性的普遍的范式,恰恰是以立场为前提的,这种立场是处理事实和自我关系的学术工作的价值所在。作为学者的知识工作需要在与不同立场的检讨、对话与权衡中完成,在这个意义上,无立场是不可想象的。"⑤

所谓贯通方法,就是面对学科专门化体制对中国学术的限制和禁锢,

---

① 布迪厄、华康德,《实践与反思:反思社会学导引》,李猛、李康译,中央编译出版社,2004,页53。
② 金兼斌,《传播研究典范及其对我国当前传播研究的启示》,见《新闻与传播研究》,1999(2),页11—23。
③ 王维佳、赵月枝,《重现乌托邦:中国传播研究的想像力》,前揭。
④ 耿占春,《丧失行动的知识人》,见《天涯》,2003(6),页30—38。
⑤ 吕新雨,《"价值无涉"与学术公共领域:重读韦伯——关于社会科学研究方法论的笔记》,见《开放时代》,2011(1),页51—71。

"对症下药",提倡一种杂糅贯通的、总体性的知识视野和理论把握方法。在经济、政治、文化互相建构,社会、市场、国家互相渗透的全球化时代的中国,任何一门学科的单独视野都不足以承担对于全球化的社会现实进行批判性把握的重任,尤其是对作为"文化人"的知识分子来说,在"新自由主义的全球盛行,将文化逐到某种'帮闲'的位置上"①时,如果仍然不肯建立一种对社会政治经济有所体认的新的方法论视野,就只能使自己的学术龟缩进不痛不痒、有气无力的观赏学术的小圈子里。也正是在这个意义上,思想界有人在说:"我们只能在'跨'的上面寻求突破,我还没有发现其他可靠的途径"②,传播学界也有人在说:"我们要探索社会科学和人文主义方法,历史逻辑和理论逻辑相结合的一种研究。事实上,这是我们唯一的出路。"③这样一种学术的整体观是重建当代学术公共性的不二法门,只有建立一种贯通的方法论才能跳出现代性意识形态的叙事框架,在错综复杂的社会现实中实现一种具有政治动能的批判性认识和理论把握,从而为社会变革和进程干预开辟可能,在这个意义上,这是一种同时"作为方法与政治的整体观"④。

也正是在这种贯通方法的视野比照下,我们应当对传播学的学术潜力和学术使命有更加充分的认识。天生有着跨学科取向的传播学,应当站在社会科学前沿的位置上、站在一种融合视野的必经路径上,为学术范式的转变鼓与呼,为社会正义的进程蹈且舞,在与学界同思索、与社会共命运的过程中,一展学术宏图。传播学应该有底气也完全有能力去弥补其他学科在传播视野上的盲点跟欠缺。在这个意义上,传播学人的邯郸学步、作茧自缚未尝不是中国思想界的一种损失。这里尤其值得一提的是传播政治经济学作为方法和视野的意义——这不仅表现为它在传播学内部所具有的基础性的意义:"如果学者要超越描述层次到解释层次,政治经济学一定处在事业的中心地位。它并不仅仅

---

① 戴锦华、斯人,《文化的位置——戴锦华教授访谈》,见《学术月刊》,2006(11),页153—158。
② 杨念群语,见罗岗、杨念群、戴锦华等,《二十年来中国学术思想之变迁与现实关注》,前揭。
③ 赵月枝、胡智锋,《价值重构:中国传播研究主体性探寻》,前揭。
④ 贺桂梅,《作为方法与政治的整体观——解读汪晖的"中国问题"论》,见《天涯》,2010(4),页192—202。

是传播学的必要的组成部分,它是整个传播学的基石"①——而更表现为它为整个知识界做出思想贡献的巨大可能。当戴锦华一度曾以阅读人文著作的方式,试图在人文学科的脉络内重新确立"文化的位置"和重建一种有机的文化,结果却发现"大量阅读和思考的这一阶段非但没有把我从思想的困顿中解脱出来,相反将我拖入了更深的沮丧和焦虑之中"②时;当汪晖坦言,"对于中国学者来说,文化批判一方面需要与对社会政治经济过程的分析相联系,另一方面也要在方法论的意义上寻找文化分析与政治经济分析的结合点",而"在这方面还很少有学者提出系统的理论和观点"③的时候,两个人正是在以一反一正的方式提醒我们重温文森特·莫斯可(Vincent Mosco)的断言:"文化研究不能确信无疑的另一个方面正是政治经济学根本目标的核心之一:理解社会整体"④。而我们也分明从戴锦华辗转反侧的焦虑与汪晖求之不得的遗憾中,发现了思想界对于传播政治经济学的理论与观点虚席以待的学术邀请。在这方面,如果说,同样反映了将文化与政治经济视野相融合的学术努力的"文化政治经济学"(Cultural Political Economy)⑤是"接受了经济学和政治学研究中的'文化转向'"⑥而试图从政治经济学往文化转,从而建立一种"全面的物质—话语的分析"⑦(以及这一过程在国际政治经济领域内的展开⑧),那么传播政治经济学(The Political Economy of Communication)就是以文化和传媒为立足点和核心关注,是"为了了

---

① Robert W. McChesney,《传播政治经济学与该领域的未来》(The Political Economy of Communication and the Future of the Field),*Media,Culture& Society*,Vol.22,No.1,2000.转引自曹晋、赵月枝,《传播政治经济学的学术脉络与人文关怀》,见《南开学报(哲学社会科学版)》,2008(5),页32—43。

② 戴锦华、斯人,《文化的位置——戴锦华教授访谈》,前揭。

③ 汪晖,《当代中国的思想状况与现代性问题》,见《文艺争鸣》,1998(6),页6—21。

④ 文森特·莫斯可,《传播政治经济学》,胡正荣等译,华夏出版社,2000,页259。

⑤ 由英国政治理论家鲍伯·雅索普(Bob Jessop)以及一些国际政治经济学者提出。在中文语境中,文化政治经济学同时是 Cultural Political economy 与 The Political Economy of Culture 的对译词,对此应予以区分或进一步发展出两个有所不同的译法。

⑥ 鲍伯·雅索普,《文化政治经济学:以知识为基础的经济和国家》,尹树广译,见《现代哲学》,2004(4),页43—51。

⑦ 岑艾玲、鲍伯·雅索普,《论文化政治经济学中的前学科性和后学科性》,南丽军、尹树广译,见《江苏行政学院学报》,2005(3),页45—52。

⑧ 参见 Jacqueline Best and Matthew Paterson(ed.),《文化政治经济学》(*Cultural Political Economy*),New York,2010,页1—26。

解我们的文化结构和它的生产、消费、再生产过程以及大众传播媒介在此过程中所扮演的角色"[1]而试图建立一种"话语—物质"的考察视野,从而"阐明传播与文化如何成为物质实践,劳动与语言如何相互构建,以及传播与信息如何成为社会活动的"[2]。尽管是有着相遇可能的相向方向上的学术开掘,两者也都秉承了政治经济学的综合视野与道德勇气,但是立足点的不同,使得传播政治经济学对于以文史哲研究和文化研究为重要渊源的中国思想界而言,更具有知识上的亲和力与视野上的参照性;而在媒介作为文化的动态载体与传播作为文化的动态过程的意义上,传播政治经济学也更能回应思想界对于社会现实的介入和公共性重建方面的焦虑。

因此,当思想界在为寻找一种更有力的理论视野和思想资源而殚精竭虑、左冲右突、上下求索之时,也正是作为思想界新大陆的传播学界当挺身而出、左提右挈、上下呼应的时候。在此方面,华人传播学者赵月枝已经以其令人瞩目的学术实践为我们做出了表率。赵月枝曾在多次演讲中呼吁"通过传播学术重新思想解放,走传播政治经济研究与文化研究相结合的批判研究的道路"(赵月枝,上课讲义,2009),她的堪称此中典范的中文著作《传播与社会:政治经济与文化分析》一书,——恰如书名所展示的那样——正体现了其一直以来所秉持的"使政治经济分析与文化分析相结合,力图在动态的社会历史分析中,构建全球化时代跨文化传播政治经济学的整体性学术视野"[3]的学术自觉,也正是这种学术自觉使她的研究具有了一种同时穿透"制度世界"与"意义世界"的知识视野,《传播与社会》一书也成为传播学人对于中文思想界不懈探索的掷地有声的回应。

而这回应,应当发展为传播学界群起的交响,"喤喤厥声,肃雍和鸣"。面对这样的呼唤和诱惑,面对将文化研究与传播政治经济学相结合的如此巨大的学术空间,中国的传播学人,已到了摆脱"此亦飞之至也"的陶然自适,展举大翼"怒而飞"、抖擞精神起而行的时候。

---

[1] 参见 Vincent Mosco,《传播政治经济学》,前揭,页 21。
[2] Vincent Mosco,《传播政治经济学》,前揭,页 45。
[3] 赵月枝,《序言:我的跨国学术,我的跨国体验》,见赵月枝,《传播与社会:政治经济与文化分析》,中国传媒大学出版社,2011。

三、传播学的四种类型与公共传播学的"诞生"

学者吕新雨在谈及新闻传播学的专业建设与学术公共性之间的矛盾和两难时,曾有如下论述:

> 新闻学和传播学很焦虑,是因为学科的主体性似乎没有,因为长期的因素,学科的主体性没有建立起来,所以希望有一个主体性,这就产生了学术自律这样一个内在的要求,对专业主义的强调就是在这个基础上提出来的。但是在今天,这个问题有可能走到反面,有可能变成体制化,变成一个体制化的理由,从而丧失它的公共性。所以它是处于这样一个矛盾和两难中。就是怎么样既保持学术的专业性建设和积累的过程,同时又保持对社会的公共的开放过程?这是一个问题的两个方面,但其实同样重要。①

在此,吕新雨指出了传播研究的专业性与学科体制化对于传播学本应具有的公共性的隔绝和抑窒,并且没有偏执于一端而是难能可贵地指出了学术的专业性与公共性是"同样重要"的两个方面。不过,不可否认的是,我们在这里确乎缺少一种有效的框架和视野,能够消融两者之间的紧张与矛盾,并将这"两个方面"重新化归到"一个问题"当中。

社会学家、曾任美国社会学协会会长的麦克·布洛维(Michael Burawoy),正为我们提供了这样一种极具启发性的简洁有力的框架与富于包容性的视野。

布洛维痛感学科建制对于学术公共精神的排斥和挤压,而致力于以一个学术场域内的行动者的姿态,重拾"将社会学连向公共世界的脐带"②,重新明确社会学的特质,那便是——"它不仅是一门科学,还是

---

① 陈光兴、吕新雨、黄旦等,《文化研究:本土资源与问题意识》,见《新闻大学》,2007(2),页101—112。

② 麦克·布洛维(Michael Burawoy),《公共社会学》,沈原等译,社会科学文献出版社,2007,页4。

一种道德与政治的力量。"①布洛维的目标是倡导一种能够"使得各种公众以多种方式参与进来"②的"公共社会学",并且"将其纳入我们学科的框架之中"③。他的具体方案是将两个基本问题发展和综合为一种新的社会学知识类型和劳动分工划分所依据的两个维度:一个问题是由李(Alfred McLung Lee)提出的"社会学是为了谁"(Sociology for whom)——即我们是否只与自己(学术听众)对话,还是我们也在与他人(非学术听众)交流;另一个问题是林德(Robert S. Lynd)提出的"社会学是为了什么"(Sociology for What)——即我们应该关心社会的目标还是只关心达到这些目标的手段、是关注技术理性还是价值理性。布洛维将之重新表述为工具性知识(instrumental knowledge)与反思性知识(reflective knowledge)这两种知识类型的分野,前者是指一种试图解决谜团或解决问题的知识,后者则"关注的是关于目标的对话,无论是发生在学术共同体内关于某项研究的基础的对话,还是学术与各种公众之间关于社会发展方面的对话。反思性知识同时质疑了社会及我们所从事职业的价值前提。"④

对布洛维的这个方案可以用下表加以总结:

社会学的劳动分工⑤

	学术听众	非学术听众
工具性知识	专业的	政策的
反思性知识	批判的	公共的

于是,"通过把中心放在两个问题——'我们从事社会学是为了谁和为了什么'上,我们取代了关于定量与定性技术、实证主义与解释性方法论、微观与宏观社会学的辩论"⑥,从而重建了一个社会学的分类系统。

应该说,基于这两个中心问题的具有延展力的适应性,布洛维所提出的这样一种社会学的劳动分工和知识分类系统对于包含传播学在内的社

---

① Michael Burawoy,《公共社会学》,前揭,页7。
② 同上书,页3。
③ 同上。
④ 同上书,页18—19。
⑤ Michael Burawoy,《公共社会学》,前揭,页19。
⑥ Michael Burawoy,《公共社会学》,前揭,页19—20。

会甚至人文学科具有广泛的借鉴意义——例如,如果王铭铭先生能看到知识的公共性维度并进而看到费孝通先生当年所倡导的"迈向人民的人类学"和发展中国家人类学家提出的"南方人类学"所包含的合理性,就不会在自以为的拨乱反正中陷入对技术主义的专业人类学乃至"贵族"人类学的定于一尊的偏狭推崇①;再比如,笔者认为应当以"公共历史学"作为口述历史研究的指导思想之一——而且,如果我们考虑到传播学所具有的产业—经济形态(传播业)和政治—权力属性(如赵月枝所言:"社会权力关系就是传播研究的核心问题"②;又如美国政治学家鲁恂·W. 派伊[Lucian W. Pye]所言:"政治过程和传播过程之间存在着特别紧密的关系。因为在政治领域内传播过程具有一种根本性的功能。"③),就会发现,相对于其他社会学科,传播学更需要引入这样一种旗帜鲜明地为公共性知识类型保留合法席位的分类系统,以阻抗商业的左右与政治的操控。

于是,正是借助这样一个好像不起眼的、被某些"学家"用滥了的小儿科般的二维矩阵,传播学的公共性维度在转瞬之间就由一种(看似的)学科的外部视野被结构进了学科的内部类型,可以说,对于传播学的学术公共性缺失的问题,布洛维做出了足资借鉴的言简意赅而又别开洞天的回答——将公共性的维度纳入传播学的学术分工之中,将传播学的公共面向整合进对立性的互相依存的传播学知识生态当中!

这是一种能够开启未来的蕴含政治动能的分类法。在这样一个不同于通行的二分法(经验学派与批判学派)或三分法④的别开生面的分类系统中,传播学的知识类型就被重组为了四类:作为传播学的知识基础和方法基础的专业传播学、为某个目标服务的并以生产有效性的学术为旨归的政策传播学、在专业传播学基础上开展反思批判和内部辩论并发展新的研究的批判传播学和——力图在传播学家与公众之间建立起一种对话

---

① 王铭铭,《范式与超越:人类学中国社会研究》,见《广西民族学院学报(哲学社会科学版)》,2006(4),页67—74。
② 赵月枝,《传播与社会:政治经济与文化分析》,前揭,页6。
③ 鲁恂·W. 派伊,《政治发展面面观》,任晓、王元译,天津人民出版社,2009,页175。转引自陈卫星:《关于中国传播学问题的本体性反思》,见《现代传播》,2011(2),页41—45。
④ 例如陈卫星教授的控制论学派、经验功能学派、结构主义符号学三分法(陈卫星,《传播的观念》,前揭,页11)以及陈力丹教授的经验—功能学派、技术控制论学派、结构主义符号—权力学派的三分法(陈力丹,《试论传播学方法论的三个学派》,见《新闻与传播研究》2005(2),页40—47)等。

关系的公共传播学。对中国的传播学者而言,如果说,专业传播学和批判传播学是业已存在的知识分野的有关联的再现,而政策传播学也是我们在学术生产中早已熟稔、驾轻就熟的门类,那么在这个四分法的体系中真正凸显峭立出来并且显现出巨大理论与实践空间的是——公共传播学。因而,并非在真实的学术发生史的意义,而是在类似于福柯的那种通过分类技术而规定、制造或浮现意义的意义上——公共传播学"诞生"了!

公共传播学"诞生"的意义,不在于它为传播学的学院知识又开辟出了什么新的理论、方法范式和研究对象——在这些方面,公共传播学具有着多元的包容性——而在于它在学院知识的维度之外为传播学开辟了一个全新的公共性的维度,它将公众带到了传播学者面前,它推倒了一个仿佛是"秘密组织"①的学院机制与公共空间之间的森严壁垒,它为传播学和传播学者打开了全新的、巨大的理论与实践的空间。公共传播学的"诞生"不是一门具体学科的诞生,而是一种在新的知识分类中确定无疑的公共面向与取向的诞生!

公共传播学的使命,一言以蔽之,就是代表传播学的公共责任以补足社会正义主题叙事下缺失的文化与传播视角;它的立场就是公共的立场、社会的立场以及"人"的立场;它对当下的传播研究的意义在于引导传播学者从对市场、产业、技术和制度的关注中回复到对"人民"的根本性问题的关注上来,使传播研究能真正"回归历史与社会,找到社会的主体与价值"②。尽管以发展学术与公众之间的对话为主旨的公共传播学本身对于传播学者的价值取向具有开放性而并"没有内在的规范性"③——这就是说,如果随着历史的变迁传播学在将来发展出一种主导性的自由主义公共传播学或批判的公共传播学的取向,那将是——化用布洛维的话说——"传播学共同体精神气质进化的一种结果"④。然而在当代,在新自由主义盛行("市场与国家联盟反对人权往往被称作新自由主义"⑤)并成为一种极其强大的全球性宰制力量的时代,作为"对各种事物私有化的

---

① 麦克·布洛维,《奥巴马时代的公共社会学》,http://www.chinaelections.org/NewsInfo.asp? NewsID=205345,最后访问于 2013—09—24。
② 王维佳、赵月枝,《重现乌托邦:中国传播研究的想像力》,前揭。
③ Michael Burawoy,《公共社会学》,前揭,页13。
④ 同上书,页14。
⑤ 同上书,页9。

一种反应和反动"①,坚持一种真正的社会立场,就意味着应当站在社会利益和人类利益的阵地上,"抵抗国家专制和市场暴政"②,捍卫公民社会和保卫社会性(the social)③。对一种真正的社会立场的坚持,就意味着不能轻易相信经由市场经济逃离专制、经由市民社会通往民主的路径设计,而须追问"市场方案是唯一的方案么?"④,警醒市场经济同样可能导向专制(包括社会的专制与思想的专制),省察在一种掩盖了"财富的转移和新的权力结构的形成"⑤真相的市场经济中形成的所谓"市民社会""只能是新型社会专制的历史基础"⑥。在中国社会政治的现实语境中,尤其在布洛维所说的"整个世界都处于市场化的第三次浪潮中,中国正是这种市场化的中心"⑦的世界历史的当下时刻,要坚守公共传播学的社会立场,要真正"复兴'公共'的观念"⑧,就要摆脱形形色色的迷魂术的蛊惑,就不能只看到一个光鲜亮丽、翩跹起舞的中产阶层,还要看到一个在扭曲的社会结构中沦为房奴的、"过劳"⑨工作的、没有真正到来就"开始集体下沉"的中产阶层⑩。这就意味着不能沉浸在技术和产业的迷思里,不光要看到五亿网民,还要看到八亿农民,不光要看到"the working capital",还要能看到"the working class";不光要把传播研究的视野投向沿海与都市,还要"向东看,往南走",更多地关注广大的内地与乡村⑪;不光要听到

---

① Michael Burawoy,《公共社会学》,前揭,页 10。
② 同上书,页 48。
③ 同上书,页 47。
④ 同上书,页 10。
⑤ 王晓明,《九十年代与"新意识形态"》,见《天涯》,2000(6),页 4—16;又见贺桂梅:《1990 年代中国危机与知识分子主体的重建》,见《天涯》,2009(3),页 56—61。
⑥ 汪晖,《改制与中国工人阶级的历史命运——江苏通裕集团公司改制的调查报告》,见《天涯》,2006(1),页 52—72。
⑦ Michael Burawoy,《公共社会学》,见《社会》,2007(1),页 192—200。
⑧ Michael Burawoy,《公共社会学》,前揭,页 10。
⑨ 2011 年 4 月 10 日晚,普华永道(上海)一名 25 岁美女硕士"过劳死",引发白领们一片兔死狐悲的慨叹;另据由中国医师协会、中国医院协会等机构联合发布的 2010 年《中国城市白领健康白皮书》显示,有 76%的白领处于亚健康状态,而北京、上海等一线城市,白领"过劳"更是接近六成。见于 http://news.ifeng.com/mainland/detail_2011_05/02/6109230_0.shtml,最后访问于 2013—09—24。
⑩ 参见"未富先懒——上行受阻的社会和正在板结的阶层"专题,见《新周刊》,2009 年 11 月 1 日。
⑪ 参见赵月枝,《"向东看,往南走":开拓后危机时代传播研究新视野》,见《中华传播学刊》(台湾),2010(18),页 1—28。

"村村通"工程的频传捷报、"文化下乡"大戏的喧天锣鼓,还要看到一个被城市文化殖民的乡村文化的凋零和颓败,听到"故乡烂了,烂到骨子里了"①的戚戚悲声;意味着我们在对信息传播带来自由的命题展开遐想时,不能不把思考的前提放在"产权与控制的结构"②上并对"传播成为统治秩序的一部分"、"同时又是反抗强权的主要源泉"③怀有清醒的认知;意味着不光要看到民主的政治形式,还要看到民主的社会实质;不光要看到网络舆论的风起云涌,还应反思是否"传统媒体在政治层面上的失败,才是网络上草根民主得以崛起的原因",④反思网民的民主需求与技术发展之间的真正关系。

  公共传播学是对一种特定传播学知识类型的新的指称和挑明,这个称谓是让人耳目一新的,但这种实践是方兴未艾的——公共传播学的"诞生"是打着引号的诞生。且不论这种公共传播学与"无产阶级新闻学"或"马克思主义新闻学"之间不是没有任何历史承接关系,即使在传播学引入中国的30年中,许多传播学者也从来没有放弃过对传播学的公共性的追求。⑤ 在当今的华语传播学界,正活跃着一批自觉承当着"公共传播学"使命的传播学者,被莫斯可称誉为"奠定了中国媒介和电信体制政治经济学基础"⑥的传播学者赵月枝正是此间代表,其《传播与社会》一书也正可以置于公共传播学的精神参照下进行解读,如是才能理解赵在《传播与社会》一书序言中所说"我以知识的解放性为价值,以学术的公共性为天职,力图通过既能表达个人主体现实性又能体现自我反思能力的特定知识建构进入学术公共领域"⑦的学术—人生况味;如是方能理解赵月枝

---

① 黄灯,《故乡:现代化进程中的村落命运》,见《天涯》,2006(4),页25—35。
② 此处化借斯图亚特·霍尔曾指出的:"意识形态的环境如何被结构"的"必要起点是产权与控制的结构",参见冯建三,《传播政治经济学与文化研究的对话》,《传播与管理研究》(台湾),2003(2),页97—104。
③ Vincent Mosco,《传播政治经济学》,前揭,页19—20。
④ 吕新雨、赵月枝,《中国的现代性,大众传媒与公共性的重构》,见《传播与社会学刊》(香港)2010(12),页1—24。
⑤ 有关公共传播学与"无产阶级新闻学"或"马克思主义新闻学"之间的有机联系的表述直接来自赵月枝老师的修改意见。
⑥ Vincent Mosco,《传播政治经济学》(*The Political Economy of Communication*),London:Sage,2009,页106。
⑦ 赵月枝,《序言:我的跨国学术,我的跨国体验》,见赵月枝:《传播与社会:政治经济与文化分析》,前揭。

在该书第 3 章结尾意味深长地指出的:"毕竟,不是抽象的传播过程,也不是被物化的传播制度,而是社会传播,即不同社会权力主体之间的传播关系,也即人与人之间的社会关系和人类学意义上的文化,也即整个生活方式,才应该是新闻与文化传播研究的主旨。"[1]因为对社会与人的关注,正是公共传播学的基本立场。在此立场上,我们才能更加深刻地了解赵月枝对当下中国传播研究中"社会的重要性"的强调[2]以及她对"一个积极的、蕴含变革力量的社会"进入传播学视野的呼唤[3]。

在这个从学术视野的地平线下浮现出来的公共传播学概念的内部依然是具有多样性的,根据公众类型的不同以及接近他们的方式的不同,可以有多种类型的公共传播学。布洛维认为在公共社会学的不同类型中,"传统与有机的公共社会学是相互补充的两极"[4]。他所说的传统的公共社会学(traditional public sociology)是指那些拥有大量非学术读者的、能够引起公共讨论的社会学知识类型——"传统的公共社会学家能激起公众内部或公众之间的辩论,尽管他自身并不一定参与其中。"[5]在通常的传播学流派划分中,能够并且应当进入公共领域讨论空间的、作为一种文化实践的批判研究(包括文化研究和传播政治经济学),在宽泛意义上大体可以与布洛维所说的"传统的公共社会学"相对应。文化研究的特质在于"它明确宣称自己是一种参与社会变革的文化实践"[6],如吕新雨所言:"这是学术的话语,但是有强烈的现实指向"[7];而传播政治经济学更是直接袭承了政治经济学在道德哲学上的主张与一种旗帜鲜明的实践伦理[8]。诚如赵月枝、邢国欣所言:"在选择和对待研究问题方面,批判研究不讳言学术研究是以价值观或道德哲学(moral philosophy)作引导的。他们的研究强调知识的批判性力量,是以弱化和消除支配性的权力关系(relations of domination)和争取能使人们获得一种令人满意的共同生活的社会秩序原

---

[1] 赵月枝,《传播与社会:政治经济与文化分析》,前揭,页 57。
[2] 同上书,页 33。
[3] 王维佳、赵月枝,《重现乌托邦:中国传播研究的想像力》,前揭。
[4] Michael Burawoy,《公共社会学》,前揭,页 10。
[5] 同上。
[6] 吴志峰,《从文学研究到文化研究》,前揭。
[7] 陈光兴、吕新雨、黄旦等,《文化研究:本土资源与问题意识》,前揭。
[8] 参见莫斯可对"社会变迁与历史、社会整体性、道德哲学和实践"作为政治经济学四大核心特征的论述:Vincent Mosco,《传播政治经济学》,前揭,页 27—38。

则为最终关怀的。"①因而,批判研究实际上同时质疑了传播学的学院知识与传播实践这两者的价值前提,作为批判研究的文化研究与传播政治经济学所具有的这种质疑性的知识立场与强烈的社会关怀及实践勇气,使之得以同时作为一种反思性的理论知识与反思性的文化实践而进入到学术界内部辩论与公共讨论当中,从而横跨了传播学知识分工中整个的反思性知识的维度亦即批判传播学与公共传播学两个象限。

除了社会学家"自身并不一定参与其中"的"传统的公共社会学"之外,布洛维认为在另一极上还存在另外的一种公共社会学——即有机公共社会学(organic public sociology),也就是在社会学家和公众之间存在着有机的紧密联系和对话关系的公共社会学:

> 多数公共社会学是有机性的——社会学家与劳工运动、邻里协会、信仰团体、移民权利团体、人权组织等共同工作。在有机社会学家与公众间存在一种对话,一个相互教育的过程。对公共社会学的认知必须扩展到有机类型,它常常是不可见的、私人的,而且通常被看作是与我们的专业生活相分离的。公共社会学的事业就是要使不可见的变得可见,使私人的变为公共的,使这些有机的联系成为我们社会学生活的一部分。②

与这种存在一个学者与公众之间"共同工作"、"相互教育"③过程的有机公共社会学相对应的是业已存在于中国传播研究的知识体系当中却并未被很多人正视为一种严肃的、具有重要价值的学术实践的有机公共传播学。在此意义上,中国的传播学界也正迫切需要使这种不可见的、私人的、似乎与传播学的专业生活相分离的知识分工变成可见的、公共的知识类型和"传播学生活的一部分"。中国社会科学院新闻与传播研究所研究员卜卫在移民劳工群体及其他中小阶层和边缘群体中进行的参与式传播(Participatory Communication)和行动传播学研究(Action Communica-

---

① 赵月枝,《传播与社会:政治经济与文化分析》,前揭,页6。
② Michael Burawoy,《公共社会学》,前揭,页11。
③ 同上。

tion Research)正是有机公共传播学研究的典范。在她所身体力行的参与式行动研究和民族志方法中,研究者有着"学者与学徒"的双重角色①,试图建立一种局内人的视角来理解合作调查者的经验及其意义,"不是要调查一个特定群体,而是要向特定群体学习"②。在这种有机的公共传播学研究中,往常那些作为研究对象和物化客体的"被研究者"成为了合作的伙伴,研究者与人民互相调试议题,共同构建了事实,而通过把微观的体验上升为公共的问题,传播学者也在实际上构建和创造了公众。

在公共传播学类型讨论的基础上,我们可以很容易理解赵月枝等传播政治经济学者"对社会运动的参与、对传播政策的研究和介入,以及对替代性传播实践的关注"③,因为传播政治经济学不仅是一种批判性的理论知识,也是一种体现着行动者伦理、道德热情和政治力量的反思性的公共传播学文化实践。而无论是从事"传统的公共传播学"还是"有机的公共传播学"研究,海内外与两岸三地的传播学者赵月枝、吕新雨、冯建三、卜卫、邱林川等人都在自觉地坚守着学术的公共性理念,反拨着市场迷思、技术崇拜与都市中心主义的传播研究倾向,关注乡村中国,关注传播正义,关注劳工组织。他(她)们是今天中国公共传播学的践行者。

公共传播学的"诞生"以及新的四分法的引入对于传播学知识生态批评与建设具有重要的启发意义,我们将从以下三个方面加以讨论:

首先,公共传播学为发展传播学(Development Communication)提供了新的生长土壤。作为对发展中国家如何实现现代化转型的核心问题做出的传播学解答,"发展传播学"与"公共传播学"具有潜在的立场共通性,在某种程度上可以被视为一种潜在的公共传播学。通过在"传播学为了什么"(发展传播学对此的回答是"发展")的问题之外,追问"传播学为了谁"(公共传播学对此的回答是社会与人),"公共传播学"的视野为发展传播学建构了框架、方向并提供了新的合法性,将发展传播学对于技术的绝对关注转移到对人的关注和与公众的对话,从而为发展传播学提供了自我反思的坐标与自我更新的机会。只有建立一种真正的社会立场并继而

---

① 卜卫,《民族志教学:以"第一届打工文化艺术节"的参与式传播为例》,见《新闻学研究》(台湾),2010(102),页229—251。
② 卜卫,《民族志教学:以"第一届打工文化艺术节"的参与式传播为例》,前揭。
③ 赵月枝,《传播与社会:政治经济与文化分析》,前揭,页19。

获得一种中国视野,中国的发展传播学才能摆脱诞生之初就留下的美国式"救世理想"①的烙印和西方中心主义的"世界大同"的心智愿景,成为一种在地性的、包容性的、有力的理论与实践,而不致动辄沦落为"将视角聚焦于精英和上层的'自上而下的方法论'"②;也只有摆脱"发展"的迷思,摆脱对于现代化的不假思索的逻辑正当性与道义正当性的赋予,建立一种能"将研究的对象从对象的位置上解放出来"③的反思性的知识和实践视野,发展传播学才能摆脱理论上对于"发展"的想象力的贫困以及实践中陷入的依附式发展(有增长、无发展)的困境,在坚实的公共传播学的社会立场上焕发真正的生命力,不再削足适履、避重就轻或者南辕北辙。

其次,通过对布洛维的分类系统的借鉴,我们能够获得对中国的文化研究与传播政治经济学研究进行考察的视野并作出病理学诊断。如前所述,文化研究和传播政治经济学横跨了传播学的整个反思性知识类型,既是批判传播学,又是公共传播学。它们是以反思性为轴心,同时在学术听众与公众之间穿梭的以解构传播知识生产为目的的理论知识和以解构社会权力关系为目的的文化实践。事实上,"知识"与"实践"是文化研究和传播政治经济学必须同时具足的两个属性,如果没有学院的内部辩论和知识积累,后者就会缺少价值支撑而易于迷失在一种盲目的道德激情中,而取消了文化实践的维度,文化研究与传播政治经济学的学院知识也会因丧失直面社会的问题意识而变得文思枯竭和刻板教条。

当前中国传播学知识生态中公共传播学缺位、专业和政策传播学(或者合称技术理性传播学)盛行的现状,造成了文化研究与传播政治经济学的学术品格的两重萎缩或曰两重去势:先消泯公共属性,把作为文化实践和理论知识的文化研究和传播政治经济学压缩成学院知识,再在学院知识的生产中把现在时的知识变成过去时的知识,把知识的批判压缩成批判的知识。于是在这两重萎缩中,我们看不到"文化研究与进步思想与运动的不可分割性"④,看到的是生搬硬套的、故弄玄虚的、对与中国的社会

---

① 支庭荣,《由盛转衰的发展传播学》,见《新闻大学》,1996(4),页4—7。
② 邓正来,《全球化时代的发展传播学——评Colin Sparks〈全球化、发展和大众传播〉》,见《传播与社会学刊》(香港),2009(10),引自网络http://www.ias.fudan.edu.cn/News/Detail.aspx?ID=1693,最后访问于2013—09—24。
③ 汪晖,《对象的解放与对现代的质询——关于〈现代中国思想的兴起〉答问》,见《书城》,2005(4),页36—40。
④ 陈光兴、张春田,《文化研究与亚洲想象——陈光兴教授访谈》,见《北京大学研究生学志》,2005(3),页13—16。

现实和历史相勾连没有丝毫兴趣的文化研究,看到的是原本强调对劳工阶级文化关注的、作为"一项很明确地与劳工阶级相结合的社会实践"的英国文化研究,"从北美转了一圈在中国登陆时,却成了对法兰克福学派要批判的大众流行文化的拥抱"①。于是在这两重萎缩中,我们没有看到莫斯可和丹·席勒(Dan Schiller)所说的"当代政治经济学在道德哲学上主张将民主推及至社会生活的所有方面"②的壮阔情怀,看到的是被阉割掉社会关怀与政治动能的、丧失了实践力量与建构潜能的、摆设在展览柜里的传播政治经济学及其在寻找"学术增长点"的热潮中被消费的学术命运;于是乎,"宝剑只从匣中看,龙泉但作壁上鸣!"

最后,在布洛维的分类系统中各种知识类型之间并没有截然的界限,而可能是逐渐变化或者互相包含的,并不存在无法横跨或者穿越的屏障(例如批判和公共传播学里也能包含有专业和政策传播学,文化研究和传播政治经济学同时兼具批判传播学和公共传播学的品性,而卜卫的很多有机公共传播学研究同时也是在为国家政策服务等)。布洛维认为,专业社会学、政策社会学、批判社会学与公共社会学这四类学术分工组成了一种对立而又相互依存、共生共荣的知识生态。布洛维在诸多场合的论述中将这种知识生态平衡观发挥到了极致,这一观点对于我们今天的传播学知识生态建设有着重要的启发意义。

在传播学的四种知识类型中,专业传播学应当位居学科的中心和基础的位置。如果没有专业传播学提供合法性与专业基础,就不可能存在政策传播学或者公共传播学,也不会有批判传播学——因为那将没有可以批判的对象;③作为一种为某个目标服务的传播学(它的目标是由一个客户定义的),政策传播学可以为专业传播学提供支持,它本身也会产生新的传播学知识,并能激发公共辩论;④批判传播学以反思传播学的价值基础为己任,它试图使专业传播学认识到自身的偏见、失声,为专业传播学重新定向,因而是专业传播学的良知。它为公共传播学提供价值支持,

---

① 吴志峰,《从文学研究到文化研究》,前揭。
② 文森特·莫斯可、丹·席勒,《译丛总序》,见莫斯可,《数字化崇拜:迷思、权力与赛博空间》,黄典林译,北京大学出版社,2010。
③ Michael Burawoy,《公共社会学》,前揭,页16、29。
④ 参见 Michael Burawoy,《公共社会学》,前揭;Michael Burawoy,《公共社会学》,前揭,页15、19;以及 Michael Burawoy,《奥巴马时代的公共社会学》,前揭。

也会经常指出政策传播学与权力的关系;①公共传播学旨在发展与公众的对话以及与公众合作,所关心的是社会的价值基础。它通过不断的公共事务的挑战,能赋予专业传播学以活力并为传播学注入新的思想,它是政策传播学的良知。②

传播学繁荣发展需要所有四种共生的不同类型的知识。如果这种互相依存的知识生态遭到破坏,它们便会出现各自的病理症候,套用布洛维的话说便是:

> 专业传播学变得与现实无关,批判传播学变得教条,政策传播学变得卑屈,公共传播学变得民粹——即,任何一类传播学失去了和其他类型的联系和对其他类型的尊重,所有的类型都会遭遇困难,我们的学科就会失去活力。③

而在一种理想的情况下,传播学这四个不同的部分,任何一个部分的繁荣都可以促成整个传播学的繁荣④。我们仍然套用布洛维的话说,便是:

> 在这样一个最好的状态中,从这样一个规范性的视角出发,我们不必一定要成为一个公共传播学家才能为公共传播学作贡献,我们也可以通过成为一个优秀的专业、批判或政策传播学家来贡献于公共传播学。每一种传播学的繁荣都将促进所有传播学的繁荣。⑤

这样一幅知识生态的美好图景会令每一个传播学人都怦然心动、浮想联翩;这样一种彻底的共生共荣的知识生态观值得每一名传播研究者都铭记于心并身体力行;而建设这样一种健全、和谐、健康的知识生态系统也当成为整个中国传播学界的基本共识。

---

① 参见 Michael Burawoy,《公共社会学》,前揭,页 18;Michael Burawoy,《公共社会学》,前揭;以及 Michael Burawoy,《奥巴马时代的公共社会学》,前揭。
② Michael Burawoy,《公共社会学》,前揭,页 18、29。
③ 参见 Michael Burawoy,《奥巴马时代的公共社会学》,前揭。
④ 参见 Michael Burawoy,《公共社会学》,前揭。
⑤ Michael Burawoy,《公共社会学》,前揭,页 33。

公共传播学的"诞生",意味着这个名词在词学历史上的尘埃落定和落地生根——它告别了暧昧,找到了立场,从而获得了真正的空间和生命——这个立场也就是作为一种面向公众的反思性传播知识体系的社会立场。

早在1978年7月,公共传播学就以"Mass Communication"的对译词的面目被永远地记载在了中国传播研究起始的扉页上。[①]"公共传播学"沿袭但淡化了之前"群众交通"、"群众思想交通"和"公众通讯"等译法的时代烙印,在后来"大众传播学"成为稳定和通用的译法之前充当了阶段性和试验性的过渡。把"Mass"译成"Public"本来就是特定历史条件下的张冠李戴,而在这段姻缘结束后,"公共传播学"的明确所指就被抽空了。到1990年代中期,出现在理论刊物中的"公共传播学"摇身变成了"旨在影响和使民意或公众的行为朝着信息发布者希望的方向发展"的"一门帮助政府领导人和政府机构管理社会和个人,并协调两者之间关系的科学"[②]。这时的公共传播学受国外理论与实践的影响,试图超越大众传播而追求一种社会效果,但基本上是一个作为"在广义上把政治问题技术化,依靠市场知识和算计来的'驯化'主体的一种'政治理性'或'治理术'"[③]的新自由主义框架内的政治技术层面的概念表述,而根本不能对新自由主义本身作出批判性反思。在当今,如果说"公共传播"作为公共关系学、政府公共管理与危机传播或是一种区别于技术市场模式的大众传播模式的指称,还时常有露面的机会,那么"公共传播学"就除了在对传播学史海钩沉时作为功勋元老偶露沧桑外,似乎已无用武之地,而只能颓态毕现地被尘封进史册档案里了。然而,这也给了我们在不至于造成语义混乱的前提下重新启用和发掘它的便利。一方面,我们应该尊重在理论研究和实践中赋予"公共传播"的诸多含义,不去干涉它的现成的规定

---

① 译文为《公共传播学研究》,译者为郑北渭。很多梳理中国新闻传播研究史的文章对此都有追述。例如邵培仁,《传播学本土化研究的回顾与前瞻》,见《杭州师范学院学报》,1999(4),页36—41;以及孙旭培:《中国新闻与传播研究的回顾》,http://media.people.com.cn/GB/4174717.html,最后访问于2013—09—24。

② 江小平,《公共传播学》,见《国外社会科学》,1994(7),页45—50。

③ 赵月枝,《国内和国际传播的民主化——中国传媒改革的未来方向》,出自潘忠党、李良荣、赵月枝等,《反思与展望:中国传媒改革开放三十周年笔谈》,见《传播与社会学刊》(香港)2008(6),引自网络 http://yingyu.100xuexi.com/view/specdata/20100427/62FB0774—7B48—4950—A6C7—FBE5FC4BA717.html,最后访问于2013—09—24。

的和约定的各种用法;另一方面,我们又应当并且可以摆脱或剥离"公共传播"在公关、公管领域内具有浓厚应用、对策色彩的"传播术"的定位局限,以及作为不足以承担"公共"内涵而通常为权力和资本左右的大众传播叙事下的子命题的定位局限,同时发展作为不同于技术市场模式的"公共传播"模式中所蕴含的社会性精神,通过对"公共传播学"加以重新界定,以一个"老词新解"的"公共传播学"来明确回应"公共"二字的内在规定性,确立一种对市场侵蚀和国家专制说不的传播学的社会保护的立场,指称以发展传播学者与公众之间的对话关系为目的的传播学知识实践体系,从而使作为传播学知识分工和传播学知识类型的公共传播学成为一个有其严肃学术内涵、学术定位和重要学术意义的基础性概念。

诚如布洛维所说:是"不断扩大的社会学精神气质与我们所研究的世界之间的鸿沟激发了对公共社会学的需求"[①]。那么我们也可以说,我们今天对于公共传播学的信心,不在于漂亮的学术辞藻与概念作业,不在于把玩概念魔方所出现的炫目的概念空间,而在于这个概念的空间政治性地回应了社会现实空间和对应了传播学人的心理空间,从而使公共传播学找到了自己坚实的立足基础。在漂泊了30多年之后,"公共传播学"这个漂浮的能指终于到了停锚靠岸的时刻——它等到了那个冥冥之中也许是命定的所指。

四、结 语

笔者写作此文的出发点是希望以"公共性"为中心问题和叙事线索,集中回应当前困扰中国传播学人的两种集体性的焦虑,并呼吁通过追问与讨论传播学的公共性问题来实现传播学知识生态的战略性调整。笔者的进路是以学术共同体内的学科公共性与智识品质的关注为起点,转至更为关键的社会共同体内的学术公共性与思想品质的讨论,紧接着在学术公共性讨论的基础上更进一步,落脚于以发展学术与公众之间对话关系为己任的公共传播学研究取向的开辟与建立,呼吁以公共传播学来集中体现传播学的社会公共性并担当起传播学的公共责任,并在第二部分

---

① Michael Burawoy,《公共社会学》,前揭,页 10。

所论及的"澄明立场"的基础上进而旗帜鲜明地主张一种传播学的社会立场。对于公共传播学的讨论最终汇成了建立一种互异共生的良性知识生态观的呼求。

面对传播学的双重公共性缺失的困境,应该说,所有为提升传播研究的智识品质和思想品质的努力都是值得尊敬的,但鉴于学术之于社会的公共性缺失是更为主要的问题,前者应当更多地从属于后者,我们当以传播学的社会公共性关怀为核心命题,把提升传播学智识品质的努力融入到促使传播学与中国的社会与历史发生互动和勾连的过程之中。也唯有面对而不是背对社会的并对历史怀有一种"温情与敬意"(钱穆语)的传播研究,才能发现真问题,才能摆脱学术殖民的羁扼和建立真正的学术主体性。

先行健全体系之功,再有参差百态之美。对于传播学术共同体来说,当务之急首先是承认传播研究具有不能或缺的公共性维度,通过传播学人的共同努力实现公共传播学的合法化与制度化,把公共传播学"变成一项可见的、合法的事业"①,在使之获得一种牢固的学术合法性和平等的发展机会的同时"激活整个学科"②;传播学界应承认那些已经存在的公共传播学研究并给予充分的重视,同时应当积极建立激励机制和发展评估标准,以鼓励优质的公共传播学研究。毕竟,公共传播学的建立与传播学劳动分工的完善,对于整个传播学的发展都将是一个巨大的机遇。

布洛维曾以下面这段话来表达他对"以和社会隔绝为荣"③的高度职业化的社会学学科建制的反思并表达他对一种内在于社会学者心中的决不至泯灭的天命般的公共精神的坚定信心:

> 进步的辩证法主宰了我们个人的职业生涯与我们的整个学科。对于追求公正、经济平等、人权、可持续发展的环境、政治自由或者仅仅就是一个更好的世界的最初激情,使得我们许多人投奔了社会学,而它现在却成为对学位证书的追求。进步成为一组学科技术——标

---

① Michael Burawoy,《公共社会学》,前揭,页3。
② 同上。
③ Michael Burawoy,《奥巴马时代的公共社会学》,前揭。

准化的课程、正确的阅读书目、科层化的排位、密集的考试、文献回顾、剪裁得体的论文、被引用的出版物、优秀的简历、工作的寻求、任期档案,然后告诫我们的同事与后辈遵循同样的路线。尽管存在职业生涯的规范性压力,原生的道德动力却依然很少消失,社会学的精神并不会这么容易被熄灭。①

正是在这种宛如"用石压草,草必罅生"②的"原生的道德动力"和"社会学的精神"的感召下,布洛维的学术生涯才始终昂扬着一种社会学的公共关怀的精神和道德担当的勇气。而对于中国的传播研究者来说,我们也正需要从心底唤醒这样一种传播学的公共关怀的精神、道德担当的勇气、"水击三千里,抟扶摇而上者九万里"的学术志度。通过对"知识为了谁"与"知识为了什么"这两个无法回避的基本问题的追问,来重新审视我们的立场、进路与学术愿景,正是时代抛给我们的课题。否则,我们就只能退居一隅到刨食的境地、皓首穷经于速朽的学术;否则,我们就只能在层层包裹起的学术辞藻的迷宫中成为"饶舌的哑巴"③;否则,我们等来的将不是"直挂云帆济沧海"的壮阔前程,而只能是"明朝挂帆去,枫叶落纷纷"的深重落寞与一声叹息。

中国的传播学人,到了作出反思与选择的时刻。

---

① Michael Burawoy,《公共社会学》,前揭,页 6。
② 语出(明)冯梦龙,《东周列国志》。
③ 耿占春,《丧失行动的知识人》,前揭。

张志华[①]

十一、试论以参与式传播重构我国大众传媒的公共性：从我国电视公共频道的架构设置说起

1998年，福建省广电厅开播我国大陆第一个省级公共电视频道，1999年，国办82号文件的第三部分"加快广播电视行业改革步伐"提出，"大力推广公共频道，在县级广播电视实行三台合一的基础上，由省电视台制作一套公共节目供所辖的各县电视台播出，从中空出一定时段供地县播放自己制作的新闻和专题节目"。此后，以广电总局2002年《关于公共频道管理工作的通知》和《全国公共频道座谈会纪要》为标准，自2002年7月1日开始，省级电视台的公共频道相继推出。目前几乎所有省级台都设有"公共频道"，多数地市台也开设了"公共频道"。

公共频道政策的推出基本上是针对上世纪80年代中后期以来"四级办电视"所形成的我国电视"散、滥、弱、小"的现象。通过以省级"公共频道"作为全省共享的播出平台，促使县级台转变职能，以自办为主转为以转播为主。自2004年以来施行的《广播电台电视台审批管理办法》第二十五条规定，"县级广播电视台原则上不自办电视频道，其制作的当地新闻和经济类、科技类、法制类、农业类、重大活动类专题、有地方特色的文

---

① 本文系中国传媒大学培育项目"公共服务视野下地方台公共服务频道的困境研究"的成果，项目编号：CUC10A36。本文获中国传媒大学"优秀中青年教师培养工程"资助，编号：TXJS201516。

艺节目以及广告等,在本省、自治区、直辖市行政区域内公共频道预留时段中插播"。①

一、公共性与阶级性

提及公共媒体,很多人言必称BBC(英国广播公司),但是,谈论媒体的公共性不能脱离阶级性。公共广播是西方公共领域(public sphere)在当代的体现,而公共领域是在国家(state)与社会二元对立的自由主义意识形态框架内的话语和实践,而它的全称——资产阶级的公共领域(bourgeois public sphere)——正体现了其阶级性,且不论在实践层面,由于商业主义盛行,早在十九世纪末西方自由民主模式中的公共领域就已经开始了哈贝马斯所担忧的"重新封建化"的危机。② 诚然,在西方自由主义理论框架下,BBC以其相对独立于国家和市场而获得作为"公共媒体"的合法性前提。然而,作为西方公共领域的阶级性在当代的延续,相关研究表明,上世纪西方公共广播体制建立的过程也是压制和边缘化彼时下层激进文化的过程。③ 而在中国,中国国家与社会并非对立的二元关系。有学者在论及国家性质及其合法性时指出:

> 由于无产阶级专政不是建立在具有对抗性和压迫性的经济基础之上,因而,从理论原则上说,社会主义国家的阶级性和公共性不存在无法克服的矛盾,……无产阶级专政不是某一个特殊阶级的专政,而是真正的人民民主专政。这种人民民主专政决定了社会主义国家必然是以实质上的、全面的公共性为基本特征,它所必须承担的阶级统治职能也恰恰是防止这种公共性被特殊阶级的特殊利益所侵害。④

---

① http://www.sarft.gov.cn/articles/2004/09/24/20070924103406400145.html,取自2014年9月15日。
② 哈贝马斯,《公共领域的结构转型》,曹卫东等译,学林出版社,1999。
③ 转见赵月枝,《建构社会主义媒体的公共性和文化自主性?》,见《新闻大学》2011(3),页10。
④ 阎孟伟,《国家的性质、职能及其合法性——从恩格斯的国家学说谈起》,见《马克思主义与现实》,2011(2),页54。

因此,如果仅从中国媒体的"国有"属性就解读出其"威权",很可能是将中国自上世纪以来寻求另类现代性的实践纳入西方自由主义意识形态的国家与社会二元对立的框架内之缘故。事实上,恰恰因为国家的性质有别,中国的媒体并不因其"国有"就成了"威权"的媒体,也不因其"国有"而不具备公共性。如旺晖所言:

> 1949年以后,中国的公共空间与中国共产党和国家完全连在一起。在建国之初,共产党以政治联盟的形式组织社会,它的合法性建立在一种广泛的代表性之上,即代表最广大的群众,代表无产阶级、劳苦大众、工农联盟,并通过统一战线形成更广泛的社会网络。①

反帝反资革命后建立的中国国家(Chinese Media)具备上述广泛的代表性,由此,中国公共空间的公共性正是基于对群众的广泛代表性。这亦是作为公共空间重要构成的大众传媒的公共性之所在。

但是,当下中国的大众传媒的公共性却其实难副,这与中国上世纪70年代后期以来偏重效率,忽视公平、正义的发展路径有关。如汪晖所观察,自那时起,中国"国家或政党与它所宣称的阶级代表性之间的关系日益模糊,以至这个公的领域的公共性日益可疑。……原有的广泛代表性越来越少,那在它支配下的媒体的公共性也就随之变成'封建性'的领域。这是一种与资产阶级公共领域不同的'重新封建化'过程"。② 尽管如此,这并非拥抱西方自由主义理论框架下"资产阶级的公共领域"之理由,现代中国的相关实践更值得我们去找寻突破的资源。

二、群众办报:理论、历史与现实

"全党办报,群众办报"是中国共产党新闻事业的基本路线,是中国共产党群众路线在新闻传播领域的体现。"全党办报"指办报的规模,"群众

---

① 汪晖,《大众传媒的公共性与"去政治化的政治"》,《别求新声:汪晖访谈录》(第二版),北京大学出版社,2010,页340。

② 汪晖,《大众传媒的公共性与"去政治化的政治"》,前揭,页340—341。

办报"则关于谁来办报。

中国共产党早期的新闻工作深受资产阶级新闻业的影响,"同人办报"就是其中的一个重要方面。而全党办报、群众办报路线正是针对此而言的。① 早在延安时期之前,共产党就在不断探索与中国实际相结合的新闻工作路线。1926年9月的《中国共产党第三次中央扩大执行委员会议决案》就提出组织工农通信员的四种方法。② 至延安"整风运动"开始后,这一路线通过《解放日报》改版而得以正式确立。此后,"同人办报"的精英模式逐渐退出中国共产党的新闻工作。1948年4月毛泽东在《对晋绥日报编辑人员的谈话》中指出,"报纸也要靠大家来办,靠全体人民群众来办,靠全党来办,而不能只靠少数人关起门来办"。③ 毛泽东通常赋予"群众办报"两个含义:第一,要办好一张报,必须面向群众,依靠群众(如建立通联队伍),同时要替群众说话;第二,群众自发办报,毛泽东曾主张解放区每一个机关、学校、工厂、连队都办报,以油印报、墙报为主。群众办报思想是"为群众办报"和"让群众办报"的有机统一,前者是目的,后者为手段。④

最能体现"群众办报"思想的实践莫过于革命根据地的黑板报。通过基层群众成为通讯员、基层群众组成办报组织等途径,黑板报成了基层群众主办的媒体。内容与基层群众密切相关,形式为基层群众喜闻乐见。⑤

"群众办报"的相关实践一直持续到上世纪60、70年代。首先是与通讯员的联系密切。报社设通联部,主要用于联系通讯员,收看、处理通讯员来稿,接待来报社改稿、送稿的通讯员,并常常举办通讯员培训班;其次,重视通讯员稿件。由通讯员单独署名的消息和通讯稿那时很常见,并在版面上设置了鼓励和吸纳群众来稿的栏目;其三,重视群众来信来访,反映群众的呼声和意愿。具体包括接待来访和下去了解情况,催促有关

---

① 李彬,《中国新闻社会史》,清华大学出版社,2008,页158。
② 中国社会科学院新闻研究所编,《中国共产党新闻工作文件汇编》(上),新华出版社,1980,页33—34。
③ 中共中央文献研究室、新华通讯社编,《毛泽东新闻工作文选》,新华出版社,1993年,页150。
④ 张春林,《群众办报思想的源流及其延伸》,见《重庆社会科学》,2008(8),页78—83。
⑤ 田中初,《黑板报:"全党办报,群众办报"的一种实现方式》,见《新闻与传播研究》,2008(4),页38—44。

部门尽快回复和处理群众来信来访中提出的问题,定期开辟来信来访专版;最后,是加强与群众联系的临时性措施,如写评论前去工厂、街道开座谈会,写完后再回去征求群众意见等。①

无论在革命根据地还是建国后"改革开放"前的媒体实践,对基层大众的关注程度以及通讯员队伍的重要程度,都在一定程度上体现了作为公共领域重要构成的大众传媒的代表性,并折射出人民在媒体实践中的参与性和主体性。

但令人叹惜的是,现今的媒体"与人民群众间的关系和联系,明显疏离和减少",记者采访时"跑上层多,跑基层少;进城多,进村少;上会多,上点少;访富多,访贫少;漂浮多,沉潜少",并存在通讯员上稿难的现象。②

上述现象的出现,与我国大众传媒的市场化改革息息相关。就广播电视而言,自1979年上海电视台播出我国大陆第一个广告后,广播电视的资金来源就从国家拨款转而逐渐依赖广告收入。"一元体制、二元运作"自此开始。1992年6月,中共中央、国务院出台《关于加快第三产业发展的决定》,将文化机构列入"第三产业",进一步加大媒体盈利的压力。2003年中共中央办公厅21号文件提出,将文化企事业试点单位的改革分为公益性事业和经营性产业两大类,进一步廓清事业与产业的界限。之后,当时的广电总局下发了《关于促进广播影视产业发展的意见》等文件,将广播电视业按资源属性的不同分为公益性事业和经营性产业两类,新闻宣传为主的节目内容属于公益性资源,而除新闻宣传以外的社会服务类、大众娱乐类节目和专业报刊出版等属于经营性资源。由国家推进的文化、媒体的市场化加剧了以精英利益与社会大众之间的断裂为社会基础的"代表性断裂"③危机中的公共领域(媒体)危机。

市场有赋权的能力,然而,如赵月枝指出的,这种赋权有局限性和社会倾向性。④ 以电视为例,"二元运作"使其依赖于广告。广告主可以通过对某些频道和节目投放广告,助益后者在经济上的可行性使其在市场

---

① 于冠深,《"群众办报"忆当年》,见《青年记者》2011年(22),页15—16。
② 于冠深,《"群众办报"忆当年》,前揭。
③ 汪晖,《代表性断裂与"后政党政治"》,见《开放时代》,2014(2),页70—79。
④ 赵月枝,《传播与社会》,前揭,页274。

中继续存活,也可以通过对某些频道和节目不投放广告,使其难以为继,甚而有时还可经由撤广告向媒体施加压力,因此,广告机制是影响媒体内容的隐蔽机制。在盈利的逻辑下,那些难以满足以收视率、发行量等为代表的市场指标的媒体内容和媒体实践,如与通讯员的密切联系等,就"自然而然"被市场"淘汰"了。

一旦采取"二元运作"模式,上述"市场审查"现象就会存在,对本文开篇处提及的"公共频道"亦概莫能外。一方面,公共频道政策使省、市级电视台可以获得稀缺的频道资源,并将其纳入媒体自身"做大做强"的市场逻辑中,因此,有些"公共频道"事实上"成了另一个综合性的商业频道,只是节目更不精彩"①,而有些则在"公共"的外衣下装入"频道专业化"的市场内核,如北京台公共频道在2003年初即以"交通旅游专业化频道"开播,八年后的2011年其呼号始改为"公共·新闻",而呼号为"公共·新农村"的浙江省公共频道在市场逻辑下对"三农"内容则欲说还羞。② 另一方面,公共频道政策使县级台在职能转变过程中失去原本用以经营的大部分频道资源,因此,有县级台业者以省级台和县级台均为独立法人事业单位,二者并无隶属关系为由,为公共频道政策冲击了县级台的市场化经营而鸣不平。③ 而事实上,按规定在省级公共频道特定时段内播出少量自制节目的县级台很大程度上依旧延续了原有的运作,自制自播现象仍大范围存在,④以抵消由于职能转变带来的既有利益的损失。

更有甚者伴随着媒体市场化改革,媒体自身也成了既得利益集团。不论是《新快报》的"陈永洲事件"还是21世纪报系的"新闻敲诈事件",均体现了作为利益主体的市场化媒体在逐利和资本增殖的逻辑下与人民的利益相背离。因此,传播资源经由市场分配并非价值中立的社会过程,在这一过程中,与中国不平衡的发展道路相对应,富裕阶层、城市和发达地区更受广告主和市场化媒体的青睐;而作为重要社会群体的工人和农民在公共领域被边缘化,公共领域(媒体)的代表性逐步丧失。

---

① 郭镇之、张治中,《"公共"与"人民"双重视角下的重庆卫视改革》,《当代马克思主义视野下的传播与社会变迁国际学术研讨会论文集》,复旦大学,2011年,页150。
② 张志华,《当前电视对农传播的缺失与对策》,见《中国记者》,2011(11),页83—84。
③ 王新武,《公共频道为何难以取代县级台?》,见《新闻记者》,2009(6),页95—96。
④ 陈信凌、刘西平,《探析国内电视公共频道概念的模糊性》,见《新闻大学》,2005(1),页82。

三、去市场化、尝试赋权

作为权力的不同矢量,与市场一样,国家也都具备既能限制、也能赋予社会表达的双重功效,[①]即国家既可以是压制性的力量,又可以是民众"争取正义的场所和实现正义社会秩序的途径"。[②]

面对社会对公平、正义的呼吁,2003年中国共产党提出"科学发展观",指出要"坚持以人为本,树立全面、协调、可持续的发展观",2005年,十六届四中全会提出"建设社会主义和谐社会"。从"三位一体"到"四位一体",再到十八大提出的"五位一体",发展理念的更新呼唤制度创新。具体到大众传媒领域,能否开启一种可持续的制度形式的关键在于能否解放思想再出发。只有穿透"去政治化"的表象,才能摆脱历史虚无的羁绊,回应分化了的社会以及波兰尼(K. Polanyi)所说"双向运动"中的"社会自我保护",为马克思主义新闻理论注入新的活力;只有超越"消费者主权"的藩篱,才能拨开"专业化"、"市场规律"等中国媒体改革的新自由主义教条迷雾,回应公共领域"代表性断裂"的危机。在当下,重新思考"群众办报"这一思想资源和社会主义的文化传统,通过参与式传播赋权,恢复并进而强化社会主义大众传媒的参与性,增强人民在传播中的主体性,是对公共领域"代表性断裂"作出积极回应的可资参考的路径。

联合国教科文组织在1977年贝尔格莱德会议报告中对"参与"作出如下界定:

> 参与意味着在较高层面上对传播系统的公众介入,包括公众在制作过程以及传播系统的管理和计划中的介入。自我管理则是参与的最高级形式,那时,公众在传媒中行使决策权,并完全介入传播政策和计划的执行中。[③]

[①] J. Curran, 2002,转引自赵月枝:《传播与社会》,前揭,页36。
[②] N. Garnham, 1997,转引自赵月枝:《传播与社会》,前揭,页272。
[③] J. Servaes, T. Jacobson, & S. White, 1996,转引自韩鸿《参与式传播:发展传播学的范式转换及其中国价值》,见《新闻与传播研究》,2010(1),页45。

这一围绕着媒介近用权（right to access，接近使用权）的界定可作为在"为群众办报"和"让群众办报"的有机统一原则下有关媒体参与的有益补充。

鉴于"市场审查"现象的非价值中立性，借鉴"群众办报"的传统，在目前我国以省为单位的公共频道架构下，即由省电视台制作一套公共节目，其所辖各县电视台以转播为主，并在公共频道的特定时段内播出当地节目，笔者尝试提出如下构想，它以县级台的去市场化（demarketization）为前提，即通过加大财政支持力度，使其不依附于广告，脱离市场审查的制约，经由参与式传播赋权重构依托广大村镇（乡）的县级台，以此作为重建我国广播电视领域代表性的切入口。具体设想如下：

其一，增加县级电视台的培训职能，使县级台成为兼顾转播、播出和培训的机构。利用县级台的摄像、记者与编导等在编专业人员，强化其培训技能，以培训县域范围内各镇（乡）和村的群众，使后者具备使用电视台现有设备的能力，或者提高其使用非专业的摄录、制作设备与软件的能力。

其二，受过培训的群众自愿组成创作团队，县级台在技术和设备层面予以支持，并在必要时进行一定的把关与指导。团队的创作内容以基层自发的文化和生活的多重面向为主，具体由团队内部商议自主决定，并进行脚本创作、拍摄、后期制作等。

其三，县级台播出一定比例由当地群众自主创作团队制作的内容。在节目构成上，新闻类节目可全部由县级台自制，而文化类、生活类等可考虑一定比例由这些创作团队制作。通过由当地老百姓"讲述老百姓自己的故事"，使经由县级台播出的当地影像叙事成为村镇自发的文化活动的有机组成部分，并以此加入到对当下的农村建设以及什么是合理的城乡关系等问题的讨论之中。

其四，重新激活县域通讯员队伍。通讯员制度曾经是"群众办报"的重要实践，也可以成为在公共领域中重建与社会大众尤其是基层的群众的关系的重要借鉴举措。通讯员往往能够避免居高临下的视角与盲点。在各级新闻部门"走基层"的同时，也可通过通讯员"由基层说基层"。

我国东部、中部、西部的广大县域村镇在自然条件、经济发展等方面存在巨大差异，上述设想可考虑在不同区域有条件的地方分别试点，并在利弊分析和总结经验教训基础上分区域推广。

结语：重构大众传媒的公共性

社会学者布洛维(M. Burawoy)认为,社会主义是同时置国家和市场于社会管制之下的一种政治经济秩序。① 有学者在分析了中国自近代以来历经以民族解放和社会革命对抗殖民,又以群众路线动员参与对抗苏联式官僚国家主义,再以"社会主义市场经济"对抗资本主义整合之后,呼吁以大众参与来阐释社会主义,认为这"是从革命后国家主义的历史局限回返社会主义的本来含义"。②

邓小平曾说,"社会主义的目的就是要全国人民共同富裕,不是两极分化"。③ 在信息时代,公平正义问题也体现于信息领域。在西方,信息传播领域市场化的结果之一是不平等,公众分成了信息富裕者和信息贫困者两大阶层④;在我国,"在社会经济结构中被边缘化的群体,在市场化的传播场域中也被边缘化",这一"双重边缘化"现象⑤并未因"限娱令"等措施而得以有效遏制。期待经由大众传媒的市场化实现葛兰西意义上的人民群众的"文化领导权",无异于缘木求鱼。

在以 2008 年金融危机为表征的新自由主义话语和实践破产后,在中国面临实质的发展模式转型,并且在业已提出包括生态文明在内"五位一体"建设的当下,中国的公共领域能否借此契机进行制度创新,关键在于是否真正回应"代表性断裂",回返社会主义公共领域的本来含义。在大众传播领域,通过去市场化和参与式的传播赋权,在新的历史条件下重新激活"为群众办报"有机统一的"群众办报"思想,扬弃主客体分离、自上而下的盈利模式,以此重构我国大众传媒基于群众的广泛代表性,是当下探索我国大众传媒公共性的关键尝试。

---

① 麦克·布洛维,《公共社会学》,沈原译,社会科学文献出版社,2007 年。
② 林春,《"中国模式"议》,见《政治经济学评论》,2010(4),页 64—72。
③ 邓小平,《一靠理想二靠纪律才能团结起来》,《邓小平文选第三卷》,中央文献出版社,1993 年,页 111。
④ H. Schiller, 1996,转引自赵月枝,《传播与社会》,前揭,页 120。
⑤ 张志华,《娱乐至死还是传播正义？》,见《艺术评论》,2012(7),页 141—143。

胡正荣　姬德强

十二、利益导向与价值重置：中国"三网融合"政策制定中的"资本化"逻辑及反思

一、导　论

1. 信息化"趋势"与"结构"

在宏观的政治经济学框架中，"三网融合"首先是以"信息化"的重要构成要素被合法化的。首先，在宏观的国内经济政策层面，我们发现，"信息化"早已于上世纪 90 年代便进入了党和国家的重要议程。比如，1997 年召开的首届全国信息化工作会议，对"信息化"和"国家信息化"进行了定义——"信息化是指培育、发展以智能化工具为代表的新的生产力并使之造福于社会的历史过程。国家信息化就是在国家统一规划和组织下，在农业、工业、科学技术、国防及社会生活各个方面应用现代信息技术，深入开发广泛利用信息资源，加速实现国家现代化进程。"[①]在这个意义上，对中国这一"发展中"（developing）国家来说，"信息化"意味着"现代化"（modernization）的一个崭新阶段，即"以信息化带动工业化"，并借此确立自身在全球新经济格局中的重要地位。根据上述会议，"信息化"的实现需要一个六位一体的"国家信息化体系"，那就是，"开发利用信息资源，建设国家信息网络，推进信息

[①] 参见"MBA 智库百科"，"信息化"，网址：http://wiki.mbalib.com/wiki/%E4%BF%A1%E6%81%AF%E5%8C%96。

技术应用,发展信息技术和产业,培育信息化人才,制定和完善信息化政策"①。由此,中国的"信息化"被定义为一个涉及政策修订,关联社会各个行业和部门,以信息科技和信息逻辑加以重塑社会生产结构的变革过程,而不仅仅指涉传统意义上的"媒介产业"(media industries)。我们认为,这是讨论"三网融合"在中国社会历史框架中的具体位置和功能的出发点。

这一思路更为全面和权威地体现在《中共中央关于制定国民经济和社会发展第十二个五年规划的建议》中。第四条"发展现代产业体系,提高产业核心竞争力"第16款十分清晰地指出:"全面提高信息化水平。推动信息化和工业化深度融合,加快经济社会各领域信息化。发展和提升软件产业。积极发展电子商务。加强重要信息系统建设,强化地理、人口、金融、税收、统计等基础信息资源开发利用。实现电信网、广播电视网、互联网'三网融合',构建宽带、融合、安全的下一代国家信息基础设施。推进物联网研发应用。以信息共享、互联互通为重点,大力推进国家电子政务网络建设,整合提升政府公共服务和管理能力。确保基础信息网络和重要信息系统安全。"②在这个语境中,"三网融合"作为建设"国家信息基础设施"的重要平台,被上升为国民经济和社会发展的核心要素之一。相关的调查数据也证明了这一趋势,比如 DIGITIMES 的分析显示,新的"三网融合"将会在三年内带来总计达到 7 千亿人民币(约合 1030 亿美元)的投资和消费规模,并将在政策层面给相关产业和部门产生显著影响,③主要包括 IT 视频服务系统的建设、IT 服务和终端消费。与此同时,这一进程将创造多达 20 万个就业机会。④

但是,面对这一"乐观"预期,我们仍需要分析这一进程中具体的利益

---

① 来源同上。
② 《中共中央关于制定国民经济和社会发展第十二个五年规划的建议》,来源,新华网,网址:http://news.xinhuanet.com/politics/2010—10/27/c_12708501.htm(查阅时间:2013 年 8 月 15 日)。
③ Tom Lo(2010), Network convergence in China: Government policy and market effects, DIGITIMES Research, Taipei, URL: http://www.digitimes.com/Reports/Report.asp?date-publish=2010/9/3&seq=400&pages=RS(查阅时间:2013 年 8 月 14 日)。
④ Triple network convergence expected to give China economy US$100 billion boost, says new report from DIGITIMES Research, URL: http://www.emsnow.com/npps/story.cfm?pg=story&id=43452(查阅时间:2013 年 8 月 15 日)。

结构与价值前提,并将之放置在更为宏观的政治经济结构中。在著名的《帝国》(Empire)一书中,迈克尔·哈特(Michael Hardt)和安东尼奥·内格里(Antonio Negri)质疑了以量化分析为基础的人类社会经济形式的单线进化论——农业→工业→服务和信息产业,以及与此相关的全球地区结构的线性划分——发达和发展中。与此相反,该书认为,每一个新的经济形式的出现,都伴随着对之前旧有形式的改造和重塑;更为重要的是,需要在一个质变的、全球范围内权力关系变迁的历史进程中,对上述结构性的转换加以分析。① 换句话说,问题的关键在于,谁在定义着这一经济形式变迁的先进与落后,谁在中心,谁又在边缘?上世纪90年代始源于美国的"信息高速公路"(information highway)计划无疑成为推动这一"全球趋势"的主要动力。当中国逐渐以"现代经济体"加入这一全球产业革新的结构中,尤其是以市场经济国家成为世界贸易组织(WTO)成员之后,"内化"这一全球经济的进化逻辑,并借此重构本土经济结构便成为一种历史的必然。与此趋势相伴随的,是国内社会阶层的重构和各种利益集团的形成。

在这个意义上,"信息化"——结合不断加深的"市场化"——就绝非简单的技术更新和产业更替,而是涉及社会政治经济的重构和阶层变迁,以及更为重要的社会发展理念和价值的"自然化"(naturalization)趋势。这一"自然化"过程通过将主导利益集团的意识"普遍化"(generalization)为公共意识和共识,从而实现了"信息化"的合法性建设。"三网融合"无疑也处于这一"信息化"的合法化序列之中。

2. 传统媒介产业的增长"瓶颈"

中观或者微观方面,就传统上相对隔离的媒介和通信产业而言,其基于旧有"市场化"途径——比如广电的广告收入和收视费,电信的语音服务——而形成的"市场容量"已经趋于饱和状态,增速日益放缓。如学者黄升民的分析所述,"广电面临的深刻的经营危机"和"电信在主营业务不断下滑的同时,还要面对投入巨大成本建立的3G业务和实施的宽带改造,至今并未展现商业回报的问题"②。与此同时,基于数字技术、网络技

---

① Michael Hardt, Antonio Negri,《帝国》(*Empire*), Harvard University Press, 2001, pp. 280—284。
② 黄升民,《中国式的三网融合推动"媒信产业"到来》,《视听界(广播电视技术)》,2010(3),页21。

术而建立的以"融合"为特征的新媒介领域,却以"后来居上"的加速度"高歌猛进"。

全球知名会计师事务所"普华永道"发布的《全球娱乐及媒体行业2010—2014年展望报告》显示,在全球娱乐及媒体市场的预测和实际增长率统计中,传统的盈利方式——"广告"已经处于负增长的状态,其中"电视广告"的衰退程度十分明显——而另一个侧面是广告收益开始走向"马太效应"从而导致传统广电的结构性洗牌。与电视、广告、印刷媒体等传统渠道相比,新媒体及其延伸出的多种媒介样式正逐渐显现出相对优势。如下图所示,互联网接入和广告、付费电视、电影以及视频游戏已然成为今后全球娱乐及媒体产业的发展重心。

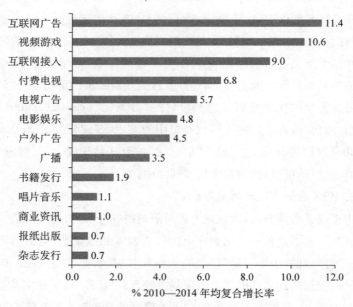

图1　全球娱乐及媒体行业各领域增长率①

以中国大陆地区为例,我们从下图可以发现,尽管"电视广告"保持了较大的规模和较为强势的增长,但在增长率方面已经开始落后于诸多新

---

① 黄升民,《中国式的三网融合推动"媒信产业"到来》,《视听界(广播电视技术)》,2010(3),页21。

媒介渠道及其相关行业,比如视频游戏、互联网广告、付费电视、电影娱乐以及户外广告。同时,基于渠道掌控的"互联网接入"服务虽然涨势疲软,但仍凭借基数的优势,领跑整个传媒和娱乐领域。

中国大陆地区行业概要2010—2014

主要高增长行业领域 (百万美元)	2010	2011	2012	2013	2014	2010-14 CAGR
1.互联网接入	22,786	24,449	26,187	27,951	29,625	8.0
2.电视广告	9,086	10,239	11,707	13,365	15,147	14.6
3.付费电视	6,674	8,274	9,971	11,671	13,536	20.2
4.视频游戏	6,150	8,298	11,091	14,631	19,065	33.5
5.互联网广告	3,505	4,379	5,460	6,799	8,481	25.1
6.户外广告	2,730	3,134	3,639	4,210	4,846	15.0
7.电影娱乐	1,567	1,813	2,051	2,306	2,549	16.1

图2 中国大陆地区娱乐及媒体行业概要[①]

在这个前提下,一系列增长的"瓶颈"呼吁破除政策的坚冰和既有的利益局限,将"商品化"的范围和规模加以拓展,从而为上述利益相关方的资本再生产服务。如此,"三网融合"成为解决各方积累和扩张问题的重要手段。在强调这一变革进程的市场主导角色的同时,政策层面的"坚冰"亦正在受到新自由主义主导的"放松管制"(deregulation)思潮的挑战。

3. 市场导向与扩张的"商品化"

以市场化为导向的改革开放确立了市场逻辑的神圣地位,从而为一个"市场社会"(market society)——而非一个"社会化市场"或者"嵌入社会关系的经济体系"(economy embedded in social relations)[②]——的形成奠定了认识论基础。换句话说,一个以自由市场话语为主导的社会意识形态已然具备。

"三网融合"无疑是这一市场话语在电信和广电语境中的典型应用。

[①] 来源:普华永道,《全球娱乐及媒体行业 2010—2014 年展望报告》。
[②] Karl, Polanyi,《大转型:我们时代的政治与经济起源》(*The Great Transformations: The Political and Economic Origins of Our Time*),Beacon Press,2001,p. 57。

在有关这一融合的历史回顾和现状分析中,怎样实现市场对于资源的配置作用,怎样通过政策尤其是相关部门层面的放松管制来阻止利益集团之间的部门内耗,从而实现"共赢"成为指向未来大信息产业繁荣发展的重要路标。正如下述评论所示:"三网融合的价值追求就在于信息网络资源的共融、协调和整合,以创造更大的经济效益。"①

在整个市场化推进过程中,一个核心的概念或者说范畴需要得到分析,那就是"商品化"(commodification)。它通过强调破除部门利益坚冰,建设互联互通、共享共用的融合媒介平台,实现"业务"类型和规模的增长——比如众所周知的"增值服务",从而克服现有的广电和电信发展"瓶颈",实现整个信息产业的扩张和对国民经济的更大贡献。正如莫斯可所陈述的那样,商品化与传播过程之间存在着两个方面的重要关联:"第一,传播过程和传播技术促进了整体经济中的一般商品化过程。第二,社会整体中的商品化过程渗透在所有传播过程和传播体制当中,以致社会商品化过程的改进和矛盾也影响到传播,这一社会实践。"②以"三网融合"为例,这一进程不仅拓展了广电和电信的商品规模,"以更好地满足人民群众的精神文化需求",而且在更大范围内促进了整个社会的信息化,比如通过有线数字电视建设"家庭信息终端",为政务信息、电子银行、教育等领域的信息化铺设平台。

但是,我们需要在这里提出一个重要的概念区分,那就是以市场导向和商品规模扩张为特征的"三网融合",是提供了符合人民群众日常基本需要(needs)的服务,还是以利益集团资本积累为目的而去创造一种异化的"欲求"(wants)话语③?换句话说,相关的利益集团为了突破自身的增长局限,将并不属于人民群众的"欲求"强加到其基本的"需要"之上,从而为其游说政策和扩张增长方式建立起合法性。

不管是作为增长方式的信息化,还是某种单一形式的市场化逻辑,还是利益集团的互相或内部争斗,伴随着"三网融合"的这一结构性的变迁在多大程度上危害着社会信息部门作为"公共服务"的角色,仍值得我们

---

① 杨瑞萍,《三网融合的政府解读与价值追求》,《经济导刊》,2010(8),页75。
② 来源同上,页130。
③ 有关"needs"和"wants"的分析,见邱林川,《南方的想象:阶级、网络与传播》,《中华传播学刊》,第十八期,2010年12月,页58。

进一步观察和分析。

二、"资本化"与"三网融合"的主导利益格局

合法化了的"三网融合"并非预示着其实践进程的一帆风顺。如现实的复杂所展示的那样,"说易行难"。在这一部分,我们借助"资本化"(capitalization)的概念分析"三网融合"的主导利益格局,从而揭示现实的发展"障碍"与上述合法化价值体系之间的矛盾与张力。

在这里,我们将"资本化"定义为,"政治力量与资本力量结合,政治力量借助资本力量继续进行资本化后的政治控制,资本力量渐渐成为重组的主要力量,它借助政治力量的保护获得更加丰厚的资本回报。"[①]中国媒体的"资本化"包含四个层面的互动。"首先,以跨国公司为代表的外部力量与国内政府政治力量、媒介经济力量的互动。其次,国内不同政治集团力量互动。第三,国内政治力量与经济力量互动。第四,非媒介产业资本与媒介资本互动。"[②]由此,我们认为,"资本化"主要由两个方面的力量构成:第一,资本的逻辑,也就是资本的再生产和增殖逻辑,在地域上包含全球资本和地区资本;第二,政治的逻辑,一方面扮演资本的代理人角色,另一方面又从权威、历史传统乃至国家的角度维护自身的合法性,因此也就出现了在"三网融合"政策制定和讨论过程中,经常出现的满足人民群众精神文化生活需要的话语,与更多地将人民群众的政治参与角色边缘化而仅仅关注或塑造其"无差异"的信息消费者角色之间的潜在矛盾。简而言之,"资本化"是这样一种"双面"历史进程:围绕资本形成的政治经济结构,目的是资本的积累和扩张,同时又受到地域政治文化传统的制约和影响。而"资本化"的结果,是一个主导利益格局的形成,在这个格局中扮演主导地位(the dominated among the dominant[③])的是一个整合了政治、资本和文化等核心资源,既包含合作也充

---

① 胡正荣,《后 WTO 时代我国媒介产业重组及其资本化结果——对我国媒介发展的政治经济学分析》,《新闻大学》,2003 年秋季刊,页 7。
② 来源同上。
③ 转引自 Yuezhi Zhao,《传播在中国:政治经济、权力与冲突》(Communication in China: Political Economy, Power, and Conflict), Lanham, Md.: Rowman & Littlefield, 2008, p. 84.

满竞争的利益集团,而排除了普通群众的参与可能。正如赵月枝在分析改革时代中国媒介的"商业化"(commercialization)时提出的观点,"媒介机构的国家垄断式运作和不断增长的经营、财政的独立性已经将传统上从属于党和国家的媒介机构及其管理者——如果不全是普通工人——转化为既得利益集团。"①

除此之外,需要指出的是,资本化并不是对市场化的反叛,而恰恰是市场化的重要机制之一,那就是借助游说和联合政治力量(比如核心的政策和制度设计)实现垄断领域的充分市场化。在这个意义上,市场化等同于资本化,而不是自由化。

从上世纪90年代至今,"三网融合"的"一波三折"不仅涉及国家层面的政策转向和利益调和,而且主要与市场化改革过程中形成的两大利益集团——广电和电信——的"部门纷争"如影随形。广电与电信代表了上述资本化过程中的"利益集团"形式。

1. 部门之争:利益集团的资本化

我们知道,"三网融合"从技术和市场的角度涉及电信网、互联网和广播电视网三个网络。在新的"三网融合"开始之前,前两者由"电信"部门控制,后者由"广电"主导,泾渭分明。正如1999年82号文《信息产业部、国家广播电影电视总局关于加强广播电视有线网络建设管理的意见》所规定的那样:"按照规定,电信部门不得从事广播电视业务,广播电视部门不得从事通信业务,对此必须坚决贯彻执行。"②但是,如上所述,两个部门在市场化改革环境中不断推进的资本化进程,开始触及传统上作为"界标"的双方领地(比如互联网服务、IPTV内容生产等),并进而型构着新的权力关系和利益格局。由此引发的部门争斗充斥着"三网融合"的整个社会进程。正如大卫·哈维对新自由主义简史的梳理中所强调的:这一"资本化"过程的另一面,是既得利益群体的自我保护和再度扩张,是对既有权力关系及其结构的维护。③

---

① 来源同上,页82。
② 《信息产业部、国家广播电影电视总局关于加强广播电视有线网络建设管理的意见》,来源:中广互联,网址:http://www.sarft.net/a/20042.aspx(查阅日期:2013年8月15日)。
③ David Harvey,《新自由主义简史》(*A Brief History of Neoliberalism*),Oxford University Press, USA, 2005。

从广电的角度来说，1996 至 2006 年的十年间，其产值从与电信"差距不大"发展到只占后者的六分之一[①]。这一状况使得广电在资本总量上处于与电信的竞争劣势，也就无法在"起跑线"上占据"三网融合"的有利位置。但是，从另一个角度来说，广电的"资本化"融合了多种资本形式和政策力量，因此"差异化"地参与了与电信的长征式谈判。如果用经济学的概念来说，我们可以称之为"比较优势"。那么，这些"比较优势"有哪些：

首先，不可否认，广电由于其历史上建设方式的特点（比如有线电视的"自上而下"），给后来基于市场操作的资本规模化扩张带来散、乱、核心资源（比如多级建设的有线网络）集中程度低等劣势。但是，以有线电视数字化转换为标志的新一代广电传输网络的兴建，仍预示了广电利益集团所可能拥有的日渐庞大的资本规模——从机顶盒生产和数字电视机的更新换代，到"制播分离"趋势下内容产业的蓬勃增长——电信拥有更多的是"渠道"，再到与金融资本市场的紧密合作（比如网络公司的上市融资）。面对这一潜在的、巨大的市场空间，资本的逻辑正在跨越地域限制，成为广电再生产的主要动力。比如，在中国公布有线电视数字化国家计划的时候，世界通信业巨头摩托罗拉就携全套设备准备进军；另外，与欧洲 DVB 标准相关的有线数字电视产业链供应厂商早就开始与中国的各级广电运营商合作，共同开发包括机顶盒在内的中国的数字电视软硬件市场。国内方面，早在 2005 年，国家开发银行就提供了有线电视数字化转换的信贷支持，并在随后参与了 CMMB 市场的拓展。国开行官员张一帆认为，"中国有线电视数字化不仅是广电行业新的发展机遇也是投资者的一次机遇，国开行看中的正是这个机遇。"[②]换句话说，这笔投资并不仅仅是国有政策性银行的简单支持性举措，还涉及资本的再生产和积累的增长问题。更不用说中国巨大的电视机制造企业：对于生产着全世界三分之一电视机的这一产业来说，"三网融合"所提供的是空前的解决产能过剩和完成资本再生产和扩张的机遇。可以说，国际和国内产业资本、商

[①] 参见《广电人士感叹 10 年巨变：广电产值滑至电信业 1/6》，来源：新浪科技，网址：http://tech.sina.com.cn/t/2007—08—09/00541664968.shtml（查阅日期：2013 年 8 月 15 日）。

[②] 江跃进，《国开行化解数字电视融资尴尬》，《资本市场》，2005(6)，页 73。

业资本,以及更为活跃和具有全球流动性的金融资本,都在觊觎着广电的这块蛋糕。在这个前提下,广电在资本总量上的劣势将因为这一系列资本合作,从而在范围和规模经济上得到弥补,伴随着电信已经成熟却尚无新的增长点的相对停滞状态,广电与电信在动态的增长层面的比较优势将日益明显。

其次,广电的核心资本是政治或者说意识形态角色。这也是国务院主导的"三网融合"方案出炉后,广电获得核心资源——"内容播控权"的主要原因。"集成播控"被国务院认定为"媒体性质"①。自1980年代以来,中国媒体的"二元论"角色历经各种社会变迁而未曾质变,显然和"社会主义市场经济"等等塑造着中国改革开放特殊性的原则问题一起,成为参与型构当今媒介生态和制度政策的一以贯之的主要动力。在这个意义上,黄升民将国家主导的"三网融合"后的产业定义为"媒信产业"——"从产业利益主导的替代融合,到部门利益格局的楚河汉界,到现在国家意志主导,所以必然出现一个媒介思维引导的产业融合格局。"②广电因此借助"媒介思维"而不是"通信思维"为特征的政治资本的庇护,不仅继续推动自身原有领域的市场化进程,而且通过涉入电信的基本服务(比如互联网服务),通过扩张的"商品化"战略,逐渐壮大着自身利益集团的资本规模和在这一进程中的话语权。

因此,就广电来说,以政治角色为核心,以各种资本形式为支撑的新广电利益集团正在形成。它不仅包含各级广电运营机构,也在更广的范围内涉及国际和国内的广电产业、商业资本,非传播产业的金融和其他产业资本,以及一个日渐庞大的赞同这一资本再生产价值诉求,参与这一资本再生产过程的城市消费中产阶级。这一集团尽管存在着中央与地方、产业链上的"丛林法则"式竞争,存在着供求关系之间的张力,但其共识性目标是在政治底限之内扩张和最大化自身的利益。简而言之,这一脉络无疑是"盈利导向"(profit-oriented)为本质的。

---

① 李琳、吴晓宇、李萧然,《三网融合两部委博弈内幕》,《IT时代周刊》,2010年7月5日,页38。

② 黄升民,《中国式的三网融合推动"媒信产业"到来》,《视听界(广播电视技术)》,2010(3),页23。

从电信的角度来说,尽管其产值堪比六个全国广电,但仍然存在着缺乏广电的"政治优势"和市场发展遭遇亚当·斯密意义上的"高水平均衡陷阱"或者"停滞状态"①,亟需通过涉入"三网融合"基础上的内容建设来扩张商品序列和找寻新的资本积累形式。

首先,对电信来说,缺乏广电的意识形态管理者角色使得其一方面无法在这种主导利益集团之间获得总体上的优势地位,另一方面也释放了在市场化逻辑中进行资本积累和扩张的巨大潜能。换句话说,政治资本在当下的中国社会政治经济结构中是扮演着双面功能的——即同时合法化权力和资本。在这个意义上,不管是固网还是移动通信网,电信通过多年的市场导向改革和发展,积累了庞大的资本规模和市场影响力,并在进一步的国家信息化发展过程中扮演着核心的平台角色。也就是说,如果我们从另一个角度来定义电信的政治资本,那就是其庞大的产业规模,其对国民经济总量的巨大贡献,其对主导利益集团整体格局的维护。

其次,电信从市场化逻辑出发,不仅掌握了中国本土的通信市场,还日益深度地参与着数字和网络经济基础上的全球化整合,使得其对于全球资本的吸引力与日俱增。但是,与此同时,电信的市场开发和资本扩张也遭遇了"斯密动力",那就是基于高度分工的发展达至了传统市场交换规模的极限(尤其是对于固网而言)。在这种前提下,电信遭遇了两方面的增长瓶颈:第一,传统市场由于基本服务已经普及——极为廉价的电信硬件和软件已经服务到社会最底层(比如农民工),增值服务由于尚处于起步和摸索阶段,正在面临开拓新的资本化和商品化空间的选择;第二,有关3G和宽带改造的投资正在将电信拖入一个需要长期过程才有可能回收成本并加以盈利的不确定性路径。与此同时,不断崛起的各类互联网公司正在借助电信所提供的廉价服务,涉入利润率极高的娱乐和社交领域,给电信运营者带来反差极大的盈利压力(比如有关"微信"是否收费的争论)。因此,面对广电已经开始的对于电信基础服务(比如互联网)的"侵入",电信对于各级资本的吸引力正在经受着严峻的考验。对于增值

---

① 乔万尼·阿里吉,《亚当·斯密在北京:21世纪的谱系》,路爱国、黄平、许安结译,社会科学文献出版社,2009,页42。

服务的开拓,对于商品化范围的扩张,将成为电信新一轮资本化的核心议题。

再次,我们不得不提及电信市场化发展的社会结构问题。正如赵月枝的分析所述,电信的发展从一开始就是一个"精英和特殊群体利益导向"的社会过程,这主要表现在:电信在发展区域选择上更侧重东部沿海发达地区和城市;在业务发展上更重视具有更多回报的增值服务;将服务对象更多地定位在视自身为自由市场发展的受益者,并将主流舆论中的公共利益置换为消费者利益的城市中产阶级消费群体,等等①。在这个意义上,电信的资本化伴随着严重的地域和阶层偏见,具有更高的政治和经济资本整合能力的社会群体——精英群体——已经成为电信资本扩张的基础。而电信通过国家公共财政支持建立的网络平台也正在成为主要服务于精英群体的商业资源。

2."三网融合"的主导利益格局

在一般的公共舆论空间内,有关"三网融合"的故事十分一致地倒向了某种单一的叙述逻辑,那就是上述的"部门争斗"——"民间对三网迟迟无法融合原因的看法比较一致,即:政策壁垒对三网融合的影响并不是最大的,根本障碍在于相关部门之间的利益博弈。"②但是,如上所述,尽管广电与电信是这一"融合"进程中两个主要的利益集团,其利益博弈③直接左右着相关政策的制定和出台,但我们更愿意将"三网融合"看作一个布尔迪厄意义上的"场域"(field),在广电与电信利益集团博弈的分析前提下,将权力参与者扩展至更为广泛的社会历史结构中。换句话说,我们需要进一步描绘的是这一"利益导向"的政策变迁过程所型构的一个宏观的"主导利益格局"。

如下图所示,"三网融合"的基础在于"利益导向"的资本驱动。可以

---

① 参见 Yuezhi Zhao,《夹在网络之中:公共利益与争夺中国信息高速公路的战争》(Caught in the Web: the public interest and the battle for control of China's information superhighway), info, Vol: 2 Issue: 1 ISSN: 1463—6697 Date: 2000,pp. 45—51。

② 李琳、吴晓宇、李萧然,《三网融合两部委博弈内幕》,《IT 时代周刊》,2010 年 7 月 5 日,页 37。

③ "博弈"并不意味着完全对立的竞争,而是一种"竞合"的主导利益集团内的"共赢"模式,所谓"三网融合不是一场'谁吃掉谁的战争',而应成为'你中有我、我中有你'的和谐互动"。参见汪云,《三网融合电信、有线殊途不同归》,《中国数字电视》,2011(1),总第 74 期,页 24。

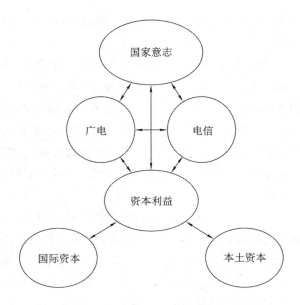

图3 "三网融合"的主导利益格局

说,这一不仅包含传播产业资本,而且包含其他资本形式的经济基础,在"信息化"的生产方式转向过程中,选择了广电和电信作为资本积累和扩张的场域;随着广电和电信在市场化的背景下不断膨胀的利益欲求,传统上的部门边界开始模糊,"三网融合"的政策设计应声出台。2000年以来,国家对"三网融合"的不断"松绑"——直至2010年年初国务院常务会议关于加快推动"三网融合"的决议——在政策层面反映了上述博弈对传播部门规制理念的影响。[1] 但是,如何融合,为谁融合的问题,使得资本利益遭遇了国家意志和政治制度的制约。

一方面,如以下评论所述,"政府大力推进三网融合不仅起到调整产业结构的布局,寻找新的经济增长点,进一步促进中国经济发展的作用,更重要的是实现对社会已有经济资源和资本流向的协调和选择"。[2] 国家意志选择推行"三网融合",主要考虑到了国民经济信息化趋势与全球经济发展的结构性转向,尤其是中国日益深入地融入全球数字经济加速

---

[1] 可参见《三网融合大事记》,《通信世界》,2010(37),页27。
[2] 杨瑞萍,《三网融合的政府解读与价值追求》,《经济导刊》,2010(8),页74。

了这一本土经济结构的转换进程,广电和电信的"内耗"将在宏观层面影响国民经济的增长。

另一方面,国家意志并不仅仅在于资本积累和扩张,还涉及政治制度和社会建设。不管是国家信息化,还是基于"单一现代性"的民族主义的"赶超"逻辑,都无法摆脱国内特有的政治经济秩序的制约。如此,尽管资本利益多宣称以"国家利益"为改革的旨归,强调"放松管制",创造一个适合市场化运作的,可以"促进国家利益最大化"的"三网融合"政策和行政管理制度,但是一个前设性的问题在实际的"融合"过程中日益显出重要性,那就是:"我们以国家利益为重,那么国家会偏重谁,这是关键。"①换句话说,国家信息化的趋势已经确立,但是如何建构符合和平衡各种参与者利益的政治经济制度,才是关键问题。正如歌华有线副总经理罗小布所说,"无论广电总局还是工信部,其拥有的网络资源及资产都是国有资产,根本就没有什么'你的、我的'之说,只是国家委托两个部门管理和经营而已。三网融合的决定,相当于国家把'三大产业'发展任务交给两个管理部门,需要调配资源的就调配资源,需要调整的就进行调整,核心是完成三大产业的发展任务。而通过三网融合促进'三大产业'的发展,是中国经济和社会发展的客观要求。"②在这里,所谓的部门利益也就必须让位给国家利益了,而这里的国家利益就是上述平衡状态并通过平衡促进总体经济"做大做强",促进社会"和谐发展"的双重目的。

广电以较低的资本规模最终获取了"三网融合"的核心资源——集成平台播控权——的事实已经证明,"媒介改革所依循的逻辑和路径,其核心是双面属性(政治和市场,本文作者注)下的做大做强。"③推动这一融合的动力,本质上在于这两者的平衡与互动,而不可偏废。

除此之外,我们需要警惕的是那些劫持"国家利益"或者"公共服务"、"人民利益"话语从而为获取其自身市场扩张、资本积累合法性的利益集

---

① 黄升民,《中国式的三网融合推动"媒信产业"到来》,《视听界(广播电视技术)》,2010(3),页 19。

② 《广电专家:站在国家利益的高度执行国务院决定》,《人民邮电》,2010 年 3 月 10 日,第 5 版。

③ 黄升民,《中国式的三网融合推动"媒信产业"到来》,《视听界(广播电视技术)》,2010(3),页 23。

团。正是这些利益集团的内部争斗和实际上对于"三网融合"政策导向的影响,引发了我们对于传播部门"公共服务"角色的重新重视。有评论认为,"三网融合实践中也需要时刻提防公共利益被少数人的非法利益所置换。因此,我们不仅要将'三网融合'放置在经济学框架之下进行利益层面的考量,而探索思考且应该将其置于法律框架之下进行法理层面的检视。惟如此中国语境下的三网融合方能健康有序的推进。"[①]可以说,更广的包含现代法律精神、道德标准和的社会结构分析的视野才是我们确立"三网融合"相关政策的基准。

在这个意义上,"资本化"所引发的有关价值层面的讨论将成为我们重新定向"三网融合"进程和结构的首要出发点。

三、公共利益的重定义

既然现实的"三网融合"进程伴随着偏向主导利益结构及其构成性利益集团的结构性偏见,我们的"价值重置"(value reorientation)就需要跳出这一逻辑范围,回归或者想象"三网融合"的其他可能性路径——这一新的路径选择将以对资本利益的批判为前提,以对全体社会成员(尤其是普通群众)的普遍服务为旨归,继承电信和广电传统的(但是被资本化所边缘化甚至驱逐的)"公共服务"职能,并在最大程度上缩小城乡、阶层间的"信息鸿沟",并进而参与一个更为公平、公正的社会结构的重建。

那么,这一对于"三网融合"的公共利益服务者角色的价值诉求应该包含哪些具体的政策建议,这一"公共服务"定义又和广电与电信的传统职能——也就是其历史的经验基础——有何关系?

首先,"三网融合"的"公共服务"职能需要突出传播部门的普遍服务角色,而不是仅仅聚焦于单纯的部门利益群体,从而使得处于社会各个阶层尤其是下层的、被资本化边缘化的普通群众能够获得公平的参与机会。换句话说,"三网融合"需要首先走出偏向精英群体利益和话语的阶层偏见,将最为普遍的群众作为服务和参与主体,这需要国家意志更多地投向

[①] 罗锋、王权,《三网融合的理念与实践研究》,《现代视听》,2010(5),页17。

"群众路线"。

其次,反思和抵制资本化逻辑。通过引入上述"普遍服务"和"公共利益"的价值导向,平衡市场化与资本化的强大惯性;尤其需要重视社会主义广电的历史遗产——比如普遍的接触权利以及低成本的福利性等,并以此修正单一的以新自由主义为特征的现代性意识形态框架,为确立具有中国特色的、以"公共服务"为旨归的"三网融合"奠定认识论基础,进而以此"认识论转向"施加影响于全球范围内的数字资本主义结构和"趋势"。

再次,实现"三网融合"的城乡平衡。在这个意义上,"三网融合"所致力于的并不是扩大广电和电信的市场规模,延伸二者资本化的触角至农村地区,并进而通过"剥夺式积累"(accumulation by dispossession[①])加大城乡差距,加剧"信息鸿沟";相反,要将既有的城乡二元体制作为需要破除的歧视性社会结构,通过积极的乡村三网融合建设,将广电网络、电信网络作为新农村建设的核心基础设施之一,在此基础上提高农村信息服务水平,从农村、农民和农业而不是城市的角度建设传播渠道和内容,从而实现真正的为农村服务。

最后,实现地域间的平衡。我们知道,不管是广电还是电信,都已将经济水平较高的东部地区和中西部核心城市作为市场拓展的主要地理区域[②],从而使得地域间的"信息鸿沟"日渐扩大。在"公共服务"的价值基点上,"三网融合"需要将自身重新定向为平衡地区间发展差异的重要驱动力。与对"城乡"体制的反思一样,"三网融合"应将重构基于资本化的地区间"中心—边缘"的剥夺式关系作为改革的对象,普遍、全面和公平地提供传播服务,将成为促进社会整体发展的策略选择。

在上述分析的基础上,我们认为,被资本化和上述主导性利益格局所边缘化的广电与电信的"公共服务"职能需要重新回到政策议题的中心,

---

[①] 参见 David Harvey,《新帝国主义》(*The New Imperialism*), Oxford University Press, USA, 2005.
[②] 2010年7月1日,国务院办公厅正式对外公布了第一批三网融合试点地区(城市)名单,北京、上海、大连、哈尔滨、南京、杭州、厦门、青岛、武汉、长株潭城市群、深圳、绵阳共12个城市和地区入围。参见《三网融合试点城市名单公布 北京上海等12个城市入围》,来源:凤凰网科技,网址:http://tech.ifeng.com/special/sanwangronghecity/content-1/detail_2010_07/01/1701217_0.shtml(查阅日期:2013年8月20日)

而这也是"三网融合"能够持续发展和壮大,并真真正正为人民群众提供精神文化服务,为持续深入的社会改革,为面对新自由主义转向的各种社会危机提供新的发展可能性想象的土壤。

在这个意义上,"三网融合"远非一个已经确定了方向(利益导向)和价值(主导利益集团的价值)的社会进程,而是一个"未竟"的对于其意义、政治经济结构和价值的持续的追问过程。以"公共利益"的价值重置为前提,我们认为,需要将最普通群众的利益考量、参与权利和社会公正的价值需求纳入政策框架,并以此抗衡"资本化"的主导性逻辑,为一个更美好的"社会主义三网融合"进程拉开序幕。

参考文献:

James Curran,《资本主义与对新闻界的控制》(Capitalism and control of the press), in James Curran, *Media and Power*, Routledge: 2002, 1st edition.

Andrew Feenberg,《在理性与经验之间:有关技术与现代性的讨论》(*Between Reason and Experience: Essays in Technology and Modernity*), Cambridge, Mass.: MIT Press, 2010.

David Harvey,《新自由主义简史》(*A Brief History of Neoliberalism*), Oxford University Press, USA, 2005.

Yuezhi Zhao,《传播在中国:政治经济、权力与斗争》(*Communication in China: political economy, power, and conflict*), Lanham, Md.: Rowman & Littlefield, 2008.

Giovanni Arrighi,《亚当·斯密在北京:21世纪的谱系》(*Adam Smith in Beijing: Lineages of the Twenty-First Century*), Verso, 2007.

Dan Schiller,《数字资本主义:网络化全球市场体系》(*Digital Capitalism: Networking the Global Market System*), The MIT Press, 2000.

Vincent Mosco,《传播政治经济学》(*The Political Economy of Communication*), Sage Publications Ltd; Second Edition, 2009.

Michael Hardt, Antonio Negri,《帝国》(*Empire*), Harvard University Press, 2001.

Yuezhi Zhao,《夹在网络之中:公共利益与争夺中国信息高速公路的战争》(Caught in the Web: the public interest and the battle for control of China's information superhighway), info Vol: 2 Issue: 1 ISSN: 1463—6697 Date: 2000, pp. 41—66.

David Harvey,《新帝国主义》(*The New Imperialism*), Oxford University Press, USA, 2005.

胡正荣,《后 WTO 时代我国媒介产业重组及其资本化结果——对我国媒介发展的政治经济学分析》,见《新闻大学》,2003 年秋季刊,页 3—10。

汪晖,《"新自由主义"的历史根源及其批判——再论当代中国大陆的思想状况与现代性问题》,《台湾社会研究季刊》,第二十四期,2001 年 6 月。

赵月枝,《国家、市场与社会:从全球视野和批判角度审视中国传播与权力的关系》,《传播与社会学刊》总第 2 期,页 23—50。

黄升民,《中国式的三网融合推动"媒信产业"到来》,《视听界(广播电视技术)》,2010 年第 3 期。

洪 宇

十三、批判传播政治经济学视角下的中国互联网

张晓星 译

导 论

伴随着中国作为最大发展中国家的实力不断攀升,中国互联网从早期的萌芽兴起到近年来井喷式的发展都吸引了大量的学术讨论。虽然相关的成果很多,主流研究范式的思路却相当一致。首先,一部分的实证性研究基于政府—互联网与政府—市场的二元结构之上,认为互联网作为工具能够推动公民社会的发展并实现个人主义、多元主义和自由民主等西方普世价值。① 在这种价值预设的影响下,中国式互联网发展能否推

---

① 参见 Junhua Zhang,《政府会"服务人民"吗?:中国电子政务的发展》(Will the Government Serve the People?: The Development of Chinese E-Government),见 *New Media & Society*, 2002, Vol. 4,页 163;Guobin Yang,《中国互联网和公民社会的共同演化》(The Co-Evolution of the Internet and Civil Society in China),见 *Asian Survey*, 2002, Vol. 43,页 405—422;Zixue Tai,《中国的互联网:网络空间和公民社会》(*The Internet in China: Cyberspace and Civil Society*, New York and London, 2006;Yongming Zhou,《历史化网络政治:中国的电报、互联网和政治参与》(*Historicizing Online Politics: Telegraphy, the Internet and Political Participation in China*, Stanford University Press, 2006);Yongnian Zheng,《技术赋权:中国的互联网、国家和社会》(*Technological Empowerment: The Internet, State, and Society in China*, Stanford University Press, 2007);Lokman Tsui,《作为铁幕 2.0 的防火长城:中国互联网最主导的隐喻对于美国外交政策的意涵》(The Great Firewall as Iron Curtain 2.0: The Implications of China's Internet Most Dominant Metaphor for U. S. Foreign Policy),论文见第六届中国互联网研究年度会议,香港大学,2008),来源于 http://jmsc.hku.hk/blogs/circ/files/2008/06/tsui_lokman.pdf;Guobin Yang,《中国互联网的力量:网络公民行动》(*The Power of the Internet in China: Citizen Activism Online*, Columbia University Press, 2009);MinJiang,《中国互联网的权威主义审议政治》(Authoritarian (转下页注)

动自由与民主进程成为了核心的研究问题。同时,另一部分主流研究则以新自由主义的"信息通信技术促进发展"的逻辑作为支撑,围绕着"数字革命"探讨中国是否能打破政府管制的藩篱发展出以市场为导向的网络基础与数字经济,①与之相对应的市场调研也多着眼于消费者的人口统计信息以及其消费态度与技术接受程度之间的关联。②尽管以上这两大主流研究方向是否有所交集仍有待讨论,他们无疑都将互联网视为"商业政治变革"③的先兆,也因此都将视线聚焦在政府的政策和体制是如何左右、妨碍以及限制互联网发展的研判上。

尽管主流研究的贡献不容忽视,但是其政府—互联网与政府—市场二元对立的研究范式在揭示中国互联网发展现状的同时,却也遮蔽了人们对技术中心主义逻辑的审视,并忽视了市场化不合理性的考察,极大简化了国家扮演的多元角色。例如,由于主流学术话语常常将以市场为导向的互联网视为达到民主与发展的必然取径,无形中合法化了数字资本主义的扩张,"却很少去思考互联网作为一个市场是否是自由与民主

(接上页注) Deliberation on Chinese Internet》,见 *Electronic Journal of Communication*,2010,Vol. 20,来源于 http://papers.ssrn.com/sol3/papers.cfm?abstract_id=1439354;Ribecca MacJinnon,《中国互联网研究会议:超越铁帘 2.0》(Chinese Internet Research Conference: Getting Beyond Iron Curtain 2.0),见 *RConversation*,2008 年六月号,来源于 http://rconversation.blogs.com/rconversation/2008/06/chinese-inter-1.html。

① 参见 Milton Mueller 和 Zixiang Tan,《处于信息时代的中国:通信和改革的困境》(*China in the Information Age: Telecommunications and the Dilemmas of Reform*,Washington, DC/Westport: Center for Strategic and International Studies/Praeger Publishers, 1997);Christine Zhen-Wei Qiang,《中国的信息革命:管理经济与社会转型》(*China's Information Revolution: Managing the Economic and Social Transformation*,Washington. DC: The World Bank,2007);Erran Carmel, GuodongGao 和 NingZhang,《中国日渐成熟的外包信息技术服务产业:十年磨一剑》(The Maturing Chinese Offshore IT service Industry: It Takes Ten Years to Sharpen a Sword),见 C. Lacity, L. P. MWillcocks 和 Y. Zheng 编著的《中国新兴的外包能力:业务冲击》(*China's Emerging Outsourcing Capacities: The Services Challenges*,New York,2010,页 37—56);JiangYu 和 Richard Li-Hua,《中国的信息通信技术高速公路》(*China's Highway of Information and Communication Technology*,Hampshire, UK,2010)。

② 参见 Louis Leung,《中国城市的生活方式和新媒体技术的运用》(Lifestyles and the Use of New Media Technology in Urban China),见 *Telecommunications Policy*,1998,Vol. 22,页 781;Ran Wei,《生活方式和新媒体:中国的无线通信技术的采取和使用》(Lifestyles and New media: Adoption and Use of Wireless Communication Technologies in China),见 *New Media & Society*,2008, Vol. 8,页 991—1008。

③ Randolph Kluver 和 Chen Yang,《中国的互联网:对于相关研究的宏观述评》(The Internet in China: A Meta-Review of Research),见 *The Information Society*,2005,Vol. 21,页 301—308。

的"。①

　　针对主流研究范式的局限,这篇短文将重点阐述批判传播政治经济学视角下的三个重要贡献。总体上讲,批判传播政治经济学将中国的互联网发展视为被裹挟在全球资本主义扩张与演化中的一个有机部分。由于认识到中国的互联网发展既具备国际技术与经济发展趋势的必然性,也体现了中国路径的偶然性与复杂性,批判传播政治经济学也因此辩证地考查资本主义在传播领域的扩张过程以及其在中国是如何"被本土的社会力量所调节的"。②

　　批判传播政治经济学的第一个主要观点是:作为引领互联网发展的市场机制,并不像人们过去所认为的是一个中立和独立的力量,而是同政策、制度与权力格局紧密互构,成为一种政治力量。因此,批判传播政治经济学力图阐明市场力量是如何成为一种权力调节的机制,同时也剖析以此发展起来的互联网如何推动了政企关系、权力层级和社会环境的再次确立。③

　　其次,批判传播政治经济学研究旨在消解新旧媒体之间的物化差异,考察表面差异之下国内以及跨国政治经济利益的存在。有关中国互联网的主流话语就如丹.席勒(Dan Schiller)在美国所观察到的那样,"管理者们总幻想计算机网络可以独立于既已存在的电信设施,然而实际上它却在增加对那些传统设施的使用"。④ 尽管政治经济利益随着互联网经济的发展在不断演化重组,中国互联网发展在宏观格局的制约下,仍受到即有权力关系的影响,因此必须与中国外向型经济、电信发展、广电改革等传统国情议题结合起来讨论。

　　第三,批判传播政治经济学也从社会阶层的视角来考察互联网的发展。在中国目前的历史环境下,互联网是如何催生新的权力同时合法化

---

　　① Micky Lee,《从政治经济学的角度重论"中国谷歌"相关问题》(Revisiting the 'Google in China' Question from a Political Economic Perspective),见 *China Media Research*,2010,Vol. 6,页15。
　　② Yuezhi Zhao 和 Dan Schiller,《与狼共舞? 中国汇入信息资本主义》(Dances with Wolves? China's Integration into Digital Capitalism),见 *Info-The Journal of Policy*,*Regulation and Strategy for Telecommunications*,*Information and Media*,2001,Vol3,页140。
　　③ Robin Mansell,《政治经济学、权力和新媒体》(Political Economy, Power and New Media),见 *New Media & Society*,2004,Vol. 6,页74—83。
　　④ Dan Schiller,《信息资本主义:网络化全球市场》(*Digital Capitalism*:*Networking the Global Market System*,The MIT Press,2000),页5。

不平等的社会环境的呢？特定的信息资源的组织与利用是如何影响到更广层面上的社会剥削与抵抗的？新的工薪阶层的形成对于中国的网络社会又意味着什么？基于马克思主义关于生产与剥削的论述以及韦伯的市场实力的模型,①批判传播政治经济学研究已经将互联网以及网络社会的崛起与阶层和劳动问题紧密联系起来。

接下来的部分将会通过对互联网发展背景、动因和影响做更为详尽的论述,以此进一步阐述批判传播政治经济学的这三大贡献,同时也将为今后的研究提出一些建议。

一、背景:开放、资本和互联网

在全球资本主义体系中,传播扮演着支柱性的角色,其重要性远超越了传递商业信息或是架构跨国商业网络等显而易见的功能。因此,当中国在重新进入国际市场经济之后,也开启了对于通信基础设施的再定义与再构建,互联网也不例外。市场改革以来,原来为国家所垄断的通信网络通过公司化、资本化重组,成为资本主义生产必不可少的基础设施,其自身也成为一个资本积累的新平台。

国有电信运营商是中国互联网的主要网络运营商,②其具备公司全球主义与国家主义的双重特点。中国电信改革并不支持政府—市场的两分法,而是将市场力量纳入到了国家组织当中。尽管在全球新自由主义影响下,自由化和市场化的浪潮在20世纪80年代和90年代盛行,③但中国政府仍通过独特的剥离的方式在电信行业引入了市场竞争机制,同时将电信行业掌控在少数国有企业手中。这些国有企业不仅坐拥着不断扩

---

① Graham Murdock,《重建被毁之塔：当代传播与阶级问题》(Reconstructing the Ruined Tower: Contemporary Communications and Questions of Class),见 J. Curran 和 M. Gurevitch 编著的《大众媒体和社会》(*Mass Media and Society*, Oxford University Press, 2000),页 7—26。
② 参见 Yuezhi Zhao,《困陷网中：公共互联网和抢夺中国信息高速公路控制权的争论》(Caught in the Web: The Public Internet and the Battle for Control of China's Information Superhighway),见 *Info-The Journal of Policy, Regulation and Strategy for Telecommunications, Information and Media*, 2000, Vol. 2,页 41—66; Yuezhi Zhao 和 Dan Schiller,《与狼共舞？中国汇入信息资本主义》,前揭,页 137—151。
③ Dan Schiller 和 RasaLinda Fregoso,《私有化的信息世界》(A Private View of the Digital World),见 *Telecommunications Policy*, 1991, Vol. 15,页 195—208。

大的固网、无线网和数据网络,同时他们也主导着这些网络的市场化。①

　　国际运作的范畴也在扩大。② 作为加入 WTO 的一个条件,中国向国外资本开放了包括互联网服务在内的电信服务市场。从 2001 年开始,中国互联网服务供应商高达 49% 所有权获准向国外投资者开放。③ 开放的压力不仅仅来源于外部力量,同时也来自于电信运营商为代表的国有资本自身的发展需求。国有电信运营商不仅通过全球证券市场上市,更寻求将企业股份出售给他们的国际战略性合作伙伴。④ 通过主动利用国际金融并融入海外技术格局,中国的电信早已经历了一场深刻的资本化和市场化的变革,充分内化了市场逻辑。

　　互联网的发端寄托于这样的电信改革,而电信改革则是一种政治过程,重新分配通信资源所主要依靠的市场机制也并不是一个无偏见的力量。从市场改革以来,电信运营商们必须为网络发展自筹资金。结果是,电信运营商们对跨国资本和集中在沿海地区的中产阶级的需求给予了热情的回应。⑤ 然而在内陆地区由于商业诱因的匮乏,运营商的本地分行会暂停农村业务、中止已有的电话服务、甚至拒绝共享网络基础设施。⑥ 实际上,伴随着利润驱动的、以消费为导向的通信发展,是逐渐减少的国家对普遍服务的承诺。

　　伴随着电信改革,中国互联网的本质也随之从一个专门用于学术的非盈利性网络变成一个商业化的网络。从 1995 年中国电信决定建立一个全国性的以商用为目的的公共网络开始,占领制高点的政治指令、资本积累的逻辑和国有电信运营商之间的激烈竞争共同引发了对数字化网络的大规模投资,⑦由此,网络平台以及其所承载的信息商品得到的长足的发展。而在如此的发展轨迹上,强势的政治经济主体使互联网在社会和

---

　　① John Wong 和 Nah Seok Ling,《兴起的中国新经济:互联网和电子商务》(*China's Emerging New Economy*: *The Internet and E-commerce*, Singapore University Press, 2001),页 32。
　　② Yuezhi Zhao,《中国的传播:政治经济学、权力和冲突》(*Communication in China*: *Political Economy*, *Power*, *and Conflict*, Lanham, USA, 2008)。
　　③ Eric Harwit,《中国的电信革命》(*China's Telecommunications Revolution*, Oxford University Press, 2008),页 104。
　　④ Yuezhi Zhao 和 Dan Schiller,《与狼共舞? 中国汇入信息资本主义》,前揭,页 146。
　　⑤ Yuezhi Zhao 和 Dan Schiller,《与狼共舞? 中国汇入信息资本主义》,前揭,页 145。
　　⑥ Jun Xia,《为农村社区跨越电子分隔:中国案例》,前揭。
　　⑦ Christine Zhen-Wei Qiang,《中国的信息革命:管理经济与社会转型》,前揭,页 52。

空间的层级结构当中成为一个有机且有建构能力的力量。① 作为相比固定电话服务更加高级的通信形式，互联网显示出更为严重的区域集中和社会差距。根据中国互联网信息中心的报告，截止到 2007 年，47.9% 的中国互联网用户集中在东部沿海省份；而截止 2016 年 6 月，73.1% 的互联网用户生活在城镇地区，农村的互联网用户只占 26.9%。②

从经济学有关市场发展的视角来看，电信运营商在长期商业利益驱动下将会把农村和内陆地区转变成为一个新的增长区域。然而带有包容性的平衡举措绝不可能是一蹴而就的过程。实际上，如何在不牺牲商业利益的前提下赢得新的消费者对于上市公司来说仍然是一个不可以妥协的原则。另一方面，尽管无线和卫星通信等新技术被认为可以缩短数字鸿沟，③但是，相对于提供可能造成亏损的基本服务，电信运营商以及设备供应商无疑对占领以消费为导向的高端市场无疑更有兴趣。近些年来，中国的电信运营商和国内外的设备供应商一起，一心一意地推动 3G/4G 网络的建设以使之成为一个新的市场增长点。而早在九五期间就已经制定的"村村通"的目标，却在投资驱动下不断加快的技术替代与网络更新周期里，成为了一个可望而不可及的目标。④

赵月枝指出，"中国通信机构、政策和话语中存在着深刻的城市和沿海偏见，这也是当前中国社会统治结构最为鲜明的特征"，⑤并提出我们

---

① 参见 Yuezhi Zhao 和 Dan Schiller，《与狼共舞？中国汇入信息资本主义》，前揭；Eric Harwit，《将电信延展至中国的发展中地区：电话、互联网和数字鸿沟》(Spreading Telecommunications to Developing Areas in China: Telephones, the Internet and the Digital Divide)，见 *China Quarterly*，2004 年 12 月号，页 1010—1030；Yuezhi Zhao，《普遍服务和中国的电信奇迹：话语、实践和入世后的挑战》(Universal Service and China's Telecommunications Miracle: Discourse, Practices, and Post-WTO Accession Challenges)，见 *Info-The Journal of Policy*, *Regulation and Strategy for Telecommunications*, *Information and Media*, 2007, Vol. 9, 页 108—121；Jun Xia，《为农村社区跨越数字鸿沟：中国案例》(Bridging the Digital Divide for Rural Communities: The Case of China)，见 *Telecommunications Policy*, 2008, Vol. 32, 页 686—696。

② Helen Sun，《中国的互联网政策：对于网吧的实地研究》(Internet Policy in China: A Field Study of Internet Cafes, Lexington Books, Rowman & Littlefield Publisher, 2010)，页 140 和 143。

③ Eric Harwit，《中国的电信革命》，前揭，页 179。

④ Yuezhi Zhao，《中国的传播：政治经济学、权力和冲突》，前揭，页 153。

⑤ Yuezhi Zhao，《批判性地研究传播和中国：挑战和机会》(For a Critical Study of Communication and China: Challenges and Opportunities)，见 *International Journal of Communication*，2010, Vol. 4, 页 544—551。

应该对其进行系统化的批判。介于危机四伏的新自由主义经济增长模式,并恰逢国家十二五规划特别是党的十八大以来提出的经济转型的契机,这项研究议程变得更为迫切。它要求研究者质疑而不是单纯接受过去 30 年的市场经济改革经验,并去深入的探讨市场经济改革在传播领域所产生机制以及所带来的复杂影响,考察资源分配体制的演变过程,包括国有资本体现的所谓"国家意志"的转变。

更重要的是,将来的研究不应该仅仅是一个对于不平等发展的描述性的和总结性的记录,而应当从危机与矛盾入手,针对既有模式的冲突、抗争与调整做出研判,对另类选择做出引导。由于中国政府始终控制着关键性的通信基础设施,这为今后的发展道路创造了回旋的余地。在这种情况下,中国是否能基于对全国性的通信网络的总体规划创造出一条有别于新自由主义的数字经济发展道路,成为了一个重要的面向未来的问题。尤其是 2008 年全球经济危机之后,"数字中国"的建设是否会给农村以及内陆地区带来数字红利?由落后地区、被剥夺权力的弱势阶层以及他们对市场逻辑的适应和反抗所构成的地方政治经济动态,会否影响网信在特定地区的使用与布局?在其平衡经济的努力下,中国政府和草根社会力量能否通过他们所保有的社会主义的遗产有效地干预市场的力量,从而重新定义经济发展的空间与社会结构?这些问题无疑有待于进一步的研究。

二、动因:互联网与经济转型

关于中国互联网的主流学术话语往往都将互联网视为民主的普适性工具。然而,当互联网作为一个面向用户的"民主特质"被凸显出来,它却与中国参与全球资本主义的特定的历史背景相脱离,这一去历史化的表述则再次强化了互联网作为解放工具的神话,同时也在很大程度上掩盖了由中国与全球资本主义之间融合并矛盾的关系所带来的许多相互冲突的社会变革的趋势。也就是说,当中国通过互联网行业与世界资本主义体系进行接触,其产生的实际效果要远比"互联网推动民主化进程"这一政治口号所描述的复杂得多。批判传播政治经济学研究已经发现了这一空白,并深入到特定历史环境下考量互联网与变革的复杂关系。

当占统治地位的"互联网推动民主进程"的言论避开了关于全球资本

主义体系与中国式资本主义的任何结构性讨论,那么新自由主义关于"信息通信技术促进发展"的话语则将全球资本化视为历史的必然,并关注后起的工业国家如何吸收尖端技术并攀上受到跨国公司控制的国际价值链条。然而,这个话语实际上是被商业诱因所推动、觊觎中国的市场潜力的产物,因而很大程度上忽视了控制与剥削所带来的国内与国际的欠发展状况的延续。与之相对的,批判学派则将目光聚焦在中国的信息和通信工业为什么和如何成为迄今为止由西方国家推动的、以跨国企业为主导、并且过度理想化的"网络社会"的不可缺少的组成部分,并将其所带来的矛盾、斗争以及影响作为讨论的重点。①

对于中国这样的一个半边缘国家,技术引进并不会自动为其提供独立设计和创新的能力,反而会将中国推上一条通往网络社会的"依赖型道路"。从上世纪 80 年代开始,中国不断扩大的网络建设为外国供应商提供了一个巨大的市场。为了给技术引进筹措资金,中国加入了国际货币基金组织和世界银行来获得贷款。② 除了贷款,为了建设中国自己的信息与通信工业,政府更是放宽了对外国直接投资的管制,其结果是重组包括土地和劳动力在内的国内资源,从而形成了一个面向全球市场的电子消费品和电信网络设备的加工集群。这条通往"网络社会"的依赖型道路对于国家发展来讲有着长期的影响。在跨国公司控制下的技术市场里,中国产业升级和企业发展的前景绝不会是一帆风顺的。

但是,伴随着美国经济霸主地位的降低,正在进行中的全球大洗牌似乎有可能以"弱势群体的崛起"作为谢幕。③ 如果是这样的话,中国会不

---

① 参见 Zixiang Tan,《发展中国家的产品周期、温特尔主义和跨国生产网络》(Product Cycle, Wintelism, and Cross-National Production Networks for Developing Countries),见 *Info*,2002, Vol. 4,页 57—65;Yuezhi Zhao,《手机之后是什么? 将社会性重新嵌入中国的"信息革命"》(After Mobile Phones, What? Re-embedding the Social in China's 'Digital Revolution'),见 *International Journal of Communication*, 2007, Vol. 1,页 92—120;Lutao Ning,《中国在世界信息通信产业中的领导权:关于其"引进"和"走出"的成功故事?》(China's Leadership in the World ICT Industry: A Successful Story of Its 'Attracting-in' and 'Walking-out' Strategy?),见 *Pacific Affairs*, 2009, Vol. 82,页 67—91;Yu Hong,《劳工,阶级形成和中国信息化的经济发展政策》(*Labor, Class Formation and China's Informationized Policy of Economic Development*, Lexington Books, Rowman & Littlefield Publisher, 2011)。

② Helen Sun,《中国的互联网政策:对于网吧的实地研究》,前揭,页 132。

③ Jan Nederveen Pieterse,《将他者的崛起呈现为威胁:媒体和全球分化》(Representing the Rise of the Rest as Threat: Media and Global Divides),见 *Global Media and Communication*, 2009, Vol. 5,页 221—237。

会通过利用国内市场以及满足未满足的社会需求来实现一种独立于世界经济格局的"自成体系"的策略？是去挑战亦或是去领跑以知识产权为基础的、剩余价值积累为推动的、消费主义为主导的全球资本主义生产体系？如果中国有潜力成为一个新的资本积累的中心,中国政府依靠其前所未有的财政实力以及令人称羡的行政能力会促成还是会阻碍这一重大的转变？为了探讨这些问题,一系列研究开始着眼于国家关于技术标准的发展举措。① 近些年来,中国政府开始有意识地、公开地调动产业政策来设置下一代的技术标准,试图创建一个中国独有的市场。由于各种原因,中国在标准发展上的努力大多并不成功。除了占统治地位的国外企业势力的破坏行动之外,②民族主义的国家赶超计划与追求商业利益的企业基础之间的矛盾经常消解了政府调节国内各方利益的能力。③ 即便是在取得成功的移动通信标准领域,技术经济国家主义也是充满妥协和矛盾的工程。④

同时,鉴于中国步履蹒跚的出口依赖型经济增长方式,统治精英和中国政府越来越意识到文化传媒和电子媒介在推动国内经济朝高质量方向发展上的重要意义,因此一方面着力于创造有利的投资环境,推动文化媒体公司化与信息商品化,另一方面通过普及网上交易推动中国商业环境

---

① 参见 Linchuan Qiu,《中国的技术国家主义和全球无线网络政策》(Chinese Techno-Nationalism and Global WiFi Policy),见 Michael Curtin 和 H. Shah 编著的《重导全球传播：跨越边界的印度和中国媒体》(Reorienting Global Communication: Indian and Chinese Media Beyond Borders, University of Illinois Press, 2010,页 284—303;Yuezhi Zhao,《手机之后是什么？将社会性重新嵌入中国的"信息革命"》,前揭,页 92—120;Yu Hong, Francois Bar 和 Zheng An,《处于融合时代分水岭的中国电信：一个以国内需求为基础的增长模型的可能性和阻碍》(Chinese Telecommunications on the Threshold of Convergence: Possibilities of and Impediments to a Domestic Demand-Based Growth Model),见 Telecommunications Policy,2012,Vol. 36,页 914—928。

② 参见 Heejin Lee, Shirley Chan 和 Sangjo Oh,《入世后中国信息通信技术产业的标准政策：技术国家主义相对于技术全球主义》(China's ICT Standards Policy after the WTO Accession: Techno-National versus Techno-Globalism),见 Info: The Journal of Policy, Regulation and Strategy for Telecommunications, Information and Media,2009,Vol. 3,页 9—18。

③ 参见 Linchuan Qiu,《中国的技术国家主义和全球无线网络政策》,前揭;Yuezhi Zhao,《中国于信息技术发展中对本土创新的追求：期望、愚行及其不确定性》(China's Pursuits of Indigenous Innovations in Information Technology Developments: Hopes, Follies and Uncertainties),见 Chinese Journal of Communication,2010,Vol. 3,页 266—289。

④ Yu Hong, François Bar, and Zheng An(2012). "Chinese Telecommunications on the Threshold of Convergence: Contexts, Possibilities, and Limitations of a Domestic Demand-Based Growth Model," Telecommunications Policy 36, 10—11(November-December): 914—928。

的发展,推动网上消费文化。因此,在这样的融合时代,互联网作为主导性的媒介在经济增长和市场发展中的作用有增无减,可以说是市场经济延续与深化的新场景。尤其宽带网络成为战略公共基础设施,因其能够提供集声音、数据与动画于一体的服务,而被认为是互联网经济空间发展的重要节点。无论是电信运营商还是有线电视运营商都已经开始了一个规模越来越大的对既有的物理网络的"创造性破坏"工程,期望扩展新的信息应用以及内容服务,从而创造新的网络商机。①

基于宽带发展起来的非公互联网企业则是进一步改写了国家与市场的力量对比。十二五时期"互联网+"行动计划的实施以及十三五规划中"拓展网络经济空间"的决策,为进一步推动经济自由化发出号令。尤其是对于已拥有强大商业模式的阿里巴巴、腾讯等互联网巨头来说,这些重大决策意味着赋予它们进入传统产业包括一直由政府主导的公益性服务业的准入资格。然而这一旨在推动商业发展和产业重构的计划依赖于各种信息不断增强的商品化过程,它也绝不可能是一个一帆风顺的过程。目前,以信息化特别是网络经济作为先导力量的转型政策面临了多方的阻力,其中包括电信运营商对于独立承担巨额网络投资的不满,传统行业面对背靠国际金融资本的网络经济的侵入的抵制,公共数据商品化甚至私有化所引发的对于公民权益与公共服务的担忧,以及政府优先发展数字经济新业态所面临的如何缓和对社会冲击的难题。

总而言之,从经济转型的命题出发,一系列问题有待于进一步的研究:中国金融危机后重新平衡经济的努力会不会造成网信产业的市场洗牌以及国家与市场关系的重构?本土企业和国内市场会扮演怎样的与国外公司和出口市场不一样的角色?此外,作为一个新兴经济空间,互联网将处于政治争论的风口浪尖:一方面是中国民族主义驱动下的实现全球市场经济领跑者地位的目标,另一方面则是以国内发展为导向的、强调社会正义和人类发展的愿景。② 因此,如果中国的崛起是建立在"中国下层阶级的崛起"③上,拓展网络经济空间的市场机制能否得到有效的监管或

---

① Christine Zhen-Wei Qiang,《中国的信息革命:管理经济与社会转型》,前揭;Zixue Tai,《中国的互联网:网络空间和公民社会》,前揭,页139—140。
② 参见 Yuezhi Zhao,《困陷网中:公共互联网和抢夺中国信息高速公路控制权的争论》,前揭。
③ Yuezhi Zhao,《普遍服务和中国的电信奇迹:话语、实践和入世后的挑战》,前揭,页545。

者能否得到以社会正义为目标的信息化发展的补充？中国政府在十三五计划（2017—2020）期间推动"信息经济全面发展"，这一命题不仅仅应该与经济增长和市场发展联系起来讨论，更应该从社会层面去审慎的研究。

三、影响：国家、社会和阶级

互联网出现后不断演化的国家—社会关系是学者们探讨互联网发展所带来的政治和社会影响的落脚点。鉴于互联网使用的飞速普及，在自由主义分析框架下最为突出的主题无疑是对互联网民主化潜力的猜想。一些学者通过对多层行政管理体制的分析来解释互联网（并没有）带来的革命性冲击，[①]而另一些学者则将视线集中在网上争议与结构性力量的博弈上。[②] 尽管有其理论和实证的重要性，这种对国家审查以及其相应的反作用力——刚刚起步的网上公民社会——的关注并没有给予虚拟空间的阶级属性足够的考察，并且忽视了在虚拟空间中处于一个并不对称的位置上的广大中国工农的通信需求和实践。[③]

在国家—社会的关系尤其是统治与控制机制的问题上，批判传播政治经济学的研究跳出了国家与社会的二元对立关系，并且将一个历史概念替代了一个物化的概念——及将国家视为特定历史时期的社会代理人之间斗争的产物而不是一个具有完全独立意志的自治机构。[④] 因此，基于官僚资本主义体系和不断扩大的失语的工农群体之间的基本矛盾，一些研究开始探讨互联网如何合法化新的权力等级。[⑤] 赵月枝认为，在由国家主导的媒体自由化这条特殊的发展道路上，国家垄断的商业化媒体

---

① 参见 John Wong 和 Nah Seok Ling,《兴起的中国新经济：互联网和电子商务》，前揭；Yongming Zhou,《历史化网络政治：中国的电报、互联网和政治参与》，前揭。

② 参见 Guobin Yang,《中国互联网的力量：网络公民行动》，前揭。

③ Yuezhi Zhao,《重思中国的媒体研究：历史、政治经济学和文化》(Rethinking Chinese Media Studies: History, Political Economy and Culture)，见 Daya Thussu 编着的《国际化媒体研究》(Internationalizing Media Studies, Routledge, 2010)，页175—195。

④ William Robinson,《全球资本主义和以民族国家为中心的思维——当我们看到民族国家的时候我们又没有看到什么：对批评的回应》(Global Capitalism and Nation-State-Centric Thinking—What We Don't See When We Do See Nation-States: Response to Critics)，见 *Science & Society*, 2001, Vol. 65, 页500—508。

⑤ 参见 Yuezhi Zhao,《中国的传播：政治经济学、权力和冲突》，前揭。

在现有的政治经济秩序下的取得了既定的利益。因此,包括互联网服务供应商在内的中国媒体有着政治上的妥协性和对阶级出身的偏见。相应的,国家的审查制度也越来越多的把左翼以及工农团体而非自由主义者的观点作为审查的目标。①

集中在阶级这一概念上,批判传播政治经济学力图探讨"通信领域不平等的权力分配和更广范围的财富与权力分配不均"②之间的内在联系。如果互联网已经成为资本积累必不可少的基础设施,那么在经济改革催生出一大批农村无产阶级和城市下层阶级的背景下,互联网对于失语和失业的人来说意味着什么呢?实际上,高端市场的饱和、企业间的竞争以及国内互联网产业的发展已经建构出了一个"工薪阶层与弱势群体的网络社会"。③ 根据以不同的"市场实力"来定义阶级的韦伯模式,④这个"弱势"阶级包括农民工、下岗工人、退休者以及个体商贩。他们使用各种各样的通信工具来构建自己的社区和文化。⑤ 由此可见,一方面通信系统如何被利用来复制阶级统治和阶级控制无疑需要更多的批判性的历史分析,同时另一个视角也同样值得系统分析:那就是,新的工薪阶层和其他在性别、民族、种族和信仰等层面失语的社会群体,如何在他们的主体性的协助下,将互联网纳入到他们的文化、社会以及政治实践当中,以及这些行为如何在整体上构成中国网络社会中一个不容忽视的力量的命题。

当信息经济雇佣数以百万计的劳动力时,马克思主义通过生产关系来定义阶级的视角也变得必不可少。包括硬件生产工人和白领软件开发者在内的庞大的并且仍在不断扩大的信息与通信产业的工人群体,以及他们的新身份——雇佣工人而不是消费者——共同构成了中国网络社会崛起的重要维度。⑥ 由于资本主义克服其固有危机的努力是建立在"积

---

① Yuezhi Zhao,《中国的传播:政治经济学、权力和冲突》,前揭,页79。
② Yuezhi Zhao,《中国的传播:政治经济学、权力和冲突》,前揭,页7。
③ Linchuan Qiu,《工人阶级网络社会:中国的传播技术和都市信息贫乏人群》(Working Class Network Society: Communication Technology and the Information Have-Less in Urban China, Cambridge, The MIT Press, 2009)。
④ Murdock,《重建被毁之塔:当代传播与阶级问题》,前揭。
⑤ Linchuan Qiu,《工人阶级网络社会:中国的传播技术和都市信息贫乏人群》,前揭;Cara Wallis,《没有保障的手机:技术的承诺和文化的偶然》(Mobile Phones without Guarantees: The Promises of Technology and the Contingencies of Culture),见 NewMedia & Society, 2011, Vol. 13,页471—485。
⑥ 参见 Yu Hong,《劳工,阶级形成和中国的信息化的经济发展政策》,前揭。

累、重塑以及在某种情况下消灭劳动力的形体"①的基础上的,国内经济转型的努力和后金融危机"时代全球产业链重组正在持续作用于中国劳动力构成。一些重大的社会工程已经开始:例如,为了登上全球劳动力纵向分工的顶峰同时横向整合全国市场,国家通过大力发展教育将人力资源输送到高科技信息通信技术行业,包括软件、微电子、动画以及信息服务等产业。鉴于并未完成的无产阶级化的过程,将来的研究应当考察与劳动力重塑相关的产业结构调整与经济转型——以及对这种调整与转型的抵抗——带来的社会冲击。

综上所述,对于中国互联网的研究,除了国家和市场动态,社会力量也同样重要。社会主体不仅包括自由主义者和政治社会精英,同时也来自于不同性别、地域、年龄和民族的工人和农民。② 此外,处在全球资本主义危机与重构的历史拐点,互联网——作为一个集制造业、网络基础设施、内容和意识形态于一身的集合体——表达和构建一系列相互关联和相互作用的动力,包括资本主义扩张与其自我修正、精英统治阶层关于中国通过通信崛起的愿景与草根阶级对正义与发展的需求之间的矛盾,以及走向发展平衡所需的社会包容性和重绘等级界限之间的双向运动。这些都将是这一领域值得探索的方向。

四、结　论

关于互联网发展的主流学术话语过度推崇"互联网推动民主进程"的论断,不可避免地推进和合法化数字资本主义的扩张。与此同时,另一股主流思想则与商界的世界观产生共鸣并主张接受全球资本主义的体系。他们认为发展中国家应当通过吸收先进的信息和通信技术以及加入全球劳动力分工来实现跨越式发展,却未曾提及其带来的结构性不平等和剥削。

这两股思潮很大程度上塑造了中国互联网的研究领域。中国互联网

---

① Marcus Taylor,《竞争性的应召军:当代发展中的文化、制度和资本》(Conscripts of Competitiveness: Culture, Institutions and Capital in Contemporary Development),见 *Third World Quarterly*, 2010, Vol. 31, 页 561—579。

② Yuezhi Zhao,《重思中国的媒体研究:历史、政治经济学和文化》,前揭。

的主流研究将互联网与社会进步线性的等同起来。它的基础是国家与新媒体的二元论,而这也是国家与市场二分法的衍生物。这些物化的观念认为国家、社会和市场都是具有独立利益的自治机构,同时公开地支持关于包括互联网在内的新媒体自由主义本质的假说,并且将新媒体与资本主义之间的密切联系视为理所当然。

为了摆脱这种研究范式并将讨论扩展到线性等式之外,批判传播政治经济学将互联网置于权力机构、政治经济利益以及阶级关系的历史框架下,置于中国与全球资本主义的矛盾、互构关系中,提出了包括社会正义和可持续发展在内的替代性的规范价值,也因此开辟了许多新的和重要的研究视角。包括国家主导的数字资本主义的矛盾发展、中国在全球市场经济中通过传播获得的机遇与危机、国内阶级关系与层级结构的形成和演进,以及资本主义扩张与对市场实施社会控制之间的双向运动在内的历史性、结构性的命题将继续成为批判传播政治经济学的研究重要方向。

葆拉·查克拉瓦蒂(Paula Chakravartty)[①]

十四、媒介、现代性与不平等：
企业化印度中的平民

姬德强 译

引 论

  作为《新闻周刊》(Newsweek,2004)预测的全球最具投资价值的国家,印度似乎正在成为世界上最大的消费市场之一。平均而言,印度每年加入消费者阶层的人数达到三千到四千万。政治的赋权和滴入式经济增长[②]已经使得满载着野心和愿望的印度人在数量上超过了历史上的任何一个时代。
  ——印度品牌证券基金会(IBEF)手册(2005)[③]

[①] 此论文英文版发表于2011年3月在宾夕法尼亚大学举办的"秩序与边界学者论坛"。原标题中的"平民"原文为"Aam Aadmi",在印地语和乌尔都语中指"平民"或"普通人"。在2004和2009年的政治竞选中,印度国民大会党(国大党)以该词作为建设联合政府的指导纲领。在印度,"Aam Aadmi"指的是普通的印度人或平民。这个词的含义包含三个基本问题:食物、衣物和住所;而 Aam Aadmi 目标直指普通人的幸福。政府必须通过提供在食物和花费等基本生活用品上的补贴来保护普通人的利益。但是,在当下的补贴方案中,提供这些支持需要支付高昂的行政成本。于是,经济学家建议通过直接的现金汇款来减少行政成本。(来源:维基百科)
[②] 滴入式经济学(trickle-down economics),又称涓滴效应,指的是"指在经济发展过程中不给与贫困阶层、弱势群体或贫困地区特别的优待,而是由优先发展起来的群体或地区通过消费、就业等方面惠及贫困阶层或地区,带动其发展和富裕,或认为政府财政津贴可经过大企业再陆续流入小企业和消费者之手,从而更好地促进经济增长的理论。"参见:http://baike.baidu.com/view/638784.htm。
[③] 《印度,发展最快的自由市场民主国家》,网址:http://www.ibef.org/brandindia/indiabrochure.aspx。

从由明星参与的界限模糊的文化推广到无休止的24小时新闻播报，作为一项媒介实践的"国家品牌营销"(nation branding)在印度随处可见。"企业化印度"(India Inc.)的宣传词——"增长最快的自由市场民主"尝试着将其与共产主义的中国，也是她最重要的竞争对手相区别。这一区分强调了"政治体系的稳定与持久性"是印度获得外国投资的主要竞争优势。然而，当我们步入印度经济改革的第三个十年，其奇迹般快速的经济增长欲求却不得不最终与社会不平等，或者更直白地说，贫困问题——就像通过"平民"(aam admi)利益所表达的那样——产生关联。世界银行对印度的评估显示，全印度11亿5000万人口中，生活在贫困线以下的占了42％；而其他一系列的研究则发现，真实的贫困数据则在50％到77％之间摇摆不定。人类学家阿俊·阿帕杜莱(Arjun Appadurai)将新自由主义（或者说后自由主义化）城市印度(Urban India)在日常生活中表现出的城市不平等描述为一种"财政隔离"(financial apartheid)形式，亦即显著的空间和物质的不平等。在一篇题为"饥饿的共和国"的论文中，印度经济学家乌特撒·帕特奈克(Utsa Patnaik)认为，在21世纪的前十年，印度农村的贫困率是历史罕见的，"在这个国家独立的历史中，我们从未见过像现在一样大规模拒绝给予的负面趋势，以及将这一趋势包装和展现成一个正面发展方式的做法。"(2007,页116)与此同时，一些来自媒体空间的批判声音，比如阿兰达蒂·洛伊(Arundhati Roy)、范达娜·席娃(Vandana Shiva)和赛纳斯(P. Sainath)在他们的媒体评论中也表达了相似的忧虑。他们主张，印度商业媒体的扩张和繁荣协助塑造了一种大众的"集体遗忘"或"记忆缺失"，从而对这个国度里贫穷的范围和程度视而不见。

在过去的十年中，尽管有关农村贫困的问题鲜有报道，但与经济增长相伴生的显著而根本的社会不平等议题却经常出现在公共文化和有关政策制度的讨论中。我们发现，在新闻报道、电视、电影和广告叙事中——城市贫困问题和印度农村的面貌变迁是平行出现的。在当代印度的公共文化里，这一现象内化于一个断裂的全球化叙事之中。在本文中，我们的关注点并不指向那些犯罪和社会暴力问题，以延续一些研究所发现的1990年代以来全球范围内新闻业的某种小报化(tabloidization)趋势。我们聚焦的是，在一个新自由主义的印度社会中，具有同样重要性和代表性的城乡不平等议题，而这一议题明显地预示了社会敌对或斗争运动产生的可能性。长久以来,拥有悠久历史传统的东方主义修辞提供了一种吸引人的"真实"社会场景,并以此展示企业精神的卓越性和未曾开发的消费需求;在这个背景中,我们需要考虑的仅仅是一些相似的图景,比如微笑的街头儿童、城市中莫名其妙的阉牛火车,以及穿着鲜亮并使用手机和笔记本的农民,并将他们作为这一类型的同类的参考。然而,与这一路径相反,从一个更具批判性的诘问的角度来说,事实则呈现出两个维度:如批评家赛纳斯(Sainath)所述:一方面,面对农业部门的经济自由化,那些导致债务增长和不安全感增加的,也是导致印度农民自杀率升高的原因很少被新闻报道所提及;但在另一方面,这些因素却已经在吸引全国新闻媒体和纪录片甚至流行的印度语电影的关注。与此相似的是,最近在新德里举办的2010年英联邦运动会上爆出的丑闻,将公共视野再次引向了成千上万的移民工人,及其"冷酷和无人性"的工作和生活,而他们正是那些建造城市基础设施和体育场,为运动会服务,并借此向世界展示印度国家品牌的主要劳动力群体。进一步来说,媒介转瞬即逝的报道和大多数尽管不完善但仍存在的关于社会不平等的叙事,正在不断被重复地运用在有关"包容"(inclusion)的社会诉求当中,从而挑战经济和社会不平等的残酷现实。这些叙事具体包括那些在经济上被边缘化的群体所进行的武装政治起义(包括历史上被压制的少数边缘和部落族群),反抗强制性拆迁和产业发展的社会抗议运动,以及围绕一系列社会议题(例如印度种姓制度的保留和公共工作项目等)的立法改革和权衡问题。

正是在这一动态和多样化的背景下,本文将致力于评估"新兴"印度的不平衡现状是如何通过已经发展了近十年的制度化的国家品牌传播实践被调和和妥协的。理论上来说,本文的目标是展现一种思路的重要性,那就是南方国家进行的国家品牌营销并不能被简单地按照那些取代了民主化公民权或再封建化的公共领域的消费文化去理解。与此相反,在将当下的变革重新置于一个拥有更长的后殖民主义历史的国家的品牌化传播的话语的前提下,我试图去批评这种暗含在大多数媒介和全球化文献中的"简单的扩散式目的论"(easy diffusionist teleology)。政治理论家苏迪塔·卡维拉(Sudipta Kaviraj)认为,"现代性中的自我分化逻辑"(logic of self-differentiation in modernity)需要新的问题来关注"不同的民主的"(differently democratic)脉络。在印度,正如在其他近代的后殖民国家一样,国家需要统合的不仅包括"民主的强迫"(compulsions of democracy),还包括由这一强迫所加强的"资本主义的转型"。在接下来的段落中,我希望展示在这一背景下所进行的国家品牌化传播的诸多路径,这些路径一方面可以被看作整合"剥夺式积累"(accumulation by dispossession)之暴力的有效策略,另一方面也可以被视为基于强有力的市场抱负的"欲望的新经济"(new economics of desire)。

"闪耀的印度"(India Shining)运动和全球"印度制造"(Swadeshi)话语的局限性

"Aam aadmi ko kya mila?"对2004年的国会竞选来说,这五个普通的词语确实十分奇妙。正如在广播中容易被记住的口号一样,在接下来的几个星期中,政治话语因其发生了重要变化,政治话语的关注点从印度企业转变为看不见的印度(Invisible India)。平民的概念迷惑了民意调查者和分析专家。在竞选机器开启的那天,"闪耀的印度"运动却躺在了垃圾箱里,与印度人民党领导的全国民主联盟一样失去了生命力。

——索巴纳·萨克西娜(Shobana Saxena)①

对《印度时报》(The Times of India)这类媒体来说,"平民的崛起"(rise of the aam admi)是出人意料的,因为这已经成为意图展示"新"印度辉煌的经济成就的品牌化传播的重要障碍之一。作为印度国内具有领导地位的以市场为导向的新闻机构之一,时报集团和其他许多精英英语商业媒体一样,在整个1990年代在国会和印度人民党政府框架内积极地促进经济自由化上发挥了举足轻重的作用。在我们检视那些造成"闪耀的印度"计划失败的多种具体的原因之前,首先我们需要去考察政治文化和制度逻辑中的那些变化,这些变化可以追溯至1980年代末期最早的经济

---

① 《平民的崛起》(The Rise of Aam Admi),《印度时报》,2009年12月27日,网址:http://articles.timesofindia.indiatimes.com/2009-12-27/specialreport/28075783_1_aam-aadmi-common-man-crore-households。

改革。在这个时期,关键的任务是象征性地在那些少数城市精英和更广大的数以十亿计的国民的利益之间做出平衡。

在广告商和市场领袖们看来,他们支持的国家品牌营销策略可以被看作一个后工业时代中不可避免的公司与国家利益相融合的自然结果,而这一结果会直接促进经济的增长。正如 Saffron 品牌咨询公司主席沃利·欧文斯(Wally Owens)——他更看重以位置为基础的品牌化建构(place-based branding)——所描述的那样,1789 年以来的现代民族国家已经在不断地品牌化和再品牌化自己,而且更多的公司品牌传播技巧可以非常容易地被运用去"激发"、"鼓舞"和"控制"市民,就像控制消费者那样简单。这种制度化实践的自然化趋势将市场专家置于一个全球化时代为政府提供实用性协助的简单角色。显而易见的是,这种理性化趋势恰好在一个新的新自由主义管制的话语中削弱了发生在 1980 和 1990 年代的政治转型,转型中那些定义国家干预的对象和行动者已经发生了根本性的变化。这意味着一种转向,从中央化的关注本土经济表现的国家实体转向私人机构、非政府组织和国家机构的"合作关系",以协调社会商品和服务的供给。换句话说,国家品牌化应当被理解为一个国家重新管制的结果之一,凭借这一转变,跨国公司开始被视作可以影响社会政策的合法的参与者。

在印度,有关国家品牌营销的传播实践肇始于 1980 年代末。当时,信息科技局联合商业部开始扶持和促进信息技术服务的出口,出口范围覆盖从圣何塞到波士顿,从欧洲到日本。这一实践在 1988 年直接导致了势力强大的"印度全国软件及服务公司协会"(NASSCOM)的成立,它是基于印度的代表软件产业的贸易协会。作为一个协会组织,NASSCOM 在 1990 年代被认为在设定商业标准,游说印度国内政策方面非常成功;作为一个贸易协会,NASSCOM 也开始在其他社会部门中扮演更具协调性和可见性的角色,从而对宏观的经济政策产生着直接影响。正如一个协会成员在一次访谈中所清晰表述的那样,NASSCOM 的成功成为拉丁美洲新兴市场的一个典范:

> 24/7 Customer 的首席执行官卡南(PV Kannan)认为,NASSCOM 最大的成就在于将一群 IT 界的参与者捆绑在一起,并强有力

地将他们的利益考量投射给印度政府。他们确信需要关注的问题就在那里,而 IT 界对这些问题看得非常认真。实际上,在它的前半段历史中,NASSCOM 更关注去游说印度政府。直到 2000 年,他们才开始集中把这些想法售卖到其他国家。

——塔伦·乔治(Tarun George)①

印度 IT 产业界的人士指出了他们成功影响决策的几个重要方式,包括"强取来自政府的最大程度的妥协和让步",还包括执行更严厉的知识产权保护制度,以及有利的税收、劳动力和基础设施政策;与此同时,他们始终将自己展示为政府主导型发展模式的批评者,以获取意识形态的霸权优势。这一最初的对经济发展的重新定义策略很快就在大多数媒介领域获得共鸣。自从 1980 年代中期经济改革的第一个阶段以来,伴随着印度年轻的技术派"后政治"(post-political)总理拉吉夫·甘地(Rajiv Gandhi)上台执政,印度的文化产业认识到并庆祝本土 IT 产业的"非凡的成功",而现代印度也从那时起步了。

正如观察家所指出的那样,"后殖民主义印度的商业……不再是少数商业等级的特权堡垒",这也预示了一个在南印度更多样化的资产阶级"社会基础"的扩大。作为印度 IT 业的核心,南印度已经培育出了一种具有广泛号召力的市场民粹主义意识形态,并渗透在众多的政策和公众讨论之中。与这个后殖民国家的"婆罗门教社会主义"(Brahmanic socialism)相反,新的跨国商人——特别是在具有重要象征价值的 IT 产业中——被定义为自信的倡导者,他们为一个流动的中产阶级倡导一种技术民粹主义的精神。在 1990 年代,印度见证了一个新的跨国资产阶级的诞生。作为印度现代性的符号,他们不仅包括像威普罗(Wipro)公司的阿齐姆·普莱姆基(Azim Premji)或信息系统技术公司(Infosys)的创始人南丹·耐卡尔(Nandan Nilekani)一样基于班加罗尔,还包括来自硅谷但并不住在印度(NRI)的商业英雄们。随着 IT 产业的下滑,一个新的有关商业成功的"软件专家的回归"话语在班加罗尔和金奈这样的城市里蔓

---

① 《复制 NASSCOM 的疯狂成功,在拉丁美洲是否同样可行?》,网址: May 5th, 2010: http://nearshoreamericas.com/duplicating-nasscomswild-success-can-it-be-done-in-latin-america/。

延开来，并证明着印度人并不只有在国外才能变得现代，在国内也可以。在这个意义上，"跨国的软件专家"开始渗透进电影、政治并影响着 2000 年代主要的发展议程。

因此，近些年来对印度国家品牌的推销就意味着对印度资本主义概念的重构。支持者们认为，之前的印度资本主义仅仅服务于一小部分腐败的社会主义精英。在这个意义上，早期的印度国家品牌化传播就满足了重新包装一个全球化融合的资本主义新逻辑的需要。这不仅有利于扭转有关殖民主义时期的政治权力话语，使得印度在全球舞台上兴起为一个主要的经济和军事力量，同时也承诺去解放那些消费大众，使其不至于再度受到国家社会主义的侵袭。威廉姆·莫扎雷拉（William Mazarella）已经向我们展示了，在 1990 年代的印度，广告和市场主管如何扮演了一个有意识的角色，一方面作为"新消费主义获益者的主要发言人"，另一方面作为文化的中间人合法化了自信的、中产阶级的和多样化的与世界其他地方保持紧密互动的印度这一现代国家的复苏。这显然是自由主义力量所传递出来的确切讯息，而这些力量存在于 1991 到 1997 年间执政的国大党中。他们通过了最大程度的以私有化和包括媒介和信息科技在内主要产业的放松管制为代表的经济改革政策。

与发展主义的关于印度相对劣势的研究（比如基于多种多样的标准指标，如人均国民生产总值、教育程度，特别是贫困率）相反，现代印度的国家品牌化建设则从一个保守主义的重建"新印度制造"（New Swadeshi）的政治中获得灵感，而这种政治与新自由主义转型保持了高度的一致。尽管在早期，也就是 1980 年代和 1990 年代早期基于文化民族主义的立场，印度民族主义的人民党还反对国大党的经济改革政策，但这一右翼的政党仅仅重新定义了他们与一个全球化印度图像的关系。印度人民党所拥护的新的"印度制造"话语结合了甘地的民族主义，并以此来抵抗殖民主义有关印度神话的自卑情绪，与此同时，还伴随着一个反集权主义话语以批评后殖民主义的国家领导发展的历史。如莫扎雷拉分析的那样，这意味着尽管与全球消费文化保持着对立的关系，1990 年代建构印度国家品牌的努力更集中于"对早就应该关注的生产者而不仅仅是现代性的消费者权利的声张"。到 2004 年，在已经获得领导权以掌控一个国家政府联盟之后，印度人民党完善了他的全球民族主义（global nationalism）的矛

盾性逻辑：

> 在很短的时间内，印度崛起为一个在信息科技方面的领导型力量。在很短的时间内，我们的制造业重建了自身，并变得在全球更具竞争力。个体的印度人不仅在印度也在海外不断地获得成功。现在，印度作为一个整体是一个巨大的新闻。今天，印度在国际大家庭中站得更高。她的声音不仅传递广泛，而且受到尊重。我们的人民正在寻找崭新的认知和新的受众。我们是一个拥有超过5000年文明历史的国度。我们继承了过往光辉的文化遗产，并被全世界所赞叹。印度拥有时间，去以无可匹敌的能力克服历史的变迁，获得复兴。印度复兴的时代已经到来。我们已经可以收回那些合法的历史遗产，作为一个巨大的力量去为人类的进步作出应有的贡献。
>
> ——2004年印度人民党"愿景陈述"（Vision Statement）①

在印度民族主义的人民党政府的领导下，经过十年的经济改革，作为一个介于商务部和印度产业联盟（Confederation of Indian Industry）的公共私人伙伴关系之间的印度品牌证券基金会（India Brand Equity Foundation，以下简称IBEF）于2002年成立。而对印度公民进行市场社会教育也因此成为制度化的创建品牌化印度的逻辑构成要素之一。2003年，在亚洲广告会议（the AdAsia Conference）上有关创建IBEF的讨论中，穆克什·安巴尼（Mukesh Ambani）——世界上最富有的人之一和印度最大的企业之一"信诚工业集团"主席——声称：21世纪品牌的代言人们将不得不走在最著名的印度品牌大使的脚步上——"圣雄甘地和特里莎修女"。安巴尼并不仅仅在暗示在全球范围内取得空前成功的印度资产阶级是穷人的新救世主，而且在提醒其他产业和正在崛起的商业媒介的领导者们，创造"十亿品牌大使"是他们相互的责任。

然而，当我们回看那些由印度人民党领导的联合政府的"闪耀的印度"运动，也就是在本文开始时所引用的那些文字，我们就会发现，圣雄甘

---

① 网址：http://www.bjp.org/content/view/448/425/。

地和特里莎修女并不是突然进入思考的。整个运动的设计者是具有灵敏的媒介嗅觉的普拉姆德·马哈江(Pramod Mahajan),印度第一任(2001—2004)传播和信息科技部部长。他与印度的电信产业巨头(包括信诚集团)保持着批评家们可能会质疑的频繁的交往关系。不管在国内还是在全球范围内,他都对这些产业的利益进行了积极的推动。这是掌权的印度民族主义政党的技术专家面孔,他们继承了国大党的前辈们所肇始的运动,通过运用他们的权力加速了经济转型。

回顾历史,为了2003年12月到2004年1月的全国竞选,印度人民党领导的政府发起了一次堪称为闪电战的媒介广告计划,耗资达到1亿4千万美元。在印度历史上,这是最昂贵的一次公共部门的广告运动。花哨的广告布满了户外常设的或临时搭建的广告牌、电视荧屏和印刷媒介。这些广告内容都渲染着印度人民党在创造一个"复兴的印度"(resurgent India)的过程中所发挥的重要作用。这次广告运动的设计者们着重强调了经济增长过程中令人感觉美好的一面,比如象征性地展示一个想象的繁荣的农村景象,但是更普遍、更有效和更具有代表性的内容则是通过描绘呼叫中心的雇员、商场里的消费者以及空间转型的承诺——比如后工业的技术公园——来展现的。政治学家斯里鲁帕·罗伊(Sirupa Roy)评论道,"闪耀的印度"计划的规范性主体(the normative subject)已经不再是与过往的国家社会主义相关的民族主义文化实践时代中,那些"谦卑的农民"或"饥饿的大众",而更侧重那些冉冉升起的饱含渴望的中产阶级,以及以自由和愉悦为特征的消费者文化。无处不在的口号最终超越了广告运动自身,成为如其他运动中所提及的"更广泛的文化领域"的一个组成部分,于是也最终成为日常政治话语的一部分。

如果说,"闪耀的印度"计划的确抓住了一个新的市场导向——民族主义的崛起,那么它也同时释放了一种政治反作用,那就是把注意力投向由这种新的经济增长策略所导致的倾斜的利益分配结构中。如历史学家罗纳德·因登(Ronald Inden)所表述的那样,对新的中产阶级繁荣发展的强调,疏远了"较低的都市阶层——亦即印度人民党的自然支持者——和农村的选民——左派政党的自然支持者——从而显得这一阶级可以独立存在。"为了快速应对这一政治传播运动的失败,位居反对派的国大党——在前一个十年中精心制造了这一经济改革——发动了一场广告运动，以强调品牌化印度获得成功的那些局限性，比如"平民"在这一转型过程中所表达的不满。国大党的这一运动花费低廉（大约600万美元），但具有价值判断黑白分明、以农村贫穷选民为目标的普通印度人叙事等特征，因此被认为在2004年的大选中更加有效地契合了选举民主的精神。

2004年以来，"闪耀的印度运动象征了一种深刻的差异：一方面是新兴中产阶级关于一个繁荣向上的经济形势的认知；另一方面是不管在印度的都市还是乡村，对失业和贫穷的社会经济考量。"从一个更广义的批评的角度来说，这些对抗性叙事正在产生共振，因为快速和富有弹力的经济增长，虽然得到了不断衰落的"闪耀的印度"计划的倡导者们的大力宣扬，这一增长却使得物质的差异在一个全球印度和饱含期望的印度之间表现得更加鲜明。虽然在这个国家的许多地方，城市化、文明素养和对于媒介、科技、消费品和信贷的获得正在快速增长，但对最大多数印度公民来说，有关社会不平等和隔离的程度和感受——包括获得正式工作、住房的可能，以及日常生活中尊严的缺失——这些十分显著的事实，为各种社会争论提供了土壤。

在此背景下，公众对"闪耀的印度"计划表现出来的对抗性反应至少可以部分地解释，在与一个新的国大党领衔的联合政府（早期受到左派政党的支持）的竞选中，印度人民党令人意外的失利。然而，有关印度"复兴"的话语，具体为中产阶级消费者—公民（consumer-citizen）的承诺，依旧处在今天修正的品牌化民主和发展的策略体系的中心位置。如莉拉·费尔南德斯（Leela Fernandes）在她的有关中产阶级的著作中提出的那样，在一个公民社会中，由大众选票所反应的这一计划的失败不应当与以下转变相等同，那就是通过制度化的途径转换为包括商业媒介组织在内的"文化和社会空间组织"来影响政策结果。如我们将在下一部分所看到的那样，国大党领导的联合政府处于经济学家和印度经济改革的设计师——曼莫汉·辛格（Manmohan Singh）的实际掌控之下。因此，这一联合政府更愿意拥抱一种新的"包容性经济增长"（inclusive economic growth）话语，而这一话语本身维护了一种总体上对于自由化的承诺。我们将解构这一重新品牌化的努力是如何在如下两个语境中被重新协商的,即选举民主(正不断地被中产阶级描述为"肮脏和腐败")和公民社会,也正是在后者的背景下,公司作为发展计划的"合作者"开始扮演领导性的角色。

品牌印度的回归：贫民窟、亿万富翁与包容性新自由主义的矛盾

由丹尼·博伊尔(Danny Boyle)执导的《贫民窟的百万富翁》在2008年不仅获得了票房的成功,而且荣获奥斯卡的多个奖项。这一成功不仅引发了各种各样的评论,而且在印度激起了抗议,这些抗议直指电影中对贫困和色情的描绘,认为这类描绘加剧了对这个第三世界国家大都市的"祛魅"式解读。在这里,和我们讨论相关的是"贫民窟"的现实与那个新自由主义印度相伴生的百万富翁的面孔。这就是经过近二十年的自由化,形成的一个现代与高科技的中产阶级消费群体。他们非常安全地隐藏在办公室、停车场、购物商场和大门紧闭的城市印度社区中。尽管这个电影故事最后以庆祝来自贫民窟的男孩最后变成百万富翁为结尾,批评家赛纳斯(P. Sainath)和其他人还是很快地指向了印度媒体多年来仅仅关注这个国家的"百万富翁"俱乐部的偏见,因为这被认为是印度经济崛起于世界舞台的标志。

延续对闪耀的印度的强烈反应,为了更全面地理解印度品牌化运动的特征,我们可以将IBEF为外国投资者所制作的宣传短片与国会和印度人民党在上一次也就是2009年的全国选举中使用的运动广告进行比较。2009年1月,在为达沃斯世界经济论坛所设计制作的推广运动中,IBEF通过布隆伯格全球网络展现了一个"国家信息发送运动",并以此来"传递一个复兴中的印度的整体信息"。"当下印度"(India Now),一个更短的全面介绍的短片抓住了这次运动的本质,将重点放在已经获得巨大和快速成功的现代化的印度中产阶级,以及对具有发展潜力的小城市和印度农村的经济承诺上。这一短片通过一种令人熟悉的自由民主的制度设计,来保证一个"稳定而发展的商业环境"。品牌化印度断裂的民主也就意味着强调其制度的巩固、技术的能力和独特的印度政治文化。品牌化印度将近来的选举描述为这个国家的"活力",并伴随着"个

性的标语和温和的网站"：一个有关古老传统时代和新技术时代的完美合体。

对达沃斯的观众来说，面对全球金融危机，印度复兴的国家品牌化实践与之前"闪耀的印度"计划存在一些细微差别，我将在稍后详细讨论。但对国内受众来说，国家品牌化涉及了反应印度新自由主义经济转型具有竞争性本质的一套不同的叙述。在国家和地方层面，如前文所述，那些和新形成的城市中产阶级在议程上保持一致的政府丢掉了权力，并被那些声称"包容性"发展道路的政党所取代。在国家层面，由国大党领导的联合进步联盟（UPA）政府实施了一系列的改革，意味着在施政最低纲领（Common Minimum Program）的框架内去推行社会平等和社会福利。特别是自从 2004 年以来，温和的联合进步联盟政权——他们从 1991 年以来已经确立了经济自由化的理念——已经同时通过建立世界上最大规模的公共项目之一的方式获得了合法性，这包括国家农村发展担保法（NREGA）和信息权利法（RTI）。这些已经超出了本文的讨论范围，但深入研究这两个历史性法案所展现的再分配与社会责任的矛盾性政治是十分重要的。可以断定的是，一种新的"包容性增长"（inclusive growth）话语已经成为国家和公司部门进行再品牌化努力的重要组成部分。

如果我们去看 2009 年的竞选，我们会发现，失败的"闪耀的印度"运动尽管导致了品牌化印度计划的诞生，但还是被一种民粹主义的对于民主的"贫民窟"印度的呼声所取代，这一呼声得到了执政党——温和的国大党，和他们主要的反对党印度国民党（Hindu Nationalist）的支持，并通过奥斯卡最佳歌曲——《贫民窟的百万富翁》的主题曲《胜利》（Jai Ho）而表达出来。国大党选择《胜利》作为其运动的组成部分，是想要"让一个讯息深入人心，那就是这个政权将是一个饱含普通人希望的长篇故事"。通过成功地诉诸于"平民"话语，国大党与过往的品牌化印度精神相悖而行：正如《胜利》的歌词所写的那样，"Aam aadmi ke badte kadam; har kadam par bharat buland"，翻译过来就是"普通人走在前方，他们的每一步将使得印度更加富强"。而相应的电视广告则展示了奠定现代印度国家基础的人物，比如尼赫鲁，比如庆祝印度农民和军人的拉尔·巴哈杜尔·夏斯特里（Lal Bahadur Shastri），领导绿色革命的英迪拉·甘地（Indira Gandhi）和让印度为 21 世纪做好准备的拉吉夫·甘地（Rajiv Gandhi）。而印度国民党则用他们自己聪明的 Bhay Ho(恐怖主义/恐惧和饥饿)运动作出回应,使用了一种黑白色的纪录片手法,特写了两个"真实"的街头儿童,他们在唱着有关恐怖主义、饥饿和印度当下的普通人现实的歌。

正如我们从这个总结性的讨论中所看到的那样,近来在印度进行的国家品牌化政治与更大范围内的非中产阶级的命运咬合在一起,而后者是这个国家公民的大多数。在 1990 年代,自由主义的倡导者声称,2 亿 5 千万强大的中产阶级消费者会是重新品牌化国家经济重心的直接受益者。2009 年,这个阶级的数量被认为已经增长到 4 亿 5 千万,接近一半的全国人口。尽管一直饱含争议,但学术研究认为实际数量也许更多。不管有关中产阶级规模的数字是对是错,倡导者们不能或者事实上不能否认的是,大约一半(更可能是接近三分之二)的印度公民已经成为被"赋权"的消费者,而不管印度在过去十年中的快速增长率如何。

2005 年,经济学界和国大党政府中具有极高声望的内阁成员,杰伦·兰密施(Jairam Ramesh)在一个由印度产业联盟举办的品牌化印度峰会上发言。他提醒在座的听众,不要忘记"闪耀的印度"计划的问题,正是那些问题错误地想要把印度的政治经济现实进行同质化。在这个发言中,兰密施仅仅引用了过时的全球化领袖——大前研一(Kenichi Ohmae)——一个麦肯锡的顾问的话。后者曾经说到,"忘记那创建印度品牌的历史吧。你们永远做不到,因为你们与贫困保持着关联,你们与污秽保持着关联。"兰密施指出了品牌化城市、地区和产业的需要,它们与印度的现代性相关;与此同时,要认识到印度不平等的政治经济的"复杂性":一方面是"火箭般的增长率",另一方面,需要大家去面对一个事实,即"我们每人的可支配收入仍然在 500 美元左右"。因此,在世界上改善印度的形象仍要面临一个重要的战役。尽管印度的 IT 产业在品牌化方面做的十分成功,但 2003 年的一份由咨询公司提供给政府的报告,就十分有预见性地讨论了贫民窟的百万富翁问题,并总结道:"对大多数局外人来说,印度的形象一方面是令人兴奋的,但另一方面也是肮脏和不安全的。"

在过去十年中,印度的全球形象已经发生了某种变化,这些变化归因于那些文化掮客的作用,比如官方的印度国家品牌营销大使,信息系统技术公司的首席执行官南丹·尼乐卡(Nandan Nilekani),和非官方的印度高科技热衷者托马斯·弗里德曼(Thomas Friedman)。这些企业宣传的大使已经能够将全球的公众注意力转移到快速的经济增长率和印度消费阶层中潜在的投资机会；他们已经唱响了外包机制的潜在利益的赞歌(包括妇女的解放和限制伊斯兰原教旨主义)，并且，他们还成功地将城市和地区作为吸引全球投资和旅游的地点加以宣传。这些有关经济复兴和技术现代性的具有持久影响力的叙述十分精确地传递了"闪耀的印度"梦想的持久遗产，特别是在主导型的印度商业媒体领域内。

　　我已经在其他地方提及，就关于一般意义上的信息娱乐的经济报道和新出现的专业的商业媒体而言，我们已经看到一个相应的"执行效果"(executive effect)，目标受众则是"执行官和决定者"。在1990年代的印度，我们看到一种基于目标市场的印刷媒体的崛起——至少四家全国性的英语经济新闻报纸和事实上所有主要报纸(都包含在线版本)的地区和全国商业新闻，以及众多全国性的商业杂志。这类印刷媒体相对廉价的"内容"制作也影响着电视新闻，后者在这一过程中发生了某种自然的变化，商业报道和信息娱乐自从1990年代晚期开始成为电视节目的重要组成部分。而自2005年以来，印度的电视新闻节目出现井喷，包括在英文和地方语言频道上的商业新闻，几乎可以与突然到来的"50 CNNs"相媲美。在这个拥挤的领域，正式的和非正式的国家品牌化策略经常可见。这些策略也正在扮演一种促销和教育的角色，教育一个后殖民主义的公民群体去接受其长久以来都持有怀疑态度的"自由贸易"及其益处。相比美国或欧洲这样具有很长历史的市场社会而言，我认为印度更为明显的是，"新兴"市场中的商业新闻以鲜明的有关市场导向的现代化教育叙事为特征。

　　对世界范围内的商业电视来说，其促销文化的一个共同特征是把公司表现和国家利益等同起来。比如，在2006年，商业媒体以大量篇幅做了题为"印度企业走出去"(India Inc. Goes Abroad)的报道，描述了印度公司在信息科技、生物科技和其他现代产业中的海外收购历程。对印度来说，印度公司的"全球展示"不仅仅是一种包含高技能低薪水的劳动的投资点，而且是印度在全球范围内攀升的有力证明。更具有说服力的是，这类商业报道不再关注具体的产业，而是持续地聚焦于个体成功、成就和成功的商业世界观的推销。在过去的十年中，有关印度亿万富翁的地区和全国性报道正在兴起,其中的四个已经成为世界范围内最富有的前十名。对国家品牌的延伸来说,图画印度亿万富翁们不断增长的财富、消费习惯、偏爱甚至奢侈过度也已经成为一种非正式的普遍行为。这在IBEF公布的相关材料中都有着十分忠实的表现。全球范围内印度富翁比例的增长以及他们的关系网——"第三大,仅次于拥有最富有国民的美国和俄罗斯"——正在商业媒体上被讨论,并拥有着和印度国家板球分数一样重要的版面位置。

如果说最早有关国家品牌化的倡导在一定程度上忽略了一个民主印度的贫穷和不平等,我们现在看到的则是经济和社会政策的新自由主义改革的优势正在凸显,以解决"发展的问题"。对印度这样具有国家主导的发展的历史,以及"官僚主义统治"遗产的国家来说,国家宣传需要确立一个明确的断裂点,以区别于之前国家干预的时代。因此,国家宣传就不得不被认定为与不断扩大的更广意义上的管理理念——或者具体来说良好的管理模式——的象征权力相关联。通过强化非政府行为者或者公民社会的作用——这可能包括非政府组织和公司,包括媒体——一个"新"印度的再度品牌化取决于个体公民/消费者权利的恢复。如查尔斯·霍尔(Charles Hale)基于拉丁美洲的背景所表述的那样,新自由主义基于一个对政府干预(福利国家、发展主义的国家等等)的批判,并且"被断定为基于一种重新创造或再次抓住个体主义本质的需要,虽然以可能失去为代价"。因此,当下阶段的"包容"的自由化聚焦于公民主体性,因此远没有考虑到全球化印度的益处在哪里。更为重要的是,与像《全国农村就业保障法》所提倡的工作权利的再分配相反,新的市场专家着重强调"有利于市场和有利于贫困者"(pro-market/pro-poor)才是减缓乃至解决贫困问题的唯一合理途径。因此,新自由主义改革和"包容式增长"的焦点就在于国家让新自由主义的公民主体去承担解决问题的责任——不管是日常的,还是具有重大意义的问题——都是他们沉浸于其中的。

在许多方面,普拉哈拉德(C. K. Prahalad)于2004年出版的畅销书《用利润根除贫困》(*Eradicating Poverty Through Profits*)最有效地抓住了这些转变。作为一个来自密歇根大学的知名管理学教授,他在世界银行和世界经济论坛的政策圈子中都非常活跃。普拉哈拉德说道,

"通过刺激金字塔低端的商业和发展,跨国公司可以彻底地改善千百万人的生活,并把他们带入一个更加稳定,缺少危险的世界。(2004:49)在这个平衡中,技术居于中心地位,它不仅可以创造潜在的企业家群体(比如农民可以使用电脑将产品在全世界销售),还可以在印度农村激发潜在的消费意愿,关于后者则有足够的实践经验可以证明。我们可以看到,在品牌化印度运动中,这些观点得到了复制和再生产,比如卡麦勒·纳特(Kamal Nath),2008年的商业和产业部长,强调"印度有抱负的中产阶级的崛起"——"他们是这样一群人,生活水平远高于贫困线,但是仍没有获得现代消费社会的真正成员身份。"根据在达沃斯论坛上公布的官方品牌化印度的新闻报道,也就是那些在2008年被众多英语印度商业媒体未经编辑地重复报道的新闻,部长认为,正是对这群人的远景目标的认识,是印度与全球金融危机进行斗争的"秘密武器"。紧接着,在2009年的宣传运动中,印度和跨国商业媒体重复提及的是一个新的报告,由咨询集团麦肯锡提供。这份报告认为,印度或者更广意义上,世界经济的持续增长的"秘密武器"就是印度农村的"寂静革命"(the silent revolution)。

因此,一方面,新形成的印度宣传策略将印度公民集聚的个体成就进行推销,另一方面也打开了重构的空间,使得公司可以成为一个"合作者"(partner)合法地介入发展问题的解决过程。在这些介入中,一个看起来颇为激进的姿态是,他们经常性地强调去反思那个既存的失败的家长式的国家干预发展的过去,而取而代之的是促进"公司公民权"(corporate citizenship)的理念。在这个意义上,公司就是既定的公民权,并与国家的权力手腕相抗衡。因此,国家品牌化宣传就是一个新自由主义改革的管理计划的组成部分,并部分地被活跃的公民社会宣传所定义。公民社会组织包括公司基金会,他们推动了一整套个人权利,承诺国家组织应负有责任,并强化了财产权,为个体提供了动因去获得参与市场活动的权利。这一在"南半球"普遍存在的政治领域的"非政府组织化"(NGO-ization)已经被捐赠者、世界银行、美国国际开发署(USAID)和本文所提到的,国家宣传的支持者们所拥护,并倾向于有目的性地将有关国家干预暴力的社会运动批评与新自由主义经济学正统相混合。

或许,今天最卓越的品牌化印度大使,信息系统技术公司的前首席执行官南丹·尼乐卡（Nandan Nilekani）在他的畅销书《想象印度，一个新世纪的理念》中对这一思潮做了精辟的总结，即反对国家干预，支持公民社会。在他的跨越美国和印度的媒介闪电战中，尼乐卡说到，写这本被广泛关注的书的原因，出自去解释品牌化印度的内在矛盾。而这些矛盾已经在世界经济论坛或代表 IBEF 时所呈现出来。这本书的促销语写道：

> 他讨论了，尽管存在好的初衷和令人惊奇的理想主义，我们早期的社会主义政策的确遏制了增长，并使得我们的民主衰弱；与被动接受知识相反，印度巨大和压倒性的年轻人口已经变成我们伟大的力量；不管在商业，还是大多数印度人的日常生活管理中，信息科技正在发生革命性的变化；另外，快速的城市化正在改变我们的社会和政治。①

尼乐卡（2008）的观点——印度如果想使其庞大的年轻人口"收获人口统计学的红利"，只能通过扩大教育、医疗、道路、电力和商业的机会至大多数人——看起来并不足以招致反对。但是，他的有关民主的观点坚定地阻止国家在分配中扮演角色，相反，他赞赏公民社会的自治空间——技术上成熟的公民社会组织的繁荣，来代表印度公民的大多数，使国家制度来负责任——是大多数印度人唯一可选的方式，并通过它来实践现代性的愿景。因此，对全球"南方"国家来说，国家宣传因此就是去尝试着弥合社会中的敌对情绪——这些社会往往具有很长的社会运动的历史，并充满着强大的国家机器与精英私利的不和。对 IBEF 和它的公司"大使"来说，这意味着去积极地推广"有利于贫困者和有利于市场"（pro-poor, pro-market）的发展方式，以及双赢的接入方式，比如小额金融机构和自助组织。正如 IBEF 近来的一篇网站文章所述，"在亿万富翁安巴尼（Ambanis）和米塔尔（Mittals）等家族名字之后，是时候让那些并不出名的印度小额金融机构成为声名卓著的杂志福布斯（Forbes）的主要内容了。事实上。福布斯已经将 7 个这样的印度机构列入世界 50 强——对

---

① 网址：http://imaginingindia.com/explore-and-discuss-the-book/overview/

一个国家来说已经是最高的了"。这就是品牌化印度的"人的面孔"（human face），它坚决地声称在资本和印度那些经常难于驾驭的公民之间并不存在对抗关系。

行省化传播理论："印度企业"的教训

不管是印度还是埃及，存在于现有的或新的民主政体中的媒介、国家和公民权矩阵中的不平等和可能性，不能通过"往回看"那些美国或欧洲的工业革命或新闻界来得到理论化。更重要的是，如历史学家汤普森（E. P. Thompson）所警告的那样，"资本主义生产组织最早的成功应归功于民主政体的缺席"。在这个意义上，我们紧迫地需要"行省化"欧洲的历史经验——那些位居传播理论主导位置的经验。历史学家迪佩什·查卡拉巴提（Dipesh Chakrabarty）所定义的"行省化欧洲"（Provincializing Europe）就指出，现代性的起源是欧洲，但其后续的在欧洲以外世界的扩张不能由基于欧洲历史的趋势去加以推论。

品牌化印度的早期推广——庆祝经济的快速增长以及与之相关的全球化的IT产业和1990年代的印度企业英雄——在很大程度上混淆了"闪耀的"印度发展与对大多数公民来说不断增长的日常生活的不平等之间的巨大差异。我已经尝试着去展示，在一个后殖民主义的新自由主义国家的背景下，那些挑战新自由主义预设的叙事是如何已经参与形塑着国家品牌化的演化。直到2004年，在国家和地区的层面，与新自由主义经济改革和信息科技领导的发展关系紧密的政府已经丢掉了政治权力，并被承诺改革的其他政治团体所取代。在国家层面，由国大党领导的联合进步联盟政府（UPA）在2004年上台执政，并实施了一系列的改革，这意味着在施政最低纲领之下去拓展社会平等和福利，与此同时，则保留一个整体的对自由主义的承诺。如在本文第二部分所看到的那样，正是在这个背景下，为一个更好的政府管理计划，推销"印度企业"与营销公司公民权纠缠在一起。这在高科技现代化方案中更为突出，因为这个方案承诺了快速地将印度倾斜的信息社会的利益民主化。这仍旧是一个典型的案例，展示了新自由主义改革是如何暴力地将"平民"的基本需要替换掉的。

2009年的品牌化印度不得不在全国的反对和抗议更大范围内的全球金融危机的背景下,为新自由主义的改革和关于一个民主化市场的承诺去辩护。2010年11月份,尼拉·拉迪亚(Nira Radia)的录音带丑闻展示了串通的程度,如果不是勾结的话,在公司巨头们和一个屈从的新闻媒介产业之间,新闻记者则"表现得像公司和政治家之间的通讯员一样"。由《开放和视点》(Open and Outlook)杂志公开的这数百小时的录音记录,揭示了拉迪亚——印度最成功的公关公司之一的头目——这家公司与穆克什·安巴尼的信诚集团以及拉丹·塔塔的塔塔集团有着紧密往来——和来自精英新闻媒介组织知名记者们之间的直白对话,他们串联起来影响国家政策,并使得国家政策倾向于竞争性的公司利益。这些黑幕被揭发后,来自公众的激烈反对使得反对党们获得了力量,并导致了受牵连的官员和政治家的辞职,以及仍在进行的有关公司罪责的诉讼,因为他们导致了大约300亿美元公共收益的丧失。尽管在更大程度上开放国家部门以进行"反腐败"等问题上存在共识,但仍没有证据显示主张公司公民权的人对国家的管制性介入感兴趣。

类似国家品牌化的策略和实践应当被理解为公开的政治尝试,这些尝试的目的是去合法化不断增长的公司在游说国家发展条件上的影响。如果印度的比较优势是它稳定的基于法治的民主——它保障了个人财产的权利,那么关键的一点是在这个民主中,"贫民"并没有因为人口多而在牺牲亿万富翁的前提下获得更大的财富再分配。就像政府管理中对新自由主义转型的反思一样,国家政权正在学习如何更像一个跨国公司去运作,跨国公司和国家公司的明星们同样地投巨资在公共关系上,以证明他们事实上是好的公民。在本文中,我已经尝试去表明,一个有关印度国家品牌化的批判性政治分析必须包含对来自公司行为者的表面上的民粹主义话语的评估,因为他们参与好的公民行为的公共表现,与推广一个非常具体的民主、公民社会和好的管理的理念密切相关。我也尝试着去将注意力转移到商业媒体在现代化发展新主体上的教育角色。在跨国公司领域,在后华盛顿共识时代存在着一个事实上的共识,那就是私人部门必须在重新定义发展方面扮演一个不断趋近核心的角色。在一个后殖民主义的民主社会中——对于土地、资源和福利的再分配已然是一个未解决的政治斗争的中心特征,国家宣传不得不在向潜在的外国投资者和旅游者售卖印度商机和利益的同时，做更多工作。它必须向本国和跨国的选民营销一个新的发展和民主梦想。

参考文献：

思利茹帕·罗伊（Srirupa Roy），《超越信仰：印度与后殖民民族主义的政治》（*Beyond Belief: India and the Politics of Postcolonial Nationalism*），达拉谟（Durham）：杜克大学出版社，2007，页164。

参见网址：http://www.scribd.com/doc/21404624/INDIA-Fastest-Growing-Free-Market-Democracy，更多有关印度贫困指数的争论性数据，请参见：http://www.im4change.org/articles.php? articleId=40&pgno=2See: http://www.scribd.com/doc/21404624/INDIA-Fastest-Growing-Free-Market-Democracy. For moresee on contested data in regards to poverty rates in India, see: http://www.im4change.org/articles.php? articleId=40&pgno=2

阿俊·阿帕杜莱（Arjun Appadurai），《光谱式的住宅与都市清洁：关于千禧年的孟买的笔记》（Spectral housing and urban cleansing: Notes on millennial Mumbai），载《公共文化》(*Public Culture*)第12卷，2000年第3期，页627—652。

科林·斯巴克斯（Colin Sparks）、约翰·塔洛克（John Tulloch）编，《小报故事：媒介标准的全球论争》(*Tabloid Tales: Global Debates Over Media Standards*)，博尔德（Boulder）：罗曼和利特尔菲尔德出版公司，2000。

关于这个主题，除了几部纪录片外，Peepli Live是一个印度官方网站。在这里，观众可以看到获得2010年奥斯卡电影金像奖的最佳外语故事片。它是一个虚构的有关农民自杀的叙事。它所强调的是城乡之间的巨大差异，而这些差异已经由24小时不间断的关于印度农村罕见的贫困状况所表达出来。这部由一个享有盛誉的宝莱坞演员制作的电影已经取得了合理的票房成功。可参见：http://articles.economictimes.indiatimes.com/2010-08-16/news/27605165_1_peepli-live-production-s-peepli-omkar-das-manikpuri

http://www.ndtv.com/article/india/42-workers-paid-with-life-for-commonwealth-games-42327

针对新自由主义的经济改革，我也想提及一些社会运动，而不管它们是有组织的还是自发的，包括反对专属经济区、反对土地私有化和呼吁基于种姓制度的教育和工作权利的运动等。就立法补偿而言，2004年上台执政的联合进步联盟政府——由印度国大党领导——在施政最低纲领的框架内推行了一系列的改革来扩大社会平等和福利，与此同时，又不得不保持了一个整体的对于自由化的承诺。具体来说，从2004年以来,温和派的联合进步联盟通过了具有重大历史意义的立法,也就是被认为是世界上最大规模的公共工程的立法,即《全国农村就业保障法》(the National Rural Employment Guarantee Act,简称 NREGA)。

苏迪普塔·卡维拉吉(Sudipta Kaviraj),《一个修正的现代性理论概论》(Outline of a revisionist theory of modernity),载 Aakash Singh 和 Silika Mohapatra 编,《印度政治思想读本》(*Indian Political Thought: A Reader*),纽约(New York):劳特里奇出版社,2010,页 187—199。

卡维拉吉,《一个修正的现代性理论概论》,页 188—189。

帕沙·查特吉(Partha Chatterjee),《被统治者的政治:反思世界各地的大众政治》(*The Politics of the Governed: Reflections on Popular Politics in the Rest of the World*),纽约:哥伦比亚大学出版社,2006;Nivedita Menon and Aditya Nigam,《权力与斗争:1989 年以来的印度(关于当下的全球历史)》(*Power and Contestation: India since 1989 [Global History of the Present]*)新德里:Zed 出版社,2008。

"印度制造"(Swadeshi)指的是甘地主义的自给自足原则,它也是一种民族主义的反殖民策略。

即印度语中的"普通人如何获益?"(How did the common man benefit?)

葆拉·查克拉瓦蒂(Paula Chakravartty)、萨哈那·乌都帕(Sahana Udupa),《与印度时报一起变化(班加罗尔):重建一个后政治领域》(Changing with the Times of India [Bangalore]: Remaking a Post-Political Field),《南亚历史与文化》(*South Asian History and Culture*),2011。

阿文德发·拉贾戈帕尔(Arvind Rajagopal),《电视之后的政治:印度民族主义与印度公众的重塑》(*Politics After Television: Hindu Nationalism and the Reshaping of the Indian Public*),剑桥:剑桥大学出版社,2001;普拉蒂普·托马斯(Pradip Thomas),《传播政治经济学在印度》(*Political Economy of Communications in India*),新德里:Sage 出版社,2010。

Melissa Aronczyk,《活在品牌之中:国籍、全球性与国家品牌顾问的身份策略》(Living the Brand: Nationality, Globality and Identity Strategies of Nation Branding-Consultants),国际传播学刊(*International Journal of Communication*),2008 年第 2 期,页 41—65。

沃利·欧林斯(Wally Olins),《国家的品牌化影响:历史的语境》(Branding the Nation: The Historical Context),《品牌管理学刊》(*Journal of Brand Management*),9(4/5),2002:页 241—248。

Aronczyk,《活在品牌之中:国籍、全球性与国家品牌顾问的身份策略》,页 245。

葆拉·查克拉瓦蒂(Paula Chakravartty)、凯瑟琳·萨莉卡斯(Katharine Sarikakis),《媒介政策与全球化》(*Media Policy and Globalization*),爱丁堡:爱丁堡大学出版社,2006,页35—39。

在它的网站上,这个组织自称代表了95%的信息技术与业务流程外包(IT-BPO)产业,他们拥有近600亿美元的收入并雇用了2千5百万工人。在印度,NASSCOM®是最主要的贸易机构和信息技术与业务流程外包产业商会。可参见以下网址:http://www.nasscom.in/Nasscom/templates/NormalPage.aspx?id=5365

Aseema Sinha,《理解印度商业联合行为的崛起和转型》(Understanding the Rise and Transformation of Business Collective Action in India),《商业与政治》(*Business and Politics*),7(2),页1—37。

Suma Athreye,Sachin Chaturvedi,《印度的产业协会与基于技术的增长》(Industry Associations and technology-based growth in India),《欧洲发展研究学报》(*European Journal of Development Research*),2007年,可参见以下网址:http://www.ilo.int/public/english/bureau/inst/papers/confrnce/research/sumapaper.pdf。

葆拉·查克拉瓦蒂(Paula Chakravartty),《电信、发展与国家:一个后殖民主义的批评》(Telecommunications, Development and the State: A Post-Colonial Critique),《媒介、文化与社会》(*Media, Culture and Society*),26(2),2004,页227—249。

Harish Damodaran,《印度新资产阶级:一个现代国家的等级、商业产业》(*India's New Capitalists: Caste, Business and Industry in a Modern Nation*),新德里Permanent Black出版社,2009,页312。

葆拉·查克拉瓦蒂(Paula Chakravartty),《弹性的公民与互联网,印度地方高科技发展的全球政治》(Flexible Citizens and the Internet: The Global Politics of Local High-TechDevelopment in India),Emergences:《媒介与综合文化学刊》(*Journal for the Study of Media and Composite Cultures*),11(1)2001:页69—88;卡罗尔·乌帕迪亚(Carol Upadhya),《一个新的跨国资产阶级?印度软件业的资本流动、商业网络与企业家》(A New Transnational Capitalist Class? Capital Flows, Business Networks and Entrepreneurs in the Indian Software Industry),《经济与政治周刊》(*Economic and Political Weekly*),2004年11月27日,页5141—5151。

杰特·鲍(Joyojeet Pal),《电脑与发展的承诺:愿望、新自由主义与印度信息科技产业的技术性》(Computers and the Promise of Development: Aspiration, Neoliberalism and Technolity in Indias ICTD enterprise),"面对发展的技术挑战:来自金砖五国的经验",英国:牛津,2008年5月。

威廉姆·马扎雷拉(William Mazzarella),《铲除烟雾:当代印度的广告与全球化》(*Shoveling Smoke: Advertising and Globalization in Contemporary India*),达拉姆杜克大学出版社,2003,页283。

来源同上,页207。

参见网址:http://www.thehindubusinessline.com/catalyst/2003/11/20/stories/2003112000130100.htm

罗纳德·因登(Ronald Inden),《一次失去光泽的运动》(A Campaign that Lost Sheen),《印度杂志》(*The Hindu Magazine*),2004年,参见以下网址:http://www.hinduonnet.com/thehindu/mag/2004/10/03/stories/2004100300160200.htm

单纯从电视来看,这一运动的无处不在就表现在,在两个月的时间内,这一60秒地广告在私有电视频道和国有的Doordarshan电视频道中被播放了9472次。可参见B.Chandran,《最大的广告运动中的闪耀的印度》(India Shining amongst biggest ad campaigns),载rediff.com,2004年2月24日,网址:http://www.rediff.com//mmoney/2004/feb/24shining1.htm

斯里鲁帕·罗伊(Srirupa Roy),《超越信仰:印度和后殖民民族主义的政治》(Beyond Belief: India and the Politics of Postcolonial Nationalism),页163—165。

罗纳德·因登(Ronald Inden),《一次失去光泽的运动》(A Campaign that Lost Sheen)。

因登有趣地指出,国大党的运动以黑白分明的广告叙事为特征(使人们想起过往时代的民族主义意象)。在这些叙事中,用罗马语书写的印地语词组"Aam aadmi ko kya mila?"(即平民如何获益)在英文的广告中得到突出的呈现。来源同上。

在这个案例中,国大党所使用的是一个当地的广告公司——Orchard,一个李奥·贝纳(Leo Burnett)的子公司,并通过它来组织广告运动,以直接回应那个预算更多、规模更大的"闪耀的印度"运动,后者由Gray Global Indian Division负责执行。

里拉·费尔南德斯(Leela Fernandez),《印度的新中产阶级:经济改革时代的民主政治》(*India's New Middle Classes: Democratic Politics in the Era of Economic Reforms*),明尼阿波利斯:明尼苏达大学出版社,2007,页190。

尽管超出了本文的讨论范围,但应该注意的是有关新自由主义印度的错位的对抗性叙述一方面确实十分精确地纪录了大多数印度社会边缘群体的生活状态,但它们也经常难以解释不断增长的愿望的灰色区域,以及至少那些空间的流动性。这种流动性本身已经不再能够将印度贫穷的农村隔离于全球化的都市。换句话说,正如更多的现代印度民族志研究所展示的那样,政治改革的关键在于明晰那些处于亿万富翁世界和贫穷农民之间的界限,其中包括那些有争议的印度中产阶级。更多相关讨论可参见阿米塔·巴芙斯卡(Amita Baviskar)、拉卡·雷(Raka Ray)编(即将出版),《我们是中产阶级:支配的文化政治》(*We're Middle Class: The Cultural Politics of Dominance*),纽约:劳特里奇出版社。

索罗门·本杰明(Solomon Benjamin),《断裂的地域,留下的还是竞争的空间:一个关于 IT 主导的班加罗尔南部和东部地区的近距离观察》(Fractured Terrain, Spaces Left Over or Contested: A Closer Look at the ITdominatedTerritories in South and East Bangalore),载马哈迪维尔(D. Mahadevia)编,《透视转型中的城市亚洲:过程、政策和公共行动》(Inside Transforming UrbanAsia: Processes, Policies and Public Actions),新德里:概念出版社(Concept Publishing),页 239—285。

里拉·费尔南德斯(Leela Fernandez),《印度的新中产阶级:经济改革时代的民主政治》,页 193。

城市研究学者安那亚·罗伊(Ananya Roy)提供了一个深入的分析。这一分析展示了一个关于这部电影的批评如何打开了一个空间,将贫民窟展现为"底层都市主义"(subaltern urbanism)的场所。参见安那亚·罗伊,《贫民窟城市:重新思考底层都市主义》(Slumdog Cities: Rethinking Subaltern Urbansim),《国际都市与地区研究学刊》(International Journal of Urban and Regional Research),35(2),2011 年 3 月,页 223—238。

由 P. Sainath 撰写的社论《贫民窟与亿万富翁》(Slumdog vesus Billionaire)最早发表于 3 月 18 日的《印度教徒报》(The Hindu),尔后立即被进步的全球站点、博客和杂志所转发。可参见:http://www.hindu.com/2009/03/18/stories/2009031855770800.htm

最近的品牌化印度运动视频可参见如下网址:http://www.ibef.org/brandindia/indiafilms.aspx

IBEF 关于当前选举的报道可参见:http://www.ibef.org/generalelections.aspx

关于实行《全国农村就业保障法》的具体挑战,可参加 Mihir Shah(计划委员会的成员之一)所撰写的评论,网址:http://www.hinduonnet.com/thehindu/thscrip/print.pl?file=2009081460860800.htm&date=2009/08/14/&prd=th&

在这次运动中,政治广告的花费预计会增长 25—30%,主要的目的是促进右翼和中间政党对大众的吸引力。新闻报道中关于不断增长的广告花销——以建构农村贫困减轻的虚假景象——的讨论经常指出这些钱还不如花在为穷人提供基本产品和服务上面。相关案例可参见:http://economictimes.indiatimes.com/News/News_By_Industry/Services/Advertising/Political_advertising_budget_to_increase_by_25—30/articleshow/3515485.cms

国大党在 2009 年 3 月以 20 万美元购买了这首歌曲的版权。主要的 60 秒竞选电视视频可参见:http://www.youtube.com/watch?v=gOlcGruEZ44

另外两个 60 秒视频采用了《胜利》(Jai Ho)的旋律以展示国大党在过去五年的成绩,特别是展示了印度的月球计划、《全国农村就业保障法》、印度—美国的核协议以及旨在为农村地区发展基础设施的"建设印度"(Bharat Nirman)。计划等。更多信息可参见:http://www.hindu.com/2009/03/14/stories/2009031454421000.htm

有关"Bhay Ho"的政治广告视频可参见：http://www.youtube.com/watch?v=D0yL7Dv_keo 视频中的前几行字说的是"Bam fatein, goli chale, atanki gadar machayen, grihmantri har ghante mein suitbadal kar aayen"，即炸弹爆炸了、子弹出膛了，恐怖主义造成了大混乱，而我们的内政部长却正在以小时计地更换衣服。这是11月孟买的恐怖袭击之后，国大党政府内政部长辞职的一个证明。可参见：http://newshopper.sulekha.com/india-general-elections-2009/news/bjp-counters-congress-jai-ho-campaign-with-satirical-poems.htm

里拉·费尔南德斯(Leela Fernandez)，《印度的新中产阶级：经济改革时代的民主政治》。

杰伦·兰密施(Jairam Ramesh, 2005)，《定义印度的国家品牌》(Defining Brand India)，Kasturi & Sons Ltd(KSL)，《商业新闻》(Business Line)，2月24日。

全印度管理集团和波士顿咨询集团2003年报告，网址：http://ibef.org/download/IndiaNewOpportunity.pdf

据称，南丹·耐卡尔(Nandan Nilekani)是纽约时报专栏作家托马斯·弗里德曼的畅销书《世界是平的：21世纪简史》这一书名的灵感来源。

葆拉·查克拉瓦蒂(Paula Chakravartty)、丹·席勒(Dan Schiller)，《新自由主义的官方语和危机中的数字资本主义》(Neoliberal Newspeak and Digital Capitalism in Crisis)，《国际传播学刊》(International Journal of Communication)，2010年第4期，页670—692。

纳伦·梅塔(Nalin Mehta)，《印度谈话：政治、民主与新闻电视》(India Talking: Politics, Democracy and News Television)，载纳伦·梅塔编，《印度的电视：卫星、政治与文化变迁》(Television in India: Satellites, Politics and Cultural Change)，伦敦：劳特里奇出版社，页32—61。

在一定意义上，这是一种教育策略的翻新。这种教育策略被广泛地应用于亚洲、非洲和中东许多国家的家长制、国家运营的媒介之中。可参见：丽拉·艾布—庐古德(Lila Abu Lughod)，《国家地位的戏剧：埃及的电视政治》(Dramas of Nationhood: The Politics of Television in Egypt)，芝加哥：芝加哥大学出版社，2005。

阿杰伊·肯纳(Ajay Khanna)，《印度企业在全球购物狂欢节上》(India Inc. Is on a Global Shopping Spree)，《金融快报》(FinancialExpress)，2006年，参见：http://www.ibef.org/artdisplay.aspx?cat_id=561&art_id=12947

参见：http://www.ibef.org/Archives/ViewArticles.aspx?art_id=18130&cat_id=483

查尔斯·黑尔(Charles Hale)，《多元文化主义危险吗？管理、文化权利与为敌玛丽的身份政治》(Does Multiculturalism Menace: Governance, Cultural Rights and the

Politics of Identityin Guatemala),《拉丁美洲研究学刊》(*Journal of Latin American Studies*),34,2002,页 485—524。

同上,页 496。

参考网址:http://commerce. nic. in/PressRelease/pressrelease _ detail. asp? id=2375

印度的经济增长神话已经扩散到印度内陆。占有全国人口三分之二的印度农村地区所见证的不仅是收入的增长,还是消费和生产的增长。参见:http://ibef. org/artdisplay. aspx?art_id=22111&cat_id=114&page=1

葆拉·查克拉瓦蒂(Paula Chakravartty),《没有政治的管理:公民社会、发展与够殖民主义的国家》(Governance Without Politics: Civil Society, Developmentand the Postcolonial State),《国际传播学刊》(*International Journal of Communication*),2007年第 1 期,页 1—22。

参见网址:http://www. ibef. org/artdisplay. aspx?cat_id=60&art_id=17479

葆拉·查克拉瓦蒂(Paula Chakravartty)、赵月枝,《全球传播:一个跨文化的政治经济学》(*Global Communications: Toward a Transcultural Politcial Economy*),博尔德:Rowman & Littlefield,2008 年版;葆拉·查克拉瓦蒂,《电信、国家发展与后殖民主义国家》(Telecom, National Developmentand the Postcolonial State),《媒介、文化与社会》(*Media, Culture and Society*),26(2)2004,页 227—249。

卡维拉吉,《一个修正的现代性理论概论》,页 188—189。卡维拉吉认为,汤普森等人提出的是一种资本主义和民主之间的"矛盾性"(contradictory)而不是"功能性"(functional)关系:一旦资本主义的产业根深蒂固,并已经将整个欧洲的经济结构重塑为一个一般的资产阶级形式,工人阶级的政治运动必将逐渐诉诸于民主权利,而这些权利是资本家阶层和政治精英所作出的必要让步。将民主视为资本主义经济发展的必然伴生物是一个令人惊讶的合理化行为,同时也是对诸如英国宪章运动一样的历史动荡不求甚解的立场。它提供了一个资本主义的意识形态合理化图谱,并将其作为不可避免的民主化政治效果,从而展现出比历史事实好得多的评价。

(塞格尔,2010:24)

P. Guha Thakurta, A. Kaushal,《伟大的印度电信革命的软肋》(Underbelly of the great Indian Telecom Revolution),《经济和政治周刊》(Economic and Political Weekly),XLV(49),2010 ,页 59—55。

王维佳

十五、在乡村与都市之间：现代中国空间政治变迁中的知识分子与文化传播

一、农民、市民与殖民

在缺少现代大众传播手段和本土职业传播者的情况下，鸦片战争前后的英国殖民者为了影响广州市民的舆论，曾通过中国地方官员的协助在城内张贴大量布告。这些布告总是坚持说英国只同中国官府作战，而不是同中国人民作战，它们告诉广州人，英国人"是这个城市的真正的保护者"，并要人们"想一想那些现在他们中间的外省军队是不是真正的祸害"①。类似的布告也出现在同一时期的其他中国沿海城市，例如，耆英和伊里布在向道光帝报告上海一带情形时说："（英军）张贴伪示，本国与百姓毫无战争，最愿彼此和睦，广开通商之路，但大清官兵不肯议和。此等鬼蜮伎俩，尤令人愤懑胸怀"②。虽然这些布告是在一个多世纪前由殖民者写作的，然而在当代语境下理解其政治内涵则别有一番深意：今天很多中国知识分子思想中"国家"与"市民社会"相分离和对立的观念；背离"内陆"和"外省"来建构市民身份和现代化目标的文化意识似乎都能在这些布告中找到影子。

---

① 魏斐德，《大门口的陌生人：1839—1861 年间华南的社会动乱》，中国社会科学出版社，1988，页 48。
② 《道光夷务》，第四册，页 2024。

实际上,当时侵略者真正想要保护的正是已经非常繁荣的殖民贸易,他们的直接利益关联者并非如布告宣传的那样是广义上的市民,而主要是地方官员和中国商人。自称是英国资本家"东方代理人"的义律(C. Elliot)在写给英国外交大臣的信中得意地告诉他的上司,广州的商人行会已正式禀明林则徐,请求不要开战,以免影响本省的贸易;而广州的地方官也请求与英军一起安排一场远离城市的象征性的战斗,以应付清帝国的抗敌命令①。然而,中国社会的复杂性却远远超越了这些布告和信件所能涵盖的问题。当广东三元里、福建厦门、浙江宁波、镇海、定海、江苏太仓、台湾台南、基隆等多处沿海地区农民团练组织起来大规模伏击英军时,我们看到了一个都市传播网络之外的底层乡村世界对殖民力量的反抗和威胁。殖民时代乡村与都市的对立在这些农民运动中得到充分展现,以1841年的广东为例,当时的乡下人认为广州城里都是汉奸、商人及同商人勾结的腐败的政府官员,"忽然间,乡勇们象忙于杀英国人一样,也忙于杀汉奸"②。19世纪后半期的华北和华南,农民排挤基督教民和西洋文化的运动此起彼伏,并最终以义和拳民打入北京追击通洋货、懂洋学、用洋货的"市民",破坏铁路和城市通讯系统而达到顶峰。

魏斐德(F. Wakeman)曾经指出,当时的殖民者做出了"根本的错误估计","他们没有看到分裂是在城市、乡村之间,而不是在统治者与被统治者之间。再三地诉诸城市居民将使农村武装起来,因为随着时间的流逝,农村人愈来愈怀疑城市人已同敌人串通一气了"③。表面看来,这段评论抓住了农民、市民与殖民之间的微妙关系,然而殖民者"诉诸城市居民"的做法却很难被简单归因于他们忽视城乡分裂的"错误估计",否则,我们无法解释为什么他们在文化传播上对乡村的漠视一直延续了几个世纪。在这几个世纪当中,针对殖民地"市民社会"的宣传不再像布告的内容那般简单——对解放政治和集体文化意识的拆解、对普遍主义契约关系和法权关系的倡导、对殖民历史和不平等交换的掩盖——吞没知识分子政治想象力的文化宣传总是藏在各种极为复杂的价值观外壳下登台

---

① 魏斐德,《大门口的陌生人:1839—1861年间华南的社会动乱》,中国社会科学出版社,1988,页48。
② 同上书,页48—50。
③ 同上书,页48。

亮相。

　　实际上,"乡村与都市"、"内陆与沿海"、"国家与市民社会",这些看似中国内部的"空间政治区隔"正是"陆地与海洋"这一资本主义世界最重要的"空间政治区隔"在殖民地和半殖民地的呈现。麦金德(H. Mackinder)在他的名著《历史的地理枢纽》中指出,好望角航路的开辟和美洲大陆的发现最终把欧洲和亚洲的关系颠倒过来,促成了"现代世界"中海洋与陆地的对立①。由于欧洲现代民族国家的主权由掌握国家债权的金融家和商人群体操纵,因此投资战争并通过战争赔款控制殖民地海关,进而在沿海都市培植本土精英帮助拓展帝国的海外市场是英国殖民者真正感兴趣的事情。为了达到这一目标,成本最低的方式就是"间接统治"。强世功将其概括为"统而不治",即"殖民统治者避免采取直接的日常治理,并把这些容易引起殖民地人民反感的治理事务交给殖民地精英来做,从而避免殖民者与殖民地人民发生直接的治理冲突",与此同时,殖民者需要"建构一套宪政体制来塑造殖民地精英与帝国精英的'同僚'感觉……然后再建构精英养育机制来增强文化认同,强化殖民地精英对大英帝国的政治认同和政治忠诚"②。英帝国的理论家柏克(E. Burke)在《美洲三书》中对殖民领袖进言道:"我要让殖民地的人民,总把他们公民权利的观念和您的政府相联结;——他们将缠住您,箍住您;天下没有任何力量,能离间他们的忠诚……是英国宪法的精神,涵濡了这广大的人群,进而渗透、喂养、统一、鼓舞了帝国的每一部分,甚至其最小的成员,并使得它们生气勃勃"③。正如柏克的洞见,在这个海洋时代的"勇敢新世界"中,金融操纵和殖民贸易的顺利展开不仅要求军事力量的鸣锣开道,还要求文化传播和政治理念的统治力。当坚船利炮控制了航线、铁路和通讯这些殖民经济的生命线之后,文化与法的传播就成了维系英帝国既有权力和殖民利益的重要保障。让殖民地的都市精英臣服于"英国宪法的精神",并让他们获得自由传播的权力,进而掌握文化领导权,形成对广大内陆地区的政治经济支配力,这正是殖民者指向世界大同和历史终结的宗教福音书。

---

① 哈·麦金德,《历史的地理枢纽》,商务印书馆,2010,页 64—65。
② 强世功,《中国香港:政治与文化的视野》,生活·读书·新知三联书店,2010,页 76。
③ 爱德蒙·柏克,《美洲三书》,商务印书馆,2003,页 151—152。

然而，正像鸦片战争前后在广州周边和运河沿岸发生的农民运动一样，在中国这样一个庞大而复杂的社会体系中，面向海洋、背对内陆的发展方式和文化意识难免会带来城乡之间的持久对立。在这种状况下，由知识分子所掌握的现代文化传播网络如何塑造乡村和农民，如何推动整个国家的发展方向就成了一个至关重要的问题。

让殖民者失望的是，外敌入侵和国家能力羸弱的现实带来了众多中国都市知识分子的思想觉醒，他们明确拒绝了通向殖民代理的"印度道路"。如果说近代早期的农民自发抵抗运动由于组织涣散、价值判断杂乱和缺乏现代化手段等局限难逃失败的命运，那么这种落后的状况恰恰给城市中的新生代知识分子提供了历史机遇，正是19世纪末开始涌现的几代启蒙者和革命者凭借现代性的意识形态和现代化的传播手段最终承担起了"反帝、反封建"的双重重任，即在完成中国社会现代化建设的同时，抵御外部军事、经济和文化力量的侵扰。

如果我们观察晚清以来中国社会的变化，就会发现城乡对立实际上也是殖民时代中国被动现代化过程的组成部分。在"落后就要挨打"的资本主义世界文明中，普遍的人道主义和乡愁毕竟无法解决第三世界国民安身立命的问题。改变"小政府、大社会"的原始国家形态，将政权力量深入基层，从乡村抽取原始积累的资源，举全国之力建设现代工业，这种发展路径虽然不那么可爱，但是却贯穿了整个中国现代化历程。然而，需要强调的是，这只是在政治经济意义上无奈的被动选择，能否在保障独立自主的前提下主动创造一种不同于"强力意志"的新文明和新政治才是殖民地知识分子替全人类承担的责任。在现代化任务与乌托邦想象的张力之间，几代中国知识分子探寻了各种不同的出路。在这一过程中，他们对待乡村和内陆的文化态度，不仅影响着中国社会的命运，而且表征了不同的文化政治和不同的现代化方向。

二、"香港—上海走廊"

当代对中国文化传播业的讨论常常无意识地遗忘两个核心要素，一是"都市"，二是"知识分子"。前者指向传播的地理和文化环境，后者则标明传播主体及其文化意识。这两个核心要素之所以容易被遗忘，原因在于从事传播实践的都市知识分子常被视为一个有充分代表性的群体,他们的政治观念也常被视为普遍性的价值。与此同时,由于文化知识和受众商业价值上的区隔,当代大众传播主要的服务对象也基本限制在都市市民内部。在这种条件下,传播的地理、阶级和文化政治分析被无意识地悬置了,从书斋里喷涌而出的"公共领域"和"市民社会"等理念则乘机而入,被用来维系一个普遍主义的知识氛围。然而,当我们将都市知识分子的"代表性"问题化,并具体剖析他们的传播实践与话语时,地理、阶级和文化政治则如幽灵一般时时显现在历史的每一个阶段。

与大多数第三世界民族国家一样,中国现代传播业的出现也与外来的影响息息相关。以新闻业为例,如戈公振所言,"我国现代报纸之产生,均出自外人之手"①。从 19 世纪初期开始,大量西方的商人和传教士进入中国,开始在南洋和广东的口岸城市出版报纸。到鸦片战争之后,外报的影响逐步扩大,中国人开始参加办报工作。清末科举落榜和躲避太平天国战乱的"士绅及末宦一流"为现代的都市传播业提供了最初的劳动力,以王韬为代表的一批体制外文人开始在教会和外报从事编写译的工作。与此同时,香港周边和上海周边的大量外国教会学校已经培养了中国最早接触西学和现代观念的新一代知识分子。在中国的沿海都市,一场千年未有的思想变局正徐徐拉开序幕。王韬、伍廷芳、唐廷枢、何启、容闳……这些中国现代传播业的开创者几乎全部来自穗港澳地区和上海地区,他们在那里度过了一生中最重要的时光。由于他们来往于这两个地区的频率特别高,柯文(P. A. Cohen)形象地将其称为"香港—上海走廊"②。

中国的艰难时局和西洋文化展示的进步气息使得这些最早接触西学的知识分子确立了"现代性精神"的萌芽。这种"现代性精神"最常被提起的一面是新的世界观念:对商业和外贸的支持,对先进科技和制度的追慕,对国族身份的认同等都是他们的前辈们从未有过的观念。然而,人们往往会忽略"现代性精神"的另一面,即这些都市知识分子的反殖民观念。正如柯文的概括,"从这种世界观念在近代中国刚刚出现的

---

① 戈公振,《中国报学史》,中国新闻出版社,1985,页 64。
② 柯文,《在传统与现代性之间:王韬与晚清改革》,江苏人民出版社,2006,页 166。

时候起,它就暗含着一种强烈的(有时是无声)向西方复仇的不满和义愤之情"①。所谓"强中以攘外,诹远以师长"②,即学习先进科技文化,振兴中华,抵御外患正是这代知识分子传播实践的主要政治诉求。在报章杂志上号召建设富强国家,与外国人竞争经营近代民族企业,控诉中国苦力在海外的恶劣处境,掀起轰轰烈烈的抵制美货运动……众多沿海都市知识分子始终将自己的社会实践与反抗外侮和国家富强的期许连在一起。

然而,当我们具体观察这批沿海知识分子践行现代化方案的过程时,会发现一个明显特点,他们尝试对话的对象基本限制在掌握现代科技文化的西方人和中国的"开明政治精英"这两个群体上:接触西人、饱览西学、游历欧美、开眼看世界是这批沿海知识分子的共同经历自不待说,而他们中的大多数还曾经是以李鸿章为代表的清末洋务大臣的重要参谋。在这些知识分子的文化传播实践中,中国庞大的内陆乡村和底层世界始终是一个远远落在现代文明身后的他者。穿行在"香港—上海走廊"上的现代中国文人们实际上与他们常常挂在嘴边的"国家"中最庞大的群体有着文化观念上的巨大隔膜,而他们在主观上寻求的传播对象和想要动员的变革主体显然也没有纳入中国内陆那些沉默的同胞们。新闻传播界所谓的"通上下"和"博采舆评"不过是希望濒临没落的政治权力精英更多地与这些沿海都市的现代知识分子对话罢了。发展近代工业、促进对外贸易、举办新式教育、改革政治体制等呼吁作为建立现代民族国家的"必要手段"会对中国庞大的乡土社会产生何种影响几乎从来不曾成为讨论的重点。

乡村被遗忘的原因是多方面的。社会达尔文主义和发展主义等西方思想在清末的引入,使得"乡村—都市"的空间二元结构与"落后—进步"、"传统—现代"的时间二元结构勾连在一起。掌握了文化领导权的新式知识分子需要通过告别乡土中国的文化传统来推进经济、政治和文化的现代化。与此同时,原本起到沟通城乡文化的士绅阶层逐渐从乡村中分离出来,这"意味着时间序列上的新旧之间,以及空间上的城乡之间的交流都成

---

① 柯文,《在传统与现代性之间:王韬与晚清改革》,江苏人民出版社,2006,页164。
② 王韬,《上潘伟如中丞》,见《弢园尺牍》,中华书局,1959,页206。

为不可能"①。新式的产业部门和政法文教部门在沿海都市的设立也创造了一种令乡土社会无所适从的"现代时间",并确立了大量陌生人社会中特有的管理方式和契约方式。所有这一切以自然的、潜移默化的方式进入知识分子的传播实践,从而创造了一种新的关于乡村与都市的文化想象。

  在一个剧烈变动的时代,文化传播上的"偏向"恰好为政治经济上的进一步"偏向"创造了条件。都市知识分子依据其"世界主义观念"和"国富"、"国强"的期许而大力提倡的对外贸易使国内生产的主要目的渐渐从自给自足的自然经济转为与一个以"中心—边缘"为构造特征的世界经济体系勾连在一起。这一过程不可避免地造成了中国内部地理空间上的倾斜。宫崎市定在《东亚的近代化》中描述了号称"与洋争利"的洋务运动给中国内陆带来的影响:"以前中国国内交通是依靠以大运河为干线的内陆水路,自从欧洲和中国的轮船开始在沿海航行后……大运河便降为地方性的交通线了。这是中国交通上的大变革,运河沿岸繁荣的古老城市衰落了,天津、上海和广州等海港发展起来了,同时,运河沿岸的人口也开始向海岸地区迁移和集中……向来在运河航运上劳动的工人失了业,使运河沿岸地区陷于十分萧条的境地,同时使这里产生了排外的情绪"②。实际上,19世纪末的义和团运动正是吸收了"全球化"过程中内陆水运地区的大量失业者才迅速发展起来的。被今天中国都市知识精英所不齿的这场前现代农民抗争固然充满暴力和迷信,但它实际上正是世界体系边缘"反全球化运动"的先声。

  内陆的凋敝当然不仅局限在运河水路周边,加入全球经济体系的过程也带来了乡村自然经济的迅速解体。1860年代以后,廉价商品如海潮般的涌进,而廉价原料亦较之以往更易于出口。从鸦片战争到19世纪末,中外进出口贸易额增加了十倍以上。其中,消费资料的进口常常占到贸易额的90%以上,居于绝对优势,而生产资料进口不到10%③,中国已经成为世界资本主义商品推销地和原料供给地。殖民地经济的门户洞开当然不会使广大中国社会分享"比较优势"带来的实惠,反而加速了中国

---

  ① Tang, Xiaobing. Global Space and the Nationalist Discourse of Modernity: the Historical Thinking of Liang Qichao [M]. Stanford: Stanford University Press, 1996: 171.
  ② 宫崎市定,《东亚的近代化》,载于《宫崎市定论文选(下卷)》,商务印书馆,1963,页96。
  ③ 夏东元,《洋务运动史》,华东师范大学出版社,1992,页178。

自然经济的凋敝和乡村世界的动荡。外部的商品冲击和内部的连年战乱使得优质文化资源和物质财富普遍向都市转移、秘密团练和土匪则在边远地区大量出现,乡村的衰落成为一个不断恶化的循环。这一过程加剧了农民的破产,制造了大量脱离土地的低价劳动力。中国最早的"农民工"开始源源不断地涌入沿海都市从事毫无保障的低收入体力劳动,甚至被运到太平洋的另一端修筑横跨北美大陆的铁轨。一个经济上被剥夺,文化上被遗忘的中国乡村世界赤裸裸地暴露在世人面前。几十年中,知识分子不可谓没有为国家倾尽心力,但他们依靠上层推行的,以沿海都市为中心的改革却始终无法拯救这个动荡的社会,无法"摆正"这个"倾斜的国家"。

在缺乏现代国家组织构架的前提下,洋务运动式的工业化不但没能"强国"、"富国",反而是武装了军阀,致富了官僚资本家,这一点在甲午战争中得到充分验证,并由此促发新一代都市知识分子寻求政治体制上更为彻底的变革。"制度调整"是清末政治的核心,也是知识分子传播实践中最为热衷的议题。从戊戌到辛亥,国家组织结构的现代化成为最重要的政治诉求,此时的大众传播媒介几乎都在服务于这一明确的政治目标。正如浦嘉珉(J. R. Pusey)在描述这一时代新闻业者的职业志趣时所指出的,这些人感兴趣的"并不是'所有适合印刷的新闻',而仅仅是那些他们最为关心的,有关中国富强的内容"[①]。齐慕实(T. Cheek)也曾指出,"一方面,梁启超等人意在运用新闻媒介来吸引君主的注意,以求说服国家权力核心推动改良;另一方面,战后民族国家所面临的极端危急的状况也使得此时中国新闻业的传播内容相比西方更加严肃"[②]。从立宪的政治、议会的政治到政党的政治、共和的政治,在现代传播业的舆论鼓噪下,知识分子的每一轮行动都更为激进和彻底,然而这种政治现代化在紧跟西方经验的同时仍然无法纳入"社会"的视角,知识分子热衷建构的现代"国家"成了一个与"社会"相分离的国家。在中国,这个"社会"显然不能仅仅是现代传播网络覆盖下的"市民社会",而主要是一个庞大的内陆乡

---

① Pusey, James R., *Wu Han: Attacking the Present through the Past*, [M]. Cambridge: Harvard University Press, 1969, pp. 84—85.

② Cheek, Timothy., *Propaganda and culture in Mao's China: Deng Tuo and the intelligentsia.*, [M]. Oxford [England]: Clarendon Press, 1997, p. 17.

村世界。清末新政废除科举、大办新式学堂并批量生产与西洋"接轨"的"海归",最终带来城乡之间更大的文化隔膜。辛亥革命推倒了普遍皇权,带来了传统政治合法性的流散,却并没有换回一个能够深入基层的、组织能力强大到足以抵御外侮的"共和国",反而带来了持久的政治动荡。正如鲁迅形容一百年前的事变,"竟没有历史上定例的开国之初的盛世,只枉然失了一条辫子"①。

三、"觉悟到农村"

1919年2月,李大钊在北京《晨报》上发表了一篇激情洋溢的文章——《青年与农村》,他在文中这样写道:

> 我们中国是一个农国,大多数的劳工阶级就是那些农民。他们若是不解放就是我们国民全体不解放,他们的痛苦就是我们国民全体的痛苦;他们的愚暗就是我们国民全体的愚暗;他们生活的利病,就是我们国民全体的利病……青年呵!速向农村去吧!日出而作,日入而息,耕田而食,凿井而饮。那些终年在田野工作的父老妇孺,都是你们的同心伴侣,那炊烟锄影、鸡犬相闻的境界,才是你们安身立命的地方呵!②

李大钊对乡村的发现,当然可能是受了俄国民粹派和日本新村主义的启发,也固然有些卢梭式的反现代化情绪,然而除了协力互助、公正平等、追求"人的生活"这些带有乌托邦色彩的空想之外,我们分明看到了将"国民全体"的命运与农民的命运联系在一起,倡导知识分子走入"父老妇孺"中间结成"同心伴侣"等全新的政治观念。在这里,对"新人"和新的政治行动的呼唤,终于代替了对"新制度"的呼唤。更重要的是,"国民全体的解放"这一政治目标,暗示着"新文化"的"启蒙"并不是与"救亡"相分离的阳春白雪,文化观念上的转变仍然在潜意识中为未来新型的政治运动

---

① 鲁迅,《鲁迅选集(三卷)》,人民文学出版社,1983,页37。
② 李大钊,《青年与农村》,载于《晨报》,1919年第2期。

做着思想上的准备。

当然,"新文化运动"有多个面向,产生了多种不同的观念,也并没有彻底消弭知识分子群体对乡村的偏见。用"新文化"来代替"旧政治"的过程甚至更加深了一部分知识分子对乡村文化前现代特征的本质化叙述,这既表现在鲁迅的《祝福》、《故乡》中那些落后、封闭、愚昧、麻木的农民形象中,也表现在沈从文充满怀旧情调的,对乡土文化美感的复原中。然而,我们十分清楚,在 20 世纪文化政治的走向中,这些观念最终都没有占据主流。更重要的是,无论持有何种观点,在都市知识分子的视野中,中国的乡村问题终于与全体国民的命运联系在一起了。正如梁漱溟所说,现在"麻木的神经开始感到疼痛了",中国的知识分子开始认识现实。"民族自觉的头一步便是觉悟到农村;从这一步就可以觉悟到一切。觉悟到我们原来社会构造的特殊,觉悟到我们不能不自有我们的前途"[1]。

从 1920 年代开始,各种政治诉求完全不同的知识分子群体开始进入农村,并试图通过改变农村和农民来改变中国。20 年代末,全国各地兴起了一场声势浩大的乡村建设运动。各种教育机构和学术团体开始在农村建立实验区推行改革,陶行知、黄炎培、晏阳初、梁漱溟等人都尝试通过兴办教育、改良农业和移风易俗的方式使农村的经济和文化得以复兴,以此达到"民族再造"的目的。这些知识分子创办了《村治》、《乡村建设》等颇有影响的刊物宣传乡建思想,《东方杂志》等重要报刊也推出了农村问题专刊。在"农村经济破产"、"农村崩溃"的呼号中,"乡村建设"、"农村复兴"的口号弥漫于全国,成为朝野的一种新觉悟[2]。

乡村建设运动中展现出的问题意识和思想观念非常复杂,其中有两种思路最有代表性:其一是认为中国农民"愚、穷、弱、私",必须要用现代观念和现代组织加以改造的思路,如晏阳初所组织的乡村建设就将农村凋敝的原因归结为科学文化的落后,农民是必须用以西方为标准的现代文明纲领加以拯救的客体;另一种观念则刚好相反,梁漱溟认为中国乡村凋敝的重要原因正在于传统文化和乡村有机体在西洋文明和清末新政的

---

[1] 梁漱溟,《乡村建设理论》,邹平出版,1937,页 394—395。转引自艾恺,《最后的儒家——梁漱溟与中国现代化的两难》,江苏人民出版社,1996,页 201。
[2] 孔雪雄,《中国今日之农村运动》,1934,页 1。转引自艾恺,《最后的儒家——梁漱溟与中国现代化的两难》,江苏人民出版社,1996,页 234。

冲击下衰落和涣散了,因而拯救乡村要从恢复"乡学"传统,重建乡村文明和乡村组织着手。无论这些知识分子在乡村重建中持有何种具体观点,从乡村内部的文化教育和组织形式上来解决问题看起来是一个比较明显的共识,乡村外部的结构性政治经济问题相比之下则不那么重要。这一特点使乡村建设运动在中国共产党的历史叙述中被定义为一场"改良主义运动",即"都以承认现存的社会政治机构为先决条件;对于阻碍中国农村,以至阻碍整个中国社会发展的帝国主义侵略和封建残余势力之统治,是秋毫无犯的"①。不幸的是,实际的历史走向确实让乡村文化自救的理念显得有些书生气。在土地不均、租税过重、军阀土匪肆虐的情况没有改变的情况下,1929年世界范围内的经济危机又使得半殖民地中国成为粮食倾销的重灾区,这些复杂的结构性问题最终导致农村进一步破产和乡村建设运动陷入低潮。

　　几乎与乡村建设运动同时出现的是共产党领导的农民运动。"五四"前后,马克思主义的阶级和阶级斗争话语,列宁的革命建国方案非常迅速地改造了一部分中国知识分子的思想,他们在乡村所从事的政治实践和传播实践与以往相比发生了根本性的变化。一方面,出现了减租减息,甚至平分土地等经济上的诉求,农民运动迅速激进化和暴力化。共产党人认为一个新的乡村文明的实现只能依靠血腥的阶级斗争这个严厉的助产婆②;另一方面,在文化传播领域,农民开始被塑造为中国革命的主体力量和知识分子的"伙伴",这一群体受到了近代以来前所未有的重视。在浙江萧山、广东海丰、湖南衡山出现了最早的农民协会和农民运动讲习所,不过几年,相似的机构散播在湖北、江西、山东、陕西等全国各地,这些直接负责组织农民运动,进行农民运动宣传的机构主办了中国历史上最早的农民报刊:《犁头》、《锄头》、《耕牛》、《湖北农民》、《江西农民》、《山东农民》、《海丰半月刊》、《血潮画报》……号召农民革命的墙报、传单、标语、漫画等宣传品更是到处可见③。在这些传播实践中,农民成为动员的对象,而不再是改造的对象,他们的形象不再与落后、愚昧和麻木等本质化

---

① 孙冶方,《为什么要批评乡村改良主义工作》,《中国农村》,第二卷第5期。
② 艾恺,《最后的儒家——梁漱溟与中国现代化的两难》,江苏人民出版社,1996,页231。
③ 方汉奇主编,《中国新闻事业通史(第二卷)》,中国人民大学出版社,1996,页151。

的文化叙述连在一起,而是与被欺压、求解放的"阶级地位"连在一起。改变中国的希望因此不全寄托在文化上和制度上,而是更多地寄托在这个作为"阶级"而存在的人群身上。"阶级意识"当然是由知识分子给予的,甚至是宣传的和施加的,然而无法否认的是,中国农民的形象从未像大革命时期共产党的文化叙述中那样积极和正面,在"落后的传统"中浸润最深的农民们,居然被看作是现代革命的一支关键力量,甚至是未来乌托邦的开拓者。

经历了大革命的失败和长期的路线斗争,早期农民运动的经验和传统被延安时期的中国共产党进一步继承和巩固。在陕北这片全中国最落后、最缺乏现代气息、与西方文化接触最少的贫瘠土地上,"都市与乡村"的命题被"革命知识分子与农民"的命题所替换,大量来自都市的年轻文化人如何将传统的乡村社会引入现代政治成为传播实践的核心问题。在解决这一问题的过程中,中共的政权创造出了一套独特的政治体制和文化模式。

曾就读于延安鲁迅艺术学院的画家赵泮滨曾经这样描述延安整风运动过程中的经历:"整风生产,三年时间过去了,画室总是空闲着。磨起老茧的手很久不摸画笔了。但是,延安文艺界,三年内发生了根本变化,空前活跃起来,作家艺术家纷纷打起背包,下农村,去部队,深入生活改造思想。暂时不下去的,也活跃在街头,办墙报,出画刊,尤其是闹秧歌,更为深入人心"①。反对"关门提高",强调文化传播的政治性、阶级性,组织知识分子走入乡间,与农民同吃、同住、同劳动,这是整风运动前后延安文化传播实践的显著特征,是一场强调知识分子与基层农民相结合的"群众路线"的大规模尝试。在"延安文艺座谈会"之后,如何处理来自城市的文化传播业者与农民之间的关系更是上升到了政治原则的层面。"群众是真正的英雄,而我们自己则往往是幼稚可笑的",这句毛泽东的名言成为当年鲁迅艺术学院的学生考题②,能否真切地理解这个命题成为衡量知识分子政治觉悟的关键要素。

在新闻领域,编辑、记者们深入农村,与农民同吃同住同劳动也是一

---

① 赵泮滨,《整风随想》,载于《延安岁月》,陕西人民出版社,1985,页400。
② 朱鸿召,《延安:日常生活中的历史 1937—1947》,广西师范大学出版社,2007,页129。

种惯常的工作和生活模式。他们一方面强调蹲点驻村,通过调查研究呈现基层实际状况,一方面要参加基层的生产劳动实践,熟悉农民的生活并加强自己的"思想改造"。同时,他们也是党和政府的政策在群众中的宣传员,且要用农民熟悉的语言和方式传播现代文化和科学知识。与此同时,在各级党报新闻消息来源中,基层通讯员的报道占据越来越大的比重,构成了一个独特的上下沟通机制。专业记者下乡,业余通讯员发稿,明确的意识形态指向,这样的新闻实践有意识地否定了现代都市大众传播业的职业化特征。

如果单从知识分子深入乡村的行动来看,我们可能会将"群众路线"的文化传播实践简单等同于"民粹主义"。然而,如果仔细分析这些传播实践的政治诉求,我们能够发现延安的知识分子正在以全新的方式展开传统与现代的对话。从晚清到"五四"的文化政治中,"现代的"和"中国的"一直是一对难以破解的矛盾,它隐含的是乡土传统给知识分子的现代革新带来的沉重负担,并由此转化为"都市"与"乡村"之间难以破解的文化藩篱,形成了彼此隔绝的文化政治空间。在延安,虽然对待知识分子的翻云覆雨的整风运动和思想改造带有强烈的政治整肃性质,付出了组织资源和历史道义上的成本,然而正是这种政治整肃和教育使得大批在都市文化环境中成长起来的知识分子能够走入乡村,与传统进行直接的对话。他们利用本土资源,吸引本土大众,关键的目的还是传播现代理念和现代知识。在这一过程中,没有丢弃的是对"现代"的追求,而努力要拆解的则是"都市"与"乡村"的隔阂,或者说现代都市中作为脑力劳动者的文化人与乡土传统中作为体力劳动者的农民的隔阂。

四、乡村与国家

马克思对都市与乡村之间关系的看法在亚非拉殖民地的社会主义革命理论中被部分地倒置,这是一个非常有意味的现象。在马克思的论述中,城乡之间的对立固然造成了社会大分工、资本和劳动、地产分离等众多异化状况,然而这一过程也被他认为是一个无法绕开的,通向更高级社会的必然路径。在《德意志意识形态》中,马克思写到,"城乡之间的对立是随着野蛮向文明的过渡、部落制度向国家的过渡、地域局限性向民族的过渡而开始的,它贯穿着文明的全部历史直至现在……"①。在《资本论》中,马克思也指出:"一切发达的、以商品交换为媒介的分工的基础,都是城乡的分离。可以说,社会的全部经济史,都概括为这种对立的运动。"②然而,正如迈斯纳(M. Meisner)所发现的那样,毛泽东、卡斯特罗(F. Castro)、尼雷尔(J. Nyerere)、范农(F. Fanon)等众多亚非拉的马克思主义理论家和革命家们不但拒绝将城乡分离看作是现代化的必然路径,反而常常将回归乡村、建设乡村,避免城乡分离的出现当成一项重要的使命。在他们的著作中,常常将城市看作是"外国人创造的世界"和"革命的墓地",将城市生活看作是腐蚀革命力量的潜在威胁,他们号召革命者"离开城市,到山上去",与农民这个"真正的革命阶级"打成一片③。通过这种革命与发展观念的差异,我们能够更加深刻地体会到殖民地现代化的特殊性。

但是,落后国家通过自我剥夺实现工业化的现实使命曾给革命家们重建乡村的理想带来了重要挑战,也形成了一个两难困境。1949年共和国成立之后,将一个落后农业国转变为现代工业国的世纪难题转移给了中国共产党,这使得依靠农民力量取得政权的革命领袖们不得不将政策的中心向资源集中的城市倾斜,而乡村则成为提取农业剩余的对象。依照这一思路制定的"过渡时期总路线"曾经引发了以农民代言人自居的梁漱溟与毛泽东之间的激烈争论。从历史发展的实际状况来看,大批苏联专家的涌入、现代管理体制的确立、按照科技知识选拔和使用人才的制度、为确保工业生产而提供的福利保障和户籍制度,所有这些政策安排确实造成了城乡之间各方面的差距。然而,这种城乡之间的分化明显具有国家计划安排下的功能性特征,它与依靠全球资本力量产生的城乡分化有着本质的不同。如果后者的核心矛盾是"乡村与都市"的话,那么前者的核心矛盾实际上是"乡村与国家",后者的矛盾既是经济上的,也是文化上的,是殖民经济对乡村的支配和侵蚀;而前者则只有经济上的矛盾,乡

---

① 马克思,《德意志意识形态》,载于《马克思恩格斯全集(第二版)》,人民出版社,1995,第1卷,页104。
② 马克思,《资本论》,载于《马克思恩格斯全集(第二版)》,人民出版社,1995,第23卷,页390。
③ 莫里斯·迈斯纳,《马克思主义、毛泽东主义与乌托邦主义》,中国人民大学出版社,2005,页61。

村是国家整个工业化方案的组成部分,其自身也被进行现代化的改造。在建国初期的发展方案中,无论是乡村还是城市,都是以生产性而不是消费和资本投机为核心的地域,都服务于建立现代国家这个最终的目标。城市虽然在经济和福利方面占有优势,但前提是几十年来的摩登文化和消费场所被扫荡一空。不仅如此,在社会经济资源和文化传播资源的分布中,防止"乡村与国家"的矛盾滑向"乡村与都市"的矛盾,防止都市成为特权阶层的消费中心,防止乡村文化自信和文化自觉的崩溃,一直是毛泽东时代执政党的一项重要任务,也是乡村在经历国家工业化剥削的过程中没有出现混乱和反抗的重要原因。与依靠中央计划强力推行国家工业化相类似,为了完成同步的文化宣传使命,大众传播的管理也基本上是通过集中组织和控制来实现的。在这一过程中,国家实际上成为乡村与都市之间的"中介",它在经济发展上依靠城市的官僚和科技人员,却在文化传播上与都市知识分子的另类意识形态保持着非常紧张的矛盾关系,甚至是斗争和批判的关系;它需要农民在工业化过程中做出经济上的牺牲,却始终在政治和文化上给予农村和农民极高的重视。

在苏共二十大、"波匈事件"和1957年莫斯科会议等一连串事件之后,中国共产党在国际社会主义阵营中的地位空前提升。在世界共产主义运动陷入低潮的状况下,中共的领袖迫切希望创造出新的、更进步的社会组织模式和文化样态,从而示范和主导世界共产主义运动。单纯从经济发展合理性的角度很难解释"大跃进"的各种政策安排,激进的政治心态在很大程度上影响了1957年以后的国内政策。一方面是城市工业的"超英赶美",另一方面是农村的"人民公社"。尤其引人注目的是,在农村推行的新型的庞大政治组织完全是一种前无古人的"创新",它已经超越了经济上的合作与生产互助,是一个"经济、文化、政治、军事的统一体",是"工、农、商、学、兵互助结合"[①]。迈斯纳曾经对"人民公社"带来的城乡关系变化做出这样的评价:"(农村的变化)很大程度上降低了城市及其居民在实现经济增长和社会变革过程中所起的作用。与此相似,以教育与生产劳动相结合为基础(通过'红专大学'和许多'半工半读'方案来实现)的新教育政策,降低了以城市为中心、面向城市的高等教育制度的价值。

---

① 人民日报社论,《高举人民公社的红旗前进》,《人民日报》,1958年9月3日,第一版。

人们寄希望于那些新型农村学校,它们应培养出既有社会主义觉悟又有专业科学知识的'新农民'"①。

高度的集体性和公共性一方面在农村基础设施上搭建了一个前所未有的现代化平台,兴修水利、集体生产、新技术迅速推广、大型公共福利等项目都是中国千年农业发展中未曾有过的新事物,然而这一政策过程也同时要求新农村斩断与传统乡土社会的任何文化政治联结,飞跃式地创造农村的现代文化,这带有比较明显的拒绝与传统对话的激进性,并造成了严重问题。

激进的政治态度需要立刻塑造出"新农民"和"新农村"的形象,这自然需要文化传播系统的全力配合。从"大跃进"时期开始,大众传播对农村工作的宣传,对农民形象的塑造呈现出极为明显的试图超越现实状况的倾向,延安时代确立的现代与传统的对话,以及借助传统形式的社会主义现实主义风格被一种创造理想社会和社会主义新人的象征风格所取代。现实主义不但彻底破产,而且备受责难。在新闻传播领域,对农村生产能力和进步热情的怀疑是不被允许的,"浮夸风"在一种道德恐怖主义的气氛下逐渐扩散和升级。在文化艺术界,出现了大批脱离传统的农村"新人"形象,如《创业史》中的梁生宝、《艳阳天》中的萧长春、《金光大道》中的高大泉等等。这些"新农民"的一致特点是与传统乡土文化彻底决裂,并具有"圣人"一般的道德理想。最有代表性的当属柳青所塑造的梁生宝的形象。李杨曾指出柳青将梁三老汉设置为梁生宝的继父这一细节"大有深意","它切断了我们的英雄人物与传统农民的血缘关系,使他们能够彻底摆脱传统伦理关系的缠绕",这种手法"深刻地影响了'文革'文学的写作方式。充斥于'文革'文学舞台上的正面人物,无一不是鳏夫、寡妇这些摆脱了自然血缘缠绕的政治符码"。与传统的现实主义叙事不同,"梁生宝的新农民本质的获得并不是通过'成长'得以实现的,'无父'的梁生宝是一个天生的圣徒,选择社会主义只是他'学好'的结果。社会主义者通常是心地善良、思想单纯、诚信自律、克己奉公、内心慈悲、外表慈祥、富有同情心的'好人'"②。

希望中国农民中出现千千万万个"梁生宝",这自然是建设社会主义,

---

① 莫里斯·迈斯纳,《马克思主义、毛泽东主义与乌托邦主义》,中国人民大学出版社,2005,页58。

② 李杨,《50—70年代文学经典再解读》,山东教育出版社,2002,页154、163。

实现"大跃进"的美好理想。然而一旦这种充满革命浪漫情怀的艺术态度和传播实践对实际政治生活产生影响，就出现了非常尴尬的局面。将"道德标杆"树立在远离农民实际思想素质的高度，并通过传播与政治的配合塑造出强大的压力，甚至形成道德恐怖主义的气氛而影响基层的政治行动则被事实证明太过于激进。实际上，50 至 70 年代的中国农村，不仅在农业科技上还十分落后，农民的道德水准也很难随着公社化的进程而同步提高，千年来形成的生产方式和社会交往方式更不可能在短短几年中被颠覆。公社化初期，农业现代化所需要的大量基础设施建设和公共服务项目需要抽调和组织大量劳动力，这不但对基层干部是一个挑战，也加重了农业生产的负担，而这些公共支出的效果则要在几年，甚至几十年的漫长过程中才能显现出来。不仅如此，共产党推行的农村治理，主要依靠道德感召、群众动员和基层干部的政治觉悟，而不是法权关系和现代科层管理制度，这虽然很大程度上避免了体制僵化、不平等和腐败问题，但是毕竟不容易在短期内成功运转并获得效率，这一点从当时农村基层干部的总体表现和农业生产的衰退中可以明显感知。

总之，由于后期文化政治领域内的激进状况和对乡村传统与现实一定程度上的排斥，不仅乡村现代化方案遇到了阻碍，整个国家的现代化方向也被迫调整。乡村现代化的支持者没有在 1962 年之后找到恰当而有效的方式继续推行他们雄心勃勃的计划，城市中的政治运动和青年知识分子走入乡村的计划也没有达到所期待的结局，这使得他们最终不得不从历史进步引领者的位置上退下，并重新顺从国际形势的新变化。但是，50 至 70 年代中国在农村建设中取得的成绩是不容抹煞的，其最重要的目标，即从基层组织国家完成现代化转型，取得了成功。随着中国脱离殖民经济体系，乡村与都市的分离和对立不再成为文化传播领域内的一个主要问题，乡村和都市被成功地整合进国家的整体现代化方案。

黄仁宇曾经形容前现代的中国社会像一个庞大的"潜水艇夹心面包"。"上面一块长面包称为官僚阶级，下面一块长面包称为农民"[①]。普遍的皇权高高在上，下层的小农社会则如麻袋里的马铃薯一般分散，一个经济与文化的共同体缺乏起码的组织力，这对于后发国家的现代化事业

---

① 黄仁宇，《中国大历史》，生活·读书·新知三联书店，2007，页 255。

来说显然是一个重大的缺陷。因此,在外部殖民力量的经济和军事压力下改造社会结构,构建一个具有强大组织能力的国家就兼具反殖民和现代化的双重功能。无论当代都市知识分子如何将"主权"和"民族国家"这些概念进行本质性的负面解读,从历史实际来看,对于所有前殖民地国家来说,独立的现代化过程,就是一个必然无法逃脱的国家化过程。现代历史变迁中的空间政治向我们表明,忽视从基层组织现代国家的结果是都市和乡村的发展失衡,甚至相互对立,是知识分子与底层社会的隔阂,是文化传播上的严重偏向,这种状况将使整个社会更深地陷入殖民经济的漩涡不能自拔。

五、19 世纪的归来

国家在一定程度上退出地方经济是中国 1970 年代末推行改革的基本逻辑,发展主义经济学将这一"放权让利"的过程看成是"绕过很长的弯路最终走入正轨"的过程。但是对社会组织方式和发展模式的价值判断如果完全以眼前的经济增长作为指标则必然会掩盖一些重要的结构性问题。追求普遍规律的社会科学研究很容易忽视文化、政治、经济中的权力重组,由此成就一种反历史的倾向。在分析这场改革前因后果的过程中,我们无法忽视一些比短期经济增长更重要的问题。

从历史发展的过程来看,1970 年代末开始的"改革"很难说是经济政策的自我修正和完善,而主要是一个新的国际形势下,中国调整发展方向和国际角色的结果。温铁军曾经指出,"中国 50 年来都是先开放,后改革。改革是开放派生的,其内容方面的不同一般都取决于政府向哪里开放"[1]。实际上,从 1970 年代初期开始,中国就已经通过"开放"方向的调整转变了自身在国际政治经济格局中的角色,向西方打开了国门。新的国际关系格局使得中国得以大规模引进欧、美、日的设备和技术,对"重偏斜"的工业结构进行调整,为日后顺利地进入国际市场展开商品交换创造条件。这一过程带来了经济管理方式的变革,也同时带来了整个社会文化政治方面的转向。技术和资本的开放当然要以文

---

[1] 温铁军,《我们到底要什么?》,华夏出版社,2004,页 85—86。

化和商品市场的开放为条件。这种状况不仅使中国重新回到了面向海洋的发展模式中,而且迅速改变了直接接触西方文化的沿海都市的文化面貌。

"改革"的过程中,国家在一定程度上从社会经济生活中"撤出",实际上抽掉了建国后一直存在的乡村与城市之间的强大中介,弱化了在经济资源和文化政治方面的整体调节能力,这带来了中国内陆乡村和沿海城市之间关系的新一轮调整。在农村,经济权利下放到传统家庭的过程,也是乡村集体政治组织开始解体的过程。"大包干"在改革初期展现的"优越性"渐渐由于农业生产缺乏规模和国际贸易的扩大而失去作用。在城市,国家的一部分政治权力和文化权力重新回归城市知识精英的手中,最终赋予这一社会群体更大的文化感召力和舆论影响力。各种欧美新式消费品和文化产品的涌入使得都市生活充满诱惑,也使得"乡村—都市"与"落后—先进"这两对概念重新耦合在一起。乡村文化自信持续衰落,组织能力渐渐涣散,这种状况不仅带来基础设施建设、粮食生产和生态环境等领域的问题,而且客观上为大量劳工涌入城市,以低廉的劳动力价格参与世界工厂的商品生产创造了条件。

新的"乡村—都市"的空间政治立刻反映在知识分子的文化传播实践当中。1980年代初,中国文化传播界的一个重要的思想基调就是以揭示和告别内陆乡村的"落后封建文化"的方式开启一个面向海洋和现代的新时期。乡村、乡土文化和农民的形象历经半个世纪的重新塑造又回到了落后和将要被抛弃的地位上。这一点从当时众多的文化艺术作品中可以明显地察觉。罗中立的油画《父亲》和陈丹青的《西藏组画》是所谓"乡土现实主义"在美术界的代表。中国农民和农村的形象在几十年中从没有80年代这些美术作品所再现的那样落后、木讷、愚昧、颓废和了无生气,知识分子所希冀的进步和未来绝对不会再和这些落后的乡村文化联系在一起。易英在评价《西藏组画》的现实政治意义时曾经提出,"'伤痕'美术涉及的还只是'文化大革命'的具体事件,而《西藏组画》则使人联想到产生'文化大革命'的根源,那种由历史积淀造成的封闭、麻木与愚昧的国民性不正是'文化大革命'的社会基础之一吗?"[1]在官方传媒将"文革"定性

---

[1] 易英,《从英雄赞歌到平凡世界》,中国人民大学出版社,2004,页69。

为"封建"的知识背景下①，乡村文化地位的衰落所具有的现实政治意义在这样的观念中可见一般。在这个意义上，对农村和农民的落后形象的刻画不仅是新的空间政治结构变化的结果，也是进一步强调政治经济转型合理性的凭据。类似的文化意识也出现在同一时期"第五代"电影导演的作品中，陈凯歌的《黄土地》颇有代表性，在这部故事片中，一个希望逃离封建婚姻的少女只有跟着中国共产党的干部永远离开乡村这个麻木和落后的土地，才能获得人性的解放，这成为一个时代知识分子的政治隐喻。

进入 90 年代，以城市为中心的"乡村—都市"的二元对立不仅以文化方式巩固和加强，而且经由大众传播业的市场化和资本化改革以政治经济的方式固化下来。在阅听率和受众消费能力成为广告经营主要指标的前提下，都市生活不仅为大众传播提供着"先进的"文化内容，而且成为传媒机构和传媒从业者服务和获利的主要对象。在这一时期，都市知识分子已经不再需要通过对落后乡村文化的刻画来确认自己现代文化引领者的身份了，"面向海洋，背对内陆"的文化思维已经进入了全社会的政治潜意识当中。在直接服务乡村的文化传播产品慢慢绝迹的同时，农民开始以"超生游击队"和"二人转"等文化作品中的丑角形象出现在市民面前，成为被消费的他者。与此同时，乡村的农业生产和社会组织则处于一个快速衰落的过程中。向国际市场开放带来了农产品贸易的进口逐年增多，这不仅降低了农业生产的利润，也使得农民税收的负担加重，由此出现了 1990 年代中后期大量农地被抛荒，大量农民工涌入城市成为低收入劳工的现象。此时，"乡村与都市"的二元对立已经不仅是一个文化问题，而成为了一个严重的经济问题和社会问题。"民工潮"并不是历史上的新事物，在 20 世纪 20 至 30 年代中国成为世界经济危机的粮食倾销地时，类似现象就曾经出现，然而正如吕新雨所言，"30 年代的中国知识分子都清楚中国农业的破产与危机与世界市场的关系，是'一战'与'二战'之间世界资本主义经济危机的后果……但是今天的中国知识界却不愿建立和检讨全球化市场与中国农业凋敝的联系。这个反差是耐人寻味的"②。

---

① 《人民日报》特约评论员,《封建主义遗毒应该肃清》,《人民日报》,1980 年 7 月 18 日。
② 吕新雨,《"民工潮"的问题意识》,载于《读书》,2003 年第 10 期,页 56。

这种状况一方面反映了80年代以来的文化意识已经将当代知识分子的视野束缚在狭隘的都市空间之中,面向海洋,背对内陆成了中国社会发展的"普世出路",另一方面,沿海都市的大众传媒业和知识界经历几十年改革,越来越多地受到各种复杂资本力量的政治牵制,常常适应全球经济体系不平等交换的需要,以积极姿态推进"乡村与都市"的背离。赵月枝曾经分析了1999年中国报刊对中国加入世界贸易组织问题的相关报道和评论,得出了令人惊讶的结果,通过将"老百姓"直接等同于富裕城市消费者,几乎所有报刊都一致拥护中国加入世贸组织,将新自由主义全球化视为中国的归宿,部分知识精英还不忘借用官方政治话语的尚方宝剑,指出反对的声音就是要使"改革"走回头路[①]。在积极融入"全球化"的过程中,2004年中国开始出现农产品的贸易逆差并逐年扩大,农村的群体性事件爆炸性地增加,为了挽救社会,国家开始采取免除农业税和进行农业补贴等一系列措施,逐渐扭转中国经济发展的方向,然而在这一过程中,沿海都市传媒也开始以鲜明的政治诉求对舆论施加影响,"小政府、大社会"被看作理想的国家形态,城乡二元结构要由不合理的国家户籍制度负责,法权和契约关系要代替现行的政策模式……国际金融危机之中,中国的经济转型面对着几十年来积累的各种矛盾和都市知识精英制造的尴尬局面。

19世纪的归来! 这是阿兰·巴迪欧(A. Badiou)对今天全球状况的精妙概括,他指出,"从许多方面来看,我们今天更接近于19世纪而不是20世纪。19世纪的诸多现象正在重新上演:大范围贫困,不平等加剧;政治蜕变为服务于财富、青年中大部分所秉持的虚无主义,众多知识分子的奴性屈从,探索表达共产主义构想的众多小团体的实验精神被群起而攻之,被围追堵截……就是因为这样,和19世纪一样,今天最关键的不是共产主义构想的胜利,而是它的存在条件"[②]。在20世纪末以来的中国,"乡村与都市"这一二元对立格局的重新确立正是19世纪国际政治经济状况的原画复现。从鸦片战争至今,中国乡村与都市的关系走过了一个

---

① 赵月枝,《"入世":全球化、强国梦与中国报刊关于WTO的话语》,载于《传播与社会:政治经济与文化分析》,中国传媒大学出版社,2011,页208—226。
② 阿兰·巴迪欧,《共产主义设想》,载于《国外理论动态》,2008年第10期,页69。

惊心动魄的历程而又似乎回到了原点。这一过程不仅展现了知识分子文化政治心态的变迁,也说明着中国在世界资本主义体系中的位置变化。今天,都市中的中国知识分子们如何对待历史和现实中的乡村问题再次成为影响中国命运的关键。

吴 靖

十六、后社会主义语境中性别地位的表述
——约会真人秀中被争夺的公共领域

导 言

本文认为 21 世纪中国大陆的社会政策、大众文化和公共意识可以恰当地以"后社会主义"来命名,虽然许多人从政权性质及其合法性证明的延续性的角度来看,认为社会主义时期的记忆、欲望和遗产依然萦绕着文化和意识形态领域,以各种方式在不期然的情况下施加影响[①]。后社会主义文化强调对日常生活的一种个人主义、追求物质满足和去政治化的视角,以此成为对过去以集体主义、自我牺牲的清教主义和阶级斗争为核心的社会主义意识形态的反拨和消解。重新获得推崇的中国传统文化以及从改革开放中生长出来的市场话语正在取代日益空洞化的社会主义文

---

① Lisa Rofel,《另类现代性:后社会主义中国的性别化渴望》(*Other Modernities*:*Gendered Yearnings in China after Socialism*),1999, Berkeley:University of California Press。
Amy Hanser,《销售层的方向性:后社会主义中国的区隔与服务》(Sales floor trajectories:Distinction and service in postsocialist China),见 *Ethnography*,2006,Vol. 7(4):461—491.
Wing Chung Ho and Petrus Ng,《公共遗忘与上海的多元现代性:在前社会主义"模范社区"讲述后社会主义的未来》(Public Amnesia and Multiple Modernities in Shanghai:Narrating the Postsocialist Future in a Former Socialist 'Model Community'),见 *Journal of Contemporary Ethnography*,2008,Volume 37,Number 4,August,pp. 383—416。
Kathleen Erwin,Vincanne Adams and Phuoc Le,《光荣的行为:单位献血与都市中国的后社会主义欲望》(Glorious Deeds:Work Unit Blood Donation and Postsocialist Desires in Urban China),见 *Body & Society*,2009,Vol. 15(2),pp. 51—70。

化价值观,成为在充满变数的"自由"经济以及全球化的时代和社会空间中,提供社会认同和文化意义的两种重要力量。无论两者之间有何种差异和矛盾,在当代重新被认可的传统文化与新引进的市场机制在家庭价值和家庭生活的主题下得以相互融合,结成某种统一的立场。在这一主题下,对于性别和性别角色的重新描绘成为社会变革与创新的焦点,社会主义时期关于女性独立、与男性平等、分享和集体主义的观念受到质疑,被重新定义,成为需要被激烈颠覆和超越的旧意识形态。社会主义与女性主义在中国语境中的共同体地位开始解体,通过对性别地位的重新界定,社会主义的文化领导权受到挑战和嘲笑,在大众文化及其媒介载体中处于彻底边缘化的位置,仅仅在官方审查话语中扮演自由文化对立面的负面角色。社会主义的文化政治如何恢复活力,通过自身的重构和与其他进步的政治议程——比如女性主义——相互勾连,进入当代中国日趋激烈的意识形态竞争场域,是本文重要的理论与现实关怀。

本文以一档流行的约会类真人秀节目《非诚勿扰》为具体案例,旨在厘清当今中国大众媒介中显现的后社会主义与后女性主义性别话语的复杂关联。《非诚勿扰》自 2010 年播出以来,迅速成为中国最受瞩目、最具争议的真人秀节目类型。该节目具有不同寻常的形式,节目中男女参与者对彼此有争议的评论症候性地折射出当代社会的流行文化与大众话语中备受争论的性别刻板印象和性别意识形态。这档节目非常具有研究价值,因为它将当代中国一些看似散乱的社会发展问题和社会话语勾连在了一起。其中之一便是在近些年日益受到关注的 20 世纪 70 年代之后出生的都市中产阶级一代难以找到适合的结婚对象的问题。社会学家和评论家认为这一现象背后的原因有:计划生育政策所导致的人口比例失衡、都市白领更加个人化的生活方式,现代化大都市生活中不确定的人际关系,以及受到良好教育的职业女性很难找到更优秀的男性结婚等等①。这一话题成

---

① 张乐,《现代都市"剩女"现象的社会学透视》,见《山西青年管理干部学院学报》,2007 年第 20 卷,第 4 期。
左雪松、夏道玉,《建构女性与女性建构——建构主义视阈中"剩女"危机引发的社会学思考》,见《妇女研究论丛》,2008 年 9 月第 5 期总第 88 期。
陈琴,《从"剩女"等词看中国女性婚姻观念的变迁》,见《宜春学院学报》,2009 年第 5 期总第 31 期,页 116—118。
周松青,《"剩女"与性别统治》,见《青年研究》,2010 年第 5 期,页 14—18。

为大众媒介话语和交互式新媒体上争论的热点。主流讨论倾向于认为相较于男性，超过平均结婚年龄的单身女性更有可能产生社交障碍和心理问题，她们也承担着更大的社会压力和心理压力。人们甚至发明了"剩女"这个词来统一指代因为各种各样的原因保持单身的成年女性这一实质上是异质的、多元化的群体。约会真人秀节目的核心内容是单身男女之间对潜在约会对象的选择和评价过程，所以诸如对两性不同社会角色的理解和他们对彼此不同的期待之类的话题频繁出现。这为研究当今中国暧昧、模糊和充满争议的性别认同和性别关系提供了丰富的研究资源。

另一个与此有关的话语场域是占领电视等大众传媒的促销文化，它日益瞄准躁动不安、爱做梦和具有一定消费能力的都市年轻人，在为他们批量生产欲望、幻想和恐惧的基础上激励购买行为，增加产品销量。真人秀之类的娱乐电视节目在形态设计上就是和促销装置紧密地联系在一起的。除了那些已经在电视产业内部被认为是理所当然的、机制化的产品植入和商业广告，节目内容本身也通过展示令人向往的生活方式，将由商品所包围和定义的城市中产阶级生活环境自然化。《非诚勿扰》中的参与者们往往通过职业、收入和物质条件来检验他们潜在的约会对象，这表明商品和获得商品的能力已经成为了幸福生活一个不可缺少的条件。一些女性参与者公然表现出的物质主义是节目在观众中引起巨大争议的源头，甚至招致了国家相关管理部门的严厉审查，并出台了一系列针对约会真人秀节目的限制措施。其中之一就是节目的制作者必须从成千上万报名者中谨慎选择参与者，确认他们是真诚地想要寻找约会对象，而非希望通过出位的言论一夜成名。事实上，这是很难操作的，制作者们尝试着通过删节敏感或不恰当的部分来降低风险。可以预见的是，审查带来了相反的结果。官方出面指责这些节目表达和美化了道德堕落与物质主义，反而使人们回忆起已经被遗忘所掩埋的社会主义价值体系，并开始注意到和反思现行体制下社会主义文化的死亡。而另外一个反讽之处在于，中国社会主义的文化政治曾经将自身的文化合法性部分建构在将女性从家庭、顺从和自我牺牲的压迫传统中解放出来的承诺之上，而今天代表这一文化的意识形态机构竟然开始指责女性将个人幸福和物质所得凌驾在家庭观念和真爱之上。女性不再因为她们的叛逆而成为革命争取的对象，反而因为悖离了传统和家庭而受到斥责。因此，在节目生成的巨大话语场域中,观察社会主义文化、传统文化和消费主义各自所推崇的两性观念、女性的社会地位和家庭制度如何混合、协商、和对抗是非常有趣的。

最后,我们需要考虑电视真人秀这一节目类型本身以及它在中国独特的发展历程。在西方国家,上世纪 80 年代真人秀节目在电视产业经济结构转型,新自由主义文化的影响,电视频道极大丰富,新的交互式传播技术发展的背景下,大举进入电视黄金时段。由于其低廉的制作成本、便利的商品植入、更具针对性的营销形式以及观众参与的机会和现实主义的外衣,电视真人秀将新自由主义全球化时代的经济、社会和审美理想完美地融合在了一起,它变成了电视网、有线电视和新形式交互式电视都青睐一种主要的节目类型[1]。90 年代开始的中国后社会主义经济发展与新自由主义全球化具有结构性的关联,媒体产业都努力摆脱国营机构的面貌,在保持其国家意识形态机器这一角色的同时,将日常运营和内容生产商业化。通过引进节目模式,本土化节目内容,真人秀节目避开了国家对进口国外节目的限制。与其在西方的境遇相似,因其低廉的制作成本、销售机遇和通过参与对观众的准确估计,大受国内电视台的欢迎。然而,真人秀进入中国电视的黄金时段却遭受了更大的困难,这主要是由严苛的内容审查标准造成的。真人秀这一形式将被理解为公共服务的纪实现实主义,和窥视真实的私人生活的乐趣以及体验极端情境下人性的阴暗面造成的轰动效应结合在了一起[2]。而不论是暴露社会问题的现实主义还是鼓励窥视私欲的真实游戏,都常常受到审查机构的限制和指责,因为文化审查的宗旨就是减少任何影响当下社会秩序的稳定性与合法性的文化信号。约会真人秀是比较少见的成功案例,它使社会中业已存在的文化和意识形态差异浮现出来,并在公共空间引起热烈的讨论。通过让真人在舞台上展示他们的生活、思想和行为,真人秀产生了吊诡的效用,一方面将社会被隐藏的部分真实揭示了出来,另一方面对在公众审视下暴露自己的个人发挥了规训作用[3]。约会真人秀为性别表

---

[1] Susan Murry,《我认为我们需要起一个新名字:纪录片与真实电视的相遇》(I Think We Need a New Name for It': The Meeting of Documentary and Reality TV),见 *Reality TV: Remaking Television Culture*, edited by Susan Murray and Laurie Ouellette, New York: New York University Press, 2009, pp. 65—81。

[2] 参见 Susan Murry,《我认为我们需要起一个新名字:纪录片与真实电视的相遇》,前揭。

[3] Mark Andrejevic,《视觉素养:真实电视、老练观众和自动监控》(Visceral Literacy: Reality TV, Savvy Viewers, and Auto-Spies),见 *Reality TV: Remaking Television Culture*, edited by Susan Murray and Laurie Ouellette, New York: New York University Press, 2009, pp. 321—342。

演、自我认同和性别话语霸权提供了对抗、协商的平台。《非诚勿扰》尤其有趣,其中一些参与者(女性为主,也偶尔有男性的参与者),因为渴望在舞台上表达和争辩,甚至不惜牺牲自己在潜在约会对象面前的良好形象,而饱受诟病。节目制作人在接受媒体采访时也承认,《非诚勿扰》除了婚介这一公共服务外,还具有鼓励人们表达的社会意义[①]。因此,该节目可以看作是一个关于爱、性别、阶级、性等多重话语进行对话、竞争的公共平台。它既是戏剧、纪录片、对抗的公共领域,也是对主体进行凝视和展示主导意识形态的公共奇观。

后社会主义中国的新性别话语

中国社会主义被提到最多的成就之一,就是在一个崇尚女性对男性和权威服从的东亚社会,实现了男女平等。由于社会主义现代性对集体主义的强调,它认为女性应该和男性一样,拥有参与公共空间、接受教育、进行生产的权利。至于有关性和家庭两性关系的私人领域,社会主义话语的介入并不充分,它只提供一些关于相互尊重、宽容和分享之类肤浅的道德声明,并且在很大程度上认可和延续了传统文化对家庭责任的规定。因此,中国政府一方面反对包办婚姻,积极为青年提供婚介服务,希望其通过自由恋爱、培养感情,以此为基础组建家庭,而另一方面又强调家庭稳定和为了家庭牺牲个人利益的重要性,因为家庭的主要功能是使公民更积极有力地投入到社会主义建设中去。在这种反对物质主义和个人主义的文化环境中,性需求、身体的吸引力和经济地位等因素都被淡化。在这个意义上说,社会主义的性别政治是自上而下的、不平衡的,是以对国家的服从和自我牺牲为文化规范的,只要其能够很好地配合国家建设,它就很少被讨论和质疑。家庭观念和与之相关的两性关系并未得到附属于社会主义事业的女性研究的充分关注和讨论,它们只是从传统文化中被简单地借用出来,为新的社会秩序服务。

---

① 孟静,《"非诚勿扰",今夜请将相亲遗忘》,《三联生活周刊》,2010年17期,总第575期,页128—131。

后社会主义的话语场域开始强调"个体"这个话题,并关注"个人权利"的张扬在家庭关系中的体现,这一方面是在文化上与全球资本主义接轨,另一方面设置了对传统社会主义文化进行批判和改造的议程。吉尔(Rosalind Gill)在《后女性主义媒介文化:一种情感模式的组成元素》这篇文章中提出,后女性主义的文化情绪具有以下一些特征:认为女性气质是一种身体和生理特点,强调女性主体的自我认同,对自我监控、自律和自我完善的推崇,对个人主义、选择和授权的关注,化妆美容与自我实现的联合,以及自然性别差异观念的复苏等等。她还探讨了美国这种后女性主义的文化情感与新自由主义之间的关联[1]。虽然中国本身并没有独立的女权主义运动,但社会主义一般被视为包含了阶级、性别和种族解放的总体社会运动,其不仅使阶级平等制度化,也使性别和民族的平等制度化。因此,后社会主义的情感结构与后女性主义和新自由主义在个人自由和责任感方面的表述具有结构和主题上的相似性,它们都反对这样一种观念,即社会、文化、性别的权力结构塑造和影响着个人发展的可能性,都坚持个人可以通过自我奋斗和自我改造来获得幸福的生活。差异与不平等被认为是个体的机遇和努力所导致的,而非社会决定的。此外,后社会主义不仅大力宣扬个人主义作为对过去压抑的集体主义的反拨,而且还为教育、医疗、住房等公共服务的减少提供了合法性论述。公共服务的削减和市场化的策略通常是在"经济改革"的口号下进行的,集体主义时代的低效和对个体创造性的压抑成为改革最重要的理由。但是这样的市场化改革对于女性而言有着更大的影响,因为抚育孩子、照料家庭的日常工作通常被认为是女性的职责,社会主义文化并没有在家庭劳动分工方面带来重大的变革,传统的"男主外,女主内"的模式仍然是中国家庭性别分工的主导观念。当国家以改革为由回避了补偿或解决家务劳动的职责,女性只能依靠自己来缓解家庭受到的影响,女性需要对家庭负责任和做出牺牲的观念因此得到加强。

同样,性别压迫的观念就像阶级和民族压迫的观念那样,被认为是一

---

[1] Rosalind Gill,《后女性主义媒介文化:一种感觉的基本元素》(Postfeminist Media Culture: Elements of a Sensibility),见 *European Journal of Cultural Studies*,2007, 10(2), pp. 147—166。

种使人们相互敌对的旧社会主义意识形态而受到抨击。此时,"人性"被重新发现。人们认为,性别差异是与生俱来的,而非社会主义者和女性主义者所说是社会建构的结果,因此在公共空间为女性提供平等工作机会的政策是违反自然的,将会对社会带来负面的影响,如家庭关系紧张,孩子被照料不周,更大的雇佣压力等等。事实上,我国一些民意代表多次在人大政协会议期间提出女性应当接受"回家"做家庭主妇的观点,以降低失业率①。在任何一方面,特别是学界或者政治方面具有影响力的女性,都被看作是不正常的,甚至是具有威胁性的。在媒体上,总是不断重演着有关历史上那些篡夺政治权力从而祸及整个国家的女人的电视剧;而在日常生活的大众话语中,女博士被称作男性、女性之外的"第三种性别"。这一类有关女性气质与女性社会角色是天然的、与身体相关的,如果违背就会造成人伦和社会的混乱的后社会主义思潮与西方后女性主义的话语体系有着内在一致的逻辑和表述方式。

但是,关于后社会主义性别话语,有一点十分重要,我们不能简单地把它们看作是社会主义思想的对立面。就像吉尔认为的那样,后女性主义、后社会主义是各种性别政治碰撞融合的舞台,其中既包括社会主义的,也包括传统的或在全球资本主义和新自由主义影响下的被商业化的主体性②。同时,有关性别地位和性别认同的各种思想既相互协调又对抗。例如,时尚产业的迅速发展,化妆品销售和通过各种方式改变女性身体的美容项目,都指向了女性气质是一种身体特点,女性应该通过不断地观察和规训她们的身体来保持性别安全和社会地位这一普遍的观点。但是另一方面,所有这些行为都被媒体视作女性增强个性和自豪感的方式而大加推崇。他们假设女性是为自己而非他人做出这些行为,似乎是为了更具女人味自愿付诸行动,而非出于为达到与男性虚幻的平等这一外部压力。因此,有关女性主体性、个性、个人自由和自决的话语使那些塑造女性生活、限制女性选择的社会文化力量具有了实际的效力。同样,女性传统价值观和分享、自我牺牲、照料他人

---

① 赵威,《张晓梅委员"让女性回家"提案遭专家网友抨击》,《南方日报》,来源http://www.chinadaily.com.cn/micro-reading/dzh/2011—03—09/content_1965501.html。
② Rosalind Gill,《后女性主义媒介文化:一种感觉的基本元素》,前揭。

的社会主义精神遗产实际上融合在了一起,成了一项重建家庭是爱和关怀的安全港,以对抗充满恶意、危险的市场和竞争等社会领域的观念的意识形态工程。社会主义过去诋毁家庭这种组织形式,认为它是男权统治、压迫女性和孩童的工具,所以社会主义国家总是称自己为新的、包括所有人的、平等的大家庭。现在,随着大家庭的解体,小家庭重新获得当代文化的青睐。

后社会主义性别话语是多声部的,充满矛盾的:关于女性解放、独立和自尊的叙述,与为了赶上时代不断自我提升的新自由主义情感共存;女性气质是天然的,与女性应该遵循有关如何重塑身体、改变外表来变得更具女性魅力的观念吸引着同一批受众,满足了相同的市场需求;为了在社会剧烈变化的时代,达到心灵的宁静和幸福,家庭观念和个人主义被大力宣扬。后文将对《非诚勿扰》进行更为具体的分析,以阐明当代中国复杂、旋绕、纠缠的性别话语。

《非诚勿扰》与性别表演的狂欢

2010年初,约会真人秀开始出现在中国的电视荧屏上。《非诚勿扰》并非第一个,但在2010年1月15日首播之后,它迅速成为中国最成功、最具影响力的约会真人秀节目。节目规则非常简单,24位女性参与者同时在舞台上评价和选择一位男性。女性参与者经过三个回合作出决定:爱之初体验,爱之再判断,爱之终决选。回合中她们可以在任何时候熄灭面前的灯来否决男性参与者。男性可以通过视频短片进行自我介绍,其中包括个性、职业、性情、爱情和婚姻观念以及其他相关的话题。男性参与者的朋友也会受邀在视频中说一些有关他的事情。整个过程中,主持人、两名坐在台上的评论者和24位女性参与者都可以对舞台中心的男性进行提问或反驳。终决选之后,女性不能再改变主意,轮到男性进行选择。如果所有的女性都熄灭了灯,男性则配对失败并离开舞台;如果有一位女性亮灯,男性则可以决定是否与之约会;如果超过一位女性亮灯,那么男性可以选择其中两位问一些问题,作出最终决定。每一部分的最后,失败的男性参与者或者成功配对的情侣,都可以在舞台下的镜头前发表自己的想法。

与西方类似的节目所不同的是,《非诚勿扰》并不监视和偷拍情侣实际约会的场景。没有关于身体和性生动的画面,本土化的约会真人秀更多关注的是舞台上参与者的言语交锋。通过1个男对24个女,以及主持人和评论者不断插入并评论男女双方的节目形态,对话轻易地被引向更具普遍意义的、有大众吸引力的话题——性别认同、价值观冲突、生活方式的选择和性格测试等。节目毁誉参半,引起了巨大的轰动效应。这种轰动效应并不是来自于通常约会真人秀节目里性方面的异常或猥亵,而是来自对关于爱情、婚姻、家庭的政治不正确的观念的直言不讳。每当有人发表出位言论,观众们都感到震惊,并迫切期望参与者、通常是男性,做出戏剧化的反应。为约束和规范约会真人秀节目出格的意识形态,广电总局的新规定要求参与者必须是真心希望寻找约会的对象,认为那些不真诚地发表出位言论的参与者只是为了吸引眼球而非寻找真爱。

　　这种思路并不理解真人秀这种节目类型,或者约会真人秀作为其独特的子类,背后所蕴含的文化意义。所谓"真"指的是通过真人而非演员在既定规则和戏剧情境下进行即兴反应,以展现真实的生活,这与纪录片中真理电影的模式有家族相似性。这样的电视节目形式创新具有双重效应,一方面使具有社会学兴趣的人了解到人们的生活方式,另一方面则娱乐了喜好窥阴的消费者。事实上,虽然真人秀与最具公共导向性的电视节目类型——纪录片有技术上的相似之处,但其政治经济学却告诉我们这种节目类型是电视节目谱系中最具娱乐性、商业化程度最高的,它们在电视节目类型的光谱中恰恰处在力图揭示或探讨社会现实的纪录片的对立面[①]。大部分当代真人秀节目中,参与者常常在极端做作、在现实生活中几乎不可能出现的场景中演出。通过对主体进行一定的刺激来观察其真实反应确实是当代纪录片实践中的一种策略,但真人秀对场景的人为设置已经远远超出了纪实和观察社会的需要和伦理底线。表演性被深深地植入到这一节目类型的规则中,这越来越被大多数参与者和有经验的观众所了解和认可[②]。真人秀的看点在于参与者如何发挥好他所分配到

---

① Chad Raphael,《真是电视的政治经济缘起》(The Political Economic Orignins of Reali-TV),见 *Reality TV: Remaking Television Culture*, edited by Susan Murray and Laurie Ouellette, New York: New York University Press, 2009, pp. 123—140。

② Mark Andrejevic,《视觉素养:真实电视,老练观众和自动监控》,前揭。

的角色,这通常被认为是他在现实生活中所掩藏的本性。像专业的演员那样,参与者也是按照剧本进行演出,但与之不同的是,他们并没有一个需要遵循的权威文本,所以可以通过自身的文化记忆激活他们自己的剧本。比起由专业演员演出的戏剧,真人秀的表演活动背后所隐含的多样化、直率的文化文本有时更具魅力、更尖锐。从这个意义上说,约会真人秀是性别表演和集体剧本创作的平台。《非诚勿扰》在这些约会真人秀节目中脱颖而出,是因为其对不可避免的表演性敏感的自觉,并有意识地利用这一点将一个有些粗糙、朴实的真人秀发展出了独特的式样。按照巴特勒(Judith Butler)的观点,性别表演是性别主体化和客体化的社会进程中不可或缺的一部分[1]。《非诚勿扰》一次次对给定的性别角色剧本进行开发、检验和重塑。这个节目真正的乐趣并非来自于它的婚介功能,而是来自于个体在性别表演的过程中所体现出来的过度的做作、伪装和自我矛盾。因此,审查者尝试着删节这个节目关键的部分,同时还希望保持它在文化市场上的成功,这种做法只会搬起石头砸自己的脚。

与之前的真人秀节目相比,《非诚勿扰》的场面调度经过了过分的设计和安排。24位女性参与者在节目开始一起走到舞台上,站成半圆形,等待男性参与者在喧闹的音乐和华丽的灯光中被电梯带到舞台上。特写镜头、水平摇射和面部表情镜头的快速剪辑是节目为了增强悬疑感和戏剧性通常采用的方法。无论是舞台上还是电视机前,气氛都是高度紧张、戏剧化的,与人们能够平静交流的惬意的日常环境不同。女性参与者盛装出席,男性参与者却尽量保持着本来面目。视觉上讲,女性的外表是高度标准化的:极具女性气质,穿着公主裙,画着精致的妆容。短裙、丝绸、丝带、长卷发、蝴蝶结和烟熏妆是非常常见的,通常只有一到两位女性参与者穿着裤子、西装、短袖或者短发,显得非常不同。

实际上,对许多女性参与者而言,走上节目的舞台似乎成了一个身着盛装,打扮得像电影明星的有趣机会。当她们开始谈话时,却表现得与她们灰姑娘或白雪公主的装扮截然不同。一个接一个的男性参与者发现,参加这档节目事实上如同经历了一系列痛苦的考验,而非获得了一个拥有美丽女人的好机会。他们的外表和言语不断受到美女们的审视和苛刻评价。他们

---

[1] Judith Butler,《解构性别》(*Undoing Gender*), NY: Routledge, 2004。

的身体、时尚品味、爱好、个性、社会价值观等等所有的一切都面临着被质疑、审问甚至有时是奚落的危险。当他们想要反击的时候,也会很快意识到自己正处在一个做也不是、不做也不是的尴尬境遇。如果他们选择投降,可能会从主持人那里获得象征性的支持却有丢脸、变成观众笑柄的危险;如果他们决定反击,他们会激起所有女性参与者的姐妹情谊,成为一群聪明女人集体攻击的对象。无论如何,以上两种情况对男性参与者来说都不是很好的体验,但对观众而言却非常有意思。尽管网络讨论表明,观众对于那些大胆、挑衅、坦率的女人充满了极端情绪。观众对那些在男人面前表现得太过自信、居高临下的女性大都表达了反感、不安甚至憎恶的感情。

　　以超级女性气质的狂欢来干扰和瓦解不思反省的男权意识,是中国后社会主义性别话语一个最具争议性的特点,尤其是随着新媒体的出现,女性有了更多的渠道来表达非传统的关于两性关系的观点。木子美是一位杂志女编辑,2003年她在博客上描写了她和多个男人(其中很多是公众人物)发生性关系的细节,从而成为热点人物,更成为在中国普及博客的关键人物①。在她著名的性日记中,她不仅夸耀自己的性欲,并将性描述为通往真正的自由之路,也奚落了男人的性权力。自此,受到良好教育、拥有不错职业的大都会新女性在中国浮出水面。在传统和社会主义文化中,女性的性欲被认为是危险的、具有破坏性的。女人性渴望和滥交是最邪恶的罪责。虽然男性和女性的性需求都因为国家和社会主义这种更高级的原因被压抑,但是女性的需求尤其受到警惕,因为它和那些具有男性气质的集体议程的关系是不确定的和危险的。相反,在后社会主义时代的电视剧、畅销小说等大众文化文本中,男性的性权力被重新阐释为与革命英雄主义或国家主义精神具有共生的关系。男性性能力成为革命精神的一种体现,而不是对后者的颠覆②。女性的性需求仍然是元历史

---

① Guobin Yang,《中国互联网的力量:在线公民行动主义》(*The Power of the Internet in China: Citizen Activism Online*), New York: Columbia University Press, 2009, 114。

② Jing Wu,《作为内容创意的怀旧》(Nostalgia as Content Creativity: Cultural Industries and the Popular Sentiment),见 *International Journal of Cultural Studies*, September, 2006, Vol. 9, No. 3。

Geng Song,《重访中国男性气质:当代电视剧中的男性形象》(Chinese Masculinities Revisited: Male Images in Contemporary Television Drama Serials),见 *Modern China*, 2010, 36(4), pp. 404—434。

叙述的对立面,因此需要被训导和控制。这就是李安倍受争议的电影《色·戒》引发的讨论的主要结论。在电影中,二战时反日的一名女性与日伪政府秘密警察局长相恋。她本应色诱他来协助同伴的暗杀计划,但在最后关头她对性的渴望战胜了爱国任务,整个计划失败,自己也被秘密警察杀害。在不信任和鄙视精英的社会氛围和舆论环境中,木子美对功成名就和自得意满的中产阶级男性的奚落,仍然能够获得一些同情。而李安电影中的女性主义信息却很难做到这一点,因为他将女性的性欲与神圣的国家主义对立了起来。讽刺的是,影片的激进信息反而支持了女性性欲会导致社会的混乱与灾难的反女性主义论断。

木子美的博客和李安电影的影响都主要局限在知识分子群体中,在这一领域,女性主义的情感可以更为公开地得到表达,并引发争论。《非诚勿扰》的独特性在于,这是一个在全国电视黄金时段播出的、与大众娱乐和商业主义联系在一起的节目类型。在这样的平台上,受到女性主义影响的文化表演得以上映,尽管节目制作者和参与者并不一定有明确的女性主义议程或得到女性主义理论的指导。承认和表达女性的性渴望,是节目参与者的对话中经常出现的话题。如"我要看看你衬衫下的肌肉",或"我不喜欢苗条的男生",或"我欣赏你的身体",又或"他是我的菜"之类的评论时常出自女性参与者口中。她们之所以这么具有侵略性,是因为从大量报名的女性中被千挑万选出来的参与者大多数是艺术家、专业人员、自由职业者、主管或者老板。最明显理由当然是她们是具有好口才、自信的一个群体,这样才能够仅仅依靠言语交流帮助节目制造出许多有趣的场面。她们来自于相似的阶级背景,与木子美和李安有着相似或者相当的文化资本。当然,她们很有可能主要是受到赞美女性解放的大都会主义商业信息或者诸如《欲望都市》、《绝望主妇》之类的美剧的影响,而非是出于对西方女性主义理论和艺术思潮的了解。

将女性气质作为身体特点的展现,以及对女性性渴望赤裸裸地展示,动摇了节目表面上由爱情走向婚姻的主题。节目中的女性大都年龄接近30岁,相较于在舞台上严肃认真地寻找伴侣,她们往往对以约会为由和异性调情更感兴趣。例如,一位女性参与者声称她不会选择一见钟情的男人;另一位女性说她是一个皇后,她只能接受国王;还有一位参与者对所有男嘉宾都如此尖刻和挑剔,以至于每个人都期待看到她对一些自我感觉良好的男人发起攻击。显然,对大多数参与者而言,留在舞台上引发争议比找到约会对象更令人满意。她们过分地表演着公众对受到良好教育的职业女性渴望获得男人关注的刻板印象,却通过将女性的性幻想与其社会公允的寓所——家庭——相互分离的方式推翻了这种观点。该节目与大都会文化和全球资本主义的潜在联盟使其非常宽容、甚至赞美女性性独立的观点,尽管这样就危害了父权制以及家庭至上的主流观念,这些观念本来应该是用来填充后社会主义时期文化价值与信仰的真空状态的。在关于身体、两性关系和家庭的话题上展示女性的独立和自决,确实使这个节目具有了一定程度上的解放意义。但是,这些关于女性性独立的话语并不把女性对自己身体和欲望的掌控看作是绝对的、可以不依赖其他条件而存在的价值。在全球商业文化的冲击下,它不可避免的与正在出现的规训身体和性欲的制度性力量纠缠在了一起,而这种体制并不比过去任何规范人类身体和性的传统文化更宽容。在本文最后一部分,将讨论这种新的女性气质狂欢的另一面,即其对人类性别认同和性自由的限制。

现代性的道德恐慌和作为替罪羊的女性

吉登斯已经很充分地讨论了现代性对个人与传统的认同和道德机制之间关系的抽离作用①。他认为现代生活是一种具有自反性的机制,个体需要不断重估和重建对自身身份认同的规划。这些重新塑造自我的社会机制与当代的全球化转型具有结构性的联系,它们既有解放的潜力也有压抑个人自由的可能②。他认同大卫·里斯曼(David Resman)的看法,认为在一个大众传播技术饱和的时代,媒介化的经验变成了表达、协商、塑造个体身份认同和世界体验的主要工具③。当代中国电视节目中

---

① Anthony Giddens,《现代性与自我认同:晚期现代性时期的自我与社会》(*Modernity and Self-Identity: Self and Society in the Late Modern Age*),见 Stanford: Stanford University Press,1991。

② Anthony Giddens,《亲密关系的变革:现代社会中的性,爱与爱欲》(*Transformation of Intimacy: Sexuality, Love and Eroticism in Modern Societies*),见 Stanford: Stanford University, 1992。

③ David Riesman,《孤独的人群》(*The Lonely Crowd*),New Haven: Yale University Press,1950。

基于现实或所谓用户生成内容的节目的爆炸性发展，正是对后社会主义社会结构转型在经济、社会、文化层面进行回应的一种症候。我们已经讨论了真人秀对商业化媒体产业的经济意义，而它与受到后社会主义、新自由主义经济和威权政治等多重力量塑造的人类生存境况之间的文化关系则是更为复杂和相互纠缠的。

奎莱特（Laurie Ouellette）认为，美国的真人秀节目《法官朱迪》（Judge Judy）是为新自由主义政策和话语服务的文化工具。这些节目向受到社会问题困扰的个人，尤其是较低阶层的成员教授自食其力、自省自责的价值观。通过对遇到问题的真实生活中的个体提供专业或权威建议，节目"训练电视观众在没有国家援助、监督的时候能够成为自律、自足、有责任感、规避风险的个人"①。中国的许多基于真实的电视节目具有相似的文化功能，只是新自由主义的社会政策和主导意识形态并没有表现的那么直白。一个最具特色的节目类型是针对普通人问题的谈话节目，这类节目在新的社会条件下发挥了重塑个人意识的作用。亲人之间的家庭冲突、财产纷争，亲子冲突和其他有关道德、传统、自我认同的主题，以及其他关于私人空间的类似话题都登上了过去为宏大叙事所占据的国家电视荧屏。在最开始，它们承诺提供社会服务，为普通公民遇到的日常问题提供法律、财务和心理解决方案。这似乎是大众媒介为了补偿官方社会服务机构的不足而采取的一项权宜之计，同时也成了法律、财务管理或心理领域昂贵的专业咨询服务的免费替代物。这种节目类型完成了创作低成本、高收视率的节目，以及为社会稳定向普通人提供道德和实践指导的经济与社会的双重任务。其最常见的形式是，遇到困难的人向节目主持人和专家（许多是心理学家或所谓的情感专家）倾诉，录播室可能有观众，也可能没有。主持人、专家和观众一起为参与者提供生活智慧、常识性建议或重要信息，为其解决情感或实际问题。它们是文化与道德权威从政府和传统社区向社会和知识精英转化的平台，人们在这里学习如何在一个更为复杂、抽象、没有人情味的社会保持道德健康。然而，

---

① Laurie Ouellette,《"为自己负责"：法官朱迪与新自由主义公民》（"Take Responsibility for Yourself"：Judge Judy and the Neoloberal Citizen），见 *Reality TV*：*Remaking Television Culture*, edited by Susan Murray and Laurie Ouellette, New York：New York University Press, 2009, pp. 223—242, p. 224。

一旦这种节目类型的经济效应被发现，它就容易陷入到丑闻曝光和哗众取宠的套路之中。比如，财产和物质利益的纠纷成为亲朋和爱人之间反目成仇最频繁出现的原因，这主要是为了上演道德败坏及其被道德领袖符号性消灭的奇观，以此实现商业和意识形态的目标。

从节目某些形式上的特性来看，《非诚勿扰》可以视作这类谈话节目的一个变体。两位评论者在电视上是以人际关系和性格专家的身份出现的。他们和主持人一起针对参与者发表权威评论。他们的评论经常是直接的、严厉和讽刺的，但是参与者不像那些治疗性谈话节目中向社会精英寻求建议和教育的客人。《非诚勿扰》中强大的女性是来占据舞台中心的，她们对于自己是否为主持人、专家、男性参与者和观众所接受毫不关心。

至于节目对不道德观念的表达，最著名的例子就是一位女嘉宾对邀请她一起骑自行车的男嘉宾的回答，她非常冷酷地说："我宁愿坐在宝马里哭。"在社会主义的文学作品和大众文化中，男生带着女生一起骑自行车是一幅纯洁、真诚、温馨、浪漫的图画，象征着过去简单、无忧无虑的好时光，没有社会地位、家庭背景、物质条件等因素干扰，吉登斯所说的"纯洁关系"能够真正实现的时光。在电视上说出这番惊人之语的女嘉宾马诺，是一名模特和兼职演员。此话一出，她立刻变成头号公敌，她的档案和个人背景成了互联网搜索的热门话题，论坛上也有成千上万表达人们对马诺言行的愤慨的帖子。

事实上，她只是今天商业媒体宣传策略的一个案例，只要能吸引眼球，做什么事都可以。只是她出现在当今中国受到意识形态限制最多的媒体——电视上，因此引起了额外的恐慌。《非诚勿扰》与之前提到的谈话节目的另一个共同点在于它向公众展示了在爱情、亲密关系和家庭等方面具有破坏性的个人主义与物质主义。但与前者不同的是，《非诚勿扰》的关注点不是为现代性令人不安的精神危机提供安抚人心的解决方案，而仅仅是通过女性参与者的行为来展现现代性精神危机的特点和影响，并由假定客观、智慧的主持人和评论嘉宾充当旁观者，代表公众惊呼道德的堕落。正是这种特点唤起审查机制的警惕，并非节目的轰动效应本身，而是因为其缺少闭合的文本来牵制和纠正这种公开颠覆公众道德的可怕行动。正是真人秀这种节目类型的文本一定程度上的不稳定性和开放性，点燃了意识形态国家机器的信号灯。

但是，道德恐慌有时也是一种意识形态控制的形式，尽管这是由旁观的大众所强加的，而且是一种宣泄而非治愈社会问题的方式。主持人和评论者在节目中拥有发表评论、打断他人的讲话、在争论中总结呈词的权力，并有在录制之后重新编辑谈话内容的机会，因此他们在表达常识和代表公共舆论以反对不理性的参与者时有着修辞上的优势。节目总体上构成了一场许多女性参与者病态的表演狂欢，是当下充满着无耻的物质主义、丧失信仰的社会的症候。由于女性为自己要求得太多，欲望太过强烈，她们已经丧失了对真爱和幸福的理解，成了破坏社会秩序的力量。

节目教育这些女性不是通过道德谴责，而是通过赞扬截然不同的女性的方式。当节目主持人孟非试图告诉观众找到真爱的秘密的时候，他总是会提起女嘉宾夏燕。夏燕是一个可爱文静的大学生，她在舞台上很少说话，即使说也往往是一些无意义的言论。孟非总是亲切地叫她梦游女孩。在一期节目中，一个学习计算机作曲的研究生李全说他被夏燕风铃般的声音迷倒了，只是来为她唱一首歌。歌唱完后，夏燕就快乐地和他离开了舞台，自此这期节目也成了传奇。

夏燕和那些言辞犀利、傲慢，对男人的任何方面都非常挑剔，永不满足的女嘉宾形成了鲜明的对比。她性格软弱，不知道自己想要什么，对男人也没有明确的判断标准。正如节目中的评论者乐嘉所说，她容易动摇，经常受人摆布。乐嘉尽职尽责地提醒她让她自己做决定，但当所有观众都拍着手大声喊着"跟他走"，这种提醒显然是多余的。在观众心目中和节目所隐含的剧本中，夏燕不可能拒绝那个男嘉宾。此外，因为节目并不追踪在舞台上开始的感情之后如何发展，观众不得不将荧幕上的结尾当作故事的真正结局并且幻想着"他们从此快乐地生活在了一起"。同样具有寓意的是马诺的结局，她为一个男嘉宾一直亮着灯直到轮到他做选择，他选了马诺作为约会对象，却转而向另一个女嘉宾唱歌，感谢她一直以来的支持。马诺试图反悔，她说她不能允许自己的约会对象当面和其他女人调情。主持人孟非打断了她的话，说她可以在节目之后和他分手，但规则就是规则。她不得不在节目中和那个男嘉宾离开。如同为夏燕浪漫的结局感到满意那样[1]，观众

---

[1] 在夏燕的博客上有许多人询问她和李全相处的如何，但她对此类问题从不回应。另有网络论坛的说法声称她的男友另有其人。在互联网上有无数关于《非诚勿扰》中参与者作假和表演的流言，但这并不妨碍节目的粉丝和大众传媒用真人秀的标准来谈论这个节目中出现的情景与人物。

看到贪得无厌的马诺并没有得到美好结局而感到解脱。

现代性带来了自决和自由的选择,却也散播了不确定、异化、无根的咒语。经历着人类历史上最快速的经济发展和剧烈的社会重组,中国社会的各个阶层都以各种形式在不同程度上体验到无序感和断裂感。媒介上的集体相亲既是在城市中产阶级间弥漫的孤独的现代疾病的症候,也是一种回应。通过在电视上交流和自我表达,约会真人秀的文化逻辑实际上是一种集体灵魂拯救和精神慰藉,并尝试用最基本的人类感情——爱——将孤立的个人联系在一起的共同努力。然而,正如节目中所昭示的那样,横亘于两性之间的鸿沟是如此深远而节目配对的成功率又是如此之低,以至于这个节目实际上加剧了问题,而非是根治社会伤痛的良药。二十四个争强好胜的女性对付一个被动的男性这样的形式,使得女性成为一个真实的社会奇观。她们不断展示着令人惊讶的对社会道德秩序的蔑视和对女性天性的拒绝。利用夏燕这样稀少的成功例子,或在网上对马诺这样的负面人物的激烈谴责,这一节目的互文环境将女性的解放和自决斥为具有破坏和分裂的特性。在试图确立新一代自主女性的典范的同时,《非诚勿扰》中那些躁动和大胆的女人还揭露了这样一个惊人的秘密:即拥有一个男人的关心和保护不再是通往幸福的必经之路。换言之,男人只被视为通向某种爱情之外东西——比如金钱和权力——的踏脚石。因此,这个一开始表现得叛逆和解放的节目也许最终会导向保守的观点,即现代性的负面通过女性的解放展现了出来,这又危及了神圣的家庭组织和婚姻,打扰了心灵的平静和日常生活的幸福。这引出了我们要讨论的最后一个问题:真人秀节目具有两重矛盾的功能——既是容纳多元话语的公共空间,又是威权监视个体的全景敞视机构。

真人秀的政治:可争夺的公共领域或监控性别形构的机制?

可以从两个方面来理解像《非诚勿扰》这样的约会真人秀的社会意义。一是其真实性,也就是真实的人上台来展示他们的生活、价值观和性情,绕过那些为中国电视生产主流话语的文学、道德和意识形态作者。无论观众喜欢与否,反传统的性别角色和对性别主体性的彰显被搬上了电视荧屏。它带来了与保守的后社会主义中国性别话语不同甚至相反的图景,后者着力于将女性塑造为或是男人的性欲目标,或是自我牺牲以救赎不断现代化的世界的母亲。女性渴望表达出她们大权在握,能够根据身体选择男人,比男人更聪明的"现实"。

第二种理解仍旧将这种节目视为非同以往的公共话语空间,但它与第一种理解有些许相悖之处。它基于节目本身的戏剧性、无节制和玩世不恭,这也是其饱受公众和主流文化诟病的地方。如果我们看看这个节目的嫡系前辈们,我们可以发现它只是在新媒介环境和文化中,利用用户创造的内容进行节目创新的众多媒体类型的一个变体。从利用业余爱好者自制的视听内容的新闻和娱乐节目,到把默默无闻的无名之辈一夜间捧成天王巨星的电视选秀节目,再到使用非演员和交互媒介来增进观众参与的节目,普通观众试图变成节目制作人的热情被大众媒体广泛吸收了进来。安卓杰维克(Mark Andrejevic)令人信服地论证说,这种新的,所谓的"消费者参与"的趋势应当被理解成一种新的收集消费者信息,无偿利用业余生产者生产的内容,并且增进促销工作准确性的公司策略。这种在商业媒体中交互内容的爆炸式增长只能用公司的商业议程来加以解释,而公众可能在不经意间,以"参与"的名义与公司进行协作,无偿提供自己的劳动成果和个人信息[①]。但是,即使承认这一点,我们也不能忽视这种发生在媒介生产领域的,具有后现代味道的精英和草根、专业和业余分野的瓦解所带来的文化可能性,以及它创造另类公共领域的潜力。《非诚勿扰》的参与者们也许是出于各种各样的经济原因,才站在舞台上来扮演绝望的结婚狂,但他们带来了各自不同的自制剧本和创造性的人物形象,这些在主流媒介中都极难见到。如果我们认为文学公共领域应该提供五花八门的对生活的想像和幻觉,来作为对现实生活的乌托邦期待、替代路径,或理性的批判,那么媒介创意人员的扩充(尤其是包含了社会各阶层,走过不同人生道路的人们),肯定会有所帮助。在这种意义下,这个节目的表演性成分并不应当仅仅被视为一种欺骗,而更是表演者进行的一种在真实生活中无法实践的社会身份和主体性的尝试。

[①] Mark Andrejevic,《被观看的工作:互动媒体与对自我展示的剥削》(The Work of Being Watched: Interactive Media and the Exploitation of Self-Disclosure),见 Critical Studies in Media Communication, Vol. 19, No. 2, June 2002, pp. 230—248。

《非诚勿扰》中一个早期的节目参与者谢佳就是这样一个典型。她是一个学习艺术管理的高校学生,据称是一个同性恋。她是少数几个穿着中性的女性:短发,总是穿着夹克和长裤。她也公开承认她加入这个节目是为了观察和学习节目制作和管理。她在节目上的风格像是一个哲人式的评论家,经常提供一些对于日常生活的理性分析。她鼓励每个人面对自己,坚持自己的兴趣,挑战传统和偏见。最重要的是,她就是另类女性活生生的范例——有着聪明头脑,不能被轻易贴上身体的标签。

然而,为了平衡这种叛逆的倾向,这个节目的主流仍旧凸显了传统的男女身体形象。像之前提到的,这个节目的女性参与者们都接受了一些针对衣着和化妆的指导,以使自己显得美丽动人,很大程度上迎合了这个节目的商业化和大都市的调调,这与节目"展现真实"的初衷相背甚远。比如说,肥胖就是节目中的一个禁忌,每当谈起食物时,节目的参与者对于体重的话题都相当敏感。在某一期中,一个男性参与者,职业是厨师,自称他擅长中西美食,也不介意在家中为女友掌勺。尽管这是一个鼓励男性关心女友和帮忙家务的好时机,一个略显丰满的女性却问道,对于像她这样的"充气娃娃"有什么特殊食谱,从而主动把话题转向了女性如何为了保持性感而约束身体的传统议题。如果肥胖对女性来说无法接受,苗条就是男性的耻辱,正如女性参与者们所言,她们不喜欢太瘦弱的男人,这往往标志着力量与男性气质的缺乏。尽管这个节目展示了女性不寻常的侵略性,但节目制作者和女性参与者们大体上都有着不言自明的关于夫妻关系的共识:例如,在异性间,男人应当比女人年纪大;女人可以有自己的事业;但好男人应当有一份为社会所尊敬的职业,而且应当很成功。社会阶层对亲密关系有何影响,这一类的问题从未被提及,因为这个节目整体的参与者组成和择偶目标都被限制在了城市中产阶级内部。这些传统观点既是在参与者的表达和陈述中彰显出来的,也受到了节目制作团队和媒介机制的塑造,这证明了一个在资本、个人主义、竞争原则和市场化等因素作用下的公共领域的局限性。

在当代社会,媒介化的经验是身份认同形成、妥协和争论的重要场合。像《非诚勿扰》这样的娱乐节目正是这样一个后社会主义中国多元的性别和社会话语被放大、混合和表现相互之间对抗的平台。因此,如果我们想挖掘和拯救其进步性的文化潜力，就需要对这类文本进行更多批评性的介入。在全球资本主义语境下的文化政治中，传统批判理论内部的分割与对立是不明智的，民族的、阶级的、性别的、种族的，以及其他身份区隔与权力结构是相互交织与协调的话语与制度力量。它们的存在一方面有着共同的政治经济学脉络与底色，另一方面也包含着历史、政治、文化、心理、情感、主体性等多元力量的纠缠与塑造，并不能被简约为某一种基础性条件的产物。对文化议题的介入、包容与批评，应该成为当代马克思主义最重要的行动议程。

孙皖宁

十七、阶级与视觉文化:农民工、摄影和视觉政治

熊 琦 译

摄影自其诞生之日起就陷入了不平等的权力关系当中。早期它的使用往往与某种差异性的建立密切相关——诸如人种、民族、性别、犯罪、反常——以至于帮助当局或政府对人们进行管理、规范和分类(Strurken and Cartwright,2001;Berger,2002)。摄影在人类学中的使用最早是为了满足帝国和殖民者获取并生产域外科学知识的需要(Lutz and Collins,2002)。然而后来,生活在不同社会环境的土住少数民族也将这一视觉技术变成了他们手上内外交往的新工具,让其自身得以为世人所了解,如此自觉自发地抵抗外来文化的支配(Ginsburg,2002,页 210)。摄影也曾用于记录工人阶级的生活。诚然,工人的生活和工作是整个 20 世纪社会纪实影像中不朽的主题,但工人、工作和影像之间的关系却错综复杂,因而在彰显主题的同时,也往往揭示了特定社会历史时刻拍摄者与摄影图像主题之间的权力关系。一方面,摄影师表现出对劳工身体这一"景观"的偏爱。例如,在维多利亚时代,中产阶级男性关于侍女和女工的一些摄影和绘画作品就喜爱表现女性劳工粗糙的双手和男性化的身体,展现了大不列颠帝国都市里权力欲望的轮廓容貌(McClintock 1995,页 77)。而另一方面,摄影也可以成为记录不公正以及提高社会意识最有力的武器。巴西摄影师萨尔加多(Sebastiao Salgadou)关于女性、劳工和移民的作品(2005),以及美国摄影师怀特(Margaret Burke-White)关于美国大萧条的

作品(1995),就被称为是社会纪录影像之作,在提高关于社会不平等、不公正和贫穷等方面的全球意识上发挥了至关重要的作用。同样,在二战后的十年里,一批法国摄影师诸如杜瓦诺(Robert Doisneau)、罗茵斯(Willy Roins)等创作的摄影作品被称为法国的人文主义摄影。这些摄影作品集中表现了个体工人的工作与生活,促进了工人的团结,给予了工人们莫大的理解和同情,批判了将人民视为庞大非个体化的乌合之众的总体主义意识形态(汉密尔顿 Hamilton,1997:94)。

而在中国社会主义时代的革命叙述里,从前深受地主资本家压迫剥削的工人农民必需被重构以使他们成为国家的政治支柱,在社会主义国家当家作主。这一重构是阶级意识动员成功与否的关键,也是建立社会主义国家事业的关键维度(蔡翔,2010)。自1949年开始的头20年,你只需掂量《人民画报》(被称为"国脸")这个中国现存的国家性月刊画报封面摄影图片的生动形象,便可知道,工农兵是社会主义中国的英雄。

然而,过去30年里,我们却看到合法的以无产阶级为主题的工农形象被抹去,而对外来农民工的逐渐重构——现囊括了中国绝大多数工人——是将其作为底层形象来进行的(吕新雨、赵月枝,2010)。除了电影、电视、广告、新闻以外,这种支配性的政治和意识形态范式也主动将如摄影这样的视觉再现形式拉了进来。近几年,在专业摄影展和摄影比赛中,农民工这一社会身份的形象拍摄最多。但摄影与其他再现形式不同,由于传播的数字化水平日渐提高,加上移动电话的广泛使用,就生产和消费而言,摄影已达到较高的民主化。随着手机的普及,任何人都能拍照。而互联网的广泛应用,则意味着越来越多的人有了发布照片的工具,越来越多的农民工,特别是对高科技敏感的年轻一代,已养成了拍照的习惯,去拍他们自己,以及他们感兴趣的事物。那么,谁在拍摄农民工?为什么农民工题材已变成摄影的热门主题?拍摄农民工动机的政治经济蕴涵是什么?

本文试图通过对农民工与影像的诸多方面的思考来追问这些问题。本文第一部分将深入分析美国《时代周刊》对中国农民工形象的再现。紧接着的是政治层面的诠释,旨在说明政府主导以及资本赞助所起到的作用。最后,我将以全球和国家主流文化以及中国制度化生产为背景,进一步采用人类文化学的叙述,来关注一些农民工的个体体验和他们摄影作品。我的目的不仅在于探究农民工如何逐渐转化为视觉文化中越来越鲜明的社会形象，还在于考察阶级与视觉之间的关系。具体说来，我想考察多样的认同政治，以及多样的政治因素如何影响摄影师做出拍摄农民工的各种决定。就摄影生产的个体和机构的阶级地位而言，选择农民工这一受人青睐的题材说明了什么？再者，形象塑造的民主化作为一种文化形式，专业实践和专业知识领域，它已重塑了摄影艺术这一场域的边界，我想对这种形象塑造的民主化程度做出估判。作为一种象征性空间，摄影发挥着怎样的功用？摄影艺术这一场域充满矛盾，一方面，需要明确表达阶级认同，另一方面，更需要消除阶级冲突，那么摄影艺术是如何应对这个张力的？

《时代周刊》里的中国工人——推动全球经济发展的无名英雄

2009年的一天，一个朋友问肖红霞这个现在深圳的湖南农民女工，她是否能从她们厂叫出一些同事，与一些外国记者聊一聊她们的工作与生活。肖照办了，她们与记者简短地聊了，并且拍了一些照片。这之后肖便再没想过这事。直到几个月后，肖被告知，她与其他三位工友被《时代周刊》选为年度人物，其排名仅次于美联储主席伯南克（Ben Bernanke）。《时代周刊》选择一个群体而非个人作为年度人物尚属首次。他们用这样的方式来诠释这一决定：

> 在中国他们有个词叫"保八"。"保八"的意义在于官方认为每年经济增长8%是保障社会稳定的关键。一年前，许多人认为，要在2009年达到这一数字是痴人说梦。但中国做到了，这年他依然是世界发展最快的主要经济体——也是其他经济体发展的推动力量。那么谁应获得赞誉？首先应是舍家弃子，在不断发展的沿海城市谋生计的几千万工人。

不像农民工他们自己所写的打工诗歌，《时代周刊》的叙述并没有提及社会的不平等，经济的非正义，恶劣的劳动环境以及剥削，它也没有像社会主义时代工人的革命叙述那样将工人美化浪漫化。同样一目了然的是,它似乎区别于中国的官方话语。在中国的官方话语语境里,工人是缺乏素质的,为了在劳工市场获得竞争力,他们需要或者说渴求变得现代和文明。这种叙述游离于任何非公开的政治修辞之外,它解释了追求速度和效率这一决心。这显然是将新自由主义合理化了,它取消了政治与社会维度,在其本位恢复了一种经济生活视野,这种视野遮蔽了任何其他伦理、生态和道德关怀。显然,由于当代资本主义是全球性的,中国工人对于全球资本积累来说不可或缺,所以《时代周刊》这个优秀且拥有自由道德领导地位的媒介翘楚应该看到,给予中国工人适当的认可是识时务的。选择了中国工人,它才可以一举两得——美国享用着中国工人劳动带来的经济收益,适当的时候,它还有可能通过给予中国工人赞誉来表现它的道德姿态。它似乎既有人道主义者所具有的敏感,也有新自由主义的意识形态。

虽然强调速度与效率也是一种强调发展与现代化的国家话语,但中国官方对《时代周刊》的叙述却是一种无声甚至低调的承认。对于中国领导而言,这里的问题不在于《时代周刊》作出选择所反映的那组价值利益与中国党—国的价值利益不同,而在于它们两者太过相似。反观过去数年的成就,中国最权威的画报《人民画报》第 2010 期称保八(保持8%的经济增长率)是中国领导赢得的最重要之战役。因此,无论如何,这成功都要归功于中国政府制定的一系列战略,这些战略的目的在于影响货币政策的调整,影响财政与金融刺激主动权的协调(Liu and Wang,2010:42)。当局视经济增长为社会稳定、政治合法性的关键,言外之意,经济增长应优先于社会平等和经济公平。换言之,虽然在这些媒体里,所有普通的反西方国家主义叙述你都能找得到,但这种叙述却揭示了跨国资本与中国占支配地位的政治经济文化精英之间新的结盟形式(赵月枝,2008:104)。可问题在于,《时代周刊》的叙述使中国官方中国政府的话语处于被动的地位,它揭示了赋予农民工"低素质""自新"这些叙述特征的新自由主义话语的固有矛盾。虽然中国共产党通过新"三个代表"思想扩展了他的政治代表范围,它不仅包括工人也涵盖了资本家,但中国工人在社会主义时代曾被定为具有领导权的无产阶级,他们拥有最高的道德品质。而且现在的官方话语里,中国工人依然是中国经济发展的支柱,他们辛勤劳动所作出的贡献确保了中国经济的成功。

从中国党—国的视野来看,《时代周刊》处在道德的制高点,它赋予了中国工人无名英雄的地位。相反,我们自己却错过了许多肯定工人价值的机会,甚至常常将他们归为边缘弱势群体。2010年10月,国务院新闻办公室发布了一个30秒中国国家形象宣传短片和一个15分钟的长片,旨在打造中国的全球形象。第一部分:人民,50位中国名人的特写(China Media Project, October 6, 2010)。从2011年1月中旬到2月中旬一个月内,为配合国家主席胡锦涛访美,名为"中国经验"的国家形象宣传短片出现在纽约时代广场50米高的大屏幕上。露脸的中国名人有富商李嘉诚,篮球明星姚明,宇航员杨立伟,奥运跳水冠军郭晶晶,电影导演吴宇森,钢琴家郎朗,电影明星成龙,阿里巴巴创始人马云以及明星章子怡。农民工没被考虑归入这一名单之中。

境内媒体似乎并不知道怎样报道《时代周刊》里那些工人的故事,他们采用的是诸如农村同胞如何不理解新闻的重要意义这样的报道角度。《潇湘晨报》是湖南省的省级日报(《时代周刊》图片里的工人都来自这个省),该报的一名记者采访了这些妇女的家人,并记录下了他们颇为有趣的回应。当彭春霞的母亲被告知她的女儿上了《时代周刊》时,她的第一反应表现独特:"她没做什么坏事吧?她出事了?"而另一名女工的父母听到这个消息后虽然同样迷惑不解,但他们却说:"这对她来说一定是个好事。我希望她能挣更多的钱以便将来结婚用"。

《时代周刊》图片里的打工妹们并没有设法去追求出名,开始他们并不知道《时代周刊》是什么,他们也不知道年度人物这一符号的分量。只是当她们被告知只有毛泽东、周恩来、邓小平三个中国人上过《时代周刊》时,她们才开始明白,她们已陷入远大于她们预期的大事件当中。就"保八"而言,这一叙述并没有充分抓住她们每天劳作的政治意涵。当然,他们对成名的理解是建立在与自身阶级相对应的希望与焦虑之上。有个女工对一个中国的新闻记者说,"只要有份工作,我就是幸福的",而另一个女工则说,"我希望赚足够的钱来开个小商店。"

另一方面,这种叙述的视觉面向较附带的文本要开放得多。虽在构成上极其简单,但四位中国的外来务工妇女的群像在解释的可能性和符号学潜质方面是非常丰富的。虽然它使观者有发自内心地回应,但同时在所给出的文本里它涵盖其意义的努力却似乎受到了阻碍。《时代周刊》

所选的女工是从年青工人中挑选出来的，2010—2011这两年我在苏州做田野调查时与他们有过交谈。这些人对于《时代周刊》这一选择的反应能够清楚地表明，他们虽然与照片中的女工能有共鸣，但他们并未感受到自己被承认。一位工人评论道，那张照片里中国工人看起来"身心疲惫"。另一位工人颇显苦涩，他比较了农民工出现在《时代周刊》里与出现在富人聚会中这两者之间的相似之处，认为那只是在愚弄他们而已。第三个工人则说道，这一事件并没让他自豪起来，因为照片里的人不是他自己，"他们只是对作为相同特征群体的我们感兴趣，但对我们个人的故事却视如敝屣"。第四位工人意在给出一个较为深思熟虑的答案："美国似乎富有同情心，而这本该由我们的政府去做。"

城市文化精英对中国工人形象出现在自由新闻事业的全球翘楚《时代周刊》也同样抱以冷嘲热讽。一些博主对《时代周刊》作出选择背后的动机提出质疑，他们推测是内疚（剥削工人）、感激（挽救了美国经济）、同情（工人艰难的生活），甚至是嫉妒（因为美国的统治阶级并不能从它自己的底层劳动人民榨取太多东西）四者的合力，迫使美国杂志向中国工人致敬。有个博客则将其视为对中国政府没能给予这些最勤奋的人民应有的认可的一种评论。他直言道："如果付出汗水与热血的中国工人在中国和世界经济中举足轻重，为何给予他们应有的认可会出现在太平洋彼岸的资本家的杂志？"这一批评得到了另一博客的呼应："在我们国家，工人曾享有最高地位，但现在他们与廉价劳动力没什么差别。美国人已决定将年度人物授予中国工人，可谁在忍受着这个决定带来的尴尬，谁又被置于这样的难堪之境？"其他博客则提醒道，这样的媒体曝光对于工人没有什么实在作用。而乌有之乡这个左翼网站则做出了冷静的观察，"《时代周刊》的决定只是在取悦一小撮中产阶级。工人们太忙也太累不会留意这些，而那些失业者亦忙于找工作而无瑕于此。"乌有之乡的评论迫使我们去考虑史书美所提出的关于视觉政治经济的问题：谁有权力生产？谁有闲暇消费？谁有累积之力？的确，大多数农村进城务工人员在这个事件之前也许从未看过或听说过《时代周刊》，而且即使他们看到过那张工人的照片，也可能是通过手机传送或电脑上复制的照片。

微笑政治——进城务工人员与主流摄影

恰如上述部分所清晰阐释的,《时代周刊》中国农村进城务工者的黑白照片制造了非常多的歧义。虽然《时代周刊》单刀直入,对选择背后的思考和照片风格作出了清晰平易的解释,但这些形象的诠释所采用的却是他们自己的方式,而且这些诠释说明也许并非作者和摄影师的本意。出现在《时代周刊》的工人形象以及来自世界各个角落(国家的和跨国的)对于他们形象的回应突出了话语、中介和身份这些错综复杂的问题。《时代周刊》对工人集体身份的处理是既肯定又否定。《时代周刊》记者拉姆齐(Austin Ramzy)曾说他并没有预设一个先在的标准,然后用这个标准来选择他的拍摄对象。相反在他拍过的工人中,那些向他介绍他们自己的工人都是随机挑选的,拉姆齐相信这种方式能让他所拍摄的中国工人更具一个群体的代表性。与莱布维茨(Anne Leibovitz)的好莱坞名人群像不同——他们当中每个人都是因为他们个体的名声而被挑选,中国工人是作为一个实体之翘楚而出现的,所有被拍的工人都穿着统一的工作服,有着同样的表情,这对抹去个体特征加强集体身份认同颇有帮助。具有讽刺意味的是,这种策略明显相似于革命时代宣传工农形象的做法,那时个人的梦想与欲望并没有什么意义,只有与社会主义理想结合在一起其意义才可实现。话虽如此,尽管能浅显地感受到这种醒目的相似性,但两者却有着本质的不同。就社会主义中国革命宣传画里的工农形象而言,虽然其能动性没有得到体现,但它具有崇高的道德境界,这种道德境界有明确的政治合法性和无产阶级身份的特权地位。相反,《时代周刊》给出的中国工农形象,却被迫放下这种道德的、意识形态的和政治的能动性。他们代表他们自己,他们接受着他们所是为何:许许多多能屈能伸的劳动者。用《时代周刊》记者的话说,"他们奋斗于过去,思考着当下,着眼于未来",他们所从事的危险工作决定着这一切。这个群体肖像并没给出多少工人个体的信息,照片夹带的总结段落对工人并没有认同,也没有援引他们所说的话。

对于中国和世界经济的维持与增长,中国工人不仅是无名英雄,他们同样是不同阶级之间以及意识形态分裂过程中符号斗争的重要客体。然而在意识形态的争论里,以及对工人占有文化产品的关注中,工人自身的身份和阶级意识并未能得到充分地呈现。相反的,他们一方面突出了中国党—国,中国城市中产阶级与国际资本之间或有或无的紧张和冲突,另一方面又折射出城市中产阶级、世界主义者(包括国际上的)作为阶级主体的复杂性和歧义性。因此,对阶级形成和阶级分离的洞察只能通过探究阶级边界之间的结合与分离之间的矛盾来进行。与他们的国际同行相比,中国的专业摄影师在面对农民工这个社会形象时会如何处理,他们与拍摄对象的社会关系以及距离都显得更加微妙敏感。尤其是近些年,因为政府出台了一系列政策,要求关注农村进城务工人员的状况,所以,将农村进城务工人员作为再现对象的摄影比赛与展览已变成广受提倡与喜爱的活动,也常常会给获奖者数目可观的奖金。

大部分比赛都有许多利益相关者参与,除了摄影专业团体外,还包括政府组织,企业实体,艺术文化机构和媒体。例如,2010年4到5月举办的"圣浩杯"新生代农民工主题摄影展便被当作农民艺术节开幕式的重要组成部分。这次展览由农展艺术文化发展有限公司(北京)与《大众摄影》杂志合办,由中国互联网搜索引擎巨擘之一的搜狐、圣浩投资有限公司以及一些知名媒体的在线论坛赞助。在某种情况下,综合性的大型企业往往是农村进城务工人员的大雇主,它常常会资助这样的活动。中铁四局工程集团有限公司就是一个这样的雇主。它位列全球五百强企业,在中国的建筑行业,这个国有企业是最强大的玩家之一,它拥有自己的电视台,媒体业务和出版业。这家公司雇佣大约100000名建筑工人,其中80%来自农村。2011年9月,它与安徽省文学艺术界联合会和安徽省摄影家协会合作发起了全国范围的摄影展。想到安徽省是中铁四局建筑项目最大的受者,该省的艺术文化机构为这次展览应声而动也就不足为奇了。

大多数摄影比赛允许提交的照片既可是手机相机拍摄也可以是常规相机拍摄。无论是专业摄影师还是业余摄影者,无论是数码拍摄还是模拟拍摄,抑或黑白照片,他们都未在其之间划出明确的界线。而被拒之门外的却是因某些技术准入指标不达要求,如低于3000像素的照片或是小于5M的文件都是不合格的。大多数以农民工为主题的摄影比赛都有许多共同之处。首先,虽然他们将农民工的形象作为摄影凝视的客体,但同时他们又鼓励摄影师把相机贴近农民工，缩小他们与农民工之间的距离。由中国工人网主办的一个名为"在他乡"的摄影比赛便要求摄影师"更接近农民工，关注他们，记录下他们的生活和工作，重新描述他们的真实情况，展现他们的尊严和纯朴"(http://bbs.workern.cn/thread-24140—1—1.html)。这个名为"农民工：我的兄弟姐妹"的摄影大赛由中铁四局赞助，它唤发起了文化精英、知识分子与工农在阶级术语上结盟的社会主义策略。第二，这些倡议的政治指令性在一些方面也能略见端倪，如合意的照片形象者都是计划规定的。中铁四局赞助的这一比赛的甄选标准如下：

> 我们鼓励作品真实反映农民工积极向上、自强不息的精神面貌，体现社会发展的主旋律。作品既要能够表现农民工为生存奔忙、乐观的生活状态，也要能表现新生代农民工渴望融入城市生活的现状。用摄影作品来崇尚、倡导和尊重劳动、劳动者，以此营造良好的劳动光荣的社会风气并弘扬伟大的奉献精神。

虽然农民工作为摄影再现的客体已是事实，但如果他们也想参加该比赛，就需要服从于严格的审查。尽管评价标准清楚地表明，专业摄影师需符合某种艺术要求，而农民工摄影者只要选题能起到加强社会和谐的政治作用，就符合标准了，然而圣浩杯的选择标准却被解读为传统相机（主要为专业摄影师使用）与手机相机（多为农民工拍摄者）之间的规定性区分。参赛者被告知后一分类的获胜者由网民投票产生，而前一分类里提交的作品则由一组专业摄影师来评分：

> 我们希望摄影师用传统相机拍摄新一代的农民工形象，反映他们真实客观的生活，作品应具有原创性和艺术性。手机拍摄的对象应为农民或农民工，主题限定为"幸福笑脸"。

事实上这些专业团体对农民低端的摄影设备、艺术才能和政治正确性并不放心。这一事实明显成为了其选择标准的最后一道黄线。它清晰地表明，作品不能包含反国家或反政府的形象，这一政治性指令也包含在很多别的信息里。倍感讽刺却并不意外的是,有人透露,在提交照片的截止日期已到之时,有 5000 张手机拍摄的照片并没有归入"幸福笑脸"主题。因此,虽然竞赛委员会拿出了他们的官方陈述,称提交的照片都具有非常高的专业水准,但在农民工社区里抓取幸福、自强不息面貌典型的愿望早已落空。为弥补这一醒目的缺失,大赛委员会才为手机拍摄获胜者增设奖项。当然,该奖项也为从相机专题拍摄组里脱颖而出的三个获奖者而设,因为他们每人都拍出了幸福笑脸主题的图片。

在由国家或资本赞助的摄影作品之中,农民工形象的用处至少分为两个面向。第一,农民工不仅为建筑业、工厂、工地的资本积累提供廉价劳动力,而且他们也能生产出象征性的剩余价值,即生产或表现出情感性的"笑脸劳动"。罗兰·巴特(Roland Barthes)在《神话》(1972)一书中分析了一本《竞赛巴黎》杂志的封面照片,照片表现了一个身着法国军服的黑人青年,他指出照片形象是在神话层面运作的,它与法国殖民主义和帝国主义密切相关。同样,中国城市的摄影大赛的劳动分工是由和谐与经济发展这一对意识形态要求所强加的——专业摄影师实践着艺术而农民工则制造着幸福,因此也可将其视为隐秘地屈从。《竞赛巴黎》中那个黑人被迫将合法性借予法国帝国主义权力,与之相同的是,满含笑脸的农民工被坚定地推举出来,是为了维护社会和谐国家统一的正面形象。但这里存在一种醒目尖刻的悖论:一方面,我们都是中国人,为着同一个目标工作着;另一方面,对农民工的关注以及对其形象的再现却不由自主地把农民工看作他者,客体,以及窥视的对象。

第二,摄影建构了布尔迪厄(Pierre Bourdieu)所说的场域(1993),它具有自身的自治权,只能根据其内部的关系来理解(Bennett et al.,2010)。如果那些场域内部自治的人与场域之外的人之间的差异成为一个场域的标记,那么同时那些体验这种差异与好处的域内者与通过从别处获得好处来寻求进入该场域的域外者之间的差异亦塑造了这一场域(Benson and Neveu,2005)。就像布尔迪厄身处的法国,社会音乐和视觉艺术有着不同趣味一样,当代中国的视觉文化领域里的摄影正在经历一个深化的竞争过程:文化资本在累积循环,差异性在协商竞争。从专业摄影领域的视角来看,十几年数字化的过程中视觉制作的民主化保持了场域内外的不同。虽然农民工身份的制作者被允许参与这样的比赛（而非只是摄影的拍摄主题），但他们的参与往往更加突显了摄影圈内部人士的文化精英和专业主义所具有的文化资本。

焊接工一天的生活——工人摄影师采访

然而，这并非意味着专业摄影师的总体缺席，他们曾对作为一个社会群体的农民工抱以极大的热情，他们也曾表现出真诚的同情，并努力表现出他们对农民工生活与工作的了解。就像他们国际和历史上的同行一样，一些中国的个体摄影师和摄影记者也已把他们的专业使命放在了记录社会变迁之上，他们主要通过中国经济改革后 30 年城市化、进城务工迁徙以及工业化城市农民工生活的三棱镜来观察。

张新民，这个四川人就是通过这样的方式成为了一名非常成功的摄影师。作为一名专业的摄影记者，从 1980 年代开始，张花了 20 年的时间，用自己的相机记录了中国南方大量农民工的涌入，见证了深圳和南方其他城市的改革和变迁。他的摄影集《包围城市》里有许多农民工个体的照片：流水线上身体疲惫的打工妹；绑着长绳在城市摩天大楼上清洗窗户的年轻小伙（被称为"蜘蛛人"），他们手脚常被划破，繁重的劳动亦使他们身心俱疲；还有十平方米却挤着睡了十个人的宿舍。恰如法国人道主义摄影师在休息、旅行、社交和工作之时抓拍普通个体一样，张新民认为，记录下他所看到的农民工文化是他的责任。他更认为没有记忆的社会是个不健康的社会，他称自己是纪实摄影师。当被问及为何要做摄影时，他回答道，"我通常不会想为什么。如果我看到了一个打动我的东西，我就想记住它。而通常打动我的就是发生在我身上的，我的生活，我的世界。你可能住着一个拥有花园的别墅，而他却睡得简陋，但我们都是人，而作为人，你会将心比心，设身处地。"虽然，张新民不会刻意去抓拍幸福，就像他说的，他也不会刻意抓拍痛苦和穷困，但他渴望捕捉到感动而非笑脸，这使他游离于制度化的摄影再现之外。你除了能在他所拍的农民工脸上看到渴望和期待的表情之外，常常还可以看到他们脸上的疲惫、不安、焦虑、失落。

像张新民这样的专业摄影师，其作品的影响不仅体现在提升人们对城市人群里中国农民工的困境的认知能力之上，而且也体现在其能够与农民工内部产生共鸣的能力之上。张的摄影集《包围城市》是激发许多工人对摄影产生兴趣的力量源泉。例如，在他们当中就有基层工人摄影小组的成员，这一小组由一些深圳横岗区的工人组成，他们想用相机记录下他们的打工生活。小组是在当地农民工支持的 NGO 的帮助下发起的。他们利用一些旧相机，让一位来自香港名叫阿龙的摄影老师做一些基础培训，而这个摄影小组每天记录的东西便是他们在工业区和深圳商业区的路上所看到的。这些照片集被命名为"15 分钟步行"并在第二届新工人文化艺术节上展出。一位在玩具厂上班名叫凯伦的小组成员说，"我只要不加班，都会带着相机外出。我没受过什么教育，不会写。但有了手机上的相机，我便可以拍我的生活。"(Sun Tao，2009) 另一位名叫小红的成员说，"我喜欢张先生，因为他对社会底层的生活倾注关心。现在我想拿起相机做同样的事情。"

换言之，21 世纪对工农的摄影再现与历史上原有的工农摄影的不同之处在于每天的文化生产和消费已是一种广泛的数字化现象。工人们第一次有了配有相机的手机，他们可以拍摄他们自己的生活和工作。虽然他们没有昂贵的相机和设备，没有专业成熟的艺术经验，但他们却有着独特的优势，他们对作为拍摄主题的自己有着足够的了解。当农民工这群被凝视的客体决定将目光投向他们自己时，对于作为一个领域的摄影，对于专业摄影师的认同，对于工人摄影人士的主宰范式而言，这意味着什么？对于农民工摄影师而言，也许同样重要的是，一方面忙着出卖廉价劳动力，同时又忙着拍摄自己的工友们出卖廉价劳动力的照片，这样的同步行为对于拥有同一个集体成员身份的摄影师的自我意识发展有何影响？从 2009 到 2011 年，我和农民工小强曾多次交谈，他或许能帮我们解答这些问题，因为他已变得越来越擅长运用视觉文化这个工具。

小强 20 几岁便从河北省出来成了一名农民工，在石家庄、唐山和北京等地的不同建筑工地干了好多年后，他俨然成为了一名熟练的建筑工人。当我 2009 年遇到他时，他已加入到了一个维权 NGO 的组织里，这之前他曾在这个组织里做了一段时间的工人志愿者。我发觉，小强以前做农民工建筑工人的经验能帮助这个组织得到农民工的信任和接近。从我认识他的四年里，他从一个 NGO 跳到另一个 NGO，间或在不同的建筑工地打工数月。小强爱上摄影是与他建筑工人的职业生涯同步的：

当我第一次来到城市变成一名建筑工人时,我感到我的身份从一个农村小伙子变成了一个工人,所以我在戴安全帽穿工作服时给自己拍了一些照片。我想,我应该记录下这一身份变换的时刻。我的一些同事也这么做了,他们也认为,建筑工地上的工作干不长久,会转而做别的活计。但几年后,我意识到我依然在建筑工地上。

自从开始在 NGO 工作后,小强越来越意识到他用相机记录周围生活的责任。他可以去听由香港专业摄影师开的摄影培训课程,也因此学到许多摄影技巧。"我从这些专业人士那儿学了一些技术,然后我又把它们传授给工人。"然而像其他大多数工人一样,虽然小强对使用手机上的相机感兴趣,但他起初对这些图像的用处并不清楚:

我们一些人对于记录感兴趣的事物或者说用图像表达有种莫名的渴望,但他们大多数人都是松散的,想法也不成熟。没有雄心壮志,目的性也不强。例如,除了有时上面会来检查小组视察安全管理之外,建筑工地上的安全管理是非常粗放的,有时这些安全检查小组未及通知就来了,因此这会使工地老板急着去掩藏罪迹。我有一个同事,便在工地老板受检查的当天拍了一些工地老板施展应付技巧的照片。例如要求工人停止上工回到住处。他不知道他要通过这些图片表达什么,可以用它们来做什么,但他认为这些管理上的欺骗与伪善之举值得记录下来。当我最后鼓励他弄些照片去参赛时,他却已把它们删去了,因为他们占据了太多的空间。

小强据其经验,认为虽然每个人都能利用相机记录下他们身边发生的事情,但这一技能的潜力并没有被激发出来,除非教给他们发现并关注有意义事物的方法,了解有效拍摄的技术,使他们逐渐认识到拍摄是为了动员、意识提升以及努力获取这个集体的声像之目的。"工人需要引导和启发",他说。

2001 年的几个月,小强在一些 NGO 所指定的工作中回到了自己做焊接工时曾待过的河北省唐山市的一个建筑工地。彼时,他已在同事中间小有名气,被称"好摆弄"的摄影师。"你不能带一个特有的相机去工作。老板不会同意，工人对你的所作所为也非常敏感警惕。而我用手机拍他们，每个人却很放松。他们常常会对我说，'嗨，小强，拍我做这个！'"小强拍摄工友的想法早在他做焊接工的时候就萌发了，从那时一直延续到现在。他拍了几百张同事清晨起床，吃饭，在工地工作、休息、交谈的照片。他还用这些照片做了一个7分钟的短片，加了些音乐、字幕和讲解。并且通过手机，把它发给一些同事和朋友。但他并不太期望他的作品在焊接工当中传播。当他从唐山返回北京时，他惊讶地发现，许多焊接工手机上都有他拍的视频剪辑。当小强问他们何时弄到他的视频剪辑时，有的告诉他是从天津老乡那儿弄到的，有的告诉他是石家庄以前的同事转寄给他们的。一个工人告诉小强，当他看到视频剪辑上最后图像的字幕时，他潸然落泪了，字幕说："我不在意工作苦吃得差，但我害怕在我儿子长大后问我问题：'爸，我是应该在工厂工作还是应该在建筑工地上工作？'"

小强因为自己的作品广泛传播而感到惊讶，但也备受鼓舞，最后把它又上传到了网上：

> 焊接工喜欢我制作的短片，因为我拍的照片与他们的体验产生了共鸣。当你想和他人聊聊你的生活，你的工作，聊聊你对你不了解的人的感受时，你有时会发现用自己的话去沟通太难了。我的照片和短片帮他们表达这些东西，它们很难诉诸语言。焊接工也想把这些发给其他焊接工，就像我表达对生活、经验和感受之了解的方式一样，因为这些也都是他们的生活、经验和感受。而发送视频短片又是一个向朋友、工友和老乡表达这些的较好方式。

结　论

正像此文所探讨论证的那样，阶级形成与视觉文化之间的关系是复杂且不断发展的。摄影作为一个专门的技术领域，它所遭受的挑战和考验比任何其他文化形式和实践都要多得多。一方面，我们看到了制作图像的技术民主化，但另一方面，我们也看到摄影界"内外"边界不仅得到维持还得到了加强。以农民工为主题的摄影越来越多，但是它越来越尖锐地表现出专业主义的优越性。而且,摄影机背后的政治是多样的也是矛盾的。它对农民工这个群体的承认和认可虽然一致,但是动机不同,有的是对中国工人对全球经济贡献的承认;有的是出于"关注"的政策策略;有的是针对中国的弱势群体,是出于社会和谐,政治稳定,经济发展的要求;有的则是通过记录农民工个体的艰苦与奋斗,展现和记录社会改革与变迁。当然,所有这些想法,都多多少少浸透着人文关怀地温情。

同时,对低端手机技术的接受真正预示着图像知识垄断时代的到来,这是一个为IT业利用有益于商业发展的趋势。一小部分农民工个体,他们感受着摄影的语法、底层政治和行动者的敏锐,他们正有意识地使用相机,对他们的工作条件,生活,以及工人熟悉的不公正、不平等体验进行选择性存档。虽然对行动主义者的目的而言摄取的数量还有限,但它将来的影响和发挥的潜力是很难估量的。

工人摄影的出现与其自发讲自己的故事的冲动给专业人士和工人摄影师提出了挑战和暗示。从这些专业人士的角度来说,他们习惯于仅把农民工视为其摄影凝视的客体;从那些工人摄影师的角度来说,他们必须团结和利用专业摄影的力量和资本。本文的讨论揭示了三者之间的复杂关系,他们时而联合,又往往相互妥协;时而收敛,又常常进行利益争斗;时而顺从,却又经常论争。视觉再现的生产和消费过程是阶级产生和博弈的过程,是意义的塑造、控制和竞争的过程,也是社会分层的过程。由于每个人的阶级地位不同,利用视觉文化为己服务的能力也不等。

社会精英、NGO,以及专业化知识分子对工人摄影的发展,初始时期的角色塑造,以及工人摄影的风格都有着很大影响。但政治权力的绝对不平衡,组织资源准入的不平等,文化资本的不均匀获取,使缓解阶级利益的冲突成为当务之急。因而在目前看来,摄影的作用更多的是用来消解阶级差异性,而不是重建工人阶级的政治合法性。

参考文献:

Barthes, Roland(1972),《神话》(*Mythologies*, London: Paladin/Collins.)

Bennett, Tony, Mike Savage, Elizabeth Silva, Alan Warde, Modesto Gayo-Cal, and David Wright(2010),《文化,阶级,差别》(*Culture, Class, Distinction*, London: Routledge.)

Benson, R, and E. Neveu(2005),《布尔迪厄和新闻界》(*Bourdieu and the Journalistic Field*, Cambridge: Polity.)

Berger, John(2002),《照片的暧昧》('The Ambiguity of Photograph'),见 *The Anthropology of Media: A Reader*, eds Kelly Askew and Richard. R. Wilk, Malden, Massachusetts: Blackwell: 47—55.

Bourdieu, Pierre(1993),《文化生产场域》(*The Field of Cultural Production*, New York: Columbia University Press.)

Cai, Xiang(2010),《革命与叙述:中国社会主义文学—文化想像(1949—1966)》(*Geming/Xushu: zhongguo shehui zhuyi wenxue-wenhua xiangxiang* (1949—1966) (Revolution/Narrative: Cultural and Literary Imaginary in Socialist China, Beijing: Beijing University Press.)

Elloit, Stuart(2011) ,"Sign of Arrival, for Xinhua, Is 60 Feet Tall", July 25, http://www.nytimes.com/2011/07/26/business/media/xinhuas-giant-sign-to-blink-on-in-times-square.html

Erskine Caldwell and Margaret Burke-White(1995),《你已见到他们的面容》(*You Have Seen Their Faces*, Athens, Georgia: University of Georgia Press.)

Ginsburg, Faye(2002),《文化调停:本土媒体,民族志电影及身份生产》(Mediating Culture: Indigenous Media, Ethnographic Film, and the Production of Identity'),见 *The Anthropology of Media: A Reader*, eds Kelly Askew and Richard. R. Wilk, Malden, Massachusetts: Blackwell: 210—36.

Hamilton, Peter(1997),《再现社会性:战后人道主义摄影中的法国与法国精神》('Representing the social: France and Frenchness in Post-War Humanist Photography'),见 *Representation: Cultural Representations and Signifying Practices*, ed. Stuart Hall, Milton Keynes, UK: Open University Press: 75—150.

Jiang Zhigao(2009),《摄影师张新民:用镜头纪录一切》'Sheying shi Zhang Xinmin: yong jingtou jilu yiqie' (Photographer Zhang Xinmin: Recording everything with a camera), *Shidai Renwu Zhoubao* (*Time and People Weekly*), July 14. http://blog.sina.com.cn/s/blog_5ee108be0100e5ny.html

Lutz, Catherine A. and Collins, Jane L. (2002),《性别之肤色:战后种族与性别摄影史》(The Color of Sex: Postwar Photographic Histories of Race and Gender),见 *The Anthropology of Media: A Reader*, eds Kelly Askew and Richard. R. Wilk, Malden, Massachusetts: Blackwell: 77—91.

McClintock, Anne(1995),《帝国皮革:殖民争夺中的种族,性别与性》(*Imperial Leather: race, gender and sexuality in the colonial contest*, New York: Routledge.)

Ramzy, Austin(2009),《中国工人》'The Chinese Worker', *Time* Magazine, December 16, http://www.time.com/time/specials/packages/article/0,28804,1946375_1947252_1947256,00.html.

Sebastiao Salgado(2005),《工人》(*Workers*, New York: Aperture.)

Shih, Shu-mei(2007),《视觉文化与认同:跨太平洋的华语表达》(*Visuality and Identity: Sinophone Articulations Across the Pacific*, Berkeley: University of California Press.)

Sturken, Marita, and Cartwright, Lisa(2001),《看的实践:视觉文化导论》(*Practices of Looking: An Introduction to Visual Culture*, Oxford: Oxford University Press.)

Sun Tao, 2009,《深圳横岗:从工业区到商业区十五分钟的距离》('Shenzhen Henggang: chong gongye qu dao shangye qu shiwu fengzhong de juli')(Shenzhen Henggang: Fifteen Minutes' Distance from Industrial Zone to Commercial Zone),见 Nanfang Dushi Bao, *Southern Metropolitan Daily*, November 14, http://gcontent.oeeee.com/

Zhao, Yuezhi.(2008),《中国传播》(*Communication in China*. Lanham), UK: Rowman & Littlefield.

Zhao, Yuezhi(2010),《中国的现代性、大众传媒与公共性的重构:访谈吕新雨》(Chinese modernity, media and democracy: An interview with Lu Xinyu),见 *Global Media and Communication*, 6(1): 1—28.

卜 卫[①]

十八、行动传播研究：概念、方法论、研究策略与挑战

——以"移民、传播与赋权"研究课题为例

引 言

2007年，我们开始了一项新的研究项目"边缘群体与媒介赋权——中国流动人口研究"（以下简称为"移民、传播与赋权"）[②]。边缘群体一般指在政治、经济、社会文化等方面资源相对匮乏的群体。在中国，边缘群体不是少数群体，如生活在联合国贫困线以下的绝对贫困人口有1.5亿，流动人口有2.3亿。边缘群体也是相对的概念，比如相对男性，妇女边缘；相对城市人口，农村人口边缘等。这一项目聚焦于边缘群体中的流动人口，其目的是要探索传播在赋权边缘群体—流动人口—方面的作用。

研究项目源于对1999年以来多国合作的国际互联网研究[③]的讨论

[①] 本文作者感谢中国社会科学院新闻与传播研究所刘晓红对此文的批评建议。

[②] 项目英文名称为"Marginal Groups and Media Empowerment: A Study on Chinese Migrants"，简称为"流动人口、传播与赋权"。项目发起人为中国社会科学院新闻与传播研究所教授卜卫和香港中文大学副教授邱林川。项目组由香港中文大学、中国社会科学院新闻与传播研究所以及其他大学的师生和流动工人约20人组成，共20多个分项目，项目周期为2007年至2012年。

[③] 国际互联网研究项目于1999年由美国加州大学洛杉矶分校传媒与政策研究中心发起，20多个国家先后参与，每年通过定量调查进行国际比较，以发现互联网发展的趋势。现课题组主要负责人香港中文大学副教授邱林川和中国社会科学院新闻与传播研究所教授卜卫当时是国际互联网研究项目的成员。

与反思。我们认为,传播学研究、特别是传播新技术容易以国际(主要是欧美国家)流行的"新技术"或"新媒体"等概念及其学术讨论为中心,使我们只看到有关新媒体普及的乐观数据,但却遮蔽了或偏离了中国社会转型中的立足于本土的核心问题,忽略了研究不同群体如何使用媒体及其赋权的重要议题,对公众、特别是对边缘群体对媒体的认知及使用过程与推动社会变革的关系缺少实证的和系统的分析。在反思过程中,我们大致经历了三个探讨阶段:(1)发展"草根媒介网"(2003—2005),试图通过提供信息服务发现研究问题和进行传播与赋权的研究;(2)到各种边缘群体中去调查(2005—2012),试图发现媒介是否以及如何有个人赋权或推动社会变革的作用;(3)行动传播研究(2008—现在)[①],即与工人NGOs[②]合作或与当地政府机构合作发展地方传播行动,力图通过对地方传播行动的研究发展关于行动的知识和理论,使研究结果能够有效地应用在社会实践中,在推动社会变革中发挥作用。

这篇论文在讨论行动传播研究的定义和性质的基础上,以实施五年的研究课题"移民、传播与赋权"为例,探讨行动传播研究的方法论和能够促进社会改变的研究策略,以阐明行动传播研究的合理性和可能性以及面临的挑战。论文将分成五个部分:一、行动传播研究的概念;二、关于行动传播研究方法论的讨论;三、探讨行动传播研究的五种研究策略;四、关于课题研究结果的总结与讨论;五、行动传播研究面临的挑战与回应。

一、探讨行动传播研究的概念

传播学研究大都以研究本身及发表成果为核心任务,我们课题组则尝试开展以研究与行动并举的或以行动为核心的研究,我们称之为行动传播研究。从传播学发展历史看,行动传播研究与国际传播研究领域中的传播行动主义(Communication Activism Research)非常近似。因此,我

[①] 这种讨论自2003年起一直在进行,先是课题负责人邱林川和卜卫之间的讨论,2007年以后课题组成员先后参加了讨论,就自己的研究课题和实践提出了不同的意见。其间,Kathleen Hartford教授和赵月枝教授对发展此课题的研究取向做出了重要贡献。

[②] NGO即非政府组织或民间公益组织。在中国,官方话语为"工人社会组织"。因为工人社会组织容易与工青妇等组织向混淆,本文采用了工人NGO指代民间自下而上成立的工人组织。

们从传播行动主义研究框架出发,进一步讨论行动传播研究的定义和特征。

在这里,本文首先解释三个相互联系的概念:"行动主义"、"传播行动主义"和"传播行动主义研究"。

关于行动主义(activism)的研究已有很长时间的历史,超过 1000 个研究文献讨论了有关行动主义的理论和实践的议题,包括行动主义的艺术活动、行动主义的社会活动家和民间网络、行动主义的活动主题如流产、艾滋病、反对核武器、动物权利、环境保护、同性恋、种族、宗教、女权主义运动等①。不同的英语词典对"activism"有大同小异的定义,如韦伯词典提供的定义为"一种强调直接行动以支持或反对某一争议性议题的学说或实践"②,牛津词典的定义则是"使用运动方式推动社会变革的政策或行动"③等。在笔者看来,行动主义首先是一种行动,无论是社会行动还是个人行动,均会以各种各样的行动或运动形式呈现出来;其二,行动主义所涉及的社会变化包括广泛的议题,但大都是有争议的议题,如是否应该支持或反对研制核武器等;其三,行动主义的目标是要带来社会发展方面的某种变化,这种变化被行动主义者认为是正当的、公平的、积极的(对社会发展有益的)和值得争取或必须争取的变化;其四,行动主义者相信行动本身的意义和价值。

传播行动主义(communication activism)即采用各种传播手段,如大众媒介、新媒介和传统媒介和其他文化形式来推动社会变化的行动主义。传播手段的革新在行动主义中日益受到重视。行动主义2.0(Activism 2.0)专指网上行动主义,被认为是"适合人们生活习惯"的行动主义④。

---

① Lawrence R. Frey and Kevin M. Carragee, Introduction: Communication Activism as Engaged Scholarship, Edited by Lawrence R. Frey and Kevin M. Carragee, *Communication Activism*, volume two, *Media and performance activism*, Hampton Press, Inc, 2007, p. 3.

② a doctrine or practice that emphasizes direct vigorous action especially in support of or opposition to one side of a controversial issue,参见 http://www.merriam-webster.com/dictionary/activism,2012 年 8 月 24 日下载。

③ the policy or action of using vigorous campaigning to bring about political or social change,参见 http://oxforddictionaries.com/definition/english/activism,2012 年 8 月 24 日下载。

④ Ivie, Kristin, "Millennial Activism: Is it Activism 2.0 or Slacktivism?". Social Citizens. Retrieved 18 December 2011,转引自 http://en.wikipedia.org/wiki/Activism_2.0。

根据 Kevin M. Carragee,传播行动主义研究(communication activism research)是一种以社会正义(social justice)为主题的、试图回应社会、政治、经济和文化等重大问题的学术领域(Scholarship)①。作为一个学术领域,其学术来源可以追溯到应用传播学(applied communication scholarship)。发端于 1968 年"新奥尔良研究与建设性的发展"会议的应用传播学,鼓励传播研究者回应社会重大问题②。换句话说,这一领域的研究期望在回答社会实际问题方面做出贡献,并在回答这些社会问题的过程中发展有关行动的知识。除了应用传播学,传播行动主义研究的学术来源还包括批判性修辞研究(critical rhetorical studies)、文化研究(cultural studies)、批判理论(critical theory)和参与式行动研究(participatory action research)等③。这一学术领域直接针对当前社会存在的不平等和不公正现象进行研究,与边缘群体一起工作以通过研究和行动研究推动社会变化。

在传播行动主义研究领域,Carragee and Frey 是传播行动主义研究的主要推动者。其中他们所提出的重要观点之一,是对第一者视角研究(first-person-perspective studies)和第三者视角研究(third-person-perspective studies)的区分。第三者视角研究指研究者以文化研究或批判性修辞等分析框架去研究个人或组织的行动。相反,在第一者视角研究中,研究者不是站在第三者的立场上研究行动,而是与活动家一起工作并参与行动以取得改革目标。Carragee 强调,对传播行动主义研究来说,干预/行动本身是必要的但不是充分的条件,它一定要有研究者的参与,即研究者与边缘群体或 NGOs 一起参与行动/干预以推动社会公正④。这样,传播行动主义研究似乎排除了第三者视角的研究。

---

① Kevin M. Carragee, the Need for Communication Activism Research, paper presented to the International Colloquium on Communication, San Francisco, California, July 2012。

② Lawrence R. Frey and Kevin M. Carragee, Introduction: Communication Activism as Engaged Scholarship, Edited by Lawrence R. Frey and Kevin M. Carragee, *Communication Activism*, volume two, *Media and performance activism*, Hampton Press, Inc, 2007, p.5.

③ Kevin M. Carragee, the Need for Communication Activism Research, paper presented to the International Colloquium on Communication, San Francisco, California, July 2012. http://www.icc2012.net/docs/ICC2012—KevinCarragee.pdf,2012 年 8 月 25 日下载。

④ 同上。

根据 Kevin M. Carragee,传播行动主义研究至少具有如下特征[①]:

1. 研究主题关注"社会正义"(social justice)。传播行动主义研究者将研究聚焦于发展中的不平等/不公正现象,通过研究为在经济、政治、社会和文化上缺少资源的边缘群体进行抗争或倡导,以促进社会平等和公正。

2. 理论与实践(行动)相结合。行动传播研究者从实践出发,努力发现、确认和回应发展中的不平等现象,利用其理论知识和洞见在实地发展有效地干预行动,其干预行动又回过头用以检验和发展概念、假设和理论。这一过程构成一个从理论到实践、从实践到理论的循环,以促进生产有效的社会变化和生产关于行动的知识。

3. 与社会中边缘群体建立伙伴关系以共同从事行动。在传播行动主义研究中,传播行动主义研究者学习与在地的边缘群体以及联系边缘群体的 NGOs 或社会活动家(activists)一起工作,讨论不平等或不公正的问题并发展有效的干预行动。

与传播行动主义研究一样,我们提出的行动传播研究首先也是一种学术领域,我们定义为"探讨利用传播手段发展行动以推动社会公正的学术领域"。与传播行动主义研究不同的地方在于,行动传播研究的领域是更为宽泛的以行动为核心的学术领域,它包括:(1)第一者视角的研究——研究者参与行动的研究,即以行动推动改变社会并从行动中发展改变社会的知识的研究;(2)第三者视角的研究——即研究者对已有和正在进行的边缘群体传播行动的研究;(3)研究者为促进社会中的某种不公正得到解决而进行的应用传播学研究,以及为倡导行动而做的研究,比如就流动人口子女上学问题进行调查,之后将调查结果撰写成政策建议书、公开信或内部报告等形式,提交给有关部门,并就此问题与相关部门/社会组织进行对话和社会倡导等,以促成社会改变。这第三类研究是首先使用第三者视角做研究,之后将其研究结果作为行动建议直接应用于边缘群体的传播实践,或作为政策建议,通过推动对政策法律的审查、修改

[①] 本文根据如下文章进行了概括:Kevin M. Carragee, the Need for Communication Activism Research, paper presented to the International Colloquium on Communication, San Francisco, California, July 2012, http://www.icc2012.net/docs/ICC2012—KevinCarragee.pdf, 2012 年 8 月 25 日下载。

或重新制定以促进社会改变。

与传播行动主义研究相同,行动传播研究的主要特征也包括:(1)关注"社会公正"、(2)理论与实践(行动)相结合以及(3)与边缘群体发展合作伙伴关系。其不同点在于,行动传播研究还强调(4)"研究赋权",即行动传播研究者将研究看作是一种"赋权"(empowerment)的工具,致力于在研究过程中增加研究参与者对传播以及传播权利的认知和增强进行传播的能力,并以此作为研究的重要成果之一。因此,在行动传播研究过程中,会包含诸多种类的教育、培训、交流行动,以唤起边缘群体对现存社会秩序的意识觉醒和批评,使研究"成为让沉默者发声的工具"(1990)[①],即研究本身将成为促进社会改变的催化剂。

总之,上述具有四个特征的研究,即关注社会公正议题、理论与行动相结合、与边缘群体建立合作伙伴关系并参与行动以及通过研究赋权,我们称之为行动传播研究。

五年来,定位于行动传播研究[②],我们积累了诸多经验和教训。这篇论文将结合我们的课题研究实践,试图从两个层面上回答经常被质询的问题:第一,从理论层面,行动传播研究是客观的吗?如果研究者参与了行动或"研究对象"也参与了研究,如何理解和保持研究的客观性?第二,从实践层面,发展怎样的研究策略以达到促进社会变化的研究目标?我们对此有何总结和分析。在此基础上,讨论行动传播研究面临的挑战以及我们的回应。

二、关于行动传播研究方法论的讨论

这一部分将从三个方面来回应行动传播研究是否客观的问题。(1)如何理解研究的客观性?(2)如何理解行动传播研究的客观性?以及(3)在行动传播研究过程中,我们如何在研究中追求客观性。

---

① http://en.wikipedia.org/wiki/Participatory_action_research,2012年7月24日下载。
② 注释:此课题包括20多个分项目。从课题的整体框架看,每个分项目均是为一定的行动服务的,因此,可以说"移民、传播与赋权"课题是行动传播研究。如果将一个分项目从总课题中独立出来,比如对建筑工地的工人媒体使用的研究,研究者本人并为此采取任何行动也未研究工人的行动,则不属于行动传播研究。但这个研究在课题框架内,是为了发展工人媒体政策服务的,并且之后会有其他研究者利用此成果发展倡导行动,使之成为一种行动的准备。在这种情况下,置于课题框架内的这个研究,仍是行动传播研究的一部分。

1. 关于研究的客观性

关于研究的客观性,笔者认同"批判现实主义"的主张。在传播学界对西方新闻客观性的分析中,罗伯特·哈克特和赵月枝曾阐述了批判现实主义的来源和体系,其核心观点我们概括如下①:

(1) 与诠释主义不同,批判现实主义强调社会真实是存在着的,独立于观察者及其范畴和概念之外;社会真实是可接近的,可理解的,能够被有意义地描述和解释。

(2) 与实证主义不同,批判现实主义承认对真实世界的描述只能通过社会建构的概念来进行,承认知识构成的社会性。这意味着批判现实主义坚持知识是主观和客观、概念和现实相互作用的结果。她们引述莫斯可的分析说明:"现实主义把存在看作是由感觉观察和解释实践双向建构而成的。依此观点,现实是由我们看到的和我们如何解释我们所看到的组成的"②。

简言之,批判现实主义承认存在着独立于观察者之外的客观事实。观察者所描述和分析的客观事实则是通过研究者建构完成的,影响建构的因素包括价值观、观察视角和知识背景等。在社会科学和人文科学中,几乎不存在没有研究者主观因素介入的客观性研究结果。

那么,我们进一步追问,什么是社会真实或客观事实? 如果客观事实都是研究者建构的,那么在研究领域还有没有一个研究客观性的标准或是真理? 在这点上,我们同意半根基主义的观点(neorealism or quasi-foundationalism)。知识论上的非根基主义:指不存在理论或价值中立的观察和知识;半根基主义则在本体论假设上相信存在独立于人们声称之外的实体,比如云雾缭绕时人们可能看不清山顶,但并不意味着山顶不存在,因而半根基主义要求社会研究要有科学的态度和方法,指出"知识声称应具似真性(plausibility)或得到具有可信度的证据的支持"③。

"半根基主义只是强调共识的基础是独立于我们声称的事物而非声

---

① 根据罗伯特·哈克特和赵月枝,《维系民主? 西方政治与新闻客观性》,沈荟、周雨译,清华大学出版社,2010,页91—93。
② 罗伯特·哈克特和赵月枝,《维系民主? 西方政治与新闻客观性》,沈荟、周雨译,清华大学出版社,2010,页91—92。
③ 曹群、魏雁滨,(2005),"质化研究的质量:一个半根基主义的观点",刊载于《复旦社会学论坛》(第一辑),上海三联书店,2005年9月,页178。

称本身的特性。这一点如何可能呢？菲利浦斯(Phillis,1990)认为,虽然没有理论自由的观察,但从不同理论框架出发的观察有重叠的地方,即有些结果是所有观察都会得出的。这种情况往往发生在低层观察(low-level observation)中。比如,两个女孩子牵着手在街上走。在所谓的高层观察(high-level observation)中,来自某些西方社会的人可能作出她们是同性恋者的解释,而在其他一些地方,她们可能会被认为是好姐妹。但不管理论框架如何不同,在低层观察中,我们可以确认两个女孩子牵着手在街上走这样一个事实。因此,我们可以在低层观察中达成共识,并且这种共识的基础是独立于声称的事实"。① 在这里,半根基主义区分了两种事实,即低层观察的事实和高层观察的事实。相对来说,对来自低层观察的事实不同的观察者更可能取得共识,高层观察的事实则是观察者以各种理论或分析框架建构的结果。判断一个研究结果是否客观,"应该最终得到独立于我们声称的证据的支持"②。对研究者来说,追求研究的客观性就意味着要不断反省"建构"对研究结果的影响。

2. 关于行动传播研究的客观性

根据前述对研究客观性的认识,我们认为,行动传播研究的客观性指研究要追求以下结果：了解研究对象(农民工群体)实际的真实的生活状况,确定符合项目目标并可有效实行的行动方案并实际实行。要达到这个目的,首先,研究者必须要深入农民工群体的实际生活中,在实地通过科学方法探求有关行动的条件和结果。仅仅依靠在办公室查找资料或套用国外经验,就不能了解真实情况,也就不能做到客观；但同时,研究者要持续不断地反省自己的价值观或观察视角对研究结果的影响,以做出符合实际的判断并在此基础上发展行动方案,以使行动有效。

在行动传播研究中,研究者不可避免地与社区 NGOs/公众成为长期合作伙伴。这种伙伴关系的最大益处是促使研究者尽可能地接近和理解局内人③的社会实际生活。这一点应该说是一般社会科学研究的需要,

---

① 曹群、魏雁滨,(2005),"质化研究的质量：一个半根基主义的观点",刊载于：《复旦社会学论坛》(第一辑),上海三联书店,2005年9月,页179。
② 同上书,页178。
③ 我们采用"局内人"指代所有行动研究的目标群体。相对研究者来说,基于社区的目标群体是局内人。在这个课题研究中,指劳工 NGOs 和流动劳工。

但对行动传播研究特别重要,因为它直接影响了行动的结果和是否能达到促进改变的目标。一般而言,研究者作为一个外部群体,其生活经验、知识背景和观察视角可能与局内人完全不同,也可能对局内人及其行动存在着一种想当然的成见或误解,因此可能看不到影响行动的重要事实,或即使看到,对事实的理解也可能与局内人存在较大差异。特别当局内人是处于社会边缘的脆弱群体的时候,就更需要与他们生活经验完全不同的研究者谨慎地考察其生活情境、他们所遇到的社会问题以及如何认识和处理这些问题,即从局内人的视角来观察和解释器需要解决的问题,以认识行动的目标、条件和结果。但是,这不等于说局内人看到的事实就是最真实的或其对事实的理解就是最正确的,或他们的认识会直接成为行动的依据。研究者的接近和理解局内人的社会生活,是为了发现事实,但所有事实的陈述都是建构的结果,即局内人会从自己的需求、利益和框架出发来强调某种事实的重要性以及提出改变的意图,研究者理解局内人生活的目的不是要将局内人的框架变成自己的框架,而是要在理解其分析框架的基础上,利用自己的相关知识和分析框架,与局内人一起讨论发展或建构在地行动的知识和策略。此外,当地若发生行动改变,在大多数情况下,不仅涉及局内人(在这里是研究的目标群体),也涉及所有利益相关者,比如流动人口聚居区的当地村民、房屋出租者、当地政府相关机构等。研究者和局内人同样需要考虑和讨论利益相关者所强调的事实及其分析框架,来确认行动的合理性和可能性。

我们注意到,行动传播研究具有研究者参与社区行动和社区公众/NGOs参与研究的特征,这可能导致在两个方面产生偏离社会现实的结果。一是,由于社区公众/NGOs参与有关自己的研究,社区公众/NGOs不可避免地会以有利于自身利益的框架来建构社会现实;二是,从事参与式行动研究的研究者,出于研究的需要,不可避免地会与被研究者建立比较紧密的情感、利益联系,又由于参与式行动研究的研究问题,常常是从被研究者利益出发的,因此,有可能影响到观察的客观性。因此需要在观察、解释等研究过程的各个环节,研究者要自觉地反省价值观等因素的影响,严格遵循经验研究的方法规范,并努力培养考虑竞争假说和相反的意见及反面案例的思维习惯,以保证研究的客观性。

3. 如何追求客观性

我们在研究中努力遵循以下原则：

第一，批判性地阅读基层调查数据。

在事实层面，要检验：(1) 事实数据是否确凿？(2) 个人经验、视角、主观动机、价值观以及调查环境对建构事实有何影响？(3) 事实的代表性如何？

在意见和解释层面，要检验：(1) 被访者表达的意见/解释与其生活环境（包括团体环境）的关系是什么？(2) 意见/解释的代表性如何？一位课题组成员曾敏锐地指出，北方劳工的歌曲"天下打工是一家"所涵盖的工种主要是建筑工和家政工、零工和群众演员等，没有包括在南方珠三角和长三角工厂流水在线工作的工人。此外，在劳工工作坊中我们发现，女工的意见经常会被忽略。

具体方法包括：(1) 在一定时候适当保持距离；(2) 访问各种群体的代表，与受访者一起对资料的假设进行检验；(3) 遵循研究程序与规范，比如认真做低层观察的观察笔记等；(4) 在定性观察中加入定量技术；(5) 检验对立的解释。其目的不是要反驳对方，而是要寻找和分析支持对立解释的资料，并做出评述。如果对立解释不能得到有效支持，则增加了自己假设成立的可能性；如果对立解释能得到有效支持，要继续发现可替代的解释是什么；(6) 寻找反面案例或类别。这些案例和类别可能是个例外，但更有可能会促使我们质疑自己的分类和结论；(7) 自我反省，考虑研究者与研究对象的关系对研究结果的影响；(8) 对已被建构的事实尝试采用三角测定等。

第二，与研究参与者（NGOs 或社会公众）及相关利益群体不断分享和讨论相关知识、行动经验/教训、研究阶段性结果、利益相关者的行动逻辑及理由等，以保持对知识生产的不断反省。

三、探讨行动传播研究的五种研究策略

在五年的课题研究中，为达到社会改变的目的，我们发展了一系列研究策略来指导我们的研究，主要包括：(1) 发掘具有重大现实意义的研究问题；(2) 发展包含赋权和行动的研究设计；(3) 发展以人为中心的媒介研

究;(4)批判性地采用多元理论分析框架;(5)采用参与式行动研究方法。现分述如下。

1. 发掘具有重大现实意义的研究问题

行动传播研究的目的是改造社会。但为了改造社会首先要认识社会,而认识社会要从改造社会的需求中提出研究问题。这就需要行动传播研究者去发现社会发展中存在的不公正,就这些"不公正"发掘其背后的社会背景(结构或机制的原因),以从中提出自己的研究问题。

基于一定立场的行动传播研究,会特别强调为边缘群体做出社会改变。面对研究问题时,研究者会质疑这个研究问题反映的是谁的视角?什么是研究问题背后的假定?这种假定依据谁的经验做出的?谁被展示在这个研究领域中?目的是什么?他们是行动者还是对象,还是根本就没有出现?如果出现了,是否以他们的视角和经验来定义和叙述事实?从谁的视角出发定义了研究的基本概念和基本问题?研究过程和结果有利于谁?

在制定研究计划初期(2003—2006年)和实施研究计划时(2007—2011年),我们持续地对国内传播学领域的研究做出评估。评估包括两个相互联系的方面:第一,目前的传播学研究集中于哪些研究问题?第二,中国社会转型中涌现出哪些有价值的(急迫的和重大的)与传播相关的研究问题?以此来检视我们的传播学研究是否回应了社会发展的重大问题。

我们发现,大多数中国大众媒介及媒介新技术的研究,集中于大众媒介和新媒介或媒介融合如何扩展市场,官方话语为"如何做大做强",明显地缺少从不同阶层群体视角出发的媒介使用及其与社会改变的关系的研究。即便有大众媒介的受众研究、互联网网民调查和电子政务研究等方面的新进展,其目的主要还是市场占有或是为了"教育"和"提高"民众。在中国社会转型期,中下阶层尤其是边缘群体民众是如何使用媒介进行交流的?哪些信息渠道能为他们解决实际问题、改善他们的现实处境?在实际生活中,媒介赋权到底采用怎样的具体方式?哪些因素对媒介赋权起到促进或阻碍的作用?可以说在传播学领域,这些问题远未得到充分探讨。

2008年,我们对中国大陆四个主流新闻学术刊物《新闻与传播研究》、《现代传播》、《国际新闻界》和《新闻大学》中的有关互联网及其新媒体的研究论文 409 篇进行系统的内容分析(1990—2007),发现:市场视角的研究占 52.3%,学术视角的研究占 27.6%,政府视角的研究占 16.9%,网民研究 1.7%,非网民以及边缘群体如何使用新媒体的研究几乎是空白①。2012 年,课题组对 1989 年以来的关于中国的 ICT 研究进行了研究,发现,有社会发展视角、关于边缘群体新技术使用以及具有社会性别敏感视角的研究均不足 5%②。

在评估传播学研究时我们也考察了国情,特别是各阶层群众如何使用传播改善自身处境的国情,主要途径是在实地与工人 NGOs 的成员一起讨论我们以往执行的传播与发展项目,这些项目的主题涉及农村妇女和青少年抗击艾滋病、在流动人口中预防人口拐卖、反对针对妇女和儿童的暴力、促进性别平等、健康传播、劳工文化等等。

在课题进行期间,国务院总理温家宝在 2010 年 9 月 23 日第 65 届联大一般性辩论中发表了"认识一个真实的中国"(Getting to know the real China)的演讲。我们认为,"真实的中国"的提法本身蕴含着深刻的涵义。什么是中国? 是北京、上海还是中国的中西部? 是奥运会世博会,还是矿难和农村校车? 是城郊别墅还是城乡结合处的贫民窟——流动人口聚居区?

在这篇演讲中,温家宝定义了"真实的中国":"中国国内生产总值位居世界第三,但人均水平较低,只相当于发达国家的十分之一左右。中国经济已保持 30 多年的快速增长,但进一步发展受到能源、资源和环境的制约。中国若干重要产品产量位居世界前列,但总体上仍处于全球产业链的低端。中国已经成为国际贸易大国,但出口产品技术含量和附加值低,核心技术仍然大量依赖进口。中国沿海地区和一些大中城市呈现出现代化的繁荣,但中西部和广大农村的不少地方仍然相当落后,还有 1.5 亿人口生活在联合国设定的贫困线之下。中国民生有了很大改善,但社

---

① Bu, Wei, Perspectives and Methodology of Internet Research in China Mainland, presented in 6th Annual Chinese Internet Research Conference, June 13, 2008.
② Jack Linchuan Qiu and Wei Bu, China ICT Studies: A Review of the Field, 1989—2012, pp. 123—152, The China Review, volume 13(Number2, Fall 2013), 2013, Chinese University Press.

会保障体系不健全,就业压力很大。中国社会政治生活日趋活跃,公民基本权利得到较好的维护,但民主法制还不够健全,社会不公和贪污腐败等问题依然存在。"因此,温家宝指出:"中国现代化走到今天,先进落后并存,新旧矛盾交织,面临诸多前所未有的挑战。中国仍然处于社会主义初级阶段,仍然属于发展中国家。这就是我们的基本国情,这就是一个真实的中国。"

我们注意到,真实的中国不仅有1.5亿绝对贫困人口,还有两亿多国内流动人口,大部分是农村进城打工者。

自1979年改革开放以来,大批农村富裕劳动力进入城市寻求新的出路。官方数据显示,截至2009年末,流动人口有1.45亿人,占全国总人口的10.86%[①],相当于全球人口的2%。流动农民工群体是中国特有的政治制度(户口)和社会结构(城乡二元结构)的产物:他们长期居住在城市中从事非农业体力劳动,但不享有基于城市户籍的一系列社会权利,户口制度使他们常年处于不断迁徙状态。为改变这一不利于流动劳工发展的现实,各级政府、工人NGOs以及社会各种力量投入资源以"帮助农民工融入城市"。

我们发现,在中国社会转型期,面对庞大的流动劳工和他们之中自然生长的劳工文化,传播学界较少有研究和行动的回应,而劳工文化本身也处于被边缘化的状态。第一,从进城劳工的角度看,他们为摆脱贫困进入了陌生的城市,遇到了与他们生活环境有巨大差距的城市环境,这种差距"可以以一个中国人到了美国或其他国家来比喻"[②]。虽然大量农村务工者不是出国,是国内移民,但他们同国外移民一样,经历了"文化震动"(culture shock);第二,处于政治经济和社会边缘的流动劳工因为进入一个陌生的环境以后遇到身份认同的困惑,难以找到文化认同,更加被边缘化;第三,应该看到,"融入城市"几乎是一个单方面的过程,即移民劳工需要学习认同城市文化或是一个被同化的过程,而不是一个双方相互学习、

---

① 国家统计局农村司,《2009年农民工监测调查报告》,下载地址:国家统计局网站,http://www.stats.gov.cn/tjfx/fxbg/t20100319_402628281.htm;国家统计局,《2009年国民经济和社会发展统计公报》,下载地址:国家统计局网站,http://www.stats.gov.cn/tjgb/ndtjgb/qgndtjgb/t20100225_402622945.htm,下载时间:2010年3月18日。

② 根据孙恒对进程打工者文化适应的分析,2008年。

相互认同的过程。

"移民是否要被同化或者他们的文化是否应得到承认？这里有三个重要的原则，即：尊重多样化、承认多重身份并建立对当地社区共同的归属感。"①《2004年人类发展报告——当今多样化世界中的文化自由》专门讨论了移民身份和文化的问题，指出："身份不是一个非此即比的游戏。不是这个身份多一点，那个身份就自然会少一点……"，目前，有"两种对待移民的方式主导着多数国家的政策：区别主义（移民保留自身身份而不与社会其他成员相融合）和同化主义（没有保持原有身份的选择）"。而最好的解决方案之一是引入多元文化主义，承认多重身份。"这包括要促进宽容和文化理解……它还承认移民面对剥削时缺乏发言权和安全感，并致力于帮助移民融入社会，如提供语言培训和职业介绍服务等"②。"如果个人要成为多样化社会的一员，就要摒弃在身份问题上的偏执和僵化，采用宽容的世界性价值观及尊重广泛的人权"③。

伴随着对移民身份的歧视的是文化排斥。这种文化排斥表现在两个方面：一种是社会参与的排斥，另一种是生活方式的排斥④。有很多措施可以改变这种"排斥"。一些可能的有效方法是"通过加强地方文化本身拥有的建设性机会"，"扩大地方文化对设施的利用能力来播放自己的作品"，"国家应对建设性的地方文化活动提供更多的支持"等⑤。

位于北京东郊的流动人口聚居区的工人NGOs"北京工友之家"成立于2002年，其所属的新工人艺术团正是在现行文化发展政策的支持下，团结起来共同"寻找并加强地方文化本身拥有的建设性机会"，探索利用各种媒介来创造和传播移民工人的文化。新工人艺术团前身"打工青年艺术团"，"是一支由打工者自己发起创办、以文艺的方式为打工者群体提供文化教育服务的社会公益性民间文艺团体"，其宗旨是"用歌声呐喊、以文艺维权"⑥。成员主要为在京打工者，各自都有一定的

---

① 《2004年人类发展报告——当今多样化世界中的文化自由》，UNDP，中国财经出版社，2004，页11。
② 同上书，页11—12。
③ 同上书，页12。
④ 同上书，页14。
⑤ 同上书，页20。
⑥ http://www.dashengchang.org.cn/，2012年7月24日下载。

文艺特长，大家平常都是利用工作之余的时间来进行和开展各项文艺演出及权益宣传活动。艺术团自 2002 年 5 月 1 日成立以来多次奔赴各建筑工地、工厂、高校、企业、打工子弟学校及打工者聚居社区坚持为工友们做义务演出三百余场次，直接受众超过十万余人次。在演出过程中，艺术团意识到要建立自己的文化基地。于是他们在皮村建起了中国第一个打工文化博物馆、一所流动移民子弟的同心实验小学、社会企业同心互惠商店、劳工维权热线等。其所拥有的主要媒介包括民众戏剧、工人民谣专辑、社区报纸、独立影像（独立电影、纪录片、MV 等）、四个网站和 3 个博客等，并在此地举办了四届文化艺术节，由此汇集了全国各地的移民劳工文化，使皮村成为劳工文化发生和发声的重要场地之一。不仅在京郊皮村，在云南、贵州、广东等工业区和流动人口聚居区，我们都发现了工人 NGOs 所建立的小型媒体以及他们在有限空间内持续发展的文化实践。对各地工人文化的初步调研引发了我们强烈的研究兴趣，从 2007 年，我们通过大约 20 多个课题和行动研究来探讨如下基本研究问题：

在中国社会转型期，在建构流动议题时，传播扮演了何种角色？在推动社会公正和变革中，传播如何能发挥更大的作用？流动劳工如何使用媒介（包括大众媒介、传统媒介和新媒介）发展劳工文化？这种文化的内容、性质和作用是什么？其发展的原因、过程、动力和社会影响因素是什么？劳工文化如何能挑战边缘化劳工文化的主流文化？劳工文化如何能帮助建立起工人阶级的文化主体性，最终推动社会公正和社会变革？我们认为这是传播学研究在面临中国社会转型时的重大议题之一。

社会学学者郭于华指出：置身于转型期的中国社会，社会科学工作者的任务是提出"要命"而"有趣"的问题并且回答这些问题。这里所谓"要命"指的是那些真实、紧迫而重大的社会问题；而"有趣"则指具有重要理论意义和学术潜力且能够生产科学知识的问题。社会变迁与社会转型改变了成千上万人们的命运——他们在社会结构中处于何等位置？这些位置如何塑造了他们自身、又如何影响了他们的行动？在改革过程中谁是最大的获益者？谁又是承担了最大代价的人？不同的群体如何选择行动策略从而有利于自身的存在与发展？他们的行动转而对整个社会结构有什么样的影响？是什么因素或力量在决定人们之间的关系以及社会的整合或冲突？一种独特的文明在实践中运作的机制与逻辑是什么？这种文明又是如何演变的？……对社会转型的探索迫切需要一种"心智品质"即"社会学的想象力"(Mills,1995)，对转型期的中国社会的研究尤其需要这种"社会学的想象力"①。

这种想象力无疑有助于我们去追踪社会现实的重大变化并能发现促进改造社会的研究问题。"批判研究者与其他取向的研究者的区别不在研究技术上，而在于他们如何切入一个研究问题，他们所追问问题的类型以及他们进行研究的目的"②。对行动传播研究者来说，处于社会不公正情境中的脆弱群体所遇到的问题及其解决问题的需求，就可能发展成为行动传播研究的研究问题，以促进社会改变。

2. 发展包含行动和赋权的研究设计

行动传播研究本身被看作是一种通过行动研究促进社会改变的社会实践和赋权边缘群体的过程。因此，在研究设计时，行动和赋权自然会被纳入其中。行动和赋权的主体既是老师和学生也是流动工人和工人NGO。

研究设计③包括四个相互联系的部分：为了认识社会问题的"图绘"研究、为了改造社会的行动研究、为了更有效地认识和改造社会的"能力建设"，以及为了检验和推广理论和行动模式的"传播交流"。下面分述如下。

(1) "图绘"(Mapping)研究

"图绘"研究的目的是为了了解和分析流动工人的媒介使用、信息交流和文化实践，以及影响他们媒介实践的相关政治、经济和社会影响因素。在这部分里，大众媒介对流动议题的再现也被看作影响工人NGOs的媒介和文化实践的重要因素。其具体目标、项目和研究方法如表1所示。

---

① 郭于华，"从社会学的想象力到民族志的洞察力"，2011年7月4日"质性研究方法：教学与实践"论坛。

② W. Lawrence Neuman, Social Research Methods: Qualitative and Quantitative Approaches sixth Edition, 2006, Pearson Education, Inc. p. 102.

③ 研究设计始于2006年至2007年。主要的研究设计者为卜卫、邱林川和Kathleen Harford。其中，研究设计的框架和四个组成部分是由Kathleen Harford提出来的。2009年以后，学生陆续参加了研究设计。

表 1　图绘研究

目的分类	项目名称	研究方法
大众媒介如何建构有关流动的议题及建构的意识形态分析	转型期社会利益冲突的媒介再现——主流媒体对农民工讨薪报道的架构分析	内容分析、架构分析
	春晚27年农民及农民工形象再现的研究	内容分析、文本分析和意识形态分析
	改革开放以来农民工群体媒介再现的社会史研究	社会史分析
不同流动人口群体（性别、族群、宗教等）的媒介使用及其文化实践	北京建筑业农民工的媒介使用研究	定量研究
	北京打工妹的手机使用与身份建构	定性访谈
	河北就地转移妇女的媒介使用实践对妇女发展的影响	定性访谈
	草根媒介：社会转型中的抗拒性身份建构——对贵州西部方言苗语影像的个案研究	民族志研究
	北京流动人口聚居区宗教传播的社会支持研究	个案研究、定性访谈
	青年女性艾滋病感染者的QQ群使用与赋权	定性访谈、qq群内容分析等
劳工工人NGOs的传播倡导研究	劳工NGO的传播倡导研究	定量和定性调查
	工人文化艺术作品的话语分析（民谣、民众戏剧、诗歌、影像作品等）	文本分析、话语分析、意识形态分析
	鞍钢与皮村的工人文化空间比较研究	比较研究
文化与传播政策研究	人权、文化权利与流动工人的媒介赋权	文献分析和定性调查
	针对流动人口的政府信息与传播的评估研究	定性调查、文献分析
	农村传播政策与管理研究	文献分析
理论探讨与发展	传播与社会发展研究	文献分析；访谈
	创新传播学的方法研究：批判社会科学的研究、参与式行动研究、视觉行动研究等	文献分析；田野调查
	新媒体技术与工人阶级研究	文献分析
	社会性别、ICT与赋权研究	文献分析
	批判的媒介素养教育研究	文献和行动分析

（2）行动研究

行动研究通过参与或发起传播行动，来探讨发展劳工文化的条件和动力以及有效传播渠道,探讨建立工人阶级文化自主性的行动方法以及相应的理论。行动研究详述请见下面研究策略5参与式行动研究。

(3)"能力建设"(capacity building)和集体知识生产

"能力建设"被定义为一个提高"研究能力"、"促进工人文化传播的行动能力"和"参与社会能力"的过程。根据研究计划,我们在2007年、2009年和2011年讲授了"发展传播学"课程,以及在2007年至2012年为不同年级的学生讲授了"传播学研究方法"的课程。此外,与工人团体合作,我们分别在菲律宾马尼拉ISIS社区媒介培训中心、北京流动人口聚居区和深圳工业区组织了媒介素养教育的活动,包括工人影像培训、工人读报兴趣小组、参与工人团体举办的劳动文化论坛、与工人团体共同举办"流动儿童记者"培训工作坊、反对以劳动剥削为目的的人口拐卖音乐创作工作坊等。"能力建设"最经常的活动是不同规模的课题组会。参与课题研究的老师和同学以及工人可以交流和分享有关研究和行动的经验,讨论共同遇到的问题。这也同时是一个集体知识生产的过程。对与工人一起生产的知识成果,我们会共同署名。

"能力建设"还特别强调,所有研究参与者,包括老师、学生和工人团体成员应通过反省自己的生活与社会发展的关系,将自己原本以为属于私人领域的经历和经验,放置到公共领域去重新认识,从而使我们对塑造我们本身的历史和社会背景有一个深入的自我了解,使我们的生活也参与其中,而不是被"悬空"或割裂在研究之外[1]。学生们和工人们会联系自己家庭生活的历史(如家庭代工、外出打工、农村生活或城市生活)等找到自己的社会位置,并会对自己的社会位置做分析。在课题组看来,研究必须要联系实际,而这个"实际"也包括自己生活的实际,以利于达到"自我赋权"[2]。

(4)"传播交流"(dissemination and communication)

在课题实施过程中,我们不断发现,至少有四种途径可用来检验和推广研究理论与行动模式。每种途径都针对不同的公众或组织,而这些公

---

[1] Michael Buruwoy,《公共社会学》,沈原等译,社会科学文献出版社,2007,页14。
[2] 详见卜卫论文,"民族志教学:以第一届打工文化艺术节参与式传播为例",台湾《新闻学研究》,2010年第1期,总102期,页229—251。

众或组织对改变社会具有一定的影响力。

针对学术界,我们鼓励课题成员参加国际和国内研讨会并出版其论著或论文,以增加传播与社会发展领域的知识,并促进其议题在学术界"可见"和讨论,以改变现有的传播学知识结构。我们已经集体参加了 2011 年 5 月上海复旦大学 985 基地主持召开的"新马克思主义视野下的传播研究国际研讨会",以课题组的名义主办了"方法论与经验研究的批判性应用"的 Panel。其中,六位课题组成员就工人研究的方法论和方法做了大会发言①。我们也带着部分课题成果参加了 IAMCR、北欧—中国性别政治国际研讨会等,并在国内外高校进行了讲学②。

针对我们的研究伙伴和工人团体,我们尝试采用"论文工作坊"的形式,即将我们的研究结果以通俗易懂的形式向研究参与者宣读或进行汇报并展开讨论。一方面在工人中检验我们的理论和行动模式以及激发新的研究想法;另一方面,促进经过检验的理论和行动模式成为一种可接受的赋权的方式,在推动社会变革中发挥作用。

针对政策制定者或地方政府,我们计划在政策研究和促进政府和工人对话的基础上,采用倡导或游说的方式,发展支持工人文化和媒介的政策。

针对社会公众,我们通过大众媒介、工人团体的另类媒介以及其他渠道,传播其研究成果,以促进公共领域的文化讨论和建立工人文化的主体性。如 2012 年 5 月 31 日,我们联合十家公益机构联合举办了"关注困境儿童"的倡导发布会,就帮助困境儿童的"赋权"和"慈善"模式等公共议题进行了公开讨论。

以上四种途径中,第二种"论文工作坊"、第三种"政策倡导"和第四种"社会传播",被我们看作是改造社会的重要组成部分。通过这三种途径,我们与工人群体或组织、与相关政府部门和社会公众建立了联系以便能

---

① 卜卫,"认识世界与改造世界:探讨以移民劳工为中心的行动传播研究的方法论和研究策略";张祺,"批判民族志的传播研究:族群、阶级和流动";万小广,"于无声处:关于农民工报道的社会史研究";高春梅,"社会性别与流动女工信息传播过程研究";邱林川、王洪喆,"'南方两周末':工民新闻兴趣组实践与传播赋权"。

② 主要包括:丹麦哥本哈根大学、丹麦奥胡斯大学、挪威奥斯陆大学、中国传媒大学、中国社会科学院研究生院、劳动关系学院、中国青少年研究中心等。

够就劳工与传播议题进行对话和发展新的行动。社会学领域已经发展了"公共(或公众)社会学",即"将社会学带入与公众的对话中",追求社会学家和公众的"双向交流"和"相互教育",使原本看来是"私人"的现象或学问变成"公共的"和"可见的"。更重要的是,"有机的公共社会学"(organic public sociology)的学者常常与劳工运动或其他权利团体等共同工作,这种共同工作(如讨论命名等)将会创造聆听和讨论社会问题的"公众",同时,"我们可以将我们自己也建构为一个在政治场域中行动的公众"[1]。创造了公众同时也创造了行动的社会学家的公共社会学,由于提供了改造社会的动力和力量,包括理性、公共辩论、知识和行动方法,因此比一般的采纳某种建议或行动的"改造"更具有社会意义。传播学领域还未有"公共传播学",尽管在历史上公众中参与过讨论诸如"绿坝"、"实名制"等重要议题,但未能发展成一个学界与公众的"双向交流"和"相互教育",这类似于 Buroway 指出的"传统公共社会学",而非"有机的公共社会学"。由于文化、媒介等议题广泛地渗透于人们的社会生活中,我们认为,作为促进改造社会的一个组成部分,公共传播学的功能特别值得注意。正如布洛维所说:"社会学家必须锻造他们自身与社会的联结,也就是说,去发展公共社会学。我们不能仅仅消极地去服务社会,而应当去保存及建构社会"[2]。

3. 发展以人为中心的媒介研究

这里的媒介研究指的是受众的媒介使用研究。有两种角度来考虑媒介研究,一种是技术中心的角度,这类研究通常被划分为大众媒介研究和新媒体研究,或是更为具体的广播研究、电视研究、互联网研究或微博研究等。如电视收视率研究、互联网使用研究、工人微博研究、广播收听行为研究等。另一种则是以人为中心的研究,即研究对象使用何种媒介,我们就研究何种媒介使用。在实际生活中,流动工人可能会使用多种媒介进行传播活动。在此课题研究中,我们的焦点不在新技术或新媒体对流动工人的影响,而是根据他们的传播实践研究流动工人如何使用媒介以及如何使媒介传播发生影响,包括什么是工人的适宜媒介技术,什么是工

---

[1] Michael Buroway,《公共社会学》,沈原等译,社会科学文献出版社,2007,页 10—14。
[2] 同上书,页 72。

人的技术创新以及这些适宜技术和创新带来了何种影响等。任何传播形式和媒介，无论新旧，无论大小，只要流动工人使用，都会落入我们的研究范围，如工人民谣(音乐)、独立影像、网络工人视频、民众戏剧、农村传统戏曲、社区舞蹈、博客、网站、村报、小型杂志、工人 MP3 广播、黑板报、海报等。这样我们必须打破传统的媒介定义框架以及分类，诸如传统媒介和新媒介、大众媒介和另类媒介等。在工人的传播实践中，我们已经看到，其所使用的媒介形式是流动的，而非固定的。比如，工人乐队创作的民谣"想起那一年"等，被音乐公司制作成专辑公开发行，也在建筑工地上为工友们演出，也被工人制作成演出视频放在网上，也被中央电视台邀请现场演唱并在电视上播出，其歌词、演唱录音和彩铃也被放在工人网站上供大家下载……在这里，分类难以说明某种工人媒介或文化产品属于传统媒介还是新媒介或属于大众媒介还是另类媒介，可能不如研究民谣在何种条件下流动以及流动的影响更有意义。而且，根据工人实践，原有的分类肯定会限制我们的研究视野。

目前在传播学界，新媒介研究似乎更受到关注。在互联网早期普及中，数字鸿沟(Digital Divide)很快成为一个重要的研究主题，但是，很早以来的就存在的印刷媒介鸿沟(如农村人大都不读报和杂志等)则很少有人关注。如 Benjamin 指出的，数字鸿沟与其他媒介鸿沟的联系被研究者忽略了，"今天的数字鸿沟其实就是昨天的学校计算机鸿沟，上一世纪 50 年代的电视鸿沟，30 年代的收音机鸿沟，以及半个世纪以来的阅读鸿沟"[1]。为什么现在在我们几乎没有阅读鸿沟的研究？这可能与研究者潜在的意识形态相关：即要研究更有价值的群体和更有价值的媒介，有价值的群体通常不会是农民或底层民众，不会是使用印刷媒介或传统媒介的群体，有价值的媒介也不会是传统媒介，而是更能带来"先进观念"、"先进技术"、"强国"和巨大市场以及对主流人群最具影响力的媒介。将"先进"、"强国"与市场捆绑在一起，建构了所谓的新媒体研究的价值取向以及互联网话语。笔者曾对 1990 年至 2011 年的有关新媒体研究做了内容分析，发现，互联网被当作理所当然的从外部输入的一种先进力量，人们

---

[1] *The Digital Divide: Facing a Crisis or Creating a Myth?* Edited by Benjamin M. Compaine, 2001, p. 102。

必须或被迫跟上所谓的时代潮流,在这个前提下,内部的需求、自下而上的启动、采纳、使用和利用被忽略或被排除了。大多数论文是将民众当作技术普及的对象、影响的对象或争取的对象,而不是利用新技术推动社会变革的行动者。对"互联网必定推动所有人进步"的前提缺少反省,比如谁更会进步?谁因此会拥有更多的权力?为什么会进步?在什么条件下会进步?以及进步表现在什么方面?是增加了个人的权力还是增加了某些集团的控制?谁定义了"进步"?在这方面,缺少批判的传播政治经济学研究。

课题组负责人之一邱林川曾提出了信息阶层(informational stratification)的概念。这一概念的核心是以人为中心而不是以媒介为中心进行分类。2003年至2005年,在课题组卜卫和刘晓红的研究中,发现,不仅城市青年和农村青年可以划分为不同的信息阶层,即使在流动人口中,也能看到明显的信息阶层,依据工资水平、生活保障水平、工作时间长短(业余时间多少)、工作场所和工作性质、媒介设备拥有种类、媒介使用频率、媒介使用对其生活的影响等条件,可划分为三个不同的阶层(2004)。我们尝试用信息阶层的概念来替代"数字鸿沟"的概念,以更关注流动工人的生活和对各种媒介的使用的相互影响,而不是要孤立地关注新媒介技术普及以及带来的市场的变化。

媒介融合现在似乎是个热门话题。谈到媒介融合,多数研究着眼于扩展媒介市场,将媒介"做大做强",但忽略了自下而上、基于民众实践的媒介融合。在"流动劳工、传播与赋权"的行动研究项目中,我们和我们的学生已发现了大量的为推动社会变革的这类"融合",如流动工人创造的"Music Video"、"工人MP3"、"苗语影像"和"打工春晚视频"或残障团体创造的"非视觉摄影"等。在网上流传的工人MV"流动的心声",由影像、摄影、音乐、歌曲创作以及视频软件和互联网技术综合而成,旨在表达流动儿童"不再漂泊"的渴望。所以,针对媒介融合,我们要问的问题也是:这是谁的融合?为了谁的融合?谁参与了融合?哪些"融合"被强调以及为什么?哪些"融合"被忽略以及为什么?

4. 批判性地吸收多元理论分析框架

应该看到,大多数学术资源来自国外。在讨论课题的理论资源时,我们强调"批判地吸收"。"批判"有三重含义:其一,要了解理论的来源及其产生的政治社会环境,了解理论的产生是建立在何种类型的事实或经验基础上的,以及了解理论潜在的基本假定,以增加对理论的性质和适用性的理解;其二,要审视理论在传播学或其他学科如何被使用,考虑使用的条件及其对研究领域发展的影响;其三,在上述基础上,尝试建立和分析我们的研究问题与理论的联系,并反省本土实践对理论的挑战。就"流动人口、传播与赋权"课题而言,最主要的学术资源来自发展传播学(communication for development)和媒介研究(Media studies)。现分述如下。

在国际传播学领域,有关传播与社会发展的研究已经经历了半个多世纪的发展历程。随着全球化的进程和联合国千年目标(MDG)在发展中国家的推进,有关传播与社会发展的议题已广泛地嵌入了国际媒介与传播研究协会年会(IAMCR)、国际传播协会年会(ICA)、世界广播协会(AMARC)年会、亚洲媒介信息与传播中心年会(AMIC)、国际激进媒体网络年会(OM)等国际、区域性传播学研讨会和国际媒体网络的学术活动中,这一方向的研究业已积累了大量的实践项目经验和理论,成为一个愈来愈重要并日渐成熟的研究领域/学科。上个世纪 40 年代以来,由于"发展"的概念不断受到挑战和被更新,传播理论和实践也获得了相应的发展。目前,这个领域的研究越来越多地强调促进发展应该从本地社区内部启动而不是单纯地从外部输入传播技术,并且以个人和社区赋权为目标。其主要议题包括支持农业或农村发展、支持劳工安全流动、减贫、促进教育发展、促进环境改善、促进计划生育和生殖健康、促进性别平等、改善营养和公共卫生状况、提高人们抗击艾滋病和其他传染病的能力等。中国是一个发展中国家,因此特别需要"传播与社会发展"的研究与实践。

发展传播学的理论探讨起源于两次世界大战的"舆论宣传效果论"。当时认为,大众媒体在培养与时代同步的现代生活态度和信仰方面能起到至关重要的作用,这种态度和信仰是社会变革的基本条件。这样一种理论范式被称为主导范式。对主导范式的批评来自两个方面:(1)帝国主义范式:在国际传播中发现,发展中国家的发展从属于宗主国国家的利益(媒介/文化帝国主义);(2)参与范式:研究者已经注意到主导范式自上而下的方法论缺陷,即发展过度依赖外部专家,严重忽略了"被发展"的人群的发展需求和发展自主性。参与范式认为应该寻找一种途径允许发展的客体变成主体,运用媒介使人们拥有自己的声音和话语权。无论如何,发展传播学所关注的问题,尽管存在各种形式的变体,但其侧重点都在本土[①]。

以发展传播学"参与范式"为主导,我们力图打破以往的陈旧框架,主要包括:(1)打破媒介与人的框架。即不是自上而下地研究媒介对人的影响,而是研究以人为中心的媒介使用;不是单独地研究某一种媒介(如互联网)与人的关系,而是研究人对各种媒介的综合使用;(2)打破大众媒介、传统媒介和新传播技术分离研究的框架。如上所述,如果以人为中心,就不会仅仅关注一种媒介,而会关注最能赋权边缘群体的媒介,无论新旧,无论规模大小,都会得到研究者的重视。正是在这个意义上,我们已经开始研究民众戏剧、流动人口博客、工人民谣、工人影像、打工诗歌、社区舞蹈和即兴舞蹈、报纸剧场、电视剧场、劳工工人NGOs的网站和印刷媒体等;(3)打破以往"效果理论"的框架。即研究的重点不是媒介对边缘群体的影响,而是要研究边缘群体如何利用媒介"发声",形塑工人阶级文化以建立文化主体性。作为行动研究,我们还会结合中国社会发展的实际,开发有关发展的传播倡导策略,如提高觉悟运动(awareness raising)、社会动员、社会营销、娱乐教育、政策倡导和参与式传播等。

大多数课题研究都会涉及"媒介"概念及其媒介影响的议题。在以往关于边缘群体与媒介的研究中,经常采用传播学"传—送"模式。我们注意到,这种模式不适合作为劳工传播与赋权的分析框架。不仅因为它将媒介结构和文本看作一种决定性的力量,受众则是被动的或易受控制的群体;也因为它将受众看作一个统一体,忽略了不同的受众所属的阶级、族群、性别、代际、性取向和地区差异。Van Zoonen 总结说:"媒介生产不是简单的反映论,而是一个复杂的协商、再结构化的过程;媒介受众不是简单地拒绝或采用媒介信息,而是根据他们自己社会文化情境利用和从新解释信息;媒介不是被指派来反映现实的,而是要再现我们集体的希望、恐惧和幻想并具有生产社会迷思和仪式的功能。

[①] 参见 Colin Sparks, *Globalization, Development and the Mass Media*,(2008)《全球化、社会发展与大众媒介》,刘舸等译,社会科学文献出版社,2009。

最后,真实不是现实中的客观集合,而是在一定的权力关系中社会建构的结果"①。

当我们开始面向流动工人发掘他们的媒介使用经验的时候(比如,不识字的年轻女性如何通过电视识字、手机是否能被流动妇女用来扫盲和维权、QQ 如何帮助女性感染者形成网络、山歌如何帮助少数民族预防人口拐卖、女性杂志如何帮助打工妹获得预防艾滋病的知识、信息传播技术如何帮助贫困女性减贫等),我们遇到的第一个问题就是如何从她们的经验和视角来反省和重新建构"媒介"的定义。

通常人们提到媒介会联想到大众媒介如广播、电视和报纸。在一些自上而下的社会动员和传播倡导运动中,大众媒介会成为毫无争议的首选媒介。但是,大众媒介是否是不流动人口所依赖的媒介?放过这个质疑。其实,媒介(medium/media)的原始定义就不局限于大众媒介。传播学者施拉姆曾指出,"在大众传播媒介出现之前就已经有了传播媒介。"如"能够表达意思的鼓声、烽火以至于宣讲人和集市都归于媒介一类","因为它们扩大了人类进行交流的能力"(Schramm,1982)。这一关于传播媒介的定义或说明比我们想象的"媒介"要宽泛得多。但因为大众媒介如广播、电视和报纸的迅速普及和强大的社会影响力,在传播学界内外,似乎一提起媒介,就意味着是"大众媒介"或以数字技术为基础的新媒介,而忽略了施拉姆提到的早期传统的传播媒介。这可能是因为我们更多地看到了传播技术的变迁,而相对地较少关注使用传播技术各种不同的人群,特别是边缘人群的日常使用。在 James Watson & Anne Hill 的 *Dictionary of Media & Communication Studies* 里,媒介(medium)被定义为"一种物质的或技术的工具","能够将传播信息转换为通过既定的信道可传输的信号"(2000,p.190)。这个定义同时引用了 John Fiske 的媒介分类:(1)表演性媒介(The presentational media);(2)再现性媒介(Representational media),诸如书籍、绘画、照片等,是在一定文化或美学的基础上创造出的"文本";(3)机械性或物理性媒介(Mechanical media),如电话、广播、电视、电影等等,是表演性媒介和再现性媒介的传送者(transmitters)(转引自 James Watson,2000,p.190)。这样的分类没有将媒介

---

① Van Zoonen, *Feminist Media Studies*, 1994, pp. 40—41.

集中于传播技术或大众媒介,而是关照了日常生活中的各种媒介(James Watson,2000,p.190),而且身体本身也成为媒介。

在20多年的传播与社会发展项目中,我们研究了不同阶层的人群如何使用媒介以及如何采用媒介行动来促进社会改变。这些项目涉及的主题包括:反对针对妇女、儿童的暴力、抗击艾滋病、预防人口拐卖、小额贷款与减贫、流动人口的健康促进、流动人口的传播与赋权、农村发展教育、儿童参与等。笔者发现,除了大众媒介和新媒介,在研究边缘群体与媒介议题时,研究者还经常使用"传统媒介"和"另类媒介"的概念。

传统媒介(traditional media)是一个相对的概念,即相对于1990年代以来的以数字技术为基础的新媒介,电视、广播是传统媒介。同样,相对于电视、广播等大众媒介,民谣、黑板报、地方戏剧等又成了传统媒介。与大众媒介不同,传统媒介通常是当地自发的、因地制宜的、低科技含量的、小受众群的和互动性的媒介,主要包括乡村舞蹈、民歌、民谣、绘画、传说、木偶戏、地方戏曲、板报或墙报等。这些媒介形态根植于当地的文化形态之中,成为那些无法接触到大众媒介、或不愿意使用大众媒介或无法在大众媒介上发声的群体可利用的一种信息传递和娱乐的工具。按照如上Fiske的定义,这类媒介包括表演性媒介和再现性媒介。研究发现,边缘群体比主流人群更多地使用传统媒介作为信息、娱乐的工具,在国际机构或当地社会组织如妇联等以及NGOs发动的倡导运动中,传统媒介常被用来做提高觉悟和社会改变的工具。因此,在行动传播研究中,我们需要重视传统媒介。同时,我们也注意到,近些年随着新媒介技术的普及,边缘群体如劳工NGOs或残障团体等,开始普遍使用QQ、微博、网站、互联网广播和数字视频等互动媒介作为交流和促进社会改变的工具。并且,其媒介实践表明,他们有可能将传统媒介与新媒介通过"融合"或"嫁接"而生产出新的媒介形式,如"2012年打工春晚"网络视频等。在我们课题研究中,传统媒介如民谣、戏剧、相声、地方戏曲、绘画等已经被劳工组织通过拍摄、剪辑等技术形成视频媒介,通过网络进行广泛传播。这就提示我们,在重视传统媒介的同时,我们还要重视他们如何融合传统媒介与新媒介以促进传播活动。边缘群体对媒介的使用以及利用新技术对媒介的改造,正是行动传播研究的重要行动实践来源。

第二个概念是另类媒介(alternative media)。西方学者已对"另类媒介"进行了诸多探讨。"另类媒介"不是对一类媒介的统称。我们发现,在不同的时期和地点,另类媒介有不同的名称,诸如公民媒介(citizen media)、激进媒介(radical media)、独立媒介(independent media)、草根媒介(grassroots media)以及社区媒介(community media)等,其所强调的重点亦有所差别。实际上,为另类媒介做一个大家都能接受的定义有颇多困难。

联合国教科文组织在1989年的《世界交流报告》中,将另类媒介定义为主流媒介之外的选择(UNISCO,1989:393)。另类媒介即"作为主流传播传统的补充而建立的传播结构和传统。它之所以出现,是因为主流媒介未能完全满足某些群体的传播需要"(UNESCO,1989:394)。这一定义解释了另类媒介存在的意义,同时将另类媒介与主流媒介对立起来,在主流媒介的参照下来理解另类媒介。根据《世界交流报告》中所提供的另类妇女媒介的例子(UNESCO,1989:393—406),我们可以看出另类媒介的主要特征:(1)多数发起者为当地工人NGOs或社会活动家;(2)多数内容关注联合国教科文组织所说的"特定群体"的权利问题,也正是容易被大众媒介忽略的议题;(3)其介质不在乎低科技或高科技,但要便于"特定群体"的接触和使用,可能是扎根于边缘群体中的文化媒介;(4)其组织形态是非商业化的,组织内部可以平等参与,使社会经济地位较低的受众仍有机会参与媒介传播和"发声";(5)与大众媒介相比,另类媒介更关注边缘群体的赋权以促进社会改变。

这种对立分析模式可能会忽略另类媒介和主流媒介在内容方面有重合之处,它们也有可能还共享一些内容载体。这一比较仅强调了二者的区别,未重视二者的互动。实际上,将另类媒介纳入大众媒介传播模式的危险还在于,只将另类媒介看作是一个信息传播过程,而不是一个社会行动的过程。正如Michael Albert(2002)所指出的那样,另类媒介不仅在信息内容和传播介质上与大众媒介有差异,而且它是一个旨在促进改变的社会过程。因此,要"将另类媒介当作社会网络中传播实践的反思工具,优先考虑媒介的改革潜能。侧重点就在于过程和关系"(Atton,2001)。作为一种制度,另类媒介的目标是要颠覆社会中不平等的等级关系,尽可能的独立于商业化。它将自身视为开创性的社会新型组织形态的一部分,致力于整个事业的推进,而不是一己之存亡。另类媒介内部成员之间是一种相互平等、共同参与、权利共享的工作关系(Atton,2002:18),其作用在于"为那些通常情况下被排除在大众媒介生产之外的人,提供民主交流的工具"(Atton,2002:4)。总之,另类媒介以对外推动变革、对内发展民主关系和赋权为鲜明特征。

我们在上述范畴中,根据不同的流动族群的传播实践,也从新定义了"草根媒介"(grassroots media)、"宗教媒介"、"表演媒介"(performing media)等。除了发展传播学和媒介理论,我们也建议根据研究实践,参考参与式传播(participatory communication)、媒介赋权理论(Media empowerment)、批判的媒介素养教育(Critical media literacy education)、文化研究理论(Cultural Studies)、社会包含与排斥(social inclusion or exclusion)、全球化与全球政治(Globalization and global politic)、新马克思主义与传播研究(Marxism and communication studies)、女权主义媒介研究(Feminist theories)、行动研究与参与式行动研究(action research and participatory action research)、传播政治经济学(Political economic of communication)等理论或分析框架。

5. 采用参与式行动研究方法

行动研究起源于社会心理学等学科。心理学家 Kurt Lewin 在1944年提出了行动研究(Action Research)的概念,并于1946年发表了"行动研究与少数群体问题"的论文。他将行动研究看作是一种比较研究,即比较各种形式的社会行动的条件与结果,其目的是更好促进社会改变[①]。行动研究在社会科学界被看作是一种"理性的社会管理"或"技术理性",是一种以社会实验来回应主要社会问题的过程,并在其过程中通过反思不断产生新的知识和有效的行动方法。行动研究过程通常被概括为一种循环过程:(1)问题陈述与界定(需求评估或需求研究);(2)寻求和发展合作伙伴关系;(3)拟定计划和可能的行动策略;(4)采取行动;(5)对行动进行评估;(6)根据评估改善计划和行动策略;(7)继续采取行动……与非行动研究相比,行动研究最显著的特征是它的应用性。行动研究将集中力量通过解决实际问题以促进社会改变,并在此基础上发展有关行动的知

---

① Action Research, http://en.wikipedia.org/wiki/Action_research,2012 年 7 月 24 日下载。

识和理论。行动研究通常在教育、护理、企业组织等领域中实施。这类为促进社会改变做行动的研究,我们也称之为 Action-oriented research initiative。如果以行动为中心做研究,那么,这类研究大都需要研究对象不同程度的参与,因为改变最终是研究对象行动的结果。所以,行动研究的学者非常重视研究对象的参与。

参与研究则起源于不发达国家的社区发展实践。"参与研究的三个典型特征使之与一般研究区别开来:所有研究参与者共享研究计划的所有权;对社会问题进行基于社区的分析和具有社区行动的倾向"[1],其背景是对资源和权力分配不平等现象的关注[2]。在发展中国家,从事参与研究的人员主要来自城市中的贫民窟、偏远且资源匮乏的乡村、萧条的产业、失业人群或流浪者[3],他们试图通过参与式研究,重审自己的知识和生活经验,并获得新知识、信息和技术以增进对现状的深入理解并确认自己所拥有知识的价值,建立自信和发展主体性,以有效地控制自己的生活和改变生活现状。在参与研究过程中,边缘群体为改变自身的处境提出研究问题,就研究问题实施社区调查,根据调查结果发展行动,对行动效果进行评估……其研究结果会直接导致社区问题的解决。可以看出,这类研究虽然被冠名为"参与",其实不是指边缘群体来参与他人主导的研究,而是直接作为行动研究者来进行研究。对这种边缘群体作为行动研究者的研究,有学者概括为由当地人为当地人所做的研究(Research in PAR is ideally BY the local people and FOR the local people)[4]。

参与式行动研究可看作是参与式研究与行动研究的集合[5]。但笔者认为,这种集合不是也不可能是参与研究与行动研究的简单相加。根据以上定义,参与式研究的研究者来自边缘群体,而行动研究的研究者则是经过研究训练的有一定专业背景的学者,那么,参与式行动研究究竟是学

---

[1] 斯蒂芬·凯米斯、罗宾·麦克塔格特,"参与式行动研究",诺曼·K. 邓津等编著,《定性研究:策略与艺术》,重庆大学出版社,2007,页606。

[2] Pranee Liamputtong,《质性研究方法:健康及相关专业研究指南》,重庆大学出版社,2009,页152—153。

[3] 斯蒂芬·凯米斯·罗宾·麦克塔格特著,"参与式行动研究",诺曼·K. 邓津等著主编,《定性研究:策略与艺术》,重庆大学出版社,2007,页606。

[4] http://en.wikipedia.org/wiki/Participatory_action_research,2012年7月24日下载。

[5] Pranee Liamputtong,《质性研究方法:健康及相关专业研究指南,重庆大学出版社》,2009,页152。

者来做还是边缘群体自己来做？我们暂且放过这个问题，而尝试回答另一个问题，即为什么要有边缘群体作为行动研究者的研究？与其他非参与式研究相比，参与式研究具有何种优势？这种优势是否不可替代？从上述对参与式研究的概括可以看出，"参与式行动研究的优势在于不仅会产生对人们直接有用的知识和行动，还可通过建构边缘群体的知识和行动经验而使之赋权"①。我们的研究实践表明，非参与式研究，即并非由边缘群体直接做研究，也可达到用于行动的知识生产和赋权的目的，并且，还有可能结合学者的经验和理论，增加边缘群体关于行动的知识，扩展边缘群体行动的视野。因此，在我们看来，参与式行动研究的关键不在于谁来做研究，而在于是否能通过研究产生有效的行动和"赋权"边缘群体。在由学者进行的参与式行动研究中，边缘群体的代表可参与需求调查，确认问题，发展行动和行动评估等重要研究过程，承担了咨询者、顾问、调查者或调查协作者、合作伙伴等多种角色。

在课题实施时，我们遇到了"参与研究"与"行动研究"不同的"集合"。课题组的实践探索如表2所示。

表2 参与式行动研究的实践探索

行动或研究/角色	发起者/主导者	参 与 者
行动	工人NGOs 案例：新工人文化艺术节；打工文化博物馆；劳动文化论坛；流动儿童权利培训；流动儿童需求调研培训；保护和保留同心实验学校等	研究者作为合作伙伴和咨询角色参与
	课题组（研究者，以下同） 案例：菲律宾社区媒介与传播倡导培训；儿童、媒介与文化国际研讨会等	工人组织的代表作为合伙伙伴参与
	课题组与工人NGOs 案例：新工人文化辞典；六一困境儿童权利倡导；工民新闻兴趣小组；反对人口拐卖音乐创作工作坊等	课题组与工人NGOs共同主导

---

① Pranee Liamputtong，《质性研究方法：健康及相关专业研究指南》，重庆大学出版社，2009，页150—152。

(续表)

行动或研究/角色	发起者/主导者	参 与 者
研究	工人NGOs 案例:劳动文化论坛;富士康事件反思演出;打工春晚等	课题组作为研究伙伴参与
	课题组 案例:工人文化权利研究;工人文化艺术节的作用;工人民谣、戏剧和诗歌的话语分析;工人NGO传播倡导研究;少数民族流动儿童媒介兴趣小组等	工人NGOs和工人个人作为合作伙伴参与
	课题组与工人NGOs 案例:对上述共同发起的行动的研究	研究者与工人NGO相互参与共同主导

表2只是非常粗略的划分,但可以看出,参与式行动研究中的以社区为基础的"当地人"大都是当地的工人NGOs。在这里需要深入讨论的是:参与式行动研究就一定是local people可以做吗?以及如何定义Local people?

在研究实践中我们发现:第一,即使工人群体内部,在领导者与参与者之间、在工人NGO与工人之间也都存在着不同的距离。这种距离表现为对待同一问题的不同视角、态度和所采取的相应行动。我们课题组不止一个研究场地,在其他研究场地,可以明显地发现即使都是工人NGOs,从观点到行动方式也都有所不同。第二,通常发起和执行集体行动的是当地的工人NGOs。经历了大量的关于工人文化和传播行动的参与式观察和参与式行动,研究者可以与当地的工人组织建立相当密切的关系,在这种情况下,研究者进行研究已经具备了相对有利的条件:包括超越地方的知识资源和局内人视角。在此基础上,我们认为,是否是参与式行动研究,其关键标准不是看研究者是否来自边缘群体,而是要面对如下问题:(1)研究问题是当地人提出和界定的,即当地人是否需要这个研究?在本课题研究中,当地人指旨在发展工人文化的工人NGOs。(2)在研究中当地人的视角、观点、经验和地方知识是否受到重视和考虑?(3)在研究过程中,当地人是否能有效地介入并作为研究伙伴或咨询角色参与讨论?(4)研究结果是否是能服务于当地人或社区改变?是否能够发现改变的途径和行动方法?从这个暂时拟定的标准来看,表格中的大多数研究可以看作是参与式行动研究,而且是一种互动参与研究——研究者和工人NGOs的相互参与。笔者认为,比较理想的参与式行动研究,是学者与边缘群体/NGOs能够分享其不同背景的知识和行动经验:边缘群体/NGOs可提供在社区行动中已拥有大量的地方知识和经验,学者则可带来超越地方知识的理论和行动经验,双方可以一起分析行动的可能性,提出并实施和评估新的行动。

课题组有很多分项目,并不是所有的分项目都需要采用参与式行动研究方法,但在基于社区的研究中,我们会重视和尝试采用参与式研究方法。其原因在于:

第一,源于对研究目标的认识。这是最直接的原因,即我们认定研究目标是要促进社会改变。如果我们要改变社会,就需要研究——发现、汇总和分析各种知识来源,也需要在一定情境下对当地人的行动进行分析和进行新的行动试验,更需要当地工人群体在研究和行动中的参与。这样才能使研究最终对改造社会(社区)有效,并推动当地人群的赋权。没有参与和参与式行动,只有研究和在"专家"设定好的框架内的行动,当地人只能"克隆"被外部专家认定的行动模式,而不是真正的"当家作主"。传统的质性或量化研究也可致力于从当地人的观点获取信息或知识,但参与式行动研究的核心集中在知识的生产过程且在许多方面对参与研究的人有益[1]。

第二,回答研究问题的需要。任何研究方法都会针对其研究问题。如上所述,我们有一组研究问题需要回答。其中,流动劳工如何使用媒介(包括大众媒介、传统媒介和新媒介)发展劳工文化?这种文化的内容、性质和作用是什么?其发展的原因、过程、动力和社会影响因素是什么?劳工文化如何能挑战边缘化劳工文化的主流文化?劳工文化如何能帮助建立起工人阶级的文化主体性,最终推动社会公正和社会变革?回答这些问题,若采用参与式行动研究,可以有效地帮助我们理解当地群体的行动及其意义,在相互对话和交流中促进生产当地群体的观点和知识,并可有效地启动和发展集体行动,以推动改造社会。为此,课题组鼓励并提供大

---

[1] Pranee Liamputtong,《质性研究方法:健康及相关专业研究指南》,重庆大学出版社,2009,页151。

量的机会和资源让所有老师和学生去参与工人的文化活动,至少我们可以做工人文化活动的参与式观察,也有的同学直接在研究场地就做了行动研究或参与式行动研究。

与其他研究不同,参与式行动研究中,研究者具有学者和行动者的双重角色。学者角色的主要作用主要在于为工人组织和运动提供新的知识来源,为其行动提供理论依据或分析。因此,研究者要超越地方(社区)经验,在更广泛的研究领域中思考和阐释数据的意义,主要包括:(1)关注数据资料所在领域的历史结论及其批评与新的发展;(2)尝试寻找不同理论的适用部分进行阐释;(3)考虑更广泛的理论资源;(4)考虑相关领域的重要实践资源,比如:中国劳工的民众戏剧运动与香港、台湾、美国、南美以及韩国的戏剧运动的联系与区别等。

其行动者的角色则有多种:(1)行动者/行动参与者。研究者一方面在行动中与工人一起发展关于行动的知识,另一方面也可直接参与改变社会;(2)顾问。如笔者担任了若干个工人组织的顾问,有机会与工人组织一起讨论行动规划,利用已有的知识资源为工人组织服务;(3)培训者或工作坊的协作者。课题组成员多人成为工人组织的培训者或主题工作坊的协作者,就工人文化、流动人口权利、性别平等等议题为工人做培训或与工人进行讨论;(4)志愿者。课题组成员全部成为工人文化活动的志愿者,分别承担了写作新闻稿、录像拍摄等任务;(5)合作者。课题组也是工人传播倡导运动的重要合作伙伴等。我们对角色的反思主要包括:在研究时,我们是否注意平衡了"行动者"和"学者"的角色以及行动者身份对研究的影响。在推动行动时,我们是否注意了行动的理论基础和知识来源对当地的情境切适性等。

在参与式行动研究中,不仅需要反思角色关系,也需要反思权力关系。这种权力关系首先表现在研究者内部,老师与学生之间也需要相互教育,学生也需要通过确认自己的社会位置,获得自主性和赋权;其次表现在研究者和研究参与者之间,研究者比研究参与者具有更多的知识、信息和物质资源,因此,要反思这种资源的利用的影响,即对研究参与者来说,这种资源的利用是控制还是赋权;第三,权力关系还表现在研究参与者与社会的关系,他们正处于社会不平等结构中的边缘地位,研究者要思考如何通过研究和行动改变这种结构。

应该说明,此课题包含多个分项目,这五种研究策略在不同的研究项目中有不同的侧重或交叉,在五年中也有不断地调整。例如,在发展"对以劳工为中心的媒介研究"策略中,我们对研究项目做了较大的调整。以往研究课题只限于研究城市中的"流动",但真的以"劳工为中心"做研究,我们就会发现,"流动"不仅发生在城市,也发生在农村。对移民来说,城市与农村密切相关。因此,在课题进行到第三年的时候,我们加上了"农村传播研究",包括三个子课题,即"农村广播电视政策研究"、"农村就地转移劳动力的媒介赋权研究"和"生态农业项目的社会营销与传播"等。

就促进社会改变的目标而言,研究策略中还应该包括"与地方政府合作"。在中国情境下,地方政府的相关部门以及共青团、工会和妇联在促进社会改变中扮演着重要角色。这是一个不可缺少的研究策略,但目前我们还未能就此提供相关的经验和研究结果,这是一个重大遗漏。这一研究策略有待在未来研究中得到深入探讨。

四、关于研究结果的总结与讨论

如前所述,行动传播研究要提供能够帮助处在社会不公正情境中的特定群体了解并改变他们生活的知识资源、理论和行动工具/方法。那么,五年的课题研究,我们提供了什么?

就"认识社会"而言,我们的研究采用上述多元理论分析框架,初步提供了有关流动人口群体传播行动和传播政策分析的知识资源,提供了有关工人NGOs进行传播倡导的系列行动方法,并尝试发展有关流动人口传播赋权的理论,主要包括:行动传播研究的分析;行动媒介及其他媒介概念的探讨;劳动文化的内容、性质及其作用;劳动文化的产生、发展途径以及话语策略等;劳动文化如何影响工人和社会,以形成阶级意识和具有"组织起来"的作用等。就"改造社会"而言,在研究团体内部(包括研究者与研究参与者)和涉及的工人群体中,意识(觉悟)提高、传播能力以及具有创造性传播活动开发能力的增长、团体内部的组织凝聚力形成等均是研究活动的重要成果之一;在研究团体外部,研究活动对本地社区、大众媒体和政策的不同程度的影响是"改造社会"的重要体现,如研究场地的人群提高了公民意识,采用适当的行动方法改造社区;或大众媒体改变了报道观点和策略,以有利于边缘群体的赋权;或研究活动促进了当地某些政策或行动方法的改变等,使之更符合社会公平等等。应该说,改造社会的成果大都来自参与式行动研究。

当然,在这里讨论的"研究成果"是非常笼统的。如上所述,研究课题包含多个项目,每个项目有不同的成果,且在不同程度上达到了"认识社会"或/和"改造社会"的目标。关键是我们如何衡量这些成果或研究对社区、媒体和政策的影响。行动传播研究的学术标准当然不是核心期刊的引用率,而是当地行动的有效性和超越当地情境的理论推广度。更重要的是,我们要考虑到研究参与者的受益情况。通常,我们采用"赋权"作为衡量其受益情况的标准。

什么是"赋权",其解释显示出非常复杂的情形。来自心理学、哲学、工业和动力学等学科的学者已经提供了多种定义和解释[1]。联合国教科文组织曾将其定义为学习活动,即"在学习过程中个人或社区能够创造、拥有和分享知识、工具以及技术,以改变他们自己生活的社会环境"[2]。另一则定义则说明赋权是一个过程。在这个过程中,个人或组织可以获得权力、接近各种资源以控制他们自己的生活。为此,他们必须首先获得一定的能力以实现他们个人的抱负和行动目标[3]。

实际上,"赋权"的概念与边缘或脆弱的社会群体有密切联系。"社会学上的赋权概念经常指向那些被主流社会边缘化的、被决策层排斥异己被歧视的群体,如残障人士、少数族群或女行等"[4]。The American Journal of Community Psychology(1995)曾贡献了一期专刊,专门讨论了赋权理论及其应用。有学者已总结说,"赋权"一般被定义为一个发生在地方社区的有意识的动态过程。在这个过程中,缺少有价值的资源以及未被社会平等对待的人们,可通过重建相互尊重、批判性反省、关怀和小组参与等手段重新获得接近和控制资源的权力(Cornell Empowerment Group, 1989 in Perkins & Zimmerman, 1995)。Perkins and Zimmerman

---

[1] http://en.wikipedia.org/wiki/Empowerment,March 18,2011.

[2] UNESCO. (n. d.). Glossary. Retrieved November 30, 2005. from http://www.unesco.org/education/educprog/lwf/doc/portfolio/definitions.htm.

[3] Robbins, S. P., Chatterjee, P., & Canda, E. R. (1998). Contemporary Human Behavior Theory. Boston: Allyn & Bacon. p. 91.

[4] http://en.wikipedia.org/wiki/Empowerment,March 18,2011.

建议采用"赋权导向的干预"(empowerment-oriented interventions),以便在实践过程中以提高社区人民的能力来代替对风险因素的考量,以探讨影响社会问题的因素来代替责备受害者,以促进社区人民参与和合作发展知识和技能来代替"权威专家"自上而下的"指导"[①]等。参考上述关于定义的讨论,我们发展了一个相对简化的定义:即"边缘群体重新获得(收回)自己应有的权力并发展有效地行使权力的能力的过程"。

根据 Perkins 和 Zimmerman 的研究,赋权理论一定包括过程和结果,且无论过程或结果其赋权都会表现在不同层面上[②]。这些层面包括:个人层面,即个人在社区组织中的参与程度、个人控制资源的能力、自我认同、自信心和自我价值感以及对生活和环境的控制感等;组织层面,即在组织内部分享集体领导的程度、组织网络的发展及对政策的影响等;社区层面,即个人或组织能否采取集体行动以接近政府资源和社区资源(包括媒介资源)、与其他组织形成联盟以影响社区发展等;政治层面——工人 NGOs 所发展的行动有力量改变社会结构或政策,以促进社会公平。根据目前的经验,我们发现,在若干研究项目中,参与式行动研究比较容易地达到个人层面的赋权和组织层面的赋权,也有个别项目可达到政治赋权。鉴于流动人口融入当地社区比较困境,社区层面的赋权则较为少见。

总之,"认识社会"的结果可以用社区行动的有效性以及理论的推广度来衡量,但衡量"改造社会"的指标还需要更多的研究。在这里,"赋权"只是给我们提供了一种重要思路。

五、行动传播研究的挑战与回应

基于此课题研究,我们发现,行动传播研究面临着诸多挑战,主要来自三个方面。

其一,是来自社会改变的挑战。本以为一个行动研究项目可以集中

---

① Perkins. Douglas D & Zimmerman, Marc A, Empowerment Theory, Research, and Application, *American Journal of Community Psychology*; Vol. 23, No. 5. Oct 1995, p. 570.

② 同上。

解决一个或若干个社会问题,但在研究现场,研究者会立即陷入社会问题的"汪洋大海",每个一个改变都与当地社会经济发展的问题相联系。一般研究者的行动能力和个人拥有的资源不足以应对这许多问题,也缺少"与政府合作"的对话能力。社会问题本身也通常不是传播学的问题,因此要有超越原有知识结构的准备,重新学习相关的知识。这一挑战非常严峻,以致使实地研究者有时感到受挫和无助,怀疑研究的意义。我们所做的最值得推荐的努力成立一个大约 20 多人的课题组,并邀请相关专业的专家做顾问,以共同解决所面临的主要社会问题。课题组每年都有四至六次规模不同的课题组会议,邀请每个成员提出在研究现场不能解决的问题或困惑,大家一起讨论,有些深入讨论的结果甚至可以成为"集体知识生产"的结果。课题组集体工作至少部分地解决了研究者个人能力不足的问题。

其二,是来自研究本身的挑战。行动传播研究一定要与当地工人 NGOs 和其联系着的边缘群体一起工作,这是这类研究的性质。但在研究者、社会活动家、当地工人 NGOs、当地工人 NGOs 联系着的边缘群体以及未能联系到的边缘群体之间存在着诸多差异。这种差异不仅表现在上述各自群体的背景差异、生活经验和知识差异以及价值观差异等方面,也表现在确立行动需求、行动目标和行动方式等方面。在实地工作时,我们也发现了更复杂的情形,即研究者之间、社会活动家之间或工人 NGOs 之间本身的价值观和行动方式也有所差异。这牵涉到个体尊严、群体歧视和个人情感等诸种复杂因素。差异在大多数情况下会影响共同工作,比如行动目标的设立等,但差异也提供了分享的机会,使各个群体在一起工作时通过分享和交流各自的经验、行动和相关的知识,提高对研究问题的认识,促使各群体可以在一个新的起点上工作。从这个意义上说,差异并不是一个需要消灭的坏东西。课题组在这方面的努力是:提供资源促进课题组成员参与工人 NGOs 的文化活动,同时也促进工人 NGOs 参与课题组活动。菲律宾社区媒介培训项目是由教师(1 人)、学生(3 人)和工人 NGOs 成员(5 人)共同组织参与。同时我们利用各种机会与工人 NGOs 分享我们和他们的研究成果,以在此基础上发现研究和行动的新起点。

其三,是来自学术界的挑战。通常学术界以论文发表为研究结果,但行动传播研究的研究结果则主要以行动的结果来体现：研究从行动的需求出发，与目标群体一起探索与行动相关的知识和行动方法，采取适当的行动推动社会改变。在这个过程中，论文发表作为结果之一，是推广/传播新知识和行动方法的重要一环。但在一些特定情形下，论文可能不会发表，而以学术界通常衡量成果的标准，行动又不会作为成果，这极有可能会影响研究者在学术界的地位。况且，在学术界也存在着对行动研究有"缺少理论"的偏见。此外，研究者需要大量的时间和精力在实地处理有关行动的事情，写作论文和发表论文的工作时间相对较少。实际上，对这一挑战的回应非常困难，我们只能通过集体参加研讨会或其他机会鼓励课题组成员多写论文，但未能考虑挑战衡量研究成果的标准，因为这是挑战中的挑战。

经过五年的探索，我们认为，通过研究达到改造社会的目的非常不易，研究人员为此要做出特别的努力。这些努力至少包括：

第一，要在研究实践中不断学习平衡"行动者"与"学者"的角色。行动者角色要求研究人员扎根社区，深入实际生活，学习从当地人的视角观察问题和理解行动的意义，参与行动并在行动中发挥重要作用；"学者"的角色则要求研究人员超越当前的社区经验，尝试与其宏观和微观的历史发展、与外部世界的理论/知识资源、与外部世界类似或相反的经验建立起联系，以专业水准做出自己的分析，并将这种联系及其洞见提供给行动者。

第二，研究人员要有真诚奉献的精神，能与当地人合作，且有一定的行动能力和传播技能。在研究实践中，研究人员易与利益相关者形成团队，以促进集体知识生产。

第三，对研究有一定的反省能力，包括对方法论和研究方法有比较深入的认识，在研究实践中能灵活有效地使用特定的研究方法来解决研究问题。研究情境同时也是流动的，而参与式行动研究会增加情境的不确定性。如果没有一定的反省能力，就无法选择适合的研究方法和行动方法达到研究的目的，致使参与式行动研究在一些情况下变成单纯的"行动"，而缺少研究的"行动"可能是盲目的和缺少效果的行动。在行动传播研究中，对参与的深度和广度、行动的理论和方法的切适性、研究的严谨与客观、对研究者与研究参与者的权力关系等都需要不断保持着反省状态。

第四,要敏锐地处理有关研究伦理的议题。行动传播研究通常触及社会不公问题,可能有更多机会与边缘群体发生关系。研究要确保尊重和不伤害研究参与者,同时让研究参与者受惠其中。研究需要评估研究参与者的风险并在保障研究参与者的安全前提下讨论进行科学研究的可能性和局限性。

第五,要有对政策进行阶级分析的敏感性和能力,同时要有与政策制定者、利益相关者的对话能力。改善政策不仅是行动传播研究或参与式行动研究的结果,也是改变不平等社会结构的重要前提之一。

邱林川　王洪喆

十九、"南方两周末"：工民新闻实践与传播赋权

《中华人民共和国宪法》第一条规定，工人阶级是国家领导阶级。工人与新闻媒体如何发生关联？在中国进行新闻传播研究，就需要理解这个问题。"移民、传播与赋权"项目组沿此思路，走入深圳龙岗区横岗镇189工业区，从2009年3月到2011年4月，隔周开展工友新闻兴趣组实践。活动内容由初期剪报、座谈，发展到后期的工友采编、内部发行报纸，还涉及多媒体内容制作，呈现出丰富的"工民新闻"形态与社会功能，为在工人中开展传播赋权活动提供了难得的样本。

由于活动定在每隔一周的周六或周日举行，参加活动的工友又比较喜欢讨论《南方周末》，所以大家在2009年11月讨论决定，将工友新闻兴趣小组命名为"南方两周末"。小组宗旨是："让工友了解真实的世界，让真实的新闻为工友服务！"

本文通过回顾"南方两周末"新闻兴趣组两年多的实践活动及其传播赋权情况，包括所涉及的方法问题，特别是批判媒介素养、发展新闻学、和参与式行动研究等方面，同时总结经验、反思教训。文章还将集中回顾三个真实的活动环节，分别涉及工友发声、工人新闻的发展、与商业媒体互动及其中暴露的问题。

项目源起

涉及工人与新闻媒体的研究多采用两种途径：一看工人拥有什么媒体、接触什么媒体、怎样使用媒体，把工人看作新闻消费者，工人与其他消费群体的差别主要是在接入形式和消费能力上的差异。① 这种研究有的通过个人或小组访谈，也有的通过参与观察进行资料搜集，最常见的是进行问卷调查，如中国综合社会基础调查 CGSS，②该研究采用大样本、随机抽样，发现新生代农民工与老一代农民工及其他社会群体之间，在媒体拥有和使用上存在显著差别。

另一途径是内容分析、文本分析或话语分析，主要看工人在媒介内容中如何被再现，包括新闻呈现的工人形象，也包括娱乐节目及其他影视作品如何表现工人。③ 其特点是把工人看作媒体生产的客体或被表现的对象，如电影《钢的琴》里的下岗工人形象④以及央视春晚小品中的农民工形象。⑤

两种研究途径都很重要，却依然不够全面。消费形态也好，媒介再现也罢，均是相对静态的，且对工人与媒体的关系存在两点假设：一来工人与媒体相互分离，两者间存在清晰的主客体界线；二来工人是个体的、被动的行为主体，他们能做的只是接收新闻，目的是按照记者编辑意图完成对媒体内容的"消费"，或是只能"被表现"。针对这些不足，"移民、传播与赋权"项目组采用参与式行动研究设计，如运用民族志教学法参加北京皮村的"新工人艺术节"。⑥ 在深圳 189 工业区进行"南方两周末"工民新闻

---

① 杨善华、朱伟志，《手机：全球化背景下的"主动"选择：珠三角地区农民工手机消费的文化和心态解读》，《广东社会科学》，第 2 期，2006，页 168—173。Qiu, Jack L.，《南中国工人阶级 ICTs, 移民和赋权》(Working-Class ICTs, Migrants, and Empowerment in South China)，*Asian Journal of Communication* 18(4)，2008，页 333—347。周葆华、吕舒宁，《上海市新生代农民工新媒体使用与评价的实证研究》，《新闻大学》，第 2 期，2011，页 145—150。

② 李培林、田丰，《中国新生代农民工：社会态度和行为选择》，《社会》，第 3 期，2011。

③ 曹越、刘慧丹，《城市农民工对大众传媒中自我形象的认知：以南京市为例》，张国良、赵凯、张宇丹(编)，《媒介化社会：现状与趋势》，复旦大学出版社，2006，页 83—91。康美龄、谢晓霞《农民工：在理想与现实之间游弋》，《电影文学》，第 20 期，2011。

④ 承钢，《钢的琴：一曲传统产业工人的挽歌》，《电影文学》，第 2 期，2012。

⑤ 聂宽冕，《关于春晚 27 年农民及农民工形象再现的研究》，中国社会科学院未发表硕士论文，2010。

⑥ 卜卫，《民族志教学：以"第一届打工文化艺术节"的参与式传播为例》，《新闻学研究》，第 102 期，2010，页 229—251。

实践,也出于类似想法,希望通过开展以工人为主体的新闻媒体相关活动,达到在工人群体中提供媒介素养教育和传播赋权的双重功效。

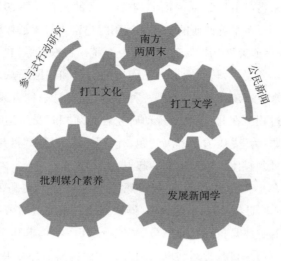

图1 "南方两周末"项目设计主要概念及理论联系

为底层民众服务的新闻传播研究可追溯到上世纪中叶的发展传播学(development communication)和发展新闻学(developmental journalism)。受冷战影响,当时服务对象主要不是工人,"发展"项目甚至有意排除工人参与、压制工人声音,而将主要精力放在农民、妇女、少数民族、难民、贫民窟青少年等身上,特别是在发展中国家,如印度、巴西、埃塞俄比亚。① 强调"发展",意思是要让新闻媒体提供满足服务对象长期生存发展的基本信息与服务,如健康知识、农耕技能、普法、扫盲、提倡性别平等,也包括帮助底层民众建立自信,走上民主发展道路。这时尚处冷战初期,各种资源由美苏两大阵营控制,所以工作方式强调专家介入,较少让底层民众真正发声,对外部依赖性较强。②

进入1960年代,发展研究的潮流进一步得到新兴第三世界国家支

---

① Sparks, Colin,《全球化、发展和大众媒体》(*Globalization, Development, and the Mass Media*),2007,London: Sage; Servaes, Jan,《发展传播与社会变迁》(*Communication for Development and Social Change*),2008,New Delhi: Sage.

② Kapoor, Ilan,《发展的后殖民政治》(*The Postcolonial Politics of Development*),2008,London: Routledge.

持。特别在拉丁美洲,一批有识之士用新的理念及方法为贫苦百姓寻求文化和传播上的解放,并将这种解放看作民族独立、阶级抗争的重要内容。比如弗来雷(Paulo Freire)提出"被压迫者的教育学"(2001);萨比多(Miguel Sabido)在系统调研的基础上运用肥皂剧为打工群体服务等。①

由此,发展研究开始摆脱教育及媒介系统由钱权操纵,自上而下灌输发展理念的早期局限,转而看重自下而上的力量和底层民众之间的平等交流。如弗来雷所说:"解放:不是一种恩赐,也不是一种自我实现,而是一个互动的过程。"在此过程中,行动研究者必须"和"受压迫者一起从事赋权活动而非"为"受压迫者解决问题。该观念成为后来"批判媒介素养"(台湾翻译"批判媒体识读")运动的起点。②

我国早在上世纪初就有蔚为壮观的乡村教育运动和工人教育运动。③ 至延安时期,中国共产党运用"群众路线",发动普通劳动者参与新闻生产,例如《解放日报》的"通讯员"系统。④ 在政治诉求和组织方式上,"通讯员"制度与乡村教育运动以及国外的发展传播学都有很多区别。但在内容上亦有相通之处,如强调识字扫盲、克服城市精英偏见,而且也或多或少和新闻传播相关,如手写或印刷媒体就是各种基层教育运动不可或缺的一环。

80年代以来,关于传媒与社会发展的国外文献被系统引进,有以勒纳、施拉姆为代表的现代化学派,⑤有包括弗来雷《被压迫者的教育学》的批判学派,也有来自印度的"娱乐教育(entertainment education)"和孟加拉的"格莱珉"模式。⑥ 这几种传统,除现代化学派外,其他均在不同程度上强调底层赋权或行动研究。⑦

---

① Singhal, Arvind, and Rogers, Everett,《娱乐教育》(*Entertainment Education*),London:Routledge,1999。
② 成露茜、罗晓南编,《批判的媒体识读》,正中书店,2005。
③ 刘建华、潜伟,《民国时期技术工人学校教育研究》,《学术论坛》,第12期,2006,页153—157。祝彦,《"救活农村":民国乡村建设运动回眸》,福建人民出版社,2009。
④ 王维佳,《作为劳动的传播》,中国传媒大学出版社,2011,页42—43。
⑤ 施拉姆(Wilbur Schramm),金燕宁等译,《大众传播媒介与社会发展》,华夏出版社,1990。
⑥ 参见尤努斯,吴士宏译,《穷人的银行家》,生活·读书·新知三联书店,2006。罗鸣、张立伟编,《中国发展新闻学概论》,社会科学文献出版社,2010。
⑦ Sparks, Colin,《全球化、发展与大众媒体》(*Globalization, Development, and the Mass Media*),2007,London:Sage。

更重要的是，随着我国打工群体迅速壮大，工人群体内部出现了丰富的新型媒体文化实践，①其中有的借鉴国外经验，但多数从当地问题出发，借助组织渠道或是个体、小群体的情感体验表达，其中不乏集体创作、集体抗争、集体诉求。这包括80年代《佛山文艺》、90年代深圳《大鹏湾》这样的打工文学杂志，以及大量涌现的打工诗歌、打工小说、打工歌曲，也包括90年代风靡全国的电视连续剧《外来妹》。

新世纪以来，在北京、广东、江浙等地涌现出特别值得重视的"新工人"文化现象。它填补"我国文化生产在满足底层人群的文化需求方面"的空白，"同时彰显着明确的价值立场，即：以底层打工者的立场，创造文化、记录自身的历史，呼吁全社会关注打工者，维护打工者的权益。进而通过文化创造实现自我肯定、自我成长，以文化重造改变打工者形象"。② 它不同于过去工人从大众媒体学习现代生活，过程中参与媒体和文化生产的自觉性较低，同时受制于商业媒体运作。③ 与之相对，新兴打工文化要"由起初的'被文化'发展到'自己搭台、自己唱戏'，大力倡导'打工最光荣，劳动最高尚'……这些处于劳动者底层的农民工，不仅在自己的创作中修复、创建着劳动文化，也在这一过程中实现了自我肯定、自我发展，重塑了劳动地位"。④

从发展新闻学到打工文学，再从批判媒介素养到打工文化，始终贯穿着两条主线。一是底层工人的文化主体性问题，二是进行主体表达的传播渠道与媒体平台。两者相辅相成，缺一不可。落实的关键首先是要加入工人群体，开始行动，即开展参与式行动研究。⑤ 行动研究是发展传播学发端之初就有的重要传统，近年来随着新型传播媒体的普及，更衍生出"信息传播技术与发展（ICTD）"等新的研究领域。⑥

---

① 杨宏海，《打工文学备忘录》，社会科学文献出版社，2007；张一文，《"打工文学"检视》，生活·读书·新知三联书店，2012。
② 刘忱，《关注"打工文化"的力量》，《中国党政干部论坛》，第9期，2010，页24。
③ 马杰伟，《酒吧工厂：南中国城市文化研究》，江苏人民出版社，2006。
④ 温铁军、刘湘波，《重建劳动文化，重塑劳动地位》，《中国党政干部论坛》，第9期，2010，页33。
⑤ 林志彬、张立新，《打工者参与式行动研究》，社会科学文献出版社，2008。卜卫，《促进实现工人的文化权利——以北京新工人文化艺术节为例》，《中国党政干部论坛》，第9期，2010。卜卫，《民族志教学：以"第一届打工文化艺术节"的参与式传播为例》，《新闻学研究》，第102期，2010b，页229—251。
⑥ Hearn, Greg, Tacchi, Jo, Foth, Marcus, Lennie, June《行动研究和新媒体》(*Action Research and New Media*), Creskill, 2009, NJ: Hampton Press; Unwin, Tim, (ed)《ICT4D：为发展服务的信息传播技术》(*ICT4D: Information and Communication Technology for Development*), 2009, Cambridge University Press.

同时,"南方两周末"的实践活动也属于公民新闻范畴。所谓公民新闻,就是让普通民众进行新闻生产,而不再单纯依赖新闻专业人员提供公众需要的信息和观点。自从出现互联网博客、播客,公民新闻成为时髦的词汇。但在工人报道的传统里,其实列宁主义新闻学就早提倡让普通工人当通讯员。①② 具体到工业区,这里的公民就是工人,他们参与"南方两周末"活动,为的不是简单消费主流报刊,而是从自己的经验和视角出发,对媒体内容进行挑选、评论、改造,并在日益变化的多媒体环境里,根据实地情况,开展草根公民新闻活动,培养新工人阶级群体内的"工民记者"。

项 目 活 动

2007年3月,"移民、传播与赋权"项目正式启动。首先是准备文献和在北京开始接触工人组织,尤其是京郊皮村的打工青年艺术团。当时在南方并未正式接触工人组织,工作重心也以打工文化为主,较少涉及新闻媒体。经过一段合作,特别是"第一届打工文化艺术节",③我们在活动中与深圳189工业区的小小草中心商讨合作。第一次与小小草通过电子邮件联系是在2008年6月。2009年1月首次走访他们时,有中心工作人员提出希望协助成立"工人剪报组"。我们于是开始着手准备。

小小草中心成立于2003年,是华南地区打工文化建设的重要机构,其活动与其他珠三角农民工组织基本无异。④ 中心提供劳动文化、法律法规等工业区工人群众急需的服务,并设有图书室供工友免费使用。图书室除了书籍,还有报纸杂志。由于报纸,特别是日报,堆积得很快,中心面积小无法长期存放,所以多数过期报刊作为废纸卖掉,只有极少数内容被剪出来,贴到公告板上或剪报册里。然而,剪报工作缺乏系统分类,也

---

① Gillmore, Dan,《自媒体》(*We the Media*),2004,Cambridge, MA: O'Reilly。
Allan, Stuart, and Thorsen, Einar (Eds)《公民新闻学:全球视角》(*Citizen Journalism: Global Perspectives*),2009,New York: Peter Lang。
② Downing, John,《激进媒体:抗争性传播与社会运动》(*Radical Media: Rebellious Communication and Social Movements*),2001,Thousand Oaks, CA: Sage。
③ 卜卫,《促进实现工人的文化权利——以北京新工人文化艺术节为例》,《中国党政干部论坛》,第9期,2010。
④ 黄岩,《增权与融合:农民工组织在社区和谐建设中的作用》,《社区居民自治与社会组织创新》,民政部基层政权和社区建设司编,2008,页228—234。

没有动员工友参加,常出现想找以前的有用报道,却找不到的情况。

小小草中心有5、6名工作人员,他们在中心全职工作并获得工资。每天来使用该中心的工友人数从几十人到几百人不等。其中部分工友是"义工",因为他们义务帮助工作人员开展活动。参加"南方两周末"的工友多数是义工,除了个别参与的中心工作人员,以及外来的实习生和研究人员,其中起核心作用的是始终负责新闻兴趣组内部协调的宝丽。她来自福建,以前是电子厂工人。除了新闻兴趣组,她还负责组织为女工服务的"姐妹小组"。

表1 新闻兴趣组参加人员简介及活动分工

宝丽	女	始终参加,X中心工作人员,福建(曾在电子厂),负责《南周》、《中国妇女报》
老张	男	始终参加,塑胶厂工人后多次换工作,江西,《参考消息》、《南方工报》
志民	男	第一年参加,玻璃厂工,湖北,《南都》、《晶报》
老牛	男	第一年下半年开始始终参加,玻璃厂工人,湖南,《深圳特区报》
老潘	男	第一年参加,X中心工作人员,广西(曾在五金厂),负责《安全生产报》、《南都》
黄秦	男	后一年半参加,玩具厂工人后换到印刷厂,湖南,《南都》
小陈	男	第一年参加,印刷厂工人,湖南,《中青报》、《深圳特区报》
小潘	男	前半年参加,塑胶厂工人,湖南,《南方周末》、《南方工报》
小王	女	中间半年参加,电子厂工人,湖北,《南都》
小边	男	中间半年参加,运输工人,江西,《南都》
小吕	男	中间半年参加,玻璃厂工人,河南,《安全生产报》、《晶报》
小曾	女	中间半年参加,电子厂工人,湖北,《南都》
阿海	男	中间一年参加,玻璃厂工人,甘肃,《晶报》
老田	男	中间一年参加,塑胶厂工人,湖南,《深圳特区报》
老匡	男	中间半年参加,五金厂工人,陕西,《晶报》
小郭	男	中间半年参加,多次换工作,广东,《晶报》
少华	男	中间一年参加,玩具厂工人,陕西,《晶报》
韦玉	男	中间一年参加,电子厂工人,湖南,未负责具体报纸
小何	男	中间半年参加,玻璃厂工人,湖北,未负责具体报纸
小轩	男	中间两个月参加,印刷厂工人,河南,未负责具体报纸
老范	男	中间两个月参加,多次换工作,云南,未负责具体报纸
会清	男	中间两个月参加,保险业务员,湖南,未负责具体报纸
贵闲	男	中间两个月参加,玻璃厂工人,湖南,未负责具体报纸
小马	男	中间一个月参加,电工,山东,未负责具体报纸

(续表)

小苏	女	中间一个月参加,社会学专业实习生,未负责具体报纸
小谭	女	中间一个月参加,社会工作专业实习生,未负责具体报纸
海燕	女	中间一个月参加,社会工作专业实习生,未负责具体报纸
尹奕	女	中间一个月参加,社会工作专业实习生,未负责具体报纸
洪哲	男	第二年参加,新闻传播专业学生,未负责具体报纸
邱林川	男	始终参加,新闻传播专业老师,未负责具体报纸

表2 项目发展过程及主要活动

2008年6月	与X中心初步接触
2009年1月	应中心工作需求,开始规划剪报组
2009年3月22日	剪报组正式成立,请石炳坤师傅培训
2009年3—6月	完成修改剪报分类,固定基本流程和分工
2009年3—4月	新闻摘要练习
2009年5月	新闻评论:"工友眼中的经济危机报道"
2009年6—7月	新闻媒介史、新闻理论简介
2009年10月—2010年5月	龙城康复医院调查报道及跟进,并制作片花
2009年11月29日	改名"南方两周末新闻兴趣小组"
2010年2月	座谈会"真假之间"
2010年8月	南都记者座谈会
2011年1月	工人晨练队报道
2011年4月	新闻组与文学组合并,《工录》创刊
2011年5月	因X中心搬迁,新闻兴趣组活动暂停

经过两个月筹备,2009年3月22日"工人剪报组"正式成立。第一次活动由香港工人剪报前辈石炳坤师傅——"炳坤叔"——介绍他自1980年以来的剪报经验,有十多名工友参加。与香港公益组织合作,是珠三角民间组织常见的情况。① 那天炳坤叔介绍了他的剪报理念和九大类分类系统,特别是如何在报刊中挑选新闻的三条准则:一是"相关性",即新闻内容与工人工作生活及工友关心的问题有紧密联系;二是"规模大",涉及人数多、影响面广;三是"新"现象、"新"变化,提供大家以前不知

---

① 朱健刚,《国际NGO与中国地方治理:以珠三角为例》,《开放时代》,第5期,2007,页34—49。

道的知识和情况。其中"相关性"最根本,"规模大"和"新"则只要符合一条就有剪报价值。

会后讨论,工友们觉得深受启发,但觉得九大类分得太细。经过大家自己动手剪报练习,2009年4月集体讨论将九大类合为六大类,其中加入"金融风暴"、"城市生活"等新分类,并采用拼音首字母标注为每类剪报设立代码,方便操作。这段时间恰逢金融风暴肆虐全球[①]主供出口的189工业区受到冲击,工友开工不足,于是把更多精力放到剪报上。最终分类体系及代码在2009年6月确定下来,包括九大类十三小类(见表3)。和香港工人的分类体系相比,这个新分类系统其实更复杂,但大家却觉得更易使用,因为所有人都参与了改进分类体系的全过程。

除了剪报分类体系,小组在这段时间还通过集体实践确定了剪报的基本"工序"和分工(见图2)。一方面,参与者根据不同兴趣,负责不同报刊,包括全国性的《中国妇女报》、《参考消息》、《安全生产报》;广东省级的

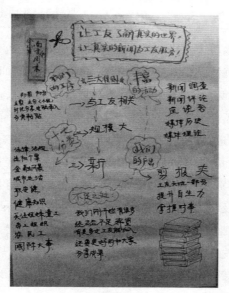

图2 "南方两周末"工民新闻兴趣
组制作的活动简介图

---

① Qiu, Jack L. and Kim, Yeran《衰退还是进步? 东亚媒体、劳工和青年札记》(Recession or Progression? Notes on Media, Labor, and Youth from East Asia),*International Journal of Communication* 4,2010,页630—648。

《南方周末》、《南方都市报》、《南方工报》；市级的《深圳特区报》、《晶报》（详见表3）。

表3 "南方两周末"工民新闻剪报分类体系的建立

香港工人石炳坤介绍的剪报分类（2009年3月）	经合并的剪报分类及代码（2009年4月）	多次修改后确定的剪报分类及代码（2009年6月）
一、劳动纠纷 二、妇女童工 三、工会与NGO 四、社会保障/保险 五、法律法规 六、职业安全 七、农民工 八、企业管理 九、国际性	一、法律法规(F) 二、金融风暴(R) 三、城市生活(C) 四、职业安全健康(Z) 五、健康知识(J) 六、关注姐妹(G)	一、法律法规：法律法规(F)、维权个案(G) 二、金融风暴(R) 三、城市生活：企业管理(Cq)、社会保障(Cs)、其他(C) 四、职安健(Z) 五、健康知识(J) 六、关注姐妹童工：姐妹(Gj)、童工(Gt) 七、劳工组织(L) 八、农民工(N) 九、国际大事(GJ)

另一方面，每位工友按挑选新闻三准则先从各自负责的报刊里剪出自己觉得有价值的报道，并按剪报分类体系进行分类，叫做"初剪"和"初分"。然后，每隔两周，大家开会讨论这些初步剪出来、初步分好类的报道，看看是否有重合以及是否有不合乎剪报三准则的。经小组讨论确定下来有价值的报道，就经过了"组/主剪"工序。它会先有一个独特编号，如2009年6月的第11篇报道，编号是20090611。再经过小组讨论确定属于哪个分类类别（即"组/主分"）。最后两道工序是将报道根据分类贴到文件夹里，以及将报道编号和所属类别输入到电脑excel文件里，方便未来查阅。除剪报外，小组还依据工友要求开展了多种与新闻传播相关的活动，包括工友座谈、与商业媒体记者见面、媒介史及新闻理论简介等。经过多次集体实践，新闻兴趣组成员之间建立互信合作关系，但活动中也存在问题，特别是人员流动带来的挑战。

由于金融危机影响，加上工业区人口流动性本来就高，所以只有一位工友和一位小小草中心工作人员始终坚持参加工民新闻活动。其他成员有的因为兴趣转移，更多人因为工厂搬迁或换工作而无法坚持参加。另外，由于工友个人经历不同，小组又强调每个人根据自己的经历发表意

◇	A	B	C	D	E	F	G	H	I	J	K	L	M
1					剪报记录表								
2													
3		F	R	城市生活			Z	J	G		L	N	GJ
4	记录号	法律法规维权	金融风暴	Cq 企业管理	Cs 社保	C 其它	职安健	健康知识	Gj 关注姐妹	Gt 童工	劳工组织工会	农民工	国际大事
5	0903001	✓			×								
6	0903002	✓		×									
7	0903003	✓			×								
8	0903004	✓			×								
9	0902001		✓									×	
10	0903005		✓		×								
11	0903006		✓										
12	0903007		✓										
13	0903008	✓			×								
14	0903009				✓								
15	0903010	×			✓								
16	0903011						✓				×		×
17	0903012							✓					
18	0903013						✓					×	×
19	0903014							✓					
20	0903015											✓	
21	0903016						✓					×	
22	0903017								✓			×	
23	0903018	×							✓				
24	0904001								✓				
25	0904002	×							✓				
26	0903019							✓				×	
27	0903020												
28	0904003	×							✓				
29	0903021	✓											
30	0903022	✓		×									
31	0904004	×							✓				
32	0904005	✓											
33	0904006												✓
34	0903023		✓		×							×	×

图 3　“南方两周末”工民新闻剪报记录表截图

见,因此有时工友之间会发生较激烈的争论,比如如何打官司、要不要仲裁,又如对同性恋、民族矛盾的看法等。然而,争论归争论,表达不同意见之后,虽不一定能达成一致,却不影响大家在工民新闻实践活动中友好相处、分工合作。

2009 年底,小组开始“走出去”,开展属于自己的工业区工民新闻报道。大家不满足于剪报,而希望在剪报基础上,做出更能为工友服务、更好的新闻。正是在这段时间,小组改名为“南方两周末新闻兴趣组”,并将小组宗旨定为“让工友了解真实的世界,让真实的新闻为工友服务!”

该时期开展的一项主要活动是对龙城工殇康复医院进行新闻调查。该工民新闻活动延续了大半年,其中 2010 年春,四名中心工作人员参加了“工人 MP3”的音频节目制作培训,其他工友也开始对音频产生兴趣。于是大家结合对工殇康复医院进行的新闻调查制作“片花”(短小精悍、容易记忆的音频节目),工民新闻实践不再限于文本,而是也有了多媒体表达。

从 2010 年中到 2011 年春,新闻兴趣组活动走上轨道,基本活动形式没有大的变化,虽然具体内容因成员兴趣而不断更新,如“工友晨练队”报道以及更多不同主题的座谈等。同时由于城市建设商业化步伐加大,189 工业区很多工厂先后关门,一线工人数量大幅下降,所以 2011 年“五一”,小小草中心终于搬家去深圳关外另一个有更多工人的社区。

2011年5月搬家前后,中心对新闻兴趣组进行了调整,先将新闻兴趣组和文学兴趣组合并,原因是两个小组主要都做文字工作,且由于工人数量减少,两边人数都已在下降。另外,由于黄秦等成员积极性非常高,在他们主导下,中心工作人员和留在189工业区的小组积极分子("通讯员")创立工民新闻刊物《工录》,进一步实践新闻兴趣组的集体成果。可惜由于核心通讯员不久离开深圳,《工录》只出版了两期就停下来。

流动,是工业区的现实,是工人生活、工作,乃至生命的一部分。正因流动,在两年多的时间里,"南方两周末"新闻兴趣组先后吸引了近30名工友参与活动。他们来自不同地方,操着不同口音,从事不同工作,有着不同背景,对新闻的兴趣却是一致的。但也因为流动,我们被迫要停一停,想一想。总结经验的同时,更要反省行动研究中的不足。

"工友眼中的金融危机":对新闻发声

第一次去小小草中心是2009年1月14日。和项目组同学们一起去,人多,包车比较方便。但还没到189工业区,司机就迷路了,费半天劲才在离商业街不远的一条横街上找到地方。不起眼的地点,却有相当明显的标牌。还没进屋,已看到一块宣传板上贴满剪报,都是关于世界金融危机和工业区的报道。上面一条大标题:"金融风暴离我们有多远?"

这些报道有关于减薪裁员的,有关于工厂倒闭或搬迁的,有关于社会保障的:"金融海啸下的深圳蜕变"、"香港破产者落魄江湖"、"他们:还有那逝去的青春"。虽然金融危机首先发生在地球另一边的纽约华尔街,但这些贴出来的剪报却能让工业区的工友们看到自己的工作生活如何受影响。

然而,这些报道毕竟还是主流媒体作品。工友们会留意它们,甚至仔细阅读吗?读完以后,他们究竟如何看待、如何理解这些报道?英国有学者在研究全球金融危机时强调"发声(voice)"既是重要过程,又是根本价值。[1] 在工业区里,能否让工友们结合自身经历,对新闻发声?除了值得剪出来的好报道,有问题的报道呢?那些报道究竟又有怎样的问题?工

---

[1] Couldry, Nick,《为什么声音重要:新自由主义之后的文化与政治》(*Why Voice Matters: Culture and Politics after Neoliberalism*), London: Sage, 2010, 页 1—2。

友们对这些问题又有怎样看法？

正在思考的时候，中心一位工作人员说："其实我们也想搞个工人剪报小组，但现在资源有限，不知道怎么开展活动"。我马上说："我来给你们当义工，好吗？""好啊，欢迎！"

直到2010年中，金融危机对工业区的影响都是"南方两周末"小组的讨论重点。特别在小组活动的头半年里，它是大家关注的焦点问题。正因此，修改剪报分类时，大家一致要求把金融危机列为第二大类，仅次于法律法规和维权个案。一来参与小组活动的所有工友都受到金融危机影响，有的被减薪，有的换工作，有的被迫离开工业区，甚至离开深圳。大家对危机有切身感受，所以每次坐下来，往往还没开始剪报，已在边聊近况，边开始商量如何应对危机。二来报刊中随处可见涉及金融危机的报道，大家有感而发，讨论更加热烈。特别是有指标意义的个案，如因拿不到工殇赔偿，刺死台商的五金厂工人刘汉黄事件、因被裁员与人事部经理同归于尽的珠宝厂工人何金喜事件等。这些新闻事件牵动大家的情感与思绪，因为我们中就有工殇者，就有被不合理辞退的工人，类似事情就发生在大家日常生活当中。

而且，往往越是重大事件或重大政策调整，就越会有多家报刊同时报道，让大家可以比较报道手法的异同，对报道效果发表看法。正是通过反复比较，大家逐步发现，报刊之间在报道工友关心的事情上，特别是在金融危机影响方面，存在显著差别。有的完全不报，有的轻描淡写，有的带着偏见，有的深入全面。不但报刊之间有差别，同一份报纸的不同记者也会不同。但总体而言，无论记者报得多好，从工友角度看都有意犹未尽的地方。经过多次讨论，大家萌发了一起写新闻评论的想法。

工友们都没写过新闻评论，且打工多年，不少人平时很少提笔，写东西相当困难。然而，受金融危机影响，开工不足，比较有时间参与活动。同时因为大家都是自愿参加，要牺牲周末休息时间，因此剪报组的工友至少喜欢看报纸，有阅读习惯，也喜欢一起讨论新闻。而且有工友当时正在处理自己的劳资纠纷个案，非常希望提高自己的写作能力和分析能力。

我们于是强调工友们写评论就像平时口头讨论事情一样，先写看到了什么新闻，在哪里看到的，新闻反映出什么问题，有什么价值，特别对189工业区的工友有怎样借鉴意义。我们鼓励大家把自己工作生活的经历和平时的想法带进来,再和大家讨论,最后作品是次要的,重要的是享受自己发声、集体讨论和修改的全过程。

图 4 是工友老张进行新闻评论练习的初稿。老张在南方打工十多年,喜欢看报,但平时不太说话。刚参加活动时,他以听为主,有时发言还会脸红,但他剪的报道和他的观点,常能引起大家共鸣。图 4 评论就是老张在广东省工会下属的《南方工报》上看到文章,再结合 189 工业区有工厂借金融危机进行减薪,破坏劳资互信,所进行的议论。经集体讨论,初稿先在小组内部进行修改,再经过小小草中心刊物《工友天地》编辑委员会(编辑委员也多为工友)进一步润色,最后发表出来。

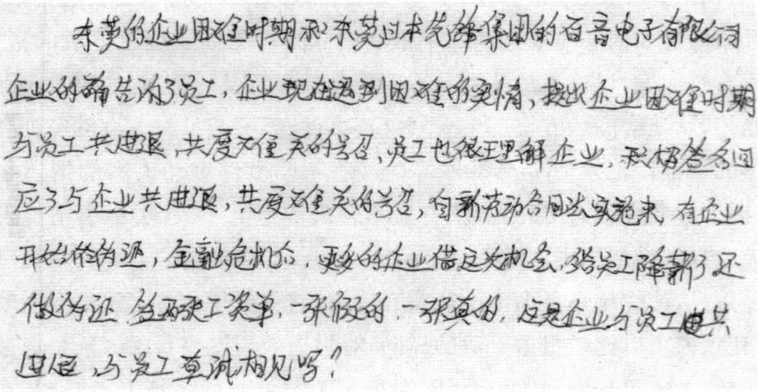
东莞的企业困难时期和东莞日本先锋集团的百音电子有限公司
企业的确告诉了员工,企业现在遇到困难的实情,提出企业困难时期
与员工共进退,共度难关的号召,员工也很理解企业,积极签名回
应了与企业共进退,共度难关的号召,自新劳动合同法实施来,有企业
开始伤劳资互信,金融危机后,更多的企业借及机会,给员工降薪了还
做伪证 签两张工资单,一张假的,一张真的,这是企业与员工共
进退,与员工真诚相见吗?

图 4 工友进行新闻评论练习的初稿

“企业与员工共进退”

金融危机以来,东莞百音电子厂明确告诉员工企业困难的实情,提出企业在困难时期与员工共进退、共度难关的号召。员工也很理解企业,积极签名回应。这是《南方工报》2009 年 4 月 27 日记者黄雄的报道。

我们平时听得多的是叫工人与企业共进退,而且一般只有退没有进,可说是“有福不同享,有难得同当”。这次百音厂先主动进行沟通,然后工友签名回应,和其他厂的高压手段有些不同。希望这样的结果是工友得到应有的尊重,同时建立起更好的劳资关系。我们观察到的现实情况是,自从新劳动合同法实施以来,就有企业开始损害劳资互信。金融危机后,更多企业不但借机降薪,而且还做伪证。一种常见做法是要员工签两张工资单,一张假的,一张真的。这是企业与员工共进退,与工友们真诚相见吗?

工人都是讲道理的。希望厂方以后也能有福同享,才能有难同当。共进退应当以尊重工友为前提,以增进劳资互信为目标,并且增加工友在工厂管理中的民主参与。这样的共进退才有意义。

图 5 发表在《工友天地》上的“工友眼中的金融危机报道”节选

开展"工友眼中的金融危机"新闻评论,最大收获是工友们不再将新闻报道看成什么神秘的东西,也就是弗莱雷强调的"去神秘化"过程。[①]工友们通过自身实践认识到,新闻生产其实不过是另一种劳动生产过程,与大家平时从事的体力劳动没有本质不同。只是需要大家一方面继续锻炼文字能力,一方面重新重视自己的日常体验,进行集体讨论、集体修改、集体创作。上面从图4初稿到之后定稿所加入的内容,例如"有福不同享,有难得同当",就是另一位工友志民参与讨论时发出的感慨。此外还有多篇其他工友写的新闻评论,其中不乏针对老板、地方政策和媒体报道的批评内容。

2010年开春以后,金融危机影响日渐消除,报刊里再难看到相关报道。大家又回到从前忙碌的日子,这样的新闻评论也就没再进行。然而,工友们已经开始习惯对新闻发声。他们不再满足于被动消费主流媒体报道,而是能够结合自身经历,分辨媒体的良莠不齐。这为开展其他活动打下了基础。

龙城医院工伤康复服务:"工民新闻"报道

新闻评论练习开始不久,大家就在隔周一次的会议上讨论主流新闻报道的种种问题,如报喜不报忧、以偏概全、甚至完全偏离现实。在一次讨论中,工友老牛说:"报上时不时报道民警照顾孤寡老人,帮他们买米、打水。但我们这里满街小偷、抢劫,怎么不管?报道那些?大家心里清楚,是'做秀'!"。

这样的讨论多了,报刊公信力下降,工友们看到较正面的新闻,往往第一反应就是怀疑:真有这么好吗?就算事情是真的,记者报道也常带有对工人的偏见,或是线条太粗,不能提供工友需要的有用信息。比如中心工作人员老潘就说:"现在都没什么这一行的记者和那一行的记者,都是笼统的。他们虽然报我们工人的事,但根本不了解里面的苦难。就算好点的,还是会在报道里挖苦你两句。差的就更不用说了。"

---

① 保罗·弗莱雷(Paulo Freire),顾建新等译,《被压迫者的教育学》(30周年纪念版),华东师范大学出版社,2001,页79—81。

2009年7月,工友在《深圳特区报》和《晶报》(深圳特区报业集团下属商业化都市报)中剪出类似报道,同时介绍离189工业区不远的龙城医院开始为工殇出院工友提供康复治疗,费用由社保承担。《特区报》报道比较长,读起来好像政府文件;《晶报》是豆腐块文章,有工友说"看了好像没看"。

然而,两篇报道却牵动大家的神经,因为我们中间就有工殇工友,小小草中心也有工殇探访小组,定期去工业区医院走访,给工殇患者提供法规知识、信息咨询和文化生活。看过两篇语焉不详的报道,大家一方面感觉都不了解工殇康复到底是怎么回事,一方面也担心这个报道会不会又是"有偿新闻"骗人的"噱头"。

那天参加讨论的有位从东莞过来的实习生,她是唯一接触过康复治疗的人。据她介绍,东莞已有两家工殇康复机构,办得都还行。工殇工友在一般医院治疗期结束后,如果还没完全恢复劳动能力,就应当接受康复治疗,费用社保承担。这么一说大家就开始理解了,因为治疗期一般比较短,出院了没恢复劳动能力的情况很常见。还有医院因工殇病人太多,床位不够,提早赶患者出院的。假如深圳也有免费的工殇康复医院,对工殇工友肯定很有用。

讨论了半天,大家对这则新闻还是将信将疑。会不会又是没用的摆设?或者干脆是骗人的?正好老张去过龙城医院,另一位因工殇失去右手的老潘也想去看看。于是两人约了时间,假扮去帮朋友打听,进行了小组的第一次"卧底"新闻调查。值得指出的是,老张和老潘在以前的集体讨论中曾有过十分激烈的争论,当时涉及的是劳动法规方面的问题。但这丝毫不影响他俩此次合作。他们找到医院,用一下午时间访谈了那里的保安、医生和副院长。除了进行细致观察,还和那里的康复患者聊天、交朋友,掌握了很多一手资料。

两人在周末讨论时分享了自己的观察,大家讨论觉得这是一项真正为工殇工友服务的好事,只是主流媒体报道缺乏工人视角,也缺乏工友们可以使用的具体信息,比如怎样乘公交、如何进行资格审批和工殇鉴定、如何解决治疗费用、康复期间是否有工资等。我们将这些有用信息和《特区报》《晶报》的基本信息放在一起,成为"南方两周末"的第一篇工民新闻调查报道。

此后,新闻兴趣组又利用节假日,回访了龙城医院。2010年春,部分小组成员接受了"工人MP3"培训,开始尝试制作音频。其中一项内容是制作"片花",也就是短小精悍、易于记忆的音频节目。中心工作人员和义工(包括非新闻兴趣组的其他成员)于是在工民新闻报道的基础上,将信息进一步浓缩,成为片花文本(见附件一)。然后录音剪辑成MP3文件,通过手机拷贝分发,也在集体活动上播放。

一般大众媒体的调查报道都是发掘"好事"背后的"坏事",或是平时看不到的阴暗面。① 但"南方两周末"却通过走访,把一条模模糊糊的报道变成具体的"好新闻",为工殇工友提供实际可用的信息,不但弥补了大众媒体报道的不足,而且为地方政府的好政策进行宣传。这打破了传统"调查性报道"的条条框框,但却是以现实情况为基础,发挥基层工友主体性的"工民新闻"。

最重要的是,大家不再仅限于批评传统媒体,而是通过集体行动,将自身投入到媒体改造过程中。新闻不再属于别人,而属于我们自己,属于工民新闻小组的每位成员,也属于工业区里的所有工友。

与商业媒体座谈:"新闻剪客"?

"南方两周末"的名字来自2009年11月29日的年度义工大会。那天参加活动的有60多人,大部分来自189工业区,其中多数没参加过剪报,而是其他小组的义工。那天有项活动,要每组画图向其他人介绍自己的小组。刚好有人带了份《南方周末》,《南周》又是大家平时讨论较多的一份刊物,于是就把它的报头剪下来,中间加上个"两"字,成为"南方两周末"。这个我们自己觉得好玩的设计,其他组工友看了,都觉得很棒,于是索性用来做小组名称。

有点偶然的命名过程,折射出工民新闻和商业媒体之间的关系。那就是,小组活动内容常建基于大众媒体报道,但又不局限于传统的条条框框,而是有选择的"拿来主义"。多年来,南方报系经常受抨击,有人批评

---

① 张志安,《潜入深海:深度报道30年幕后轨迹》,2010,南方日报出版社。

它过于西化,叫它"汉奸"报系,①也有人批评它过分商业化,包括选择性采用倡导式新闻和专业主义报道手法带来的不公。② 然而长期以来,兴趣组工友对这些批评不加理会。因为他们在自己实践中,运用剪报三准则(与工人相关、规模大或事情新),往往能从《南方周末》《南方都市报》里剪出更多他们认为有用的报道。所谓更多,当然是相对的,一方面对应深圳本地报纸,如《特区报》和《晶报》,另一方面对应全国性报纸,如《参考消息》。虽然这些"南"字头的报刊中,能剪出来的也还是少数内容,但它们往往离工人生活更近,报道得也更深。

2010年年初,小组希望丰富集体活动,工友提出想和专业记者见面座谈。我于是联系了一份南字头报刊,邀请该报最受工友欢迎的一位记者。她的报道大家剪出来最多,也最想和她对话。最终那位记者没从广州过来,但我们请到了该报驻深圳记者站的另一位李记者。8月8日下午,李记者来到小小草中心,有十二名工友参加,人数比平时每次多了差不多一倍,表明大家对和专业记者座谈有很高积极性。然而,活动结果却不那么简单。

李记者在这家报刊时间不长。但之前她在另一家市场报干了几年,所以比较了解商业媒体运作。她向大家介绍了选题、采访、编辑等新闻生产环节。大家最感兴趣的是她们如何报道工业区新闻。据李记者介绍,她们特别重视工业区新闻,表现在单位要求记者在基层"跑"新闻,而不像其他报刊那样用通稿,或只做电话访问。而且,虽然当地镇政府为驻地记者准备了条件不错的宿舍楼,其他报刊都派人进驻,她却在另外地方自己租房,因为她的报社要求和当地政府保持距离,保证报道公正性。

听到这里,很多工友眼中流露出景仰的眼光。有人直到活动结束后还不断向李记者介绍自己的劳资纠纷个案,希望得到公正报道。她回答"以后联系"。以后,虽然在工业区其他活动中,工友们还见过李记者,她也还为当地打工文化活动写过报道,但再没来过工民新闻小组。向她提供个案的工友虽多次打电话跟进,最后也以失望告终。

---

① 《明报》"左派怒烧南方报系刊物",2011年11月20日,页A20。
② Zhao, Yuezhi,《传播在中国:政治经济、权力和斗争》(*Communication in China: Political Economy*), Power and Conflict, Lanham, 2008, MD: Rowman & Littlefield。

过了几星期,突然收到李记者电话,说第二天要发关于新闻兴趣组的报道,请我看稿。当时我在出差,没法上网,看到时已是文章发表后,和工友们一起讨论的小组会上。大家对这篇题为"新闻剪客"的报道各有评价,其中以负面意见为主。首先,文章以小组讨论一篇"保安奸杀女工"的新闻做开篇,且在摘要部分对奸杀做强调处理。而8月8日大家并未主要讨论这则新闻,即使有所提及,也主要是对其进行批评。但这篇报道省掉批评意见,用工友黄秦的话说是"背离了我们的立场"。这样处理明显出于商业目的。

其次,文章里有基本事实错误,比如人名、性别、引言有不正确的地方。据小小草中心工作人员反映,李记者只来过一次。她对我们的活动从剪报组到新闻兴趣组的背景并未了解清楚,所以可能出现笔误,及凭模糊印象写作。而且她过来,主要是给大家分享商业报刊运作情况,而不是来报道我们,因此确实也没有向她仔细介绍小组的情况。

第三,也是最严重的问题,是整篇报道采用猎奇角度看待小组活动。其基本假设是,工人眼界狭窄,文化水平低,因此工人们居然可以开展剪报活动,居然有系统的分类体系,居然还写评论、做调查。小组活动的结果是让工人"成长"了,变得让人"很难猜到他们的身份是流水线上的工人"。这样的报道表面看是工人新闻,背后的价值观却还是商业社会看不起工人的那套旧观念。难怪小组讨论时工友们说这篇文章"角度不对"、是"占版面的","反映少数人利益,没有考虑我们普通群众"。

讨论中我们再次回到新闻生产也是流水线这个比喻,向大家说明,李记者只是流水线上的一个岗位,改稿还有编辑,什么时间出版也不由她说了算,而要受制于商业媒体运作的大结构。比如过分强调奸杀,并省去对奸杀报道的批评,这种处理手法有可能出自改稿编辑之手,而非记者本人。最后大家的结论是,商业媒体也存在各种问题。要想做到"让工友了解真实的世界,让真实的新闻为工友服务",光靠商业媒体是不行的,还是要靠工友自己发声。

《工录》的试验

2011年"五一",小小草中心告别扎根八年的189工业区,迁往深圳宝安区石岩街道。搬迁主要由于郊区城市化程度加深，租金上涨，189工业区的工厂一家家先后搬走，造成该区工人数量显著下降。搬家前一个月，"南方两周末"新闻兴趣组和文学兴趣组（包括《工友天地》编委）的成员们在一次聚餐上商定，留在189工业区的义工们将一起出一份属于工人自己的报纸。原因是主流媒体较少报道打工者，就算有一般也是负面内容，因此需要"办我们工人自己的报纸，为工人自己服务，发出工人的声音"（《工录》第2期卷首语）。

大家想了十多个报纸名称，但都不满意。不知谁说了一句："我们打工的经历不就是一条心酸的路吗？《工路》怎么样？"经过大家讨论，将"路"改为"录"。《工录》的名字有三层含义："一方面是纪录工人的历史，这些历史是鲜活而真实的；另一方面体现出工人的主体性，是工人角度的纪录和解说；再者，纪录工人走过的路，探索工人未来的路。鲁迅先生说过，世上本没有路，走的人多了，也便成了路"（《工录》第1期卷首语）。

《工录》第1期于2011年4月底问世，共四版，多数内容选编自主流媒体，包括头版来自《南方周末》的"民工荒真相调查"、三版《文汇报》的"'毒苹果'是怎么长成的"、四版《南方都市报》的"深圳月薪1320元职工免缴住房公积金"（附新闻评论）。二版主要是工人诗歌"打工心情"和"社区新闻：春运回家图片展"，另外还有摘自"南方网"和微博的内容。

2011年8月出版第2期《工录》，里面以原创内容为主，包括头版的专题分析"工人价值"、二版的"社区新闻：写在小小草离开之后"、二版的"打工心情：命运（散文）"及"漂泊诗语"、三版的"重D音琴行开张啦！"、四版的"用人单位不准劳动者辞工怎么办？"。摘自主流媒体的内容相应大幅减少，只有三版和四版上引自《工人日报》、《新华网》和微博的少数内容。

比较两期《工录》可明显看出工民新闻主体性的加强，及对主流媒体依赖性减弱。这其中起到关键作用的是"90后"工友黄秦，他参加"南方两周末"活动一年半，对工民新闻活动特别热心，是兴趣组重点培养的"通讯员"。两期《工录》的多篇报道均由他完成，两篇"卷首语"也有他的深度参与。

2011年9月，由于家里需要，黄秦不得不离开深圳，回到湖南老家。其他编委也因换工作等原因难以继续参与《工录》的活动。于是，报纸只出版了两期，就停下来。此次工民新闻试验为期不到半年，但值得强调的是，《工录》的出版，我或其他来自大学的研究者完全没有直接参与，全靠黄秦这样的工人义工完成采访写作,只有小小草的一位工作人员参与编辑和协助印刷发行。

收获与反思

回到本项目起点,"南方两周末"工民新闻小组成员在批判媒介素养和发展新闻学实践两方面均得到了不同程度的参与式传播赋权。然而,赋权效果因人而异,不但受宏观经济社会条件和人口流动性影响,而且受到不同性别、不同背景的制约。其结果不但反映在个体效果的差异上,更影响整个项目的可持续发展。

先看批判媒介素养层面,虽然"南方两周末"活动没有采用任何一本新闻学教材,但工友们依然从工业区日常体验出发,经小组讨论,认识到主要的新闻价值判断标准,如客观性、公正性、与工人工作生活的关联度等。最重要的是,大家可以把抽象知识结合到集体行动中,无论是剪报、归类,还是写评论、做调查报道。通过实践,大家不再把新闻看作神秘的东西,而是人人都可参与、有"工序"可循的集体劳动过程。处理得好,会产生实实在在的劳动成果;处理得不好,会造成各式各样的问题,比如新闻"说假话",或是用带偏见的眼光进行选择性报道。这也是为什么小组将宗旨定为"让工友了解真实的世界,让真实的新闻为工友服务!"。

小组活动提高大家对新闻的敏感度,除了怎么理解新闻,也包括怎么通过浏览标题、版面和基本内容,很快从工人视角对新闻报道进行过滤和分析。通过定期小组讨论及不定期的写作练习,工友们的口头与书面表达能力均有相当提升。部分工友有机会学习和使用录音机、数码相机、电脑等进行多媒体采编。虽然由于客观条件限制,没那么多机器,大家也没那么多时间,所以象"龙城工殇康复治疗片花"(附件一)这样的多媒体工民新闻实践成果还不多,而且主要依靠小小草中心工作人员。因此,新媒体的影响并不大,小组活动主要还是基于报刊印刷媒体的面对面交谈,这与近年强调网络新媒体力量的公民新闻运动有相当差别。①

---

① Gillmore, Dan,《自媒体》(*We the Media*),Cambridge, 2004, MA: O'Reilly。叶荫聪,《草根起义:从虚拟到现实》,2011,上书局。

本项目重视工人主体性,不将工友看成单纯的"消费者"、"用户",也不将他们仅当作媒介再现的客体。借用打工文化团体的说法,工人过去是"被文化"的(温铁军、刘湘波,2010,页33),我们则可以说,工人从前是"被新闻"、"被媒体"的。而通过参与式行动研究,在草根劳工组织小小草中心的平台上,我们尝试建构工友作为新闻生产者、新闻评审员、媒介拥有者、传播创造者的多重身份。结果参与人员的主体性也得到加强:工人和新闻媒体之间的关系超越简单的提供与消费、报道与被报道关系,变得多元、互动。用工友志民的话说,就是可以不依赖别人,"提升自生力"。

这样的主体性绝非来自外部,虽然大学研究人员的介入在项目中可能是必要条件,但它一定不足够。比外部参与重要得多的因素包括小小草中心的组织平台、此平台上生机勃勃的新工人文化活动、珠三角地区长年积累的打工文学传统,以及每位工友在工业区的生命体验。其中特别值得一提的是中心工作人员宝丽,两年来一直是她负责联络工友,协调小组活动。当然,最重要的是大家平等参与,定期讨论,然后集体行动,并能不断取得成果。从改进编码分类系统到写作新闻评论,从进行工民新闻调查到多媒体制作,这里采用的最根本的工作方法是"对话式传播赋权(dialogic communication empowerment)",[1]在台湾的公民新闻和民众教育运动中也叫"乡民教乡民"。[2]

进入这种状态后,大学研究人员身份被本地化,如有工友就按工业区的习惯称笔者为"邱师傅"。"师傅"称谓是我十分珍惜的,因为它不再将研究者看成外人,而是看作共同的劳动者、协作者,乃至朋友之间的尊称。当然,我还有另一个本地化身份,就是小小草中心的"义工"(即志愿者)。这些身份,加上参与式行动研究法,让笔者有机会透过仔细聆听和直接观察发现工友及工人组织的信息需求,并通过持续参与,为大家解决问题、满足需求,创造促进条件。

除了小组内部关系,工民新闻进展比较顺利还得益于中心的其他相

---

[1] Rogers, Everett, and Singhal, Arvind,《赋权与传播:社会变迁的组织启示》(Empowerment and Communication: Lessons Learned from Organizing for Social Change),*Communication Yearbook*,2003,27,pp.67—85。

[2] 管中祥、陈雅萱(2011年8月23日),《从矫正解读媒体到培养公民记者》,《云南信息报》,网址:http://www.ngocn.net/? action-viewnews-itemid-80461。

关活动,包括文学兴趣组、摄影兴趣组、内部出版物,也包括法律法规小组、工殇探访小组等。这些相关活动开展的时间都比新闻兴趣组更早,因此在具体工作内容和组织工人的方式方法上,都为"南方两周末"做了十分有益的准备。同时,工民新闻也为中心的其他工作创造有利条件,比如法律法规小组可以更方便地查找过往资料、工殇探访组可以更全面地介绍康复治疗医院等。总之,工民新闻日益与中心各项活动结成有机整体,因为它们都是工友文化生活的一部分,都和工业区的具体情况、具体问题息息相关。

如前所述,在工业区开展活动最大困难是流动。工人是流动的,工厂是流动的,工人组织隔段时间也随大环境改变而流动。"铁打的营盘流水的兵",但当营盘也缺乏稳定性怎么办? 一种方案是用互联网、手机保持联络,但普通工友有的不上网,大家虽有手机但手机一般只能做简单协调工作,无法替代面对面的深入交流。

此外,社会性别差异也是一大局限。男多女少是小小草中心各种活动普遍面临的问题,虽然189工业区女工比例并不低。具体到新闻兴趣组,两年下来坚持时间比较长、参加活动积极性比较高的,一般都是年龄较大的男工。年龄大一点的女工极少参加小组活动。虽然也有好几位20岁左右的年轻女工参加,但时间一般不长。这有客观原因,因为女工要处理更多个人事务,特别是有家、有小孩的,也有主观原因,如害怕男工多的地方、家里不支持等。两年时间里,小组也想方设法吸收女工,如加强宣传招募,让新闻兴趣组的宝丽同时负责协调姐妹小组等,但成效有限。

其实,如何吸引更多人还不是最根本的问题,关键是如何保持大家兴趣和对小组活动的"热爱度"(此语出自黄秦)。实践中发掘的答案一是要采取更生动的形式,让讨论更活跃、让活动更多样,而不光剪报;二是要发掘更有用的内容,让小组参与者和中心其他工友能从工民新闻活动中有所获益,帮助大家解决工作生活中面临的实际问题,如就业、福利、工殇。

结　语

两年零一个月,不长也不短。"南方两周末"新闻兴趣组经过摸索,发展出建基于批判媒介素养和发展新闻学的参与式行动研究项目,和属于工友的"工民新闻"实践。总结经验教训,可归纳为以下四点基本原则,供未来类似活动参考:

一、以人而非媒体为中心。新闻传播研究者容易先入为主,以媒体形态为边界画地为牢。甲做报纸,乙做电视,丙做手机。其实工人并不受这些条条框框限制,而是什么有用用什么,不同媒体形态之间的区分相当模糊。包括不经媒体中介的面对面传播,仍是工业区信息交流与情感分享的重要渠道。因此开展工民新闻活动必须定期与工友见面,大家建立起长期合作的人际关系。该关系不受媒体形态制约。

二、从在地传播需求出发。以人为中心就要首先善于发现工友的传播需求。一般而言,需求可通过个人及群体组织两种渠道进行表达。工友个人的表达能力往往有相当差异,研究者必须学会用心观察、耐心倾听,抛开自身偏见,才能发现个体需求。同时,工友组织表达需求一般较清晰,比如在189工业区开展工人新闻相关活动,就是小小草中心主动提出的。而在实际工作中,工友需求多集中在法律法规、职业安全健康、城市生活等方面,这些内容在剪报分类系统的建立过程中将得到体现。

三、实践中调整行动方案。参与式行动研究发生于具体的工业区场景里,新闻兴趣组只是众多工友活动之一。它会和其他活动、其他变化发生联系,包括正面互动,如小小草中心已有的文学小组、摄影小组及定期出版物,均对开展新闻活动有很大帮助。但也有负面制约,如全球金融危机、工人流动性高、女工参加人数下降。这些影响有的可预见,有的不可预见。因此必须保持活动安排上的灵活性。体现在本项目中,最明显就是小组名称由最初的"剪报组"改为"新闻兴趣组",原因是工友们越来越希望不光剪报,而且能够评报、改报,进行属于自己的工民新闻实践。

四、多方面评估赋权效果。基于以人为中心的原则,本项目不限于关注新闻媒介如何为工人赋权,而更注意整个传播过程的赋权效果。从媒介赋权到传播赋权,不但将人际传播纳入观察范围,更可区分不同对象的赋权效果,如工友组织与工友个人之间、不同性别不同背景的工友之间,赋权效果就存在差异。同样重要的是,研究者本身也是赋权过程的有机组成部分。我们带着学校的理论方法,往往不知道怎么用才能解决问题。通过与"南方两周末"工民新闻兴趣组成员长期互动,平等交流,让新闻的知识和技能从工人中产生,为工人服务,这同时也是对参与式研究者的重要赋权。

多罗西·姬德

二十、采矿业、劳工和抗争性传播

杨丽娟 译

本文主要回顾了发生在北美乃至全球的对自然资源的资本主义开采浪潮期间的信息和传播问题,并以新自由资本主义全球化的转向为背景部分地解释了当前所有自然资源(特别是矿产与能源资源)被加剧开采的事实。自上世纪 90 年代起,在华盛顿共识的支配下,美国政府及其盟友所主导的西方势力、国际货币基金组织、世界银行和其他的全球金融机构,共同促成了全新的海外采矿业投资与发展状况。他们鼓励国家政府为国外资本提供支持,减少国外投资风险,加强经济管理,然而,这种支持是通过转让矿井权利实现的。1994—1999 年间,从跨国金融机构借贷数额最高的行业是采矿业。[①] 70 多个国家将国有生产和分配体制私有化,而不是通过减少对外国所有权的限制和企业所得税、提供低成本投资机会和宽松的投资环境、劳工和人权保障等措施来支持跨国企业。[②]

一小部分实力强大的跨国公司在上述这些转变中扮演了关键性角色。这些公司通过熟练的本土化策略与建立区域枢纽等手段倡导并使得

[①] Graulau, J,《一个悬而未决的历史问题:采矿业是否有利于发展?》('Is mining good for development?' The intellectual history of an unsettled question),见 *Progress in Development Studies*,2008(8),页 151。

[②] Özen, S. and H. Özen,《农民 VS 跨国企业与国家:贝尔加马斗争在土耳其金矿领域制度建设中的作用》(Peasants Against MNCs and the State: The Role of the Bergama Struggle in the Institutional Construction of the Gold-Mining Field in Turkey),见 *Organization*,16(4),2009,页 549。

其全球市场营销规则合法化,从而大大拓展了自身在国际市场的势力。与之相对,新闻业面临着公司集团化、公众资助媒体私有化以及放松对公共服务规则的管制等情况,而新闻从业者则受压于裁员、提高效率同时又大量缩减新闻调查资源的情况,上述两大因素导致许多本土媒体对新自由主义的市场模式没有发出任何真正的反对声音。仅有的几个抵制环境破坏和劳工开发的故事,特别是从以资源为基础的社区的角度报道的故事,都被淹没在充斥各种公司品牌的整体媒介环境中,这种环境催促着我们进行不计后果的消费。①②

但是,如果媒体和信息技术企业的扩张是资本主义全球化的必要组成,那么它也为激进化提供了某种可能性条件。在这一轮的企业对土地和资源的圈地运动中,矿工、矿业影响了社区,并且他们在大都市中心地区的盟友已经扩展至广泛大量的传播和媒体报道者,这些媒体组织是我们关注的焦点。在回顾北美地区的国内媒体集团关于劳工运动的报道现状之后,本文将讨论六种对于受采矿业影响的社区的抗争很重要的抗争性媒体。这六种媒体虽然不能完全覆盖此类媒体,但本文的目的在于介绍一些重要媒体组织和传播报道者:他们总是批判性地看待任何一个政治动员得来的成功。

商业新闻的崛起和劳工报道的消亡

1994年,乔治·利普希茨(George Lipsitz)曾写道:

> 行业的衰落和经济的重组彻底地改变了美国社会,那些因这些变化而直接受到影响的人们和社区实际上已经被忘记、被忽略。商业计划支配了整个国家的经济、政治和社会行为,然而劳工的视角和需求在大部分国家主流媒体和经济机构中却几乎完全隐匿。③

---

① Thussu, D. K,《国际传播:延续与变革》(*International Communication: Continuity and Change*,London: Hodder Arnold, 2006)。

② Lewis, J,《商业主义的神话:为什么市场法对广播不起作用》(The Myth of Commercialism: Why a Market Approach to Broadcasting Does Not Work),见 J. Klaehn. (ed.) *The Political Economy of Media and Power*,New York: Peter Lang, 2010,页 344。

③ 转引自 Kumar, D,《超脱常规:公司媒体、全球化和 UPS 罢工》(*Outside the Box: Corporate Media, Globalization, and the UPS Strike*,Urbana and Chicago: University of Illinois Press, 2007),页 37。

向新自由主义的转向导致了媒体中前所未有的企业合并的浪潮。在北美和欧洲,几百家当地的报纸、电台和电视新闻室倒闭,处处可见的媒体制作中心被关闭或削减规模,成千上万的记者和媒体从业者被解雇。许多新闻就像糊在一起的纸浆,基本都来源于企业资助的专家、智库、公关公司和政府机构提供的廉价信息,新闻的作用被商业新闻机构所改变。幸存在岗的记者不得不提高工作效率,他们没有获得充分的支持和劳动时间,却被期待依靠自身的力量生产印刷、视频和博客等多种版本的新闻。并且,这些留在市场继续被雇佣的记者通常是科班出身,几乎没有劳动人民日常生活的经验,以至于很少有新闻故事能够体现草根市民组织——包括工会——的集体努力,更不用说去投入时间精力寻找解决社会、经济和政治问题的办法。[1]

与之形成鲜明对比的是,商业故事呈现出爆炸式的增长,同时还有诸如"遵照所有者和管理者的商业运营哲学去调整不同程度的压力"之类的文章见诸报端(Gunster 2008：664)。如果偶尔出现了报道劳工的新闻,也仅仅是在商业编辑的操作下作为"工作场所"报道出现的。由于商业故事主要是以企业管理者为目标受众,通常的叙事模式是一个经济体如何在个体商业领袖的引领下发展,而不是如何依靠工人群体的集体劳动前进。这些被报道的故事经常采取与劳工和工会对立的消极叙事框架,仅仅狭隘地聚焦于罢工带给消费者的不方便、可能的暴力,或者所谓的工会工人优越于普通人的特权(Gunster 2008)。危险的工作条件,卫生保健的欠缺,工作的尊严,或者任何有可能损害广告收益的报道,都不会出现在媒体中。[2]

但是,偶尔的不同观点,或者个体在经济或政治力量的立场上进行的批评也会出现。新闻周期的快节奏意味着,冒险披露政府或企业腐败的个体记者或编辑有时可以"逃过控制机制成为漏网之鱼"。[3] 当国内危机不可能被忽视时,或者当精英团体内部出现分歧时,这些报道以及受限的

---

[1] Kensicki, L,《我们无药可救：媒体建构的社会问题与解决办法之断裂》(No Cure for What Ails Us: The Media-Constructed Disconnect between Societal Problems and Possible Solutions),见 *Journalism and Mass Communication Quarterly*, 81(1), 2004, 页 53—73。

[2] Park, D. and L. Wright,《给予劳工商业？1980—2000 年的商业和劳工报道流变》(Giving Labor the Business? Changes in Business and Labor Reporting from 1980 to 2000),见 *Labor Studies Journal*, 32(1), 2007, 页 71。

[3] Kumar, D,《超脱常规：公司媒体,全球化和 UPS 罢工》,前揭,页 50。

分析就会出现。为了应对日益增加的发行量或收视率竞争的压力,主流新闻媒体会报道一些与他们的受众经验相关的故事。① 可是,这些分析很少有见解深刻的,也很少见到有助于理解具体的劳工运动与新自由资本主义的长期经济政治危机这二者之间关系的必要内容。

主流新闻叙事方式的突破发生在2011年的春天,威斯康星政府部门的雇员抗议州政府剥夺他们的集体谈判权,同时增加他们需要支付的保险费用。② 为了争夺自由主义左派的受众群,新的商业服务提供者——如有线电视台MSNBC和基于网络的《赫芬顿邮报》——对此进行了连续性的新闻报道。在这些报道之后,传统的报纸(如纽约时报)和广播电视新闻机构提供了多于正常数目的明显不同的报道。

最近,另外两种相互矛盾的新闻模式出现了。对全球受众的竞争——美国电视网现在的竞争者包括BBC、其他欧洲新闻机构以及地区性媒体,如半岛电视台——与前文提到的情况相结合,这就意味着劳动人民暴动的故事会经常出现,当然是发生在美国之外的其他地方。2011年,卫星电视和因特网循环播放这样的新闻故事:欧洲劳动人民反对最新一轮的紧缩政策,北非和阿拉伯地区的人们游行抗议独裁政府强制实施的新自由主义带来的冲击和问题,如高昂的食品价格、增加的贫困、失业和不平等等问题。

针对整体性的"民主赤字"的新闻,借助日益增多的动态通讯技术,一种新部门的独立记者出现了,他们提供劳工和社会正义运动视角的新闻。本文描述了六种独立的新闻生产,描述涉及媒体制作者,以及他们生产的内容种类,并探索他们对于分析全球采矿业中资本主义当前的爆炸式发展和抵制资源开采所起到的作用。

劳 工 媒 体

1950年代起,麦卡锡式的镇压,工会力量的整体削弱,北美劳工领导

---

① Kumar, D,《超脱常规:公司媒体,全球化和UPS罢工》,前揭,页49。
② Elk, M,《劳工领导人说威斯康星标志着"劳工战斗性的新时代"》(Labor Leaders Say Wisconsin Signals "New Era of Labor Militancy"),见 These Times,2011年2月23日,网址:http://www.inthesetimes.com。

者对商业和服务联合工会的撤退,都导致了劳工媒体的边缘化。但是,大部分工会继续管理线下或线上的新闻媒体,提供从经济到政治、从体育到环境等领域的广泛的新闻内容。潜在地,他们的报纸和网站可能成为强大的资源。例如,*AFSCME Works*,即美国州、县、市雇员联合会的官方杂志,全国教育协会的 *NEA Today*,以及美国的 *the Teamster* 杂志,在发行量方面都可以与《纽约时报》竞争。遗憾的是,这些出版物中只有一些能够到达他们内部成员之外的受众,甚至到达全国或国际受众。①

那些全国性的和国际性的劳工媒体的创建者主要是工会组织之外的劳工活动家。他们的主要目的是超越个人抗争并促进工人政治力量的发展,以期解决社会与政治议题。草根的劳工媒体活动家已经在北美开办了 60 多个地区电台和电视节目,包括在芝加哥的公共电视《劳动节拍》(*Labor Beat*),在温哥华的《劳动电视》(*Working TV*)和电台中的工人独立新闻服务节目(the Workers Independent News Service,*WIN*)。劳工科技会议(The LaborTech Conferences)是一个为这些活动家提供聚集场所和信息资源共享平台的会议,会议曾在加拿大召开过一次,其余都在美国召开。一年一度的五月劳动节(Mayworks festivals),目前已经在加拿大的六个城市召开过,他们提倡"文化工人和工会会员的利益",在网站上宣称要"将工人阶级的文化从文化活动的边缘地带引入中心舞台"。

正如工会会员已经意识到在全球范围内组织工人的需要一样,劳工媒体活动家及时利用每一个连续的传播技术和平台,支持信息共享和跨地区、跨国家的组织活动。在宽带网络普及之前,他们利用遍布世界的电台、电视节目支持地区节日,如韩国汉城的劳工录像节。1980 年代末开始,当然万维网还没有出现,劳动网(Labour Net)和劳工新闻网(Labour Start)就开始传播全球企业情报,通过因特网报道抗议和罢工活动。劳动网与和平、环境、劳工、健康和公共利益共同体一起行动,通过进步通讯协会(APC)创建了一个基于 web 的网络。②

在一些地区,国际劳工媒体对于提供支持和传播信息是绝对必要的,

---

① Drew, J,《劳工媒体(美国)》[Labor Media(United States)],见 J. D. Downing(ed),*Encyclopedia of Social Movement Media*,Thousand Oaks, California: Sage, 2011,页 296—297。

② Murphy, B,《因特网的批判史》(A Critical History of the Internet),见 G. Elmer(ed.),*Critical Perspectives on the Internet*,Lanham, Maryland: Rowman and Littlefield, 2002,页 40。

它们成为规避审查的唯一途径。例如，自1994年以来，总部在香港的中国劳工通讯(*China Labour Bulletin*)已经连续提供了许多关于中国工厂和煤矿工人罢工的新闻报道，包括印刷和网络版本，这些报道通过国际劳工媒体发行，如《澳大利亚亚洲工人杂志》、《劳工权益博客》、《劳工新闻网》和《全球劳工战略》，还有一些其他的商业媒体。

劳工社区媒体

劳工活动家也意识到了以流行文化基因和剧目为基础建立自己的区域媒体的关键性和重要性。特别是在农村和内地社区，在这些地方资源产业是发展的主要驱动力，资源控制了生活的大部分，往往是以雇佣就业和对企业有利的税收政策开始，最后对社会、文化和媒体景观以及自然环境产生影响。

2010年1月，加利福尼亚州博龙地区的力拓硼砂的工人被企业"拒之门外"，工人们开始了一个劳工社区媒体计划。他们开始了自己的媒体宣传，跟媒体集团进行竞争，包括通讯《蒿子电报》(*The Sage Brush Telegraph*)，这份通讯在门口和食品包装处被分发。他们还成功地在地方报纸《洛杉矶时报》(the *Los Angeles Times*)、国家公共广播(NPR)，以及一些左翼新闻媒体中播出了新闻。2010年11月，他们开始建设自己的网站，内容包括国际联盟的活动公告，在澳大利亚等其他地区的力拓集团工作的工人故事等。对Facebook和其他社交媒体的使用，使得他们可以与加拿大和澳大利亚的矿工联盟联络接触。约翰·斯科拉的纪录片《锁定2010：拯救中产阶级的斗争实录》，已经在美国、英国、澳大利亚和土耳其的独立电影节、劳工节期间通过大屏幕向劳工大厅和高校放映。

原住民社区媒体

原住民或土著媒体的兴起，部分地回应了关于他们的土地、自然资源的控制、政治、经济和文化生存的斗争。例如，在加拿大的原住民领导人意识到了传播工具对于促进社区参与式发展，集体合作与联邦、省和地区政府协商谈判的力量。最近，在安大略省北部和西北地区的原住民群体创造性地利用数字技术展开反对采矿企业的斗争。①

同时,被新自由主义加剧不断困扰的原住民团体增强了他们遍布各个原住民地区的媒体网络。例如,中美洲地区的社区电台网络联合了墨西哥的土著社区,危地马拉和洪都拉斯,这两个社区有着同样的目标:反对企业对他们祖先的领土、公共持有和自然资源进行征用和商业圈地,反对企业侵蚀他们自主决定和权利和公民权利。②

这个网络起源于"斗争的电子组织",其因反对北美自由贸易协议(NAFIA)的萨帕塔起义而知名。③ 由于得到恰帕斯州独立媒体中心(IMC)的部分支持,社区电台网络继续了这个组织,分享新自由贸易协定的评论,同时在报道技巧和政治经济调查方面进行培训。实际上,2008年,这个网络的通讯员提供了关于第二次西半球反对军事化集会的媒体报道(COMPPA 2009:22),2009年,他们广泛地宣传组织反对洪都拉斯的政变。同时,每个电台都积极发展土著社区的文化资源,用他们各自的土著语言提供新闻和音乐,支持女性节目和政治领导(Kidd forthcoming)。

左翼新闻和媒体

近日复兴起来的偏左翼的另类媒体部门也会提供一些重要的反霸权信息和分析,其中有些也报道了采矿业的抗争。尽管这些报道多数仅限于内部成员的传阅,但是,还是有一些报纸和传单被左派政治团体和同盟印刷和分发。更有意义的是,有一些专业的新闻记者——他们大部分因企业媒体而生活不稳——已经设立了地区的、国家的和全球的媒体办公

---

① Brooten, L,《"土著人民"的媒体》(Indigenous Peoples' Media),见 J. D. Downing(ed.), *Encyclopedia of Social Movement Media*, Thousand Oaks, California: Sage, 2011. Roth, L,《"第一人民"媒体(加拿大)》.("First Peoples"Media(Canada)),见 J. D. Downing(ed.), *Encyclopedia of Social Movement Media*, Thousand Oaks, California: Sage, 2011,页 199—201。

② Ruíz Martínez, L,《伦卡妇女的性别、社区广播和大众传播》(Gender, Community Radio and Popular Communication with COPINH Lenca Women),未出版硕士论文, San Francisco State University, 2008。

③ Cleaver, H,《萨帕塔起义与世界新秩序下阶级斗争的未来》(The Chiapas Uprising and the Future of Class Struggle in the New World Order),1994,最后访问时间 2011 年 8 月 18 日,网址:https://webspace.utexas.edu/hcleaver/www/chiapasuprising.html。

室，这些办公室专门用一种不同于主流的企业和商业主导的媒体认同观念进行经营。作为更为普遍的批判新自由主义教条力量的一部分，这些媒体报道这样的故事：批判企业采矿业的无限膨胀，环境的滥用和破坏，工人以及土著社区被剥削和被迫迁移。例如，《新国际主义》(the New Internationalist)的总部在英国，但是编辑和销售办公室在多伦多，他们有45000名订阅户，至少70000名粉丝。一个快速搜索显示，他们已经印刷了400多篇采矿业相关的文章。一个多伦多的出版物《乌合之众》(Rabble)已经发表了3000多篇采矿业相关的文章，它的受众包括每月10万的访问者和8.5万的网站链接。最后，全世界的250万人阅读《世界外交》(Le Monde Diplomatique)，这份月刊已经刊登过100多篇采矿业相关的文章。

维基解密与新的黑幕揭发者

除最为有名维基解密的工作外，还有许多新的黑幕揭发者也参与到对抗新自由主义的斗争中，他们的目标主要是收集和公布关于企业和国家腐败、渎职的信息。这些揭黑者经常为独立团体或非政府组织工作，比如一个叫做"企业观察"(CorpWatch)的情报站致力于曝光不正当的企业决策，以提升企业透明度和责任感。这样的信息传播枢纽是一个不断扩展变化的信息来源，体现了高水平的全球相互联系和组织间的文件共享，这就使得它能够随着企业行动不断持续更新信息。企业观察已经开发了自己的信息共享维基网站 Crocodyl，连同其他的非盈利组织，如企业政策中心(the Center for Corporate Policy)、企业研究计划(the Corporate Research Project)等。

维基解密和类似的分散组织本身不是记者，也不配合传统的左翼政治行动。从全球精通计算机的黑客行动主义者社区产生，他们感兴趣的是将信息技术应用于政治目的，结合当前对权威的普遍不信任，他们的目标是发布信息。[①] 例如，2011年2月2日，维基解密发布了外交电报，公

---

① Ludlow, P,《维基解密和黑客行动主义文化》(Wikileaks and Hacktivist Culture)，见 The Nation, 2010 年 10 月 4 日。

布了在秘鲁经营的主要矿区企业代表和来自加拿大、美国、英国、瑞士、南非的大使之间的会议,在这个会议上秘鲁政府被敦促清除政见不同的教师和天主教牧师。①

公 民 媒 体

克莱门西亚·罗德里格斯(2011:100)指出,公民媒体是指信息和传播技术被公民控制和使用"以满足他们自身的信息和传播需求,增强他们作为政治主体的主体性",进而推动"社会改变和民主进程"(100)。他们运用信息和传播媒体宣传、教育,激发公民和公众对于资源公司、国家和多边政府机构的关注。这样的例子包括加拿大矿业观察(MiningWatch Canada)、英国采矿业和社区(the UK-based Mining and Communities)、美国新墨西哥州的深海流域下游联盟(the Bluewater Valley Downstream Alliance),这个联盟联合了"工人阶级公民"——一个工人委员会,土著人组织,在邻近社区的环境和宗教团体。他们在一次反对霍姆斯特克/巴里克金矿的抗争中联盟,抗争对象还包括国家权威机构,如新墨西哥州环境部、核管理委员会和美国环境保护署,原因是他们的地下水资源已经被铀矿开采和冶炼活动污染。

加拿大矿业观察是一个被环境、社会公正、土著居民和劳工组织支持的泛加拿大倡议。扮演着看门狗和政策提倡的角色,他们帮助社区和组织协调公共利益,对加拿大乃至世界地区不负责任的矿产政策和活动导致的破坏公共健康、水和空气质量、野生动物和社区利益的威胁加以回应。矿业社区(The Mining and Communities)代表了一个跨国倡议,他们在 2001 年由来自七个不同国家的组织和个人建立,旨在"回应受采矿业影响的社区的需求(包括工人的身体健康),确保倡议抵达尽可能多的受众(矿井和社区)"。

草 根 媒 体

最后,围绕采矿业相关议题工作的最后一种批判媒体采用具备流动

---

① de Echave, J,《秘鲁:维基解密,矿业公司和大使馆》(Peru: Wikileaks, Mining Companies and Embassies),见 Mines and Communities 网站,2011,最后访问时间 2011 年 8 月 31 日。

性、多种策略的草根方法。ProtestBarrick.net是一个很好的例子。这个网站以世界上最大的黄金公司——加拿大的巴克利黄金公司为目标,该公司系统化的暴行代表了整个行业的暴行。网站作为组织活动的信息提供和动员中心平台发挥作用,活动范围包括地区、国家乃至跨国区域。他们事实上为跨国的资本主义企业造成的危害提供了一个跨国的回应。ProtestBarrick提供给读者不同角度和多种风格的信息,从最基础的信息提供——如不断更新的主页上关于现在采矿业问题的最新文章、音频、视频等报道,到更加实用倾向的"行动"页面——策划推动虚拟世界(请愿书、电子邮件等)和真实生活(示威、集会等)的行动主义。一些网站还致力于传播不被主流媒体认可的新闻稿和文章。此外,ProtestBarrick提供了方便的电子邮件订阅和RSS订阅,以便于读者跟踪了解对世界采矿企业的抗争。

  ProtestBarrick是草根方法的一个象征,这个方法试图培养新的枝干与根茎,并跨越不同行业和类型的社会活动之间的历史分离。他们从不同角度就矿山开采发表演讲,希望将不同领域的斗争联合起来,包括土著和社区权利、劳工、环境、人权、政府管制和企业规划。他们不断发展的支持链接系列在一个共同传播平台上竞争,以帮助一个运动的地区活动空间转化为共享空间,进而支持更为普遍的抗争。通过将他们的努力聚集在同一个网络庇护之中,行动主义者能够接触不同的运动,抵达一个更为宽广的公民社会平台,这样就可以增加每一次抗争的整体努力的效果。

超越界限:联合抗争传播

  对人类共同所有的土地、劳工、自然资源的不停地圈占,已经成为当前新自由主义全球化的定义特征之一。传播技术已经成为拓展这个全球集团控制和指挥的关键。使用这些全球网络,主流的企业媒体已经在推动资本主义市场规则方面扮演了一个重要的意识形态角色。与企业媒体所有权的协调,公共媒体的私有化,媒体行为和内容管理规则的去除,都导致了劳工视角、其他社会正义和公民运动的报道的缺失,同时导致了商业倾向的媒体内容的相应增加。

  但是,对媒体和信息的圈占不可能是彻底的或毫无矛盾的。资源开发的增加也带来了反抗的增加,包括重新定义主流媒体的信息框架的重要意图。此外,世界各地的运动已经意识到了拥有和管理自己的媒体资源并运用它们表达的重要性。许多方法被提出来,从劳工掌控媒体,资源社区的土著和公民媒体,到经常在大都市中心工作的盟友发展的公民和草根媒体,所有这些方法都深刻地挑战了支配地位和商业媒体中劳工和土著居民经历的消失,特别是在资源社区。劳工社区和土著社区媒体还提供了基于当地的中心,以协调基于当地的对资源发展的回应和每个社区对文化资源的有效开发。

随着矿产和其他资源公司在全球的统一和扩展,原有的地区性的批判媒体中心已经开始跨地区的组织。地区运动被公民媒体组织起来已经横越国家的边界,公民媒体的目标就是支持受采矿业影响的社区,并在国家管理的地区与国家政府层面实施干预。所有这些类型的媒体暗示了抗争传播的一个新的分水岭。不是作为"马后炮"式的媒体竞争,也不是被富裕国家的媒体或组织需要指导的媒体,现在的社区正在指导他们自己的媒体和媒体代表。无论是对于为抵制圈占资源和媒体而发起的短期和长期竞争运动,还是对于重建基于人类需要和文化的公地,以上提到的这些形式的抗争传播都是很关键的。

参考文献:

Brooten, L. 2011. "Indigenous Peoples' Media." In J. D. Downing(ed.), *Encyclopedia of Social Movement Media*. Thousand Oaks, California: Sage.

Cleaver, H. 1994. "The Chiapas Uprising and the Future of Class Struggle in the New World Order."Last accessed August 18, 2011 at: https://webspace.utexas.edu/hcleaver/www/chiapasuprising.html

Deleuze, G. and F. Guattari. 1987. *A Thousand Plateaus: Capitalism and Schizophrenia*. Minneapolis: University of Minnesota Press.

Drew, J. 2011. "Labor Media(United States)". In J. D. Downing(ed). *Encyclopedia of Social Movement Media*. Thousand Oaks, California: Sage.

de Echave, J. 2011. Peru: Wikileaks, Mining Companies and Embassies. *Mines and Communities*. Last Accessed August 31, 2011.

Elk, M. 2011. "Labor Leaders Say Wisconsin Signals 'New Era of Labor Militancy'."In These Times, Feb. 23. Last accessed February 25, 2011 at: http://www.inthesetimes. com.

Gunster, S. 2008. Listening to labour: Mainstream media, talk radio, and the 2005 B. C. teachers strike. *Canadian Journal of Communication*, 33(4), 661—683.

Graulau, J. 2008. 'Is mining good for development?' The intellectual history of an unsettled question. *Progress in Development Studies* 2008: 8: 129—162.

Kensicki, L. 2004. "No Cure for What Ails Us: The Media-Constructed Disconnect between Societal Problems and Possible Solutions. "*Journalism and Mass Communication Quarterly* 81(1): 53—73.

Kidd, D. (forthcoming). "Practising Communication Rights. "In C. Padovani and A. Calabrese(eds.), *Communication Rights and Global Justice: Historical Reflections on Transnational Mobilization*. Cresskill, New Jersey: Hampton Press.

Kumar, D. 2007. *Outside the Box: Corporate Media, Globalization, and the UPS Strike*. Urbana and Chicago: University of Illinois Press.

Lewis, J. 2010. "The Myth of Commercialism: Why a Market Approach to Broadcasting Does Not Work. "In J. Klaehn. (ed.) *The Political Economy of Media and Power*. New York: Peter Lang.

Ludlow, P. 2010. Wikileaks and Hacktivist Culture. *The Nation*. October 4. 2010.

MacBride, Sean. 1988. *Many Voices, One World*. Paris: UNESCO.

Mines and Communities. Last accessed August 15, 2011. ⟨http://www. minesandcommunities. org/article. php?a=10692⟩

Murphy, B. 2002. "A Critical History of the Internet. "In G. Elmer(ed.), *Critical Perspectives on the Internet*. Lanham, Maryland: Rowman and Littlefield.

Özen, S. and H. Özen. 2009. "Peasants Against MNCs and the State: The Role of the Bergama Struggle in the Institutional Construction of the Gold-Mining Field in Turkey. "*Organization* 16(4): 547—573.

Park, D. and L. Wright. 2007. "Giving Labor the Business? Changes in Business and Labor Reporting from 1980 to 2000. " *Labor Studies Journal* 32(1), March: 60—81.

Qiu, J. & Y. Kim. Recession and Progression? Notes on Media, Labor, and Youth from East Asia. *International Journal of Communication* 4(2010), 630—648.

Rodríguez, C. "Citizens' Media. "In J. D. Downing(ed.), *Encyclopedia of Social Movement Media*. Thousand Oaks, California: Sage, 98—103.

Roth, L. 2011. "First Peoples' Media(Canada). "In J. D. Downing(ed.), *Ency-*

clopedia of Social Movement Media. Thousand Oaks, California: Sage, 199—201.

Ruíz Martínez, L. (2008) Gender, Community Radio and Popular Communication with COPINH Lenca Women. Unpublished MA Thesis. San Francisco, CA: San Francisco State University.

Thussu, D. K. 2006. *International Communication: Continuity and Change*. London: Hodder Arnold.

Wright, K. 2011. "Who are these Evil Public Service Workers? Black People." Last accessed February 21, 2011 at: http://colorlines.com.

图书在版编目(CIP)数据

传播新视野:危机与转机/赵月枝、吕新雨主编.
--上海:华东师范大学出版社,2018
 ISBN 978-7-5675-7615-5

Ⅰ.①传… Ⅱ.①赵…②吕… Ⅲ.①传播学—研究
Ⅳ.①G206

中国版本图书馆 CIP 数据核字(2018)第 067418 号

华东师范大学出版社六点分社
企划人 倪为国

本书著作权、版式和装帧设计受世界版权公约和中华人民共和国著作权法保护

批判传播学·文论系列

传播新视野:危机与转机

主　　编	赵月枝　吕新雨
责任编辑	倪为国　彭文曼
封面设计	吴元瑛
出版发行	华东师范大学出版社
社　　址	上海市中山北路 3663 号　邮编　200062
网　　址	www.ecnupress.com.cn
电　　话	021-60821666　行政传真　021-62572105
客服电话	021-62865537　门市(邮购)电话　021-62869887
地　　址	上海市中山北路 3663 号华东师范大学校内先锋路口
网　　店	http://hdsdcbs.tmall.com
印　刷　者	上海盛隆印务有限公司
开　　本	700×1000　1/16
印　　张	25.25
字　　数	350 千字
版　　次	2019 年 9 月第 1 版
印　　次	2019 年 9 月第 1 次
书　　号	ISBN 978-7-5675-7615-5/G·11044
定　　价	88.00 元

出版人 王 焰

(如发现本版图书有印订质量问题,请寄回本社客服中心调换或电话 021-62865537 联系)